Hans-Werner Fuchs/Lutz R. Reuter

Bildungspolitik in Deutschland

Entwicklungen, Probleme, Reformbedarf

W0175174

Leske + Budrich, Opladen 2000

Gedruckt auf säurefreiem und altersbeständigem Papier.

Die Deutsche Bibliothek – CIP-Einheitsaufnahme
Fuchs, Hans-Werner:
Bildungspolitik in Deutschland: Entwicklungen, Probleme, Reformbedarf /
Hans-Werner Fuchs/Lutz R. Reuter. – Opladen : Leske und Budrich, 2000

ISBN 3-8100-2614-X

© 2000 Leske + Budrich, Opladen

Satz: Leske + Budrich
Druck: Presse-Druck, Augsburg
Printed in Germany

Inhalt

Abkürzungsverzeichnis

DGB	Deutscher Gewerkschaftsbund
DGfE	Deutsche Gesellschaft für Erziehungswissenschaft
DHV	Deutscher Hochschulverband
DIHT	Deutscher Industrie- und Handelstag
Diss.	Dissertation
DL	Deutscher Lehrerverband
DPhV	Deutscher Philologenverband
DUK	Deutsche UNESCO-Kommission
DUZ	Deutsche Universitäts-Zeitung
DV	Datenverarbeitung
ECTS	European Creditpoint Transfer System
EDV	Elektronische Datenverarbeitung
EG	Europäische Gemeinschaft
EGV	Vertrag zur Gründung der Europäischen Gemeinschaft
EKD	Evangelische Kirche in Deutschland
et al.	und andere
EU	Europäische Union
EUV	Vertrag über die Europäische Union (EU)
F.A.Z.	Frankfurter Allgemeine Zeitung
FDP	Freie Demokratische Partei
FH	Fachhochschule
GBl.	Gesetzblatt
GEW	Gewerkschaft Erziehung und Wisssenschaft
GG	Grundgesetz für die Bundesrepublik Deutschland
GVBl./GVOBl.	Gesetz- und Verordnungsblatt
HB	(Hansestadt) Bremen
HDE	Hauptgemeinschaft des Deutschen Einzelhandels
HE	Hessen
HH	(Hansestadt) Hamburg
HIS	Hochschulinformationssystem
HPlA	Planungsausschuß für den Hochschulbau
HRG	Hochschulrahmengesetz
HRK	Hochschulrektorenkonferenz
HwO	Handwerksordnung
IAB	Institut für Arbeitsmarkt- und Berufsforschung der Bundesanstalt für Arbeit
IT	Informations- und Telekommunikationstechnologie
Iwd	Informationsdienst des Instituts der deutschen Wirtschaft
KM	Kultusministerium
KMK	Kultusministerkonferenz
LER	Lebensgestaltung-Ethik-Religionskunde
L.I.S.A.	Landesinstitut für Schule und Ausbildung
LSA	Land Sachsen-Anhalt
MA	Master of Arts = Magister (Magistra) Artium
MfS	Ministerium für Staatssicherheit

Mittbl.	Mitteilungsblatt
M-V/MV	Mecklenburg-Vorpommern
NATO	North Atlantic Treaty Organization
NI	Niedersachsen
NRW/NW	Nordrhein-Westfalen
OECD	Organization for Economic Co-operation and Development
PDS	Partei des Demokratischen Sozialismus
PISA	Programme for International Student Assessment
RP	Rheinland-Pfalz
SED	Sozialistische Einheitspartei Deutschlands
SGB	Sozialgesetzbuch
SGVBl.	Sächsisches Gesetz- und Verordnungsblatt
SH	Schleswig-Holstein
SL	Saarland
SN	(Freistaat) Sachsen
SPD	Sozialdemokratische Partei Deutschlands
ST	Sachsen-Anhalt
TESTDAF	Test für Deutsch als Fremdsprache
TH	(Freistaat) Thüringen
TIMSS	Third International Mathematics and Science Study
TOEFL	Test of English as a Foreign Language
UNESCO	United Nations Organization for Educational, Scientific and Cultural Cooperation
VBE	Verband Bildung und Erziehung
VDI	Verein Deutscher Ingenieure
WRV	Verfassung des Deutschen Reiches (Weimarer Verfassung)
ZDH	Zentralverband des Deutschen Handwerks
ZVS	Zentralstelle zur Vergabe von Studienplätzen

Vorwort

Wie entwickelt sich unser Wissen in den kommenden Jahrzehnten? Welchen Einfluß nimmt es auf die künftige Gestalt der weiterhin national verfaßten Gesellschaften, der globalen Wirtschaft sowie der deutschen, europäischen und internationalen Politik? Welche Herausforderungen ergeben sich aus dem beschleunigten Wandel für die Bildungssysteme? Die Erwartungen an das deutsche Bildungssystem, seine aktuelle Situation, die vorfindlichen Probleme und die sich abzeichnenden Lösungsansätze zur Reform von Schule, Berufsausbildung, Hochschule und Weiterbildung sind Gegenstand dieses Buches.

Für den vorliegenden Band tragen die beiden Autoren alleine die Verantwortung. Doch ohne Silvia Hamann und Andrea Linde, Sven Reinhardt und Wolfgang Reusch wäre er nicht zustande gekommen. Ihnen allen sei daher an dieser Stelle sehr herzlich gedankt.

Hamburg, im Januar 2000

Hans-Werner Fuchs
Lutz R. Reuer

1. Zum Thema

An der Schwelle des 21. Jahrhunderts ist ‚Bildung' wieder ein öffentlich diskutiertes Thema. Die Vorzeichen, unter denen heute über Bildung und Erziehung, über Berufsausbildung, Studium und Weiterbildung, über Wissenschaft, Forschung und technologische Entwicklung gesprochen wird, haben sich gegenüber den früheren gesellschaftlichen Diskursen jedoch deutlich verändert. Während im Expansions- und Reformjahrzehnt von der Mitte der sechziger bis zur Mitte der siebziger Jahre die großen Bildungsdiskussionen unter Leitbegriffen wie ‚Bildungsnotstand' und ‚Abiturientendefizit' sowie ‚Aufstieg durch Bildung', ‚Chancengleichheit', ‚Emanzipation' und ‚Demokratisierung' geführt wurden, dominiert heute das ‚ökonomische Paradigma'. Bildung steht auf dem Prüfstand mit Blick auf ihre Kosten, Effizienz, Leistung und Verwertbarkeit. Die ausgehenden siebziger und die achtziger Jahre waren gegenüber der ‚Reformdekade' von 1965 bis 1975 eine Phase bildungspolitischer Stagnation: Reformprojekte wurden in keinem der vier großen Bildungsbereiche in Angriff genommen, der ‚Studentenberg' wurde ‚untertunnelt', Mängel – als Beispiele seien Unterrichtsausfall, Leistungsdefizite und die Vernachlässigung der Infrastruktur genannt – wurden sichtbar, das Bildungswesen wurde ‚verwaltet' und nicht ‚gestaltet'. In der ersten Hälfte der neunziger Jahre überlagerten die mit der Transformation des DDR-Bildungssystems verbundenen Aufgaben die Probleme in Schule, Berufsausbildung und Hochschulen. Während in anderen Ländern grundlegende Veränderungen vollzogen wurden, beschränkte sich die deutsche (Bildungs-) Politik auf die mit der staatlichen Einheit verbundenen Herausforderungen. Die innerstaatliche Vereinigung folgte weitgehend den Bedingungen des mängelbesetzten west-

deutschen ,Modells'. Erst nach Abschluß der Transformationspha-
se etwa Mitte der neunziger Jahre stieg wieder die ,Konjunktur'
bildungspolitischer Themen im öffentlichen Diskurs. Ausgangspunkt war die 1995 aufgenommene Debatte über die Probleme des
,Standorts Deutschland'.

Zur neuen ,Konjunktur der Bildungspolitik' trug der ehemalige
Bundespräsident Roman Herzog bei, der in der zweiten Hälfte seiner Amtszeit bildungspolitische Themen in das Zentrum seiner öffentlichen Äußerungen rückte. Seine Berliner ,Bildungsansprache'
trug zu dem von ihm erhofften ,Ruck', dem „Aufbruch in der Bildungspolitik"[1], bei, auch wenn er nur aussprach und durch das Medienecho auf seine Rede popularisierte, was von Kultusministern
und Hochschulrektoren, Wissenschaftsrat, Wirtschaftsverbänden
und Fachorganisationen schon seit 1995 diskutiert wurde. Daß die
Thematisierung des bildungs- und vor allem hochschulpolitischen
,Reformstaus' die allgemeine Öffentlichkeit erreicht hat, zeigen die
jüngsten Landtagswahlen, in denen das Politikfeld Bildung wieder
eine gewichtigere Rolle einzunehmen vermochte. Ausgangspunkt
des neuen Interesses an Bildungsfragen sind allerdings nicht die
Hoffnungen auf gesellschaftliche Veränderungen durch Bildungs-
reformen, die Leitmotiv der Reformen der sechziger und siebziger
Jahre waren. Auch wenn die Hoffnungen auf das ,Wagnis mehr Demokratie' enttäuscht wurden und sich die Herstellung einer proportionalen Bildungschancengleichheit als unmöglich erwiesen hat, ist
die Bildungsexpansion ein gesellschaftspolitisch herausragendes Ergebnis jener Reformen und kein gering zu schätzender Beitrag zur
Demokratisierung der Gesellschaft.

Der neue Bildungsdiskurs hat die Mängel des Bildungswesens
zum Gegenstand. Besonders öffentlichkeitswirksam sind die Kri-
sendiagnosen zum Schul- und Hochschulwesen. Eher im Fachdis-
kurs werden die für die Wettbewerbsfähigkeit des deutschen Wirt-
schaftsstandortes nicht weniger wichtigen Herausforderungen im
Bereich der beruflichen Erst-, Fort- und Weiterbildung erörtert.

Der Paradigmenwechsel ist offenkundig. Nicht die Entfaltung
der Persönlichkeit durch Bildung, sondern die auch durch Reformen des Bildungswesens zu gewährleistende Leistungsfähigkeit
der Volkswirtschaft angesichts der globalen Herausforderungen ist

---

1 Vgl. Herzog 1997.

Impuls des Bildungsdiskurses. „Wissen ist heute die wichtigste Ressource in unserem rohstoffarmen Land. Wissen aber können wir nur durch Bildung erschließen. Wer sich den höchsten Lebensstandard, das beste Sozialsystem und den aufwendigsten Umweltschutz leisten will, muß auch das beste Bildungssystem haben."[2] Viele Menschen sehen heute die Bildungspolitik in einem funktional engen Zusammenhang mit der Wirtschaftspolitik. Daß die Politik der beruflichen Erstausbildung und Weiterbildung traditionell Teil der Wirtschaftspolitik ist, bestätigt der Blick auf die Ressortzuständigkeiten in Berlin. Beim medialen Erschrecken über die mittelmäßigen Leistungen der deutschen Schüler in Fächern wie Mathematik und Naturwissenschaften schwang kaum Besorgnis um den ‚Kulturstaat Deutschland' mit. Es betraf auch weniger die im Vergleich mit den deutschen Schülern so viel besseren Leistungen der tschechischen als die der koreanischen oder niederländischen Schüler, Heranwachsende aus Staaten also, in denen Deutschland starke Konkurrenten auf den europäischen und internationalen Märkten hat. Dieselben Besorgnisse leitet die gängige Behauptung einer mangelnden Wettbewerbsfähigkeit der deutschen mit amerikanischen Universitäten. Daß solche Vergleiche unbeschadet ihres wahren Kerns häufig vordergründig und plakativ sind, ist unter Fachleuten unbestritten. Als kurzschlüssig erweisen sich auch die wohlfeilen Therapievorschläge; mehr obligatorischer Mathematikunterricht ohne didaktische Reformen würde die signifikant geringere Problemlösungskompetenz deutscher Schüler im Vergleich mit japanischen oder schweizer Gleichaltrigen nicht beheben.

Wer davon ausgeht, daß sich die Funktion des Bildungssystems in der Qualifikation für den Arbeitsmarkt erschöpft, übersieht allerdings die vielen anderen Aufgaben, die das Bildungssystem und somit die Bildungspolitik wahrnehmen müssen und die keinen unmittelbaren Bezug zum Arbeitsmarkt haben. Erinnert sei nur an die gesellschaftlichen Funktionen wie die Erziehungsaufgabe der Schule angesichts des Anwachsens von Aggressivität, Vandalismus und Gewalt oder der Integration von Zuwanderern in die deutsche Gesellschaft. Ein Blick in Bücher mit Titeln wie ‚Die Schule neu denken', ‚Wozu ist Schule da?' oder ‚Die sieben Todsünden der Bildungspolitik' verdeutlicht den Problemhaushalt und

---

2 Herzog 1997, S. 1001.

die Herausforderungen, auf welche die deutsche Bildungspolitik reagieren sollte.[3]

Einen wichtigen Beitrag zum Wissenschafts- und Bildungsdiskurs leistete die vom Bundesministerium für Bildung und Forschung in Auftrag gegebene Delphi-Studie ‚Potentiale und Dimensionen der Wissensgesellschaft – Auswirkungen auf Bildungsprozesse und Bildungsstrukturen‘. Der erste Teil (‚Wissens-Delphi‘) beschreibt den evolutionären Entwicklungsprozeß von der ‚postindustriellen Gesellschaft‘ zur ‚Wissensgesellschaft‘ und skizziert Konturen eines neuen Wissensbegriffs. Allgemeinwissen der Wissensgesellschaft wird verstanden als: (1) Instrumentelle und methodische Kompetenz (allgemeine Grundlagen und Kulturtechniken sowie Umgang mit Informationstechniken; (2) personale Kompetenz (persönliches Erfahrungswissen und persönliche Fähigkeiten zum Umgang mit Wissen); (3) soziale Kompetenz (kommunikative Kompetenzen und soziale Orientierung); (4) inhaltliches Basiswissen (inhaltliches Wissen über aktuelle Probleme und inhaltliche Grundlagen).[4] Der zweite Teil der Untersuchung (‚Bildungs-Delphi‘) enthält Prognosen für die Entwicklung des Bildungssystems und der Bildungsprozesse bis zum Jahr 2020. Die wichtigsten Ergebnisse der befragten Experten hierzu lauten: (1) Die Internationalisierung der Bildung nimmt zu; es erfolgt eine wechselseitige internationale Anerkennung von Bildungsabschlüssen, und die Kompatibilität internationaler Bildungsbausteine steigt an. (2) Auch die Durchlässigkeit im Bildungssystem nimmt zu. Die Gleichwertigkeit von allgemeiner und beruflicher Bildung wird jedoch auch im Jahr 2020 ein Wunsch bleiben. (3) Kooperationen im Bildungssystem werden ausgebaut, vor allem in der beruflichen Bildung und im Hochschulsektor. Dies fördert eine vernetzte, anwendungsorientierte Wissensnutzung. (4) Ein zentraler Trend ist die Pluralisierung von Lernorten, durch die sich die Spielräume des Einzelnen vergrößern. Das Ausmaß der Virtualisierung von Lernorten ist unter den Experten jedoch umstritten. (5) An Bedeutung gewinnt vor allem das Lernen außerhalb von Bildungsinstitutionen in der Arbeit und in der Freizeit. Strittig ist allerdings, in-

---

3 Vgl. von Hentig 1993; Giesecke 1996; Richter 1999.
4 Vgl. BMBF 1998(d), S. 151.

wieweit das arbeitsintegrierte Lernen in Konkurrenz zu beruflichen Bildungsgängen treten wird.[5]

Der vorliegende Band soll über das deutsche Bildungswesen, seine Strukturen, Probleme und Herausforderungen und über den gegenwärtigen Diskurs zur Bildungsreform informieren. In der Einführung (Kap. 2) werden zunächst die wichtigsten Gegenstandsbereiche, Akteure, Strukturen, Konfliktlinien und Herausforderungen des Bildungswesens und der deutschen Bildungspolitik vorgestellt. Im Mittelpunkt stehen Analysen der vier großen Teilbereiche oder Subsysteme des deutschen Bildungssystems, Schulwesen (Kap. 3), Berufsbildung (Kap. 4), Hochschulwesen (Kap. 5) und Weiterbildung (Kap. 6). Ihnen schließen sich Ausführungen zur Transformation des DDR-Bildungssystems und zu den aktuellen Herausforderungen der Bildungspolitik in den ostdeutschen Ländern an (Kap. 7). Dem Konzept der Reihe ,Analysen' entsprechend enthält der Anhang Dokumente zu allen Bildungsbereichen, die die untersuchten Probleme und Entwicklungstrends näher illustrieren.

Im Zentrum der schulpolitischen Diskussion der vergangenen drei Jahrzehnte stand die Frage, ob und inwieweit die traditionell dreigliedrig organisierte untere Sekundarstufe den Anforderungen an ein modernes Schulwesen entspräche oder durch ein integriertes und differenziertes (Gesamt-) Schulsystem ersetzt werden sollte (Kap. 3.1). Die Entwicklung in den einzelnen Bundesländern ist unterschiedlich verlaufen. In einigen Ländern gibt es gar keine Gesamtschulen, in anderen stellen sie einen erheblichen Anteil an der Sekundarstufe I, doch nirgendwo ist die ursprüngliche und eigentliche Zielsetzung, das dreigliedrige Schulwesen abzulösen, durchgesetzt worden. Mit dem Nebeneinander gegliederter und integrierter Schulen (,Vierstufigkeit'), aus dem gerade für die Gesamtschulen spezifische Probleme erwachsen sind, hat das Thema an Bedeutung verloren; zumindest vermag es nicht mehr den schulpolitischen Diskurs zu bestimmen. Im Vordergrund stehen heute Fragen nach dem Bildungsauftrag der Schule, nach der Bedeutung ,quer' zu den Fächern und Lernbereichen liegender Aufgabengebiete wie interkulturelle Bildung, Rechtserziehung oder Umweltbildung, nach der Erziehungsaufgabe der Schule und nach ihrer Wettbewerbsfähigkeit im internationalen Vergleich. Vor allem in-

---

5 Vgl. BMBF 1998(c), S. 61.

ternationale Schulleistungsstudien haben das Augenmerk auf die Effektivität und Effizienz der Schulformen und der Leistungsfähigkeit ihrer Schüler geworfen (Kap. 3.2). In verschiedenen europäischen Ländern wurden seit den achtziger Jahren die Schulen in einem erheblichen Maße verselbständigt (Beispiel Niederlande). Verspätet hat diese Entwicklung auch Deutschland unter den Begriffen ‚Schulautonomie' und ‚Profilierung der Einzelschulen' erreicht. Dabei geht es um die Budgetierung, d.h. die Erweiterung der einzelschulischen Haushaltsbefugnisse, und um die Deregulierung, d.h. die Verlagerung von Aufgaben aus der staatlichen Schulverwaltung heraus an die Einzelschule. Schulen sollten sich durch eigene pädagogische Programme ein eigenständiges Profil geben. Kritiker sehen in dieser – bislang noch sehr langsam verlaufenden – Entwicklung den Versuch der staatlichen Akteure, die mit den knappen Kassen der öffentlichen Hände verbundenen Probleme auf die Einzelschulen abzuwälzen (Kap. 3.3).

Im Bereich der beruflichen Bildung (Kap. 4) wird schon seit längerer Zeit über die ‚Krise des dualen Systems' gesprochen. Diese manifestiert sich nicht nur in der Schere zwischen dem Anstieg der nachgefragten und dem Rückgang der angebotenen Ausbildungsplätze bzw. dem Rückzug bisher ausbildender Betriebe aus der Berufsausbildung. Sie dokumentiert sich auch in der Kontroverse um den Modernisierungsrückstand der Ausbildungsordnungen, im Streit um die Inflexibilität des dualen Systems, z.B. in Gestalt der für unzureichend gehaltenen Differenzierung der Ausbildungsniveaus, und schließlich in der Debatte um die Tendenz zur ‚Entberuflichung' der Ausbildung (Kap. 4.1). Nach wie vor leidet die berufliche Bildung insbesondere im dualen System unter einem negativen Image gegenüber der gehobenen und höheren allgemeinen Bildung. Seit Anfang der neunziger Jahre unternehmen vor allem Bund und Länder, aber auch Gewerkschaften und Wirtschaftsverbände verstärkte Anstrengungen um die ‚Gleichwertigkeit' von allgemeiner und beruflicher Bildung. Barrieren zwischen den Bildungsbereichen und ihren Institutionen für Absolventen mit beruflichen Bildungsabschlüssen sind inzwischen weitestgehend aufgehoben und die Möglichkeiten des Zugangs zu Berufsakademien und Hochschulen erheblich erweitert worden. Die weitere faktische Gleichstellung, insbesondere die Gleichrangigkeit der beiden Bereiche im Bewußtsein der Bürger, entzieht sich jedoch dem Einfluß der Politik. Die gesellschaftliche Höherbewertung gymnasialer und hochschulischer Bildung dürfte solange ungebrochen bleiben, wie sich das Arbeitsplatzrisiko, das soziale Prestige und das erzielbare Einkommen der durch berufliche Bildungswege und der durch ein Studium erreichbaren Tätigkeit signifikant unterscheiden (Kap. 4.2).

Inhalte und Anforderungen an berufliche Tätigkeiten wechseln in immer kürzerer Zeit. Die Konsequenzen für die berufliche Bildung sind Gegenstand bildungspolitischer Diskussion (Kap. 4.3). Die Sicherheit der Arbeitsplätze nimmt ab; mehrfache Berufswechsel kennzeichnen das individuelle Arbeitsleben. Für die Berufsausbildung erweist sich als immer schwieriger zu antizipieren, welche Qualifikation Berufstätige künftig benötigen werden. Dies wird zu einer Neuordnung der Bildungs- und Arbeitsphasen führen. Die Erstausbildung dürfte kürzer werden, die Bedeutung der Weiterbildung wird wachsen, Arbeitnehmer dürften häufiger zwischen Arbeit und Fortbildung wechseln. Vor allem für die ‚Problemgruppen' im Bildungswesen dürfte es schwieriger werden, die verschiedenen Schwellen zwischen Schule und Berufsausbildung, von der Berufsausbildung in ein Arbeitsverhältnis und über die Arbeit in berufliche Fortbildung erfolgreich zu überwinden. Gerade für die deutsche Gesellschaft mit ihrer ausgeprägten sozialstaatlichen Orientierung stellen sich bei der Aus- und Fortbildung dieser Gruppen (insbesondere von Personen ohne Hauptschulabschluß, Unqualifizierten, Spätaussiedlern und Asylberechtigten) besondere Herausforderungen (Kap. 4.4). Zwar besteht ein Spektrum von Angeboten, über die ‚marktbenachteiligte' Jugendliche und junge Erwachsene den Schritt in Ausbildung und Arbeit tun können; in quantitativer Hinsicht sind die Erfolge weiterhin unbefriedigend.

Das Hochschulwesen (Kap. 5) hat in den vergangenen drei Jahrzehnten eine Phase beispielloser Expansion erlebt. Der Anteil der Studenten stieg von 6% auf 30% am jeweiligen Altersjahrgang; die bestehenden Universitäten wurden ausgebaut und zahlreiche Hochschulen neugegründet (Kap. 5.1). Der tertiäre Bereich wurde institutionell und trägerschaftlich differenziert. Er umfaßt heute vier Gruppen von Institutionen, die traditionellen Universitäten, Technische Hochschulen und fachlich spezialisierte wissenschaftliche Hochschulen, die Gesamthochschulen, die Fachhochschulen und die Berufsakademien. Neben die traditionell vom ‚Staat', d.h. von den Ländern, getragenen Hochschulen ist eine Anzahl nichtstaatlicher Einrichtungen getreten. Mit der Expansion haben sich eine Reihe von Problemen ergeben wie beispielsweise die ‚Überlast', die Knappheit von Personal und materiellen Ressourcen, die Verlängerung der Studiendauer und die hohen Abbrecher- und Fachwechselquoten (Kap. 5.2). Ein Teil dieser Probleme hängt damit zusammen, daß die Hochschulpolitik an den traditionellen Aufgaben der Universitäten in Forschung und Lehre festgehalten und auch keine Differenzierung zwischen ihnen gefördert hat. Trotz des enormen Anstiegs der Zahl der Absolventen der gymnasialen Oberstufe blieb die Doppelfunktion des Abiturs als Abschlußzertifikat und Hochschulzugangsberechtigung erhalten. Die Universitäten erhielten nicht die Befugnis, sich ihre Studierenden nach eigenen Qualifikationskriterien auszuwählen. Neben der institutionellen Differenzierung ist eine Differenzierung der Studiengänge innerhalb der Hochschulen (Leistungsdifferenzierung, Stufung der Studiengänge) unterblieben. Zusätzliche Herausforderungen haben sich durch den europäischen und internationalen Wettbewerb der Universitäten um Studierende und Wissenschaftler ergeben (Kap. 5.3). In den neunziger Jahren wurden zahlreiche Maßnahmen eingeleitet, um die deutschen Hochschulen für ausländische Studierende attraktiver zu machen. Die Forderung nach ‚Internationalisierung' der deutschen Hochschulen ist Bestandteil der Ende der neunziger Jahre eingeleiteten Studien- und Hochschulreform (Kap. 5.4). In ihrem Mittelpunkt steht die schon zehn Jahre zuvor vom Wissenschaftsrat vorgeschlagene Stufung der Studiengänge, die im Zusammenhang mit der Internationalisierungsdebatte zur Zulassung und Einführung von Bachelor- und Master-Studiengängen geführt hat (HRG-Novelle von 1998). Die Reform des Hochschulwesens betrifft auch den Lehrkörper (Kap. 5.5); Gegenstand der Debatte sind der Beamtenstatus der Professoren und die Einführung eines einheitlichen Basisgehalts mit ergänzenden leistungs-, funktions- und belastungsabhängigen Zulagen. Die Deregulierung und Entstaatlichung des Hochschulwesens benötigt neue, im Ausland schon praktizierte Steuerungselemente, zu denen die regelmäßige Forschungs-, Lehr- und Studienberichterstattung, die Akkreditierung der Studiengänge und die Evaluation von Studium, Lehre und Forschung gehören (Kap. 5.6). Das ‚neue' Hochschulwesen dürfte in vielerlei Hinsicht differenzierter und stärker leistungsorientiert sein.

Der quartäre Bereich ist die von allen Bildungsbereichen mit Abstand differenzierteste Stufe des deutschen Bildungssystems (Kap. 6). Mit den konkurrierenden Begriffen Erwachsenenbildung und Weiterbildung, deren Nebeneinander auch in anderen Sprachen bekannt ist (vgl. ‚adult education', ‚further education' bzw. ‚in-service training'), werden alle Formen des institutionalisierten und heute auch des selbstorganisierten Lernens nach einer ersten formellen Bildungsphase bezeichnet. Während der Begriff der Erwachsenenbildung mit der individuellen Entscheidung zur Persönlichkeitsentwicklung durch allgemeine Bildung assoziiert wird, ist Weiterbildung auf die Fortsetzung der beruflich verwertbaren Qualifizierung hin angelegt. Die Notwendigkeit lebenslangen Lernens in beiden Bereichen ist heute unstrittig, da sich die Veränderungsprozesse nicht nur in der Arbeits-, sondern auch in der Lebenswelt in einer bisher unbekannten Weise beschleunigt haben (Kap. 6.1). Weiterbildung hat vielfältige Aufgaben; dazu gehört auch, Bildungschancen nachholen zu können. Die tatsächliche Bildungsbeteiligung ist allerdings sehr unterschiedlich. Dies hängt in starkem Maße von den mitgebrachten Bildungsabschlüssen ab; sie ist am niedrigsten bei Personen, die ohne qualifizierte Abschlüsse die Erstausbildung beendet haben (Kap. 6.2). Die Vielfalt der Aufgaben und Formen der Weiterbildung spiegelt sich in der Theoriediskussion der Erwachsenenbildung (Kap. 6.3). So sehr der quartäre Bereich durch die Pluralität nichtstaatlicher und kommunaler Träger, Konzepte, Interessen und Konditionen, die mit keinem anderen Bildungsbereich vergleichbar ist, geprägt ist, bedarf er einer ordnenden Hand. Weiterbildung ist eine öffentliche Aufgabe; diese Behauptung wird zwar kaum bestritten, doch Dissens besteht über die Frage, worin die Aufgaben des Staates bestehen sollen (Kap. 6.4). Die Trennlinie der Zuständigkeiten zwischen Bund und Ländern läuft entlang der traditionellen Unterscheidung zwischen allgemeiner und beruflicher Bildung. Dies widerspricht allen neueren Erkenntnissen ihres funktional unauflösbaren Zusammenhangs. Zu den ungelösten Aufgaben der gesamtstaatlichen Weiterbildungspolitik gehört daher, diese Aufspaltung zu überwinden, Rahmenregelungen für den ‚selbstregulierten' Weiterbildungsmarkt zu bestimmen und ein flächendeckendes Grundangebot allgemeiner, politischer und beruflicher Weiterbildung anzuregen bzw. zu sichern. Im Mittelpunkt der beruflichen Weiterbildung stehen die Einzelbetriebe und Unternehmen; in diesem Bereich sind eine Vielzahl neuer Ansätze der Qualifizierung zu beobachten (Kap. 6.5). Zu den offenen Fragen der Entwicklung des Weiterbildungsbereiches gehört weiterhin die Frage, wie sich Weiterbildungschancengleichheit für bildungsferne Gruppen und solche Personen, die wegen ihres fehlenden Zugangs zum Arbeitsmarkt kaum Chancen auf eine qualifizierte berufliche Weiterbildung haben, herstellen läßt (Kap. 6.6).

Nahezu alle Politikfelder der deutschen Innenpolitik waren in der ersten Hälfte der neunziger Jahre von der Vereinigung der beiden deutschen Staaten bestimmt; dies galt auch für die Bildungspolitik (Kap. 7). Die Einbeziehung der neuen Bundesländer in die Grundrechtsordnung und in das Kompetenzgefüge des Grundgesetzes, vor allem aber ihr Beitritt zur KMK und damit zum ‚Abkommen zwischen den Ländern der Bundesrepublik zur Vereinheitlichung auf dem Gebiet des Schulwesens‘ (Hamburger Abkommen von 1964/71)[6] führten zu einem weitgehenden Umbau des Bildungssystems der DDR und zur Anpassung an das Bildungswesen der ‚alten Bundesrepublik‘ (Kap. 7.1). Der Aufbau der neuen Landesbildungssysteme vollzog sich unter schwierigen Rahmenbedingungen (Kap. 7.2). Ab 1991 wurde ein neues, differenzierteres Schul-, Berufsbildungs- und Hochschulwesen aufgebaut; das in der DDR auf die Akademien gestützte Forschungssystem wurde umfassend neugestaltet. Ein Teil der Einrichtungen wurde mit westdeutschen Institutionen zusammengelegt, andere wurden geschlossen oder in die Universitäten und in die bestehenden Forschungsorganisationen eingegliedert. In der Mitte der neunziger Jahre fand dieser Umbauprozeß seinen – allerdings nur vorläufigen – Abschluß (Kap. 7.3). Denn die gesellschaftlichen Folgen des politischen, vor allem aber des ökonomischen Transformationsprozesses, deren Wirkungen auf das Bildungssystem zunächst wenig beachtet wurden, führten seit der Mitte der neunziger Jahre zu erheblichen Veränderungen des gerade erst abgeschlossenen Neuaufbaus des Bildungswesens (Kap. 7.4). Der Geburtenrückgang in Ostdeutschland auf unter 50% der Geburtenziffer des Jahres 1989

---

6   Vgl. Kultusministerkonferenz 2000, Nr. 110.

hat inzwischen nicht nur den Vorschul-, sondern auch den Schulbereich erreicht. Die Folgen für die allgemein- und berufsbildenden Schulen des Sekundarbereichs werden ab dem Schuljahr 2002/03 zu erkennen sein. Das differenzierte und regional dezentralisierte Sekundarschulangebot wird nicht aufrechtzuerhalten sein; in manchen Regionen der bevölkerungsarmen Flächenstaaten Mecklenburg-Vorpommern und Brandenburg sind bereits im Grundschulbereich jahrgangsübergreifende Klassen eingeführt worden; die Folgen für die Schulwege und das Schulnetz, das Jahrgangsprinzip, die Lehrerausbildung, die Einstellung junger Lehrkräfte und Erneuerung des Lehrkörpers an den Schulen sind gravierend.

2. Bildungspolitik in Deutschland

Die ‚friedlichen Revolutionen' in Mittel- und Südosteuropa (1989/90) und der Zusammenbruch der aus der russischen Revolution von 1917 hervorgegangenen Sowjetunion (1991) markieren das Ende des ‚kurzen zwanzigsten Jahrhunderts'. Die Wiederherstellung der deutschen Einheit bedeutet das definitive Ende der Nachkriegszeit. Das europäische Koordinatensystem hat sich seither grundlegend geändert. In wenigen Jahren werden die beiden östlichen Anrainerstaaten Deutschlands – Polen und die Tschechische Republik – sowie Ungarn Mitglieder der Europäischen Union (EU) sein; am Ende des ersten Jahrzehnts des 21. Jahrhunderts dürften die meisten der voraussichtlich zwölf weiteren, überwiegend bereits assoziierten Staaten Mitglieder der Union geworden sein. Außen- und Innenpolitik lassen sich nicht so scharf trennen, wie dies gelegentlich angenommen wird; in einem erheblichen Maße ist dies innerhalb der Union bereits Realität geworden. Ende der neunziger Jahre waren bereits über der Hälfte der Legislativbeschlüsse des deutschen Bundestages Umsetzungsbeschlüsse von Unionsrichtlinien.

Die Veränderungen der außenpolitischen Rahmenbedingungen haben auch die deutsche Bildungspolitik nicht unberührt gelassen. Die Bildungspolitik und die Bildungssysteme der beiden deutschen Staaten waren wie die meisten anderen Politikfelder in mannigfacher Weise auch aufeinander bezogen. Unter den veränderten Rahmenbedingungen der Einheit verlängerte sich die Phase gegenseitiger Spiegelung noch bis in die Mitte der neunziger Jahre. Seither ist der Blick wieder stärker nach außen gerichtet; die externen Entwicklungen und der interne Reformbedarf werden mit wachsender Intensität wahrgenommen. Der Zustand des deutschen Bildungswesens wird im europäischen und internationalen Zusammenhang reflektiert („Standort Deutschland'). (Dok. 25) Die deutsche Öffentlichkeit spürt in der Bildungspolitik wie in anderen Politikbereichen zahlreiche Unzulänglichkeiten und Reformnotwendigkeiten. Die EU-Austauschprogramme bringen im Schul-, Berufsbildungs- und Hochschulwesen Menschen miteinander ins Gespräch. Veränderungen, die sich plakativ als „Entnationalstaatlichung' und „Europäisierung' bezeichnen lassen, sind seit den neunziger Jahren auf den Gebieten der Fächer und Lerninhalte, der Abschlußzertifikate, der Strukturen und Institutionen sowie der Ausbildungs- und Studiengänge zu beobachten.

2.1 Gegenstand – Ziele – Erwartungen

„Erziehung' und „Bildung' sind Begriffe, die üblicherweise den Vorgang der Entfaltung der Individualität eines Menschen bezeichnen, die Entwicklung seiner motorischen Kompetenzen und seines Verhaltens, die Formung seiner Fähigkeiten und Fertigkeiten in kognitiver, geistiger und emotionaler Hinsicht. Dies erfolgt in Auseinandersetzung mit den Gegenständen der natürlichen und gesellschaftlichen Umwelt und der überlieferten Kultur, zu der Rituale, Normen und Werte, Traditionen, Kenntnisse, Erfahrungen und Erzeugnisse der Architektur, Kunst, Musik, Literatur, Wissenschaft und Technik gehören. (Dok. 8, 9) „Bildung' wird über Nachahmung (Imitation), alltägliche Beeinflussung (Sozialisation) und absichtsvolle Prägung und Lenkung (Erziehung und Unterrichtung) generationsübergreifend vermittelt. Im jüdisch-christlich-muslimischen Kulturkreis beginnt die Institutionalisierung der Sammlung und Vermittlung von Bildung zunächst im Kontext der Religionen. Im Zuge der Modernisierung staatlich verfaßter Gemeinschaften erwächst ein öffentliches Interesse an der Überlieferung und Vermittlung von Bildung und an der Erzeugung neuen Wissens, das den religiösen Raum verläßt. Wie auch in anderen Kulturkreisen (z.B. China, Japan) spielt dabei die Qualifizierung der „Staatsdiener' eine wichtige Rolle. Bestandteil der europäischen Entwicklung des modernen Staates in seiner uns heute vertrauten Gestalt ist die Institutionalisierung eines allgemeinen Schul- und Bildungswesens, das im Verlauf der industriellen Revolution nahezu alle sozialen Gruppen und Schichten erfaßt hat. So sehr in der pädagogischen Ideengeschichte der abendländischen Neuzeit die Idee der Emanzipation des Individuums im Vordergrund stand, so sind es in erster Linie die politischen und sozioökonomischen Interessen und Erwartungen an Bildungseinrichtungen und Bildungsprogramme, die die Entstehung, die Entwicklung und den Ausbau ganzer Bildungssysteme bestimmt haben.

In den ‚postindustriellen‘ Gesellschaften begleitet Bildung in institutionalisierter Form nahezu die gesamte Lebensspanne vom Kleinkind bis ins Alter. Kinderkrippen und Kindergärten beeinflussen die frühkindliche Lebensphase. Die Schulpflicht ist in einigen Staaten bis ins fünfte Lebensjahr vorverlegt und beträgt in vielen Staaten zehn bis zwölf Jahre. In einer wachsenden Zahl von Staaten beginnt der fremdsprachliche Unterricht in der Grundschule. Immer mehr Heranwachsende und junge Erwachsene nehmen freiwillig an weiteren allgemein- oder berufsbildenden Ausbildungsprogrammen teil. Bildung ist auch zum Konsumgut und Gegenstand der Freizeitgestaltung geworden; dies ist am Beispiel der zahlreichen Studienangebote für Senioren besonders evident. Die sich beschleunigenden Prozesse des technologischen, wirtschaftlichen und sozialen Wandels, durch die einmal erworbenes Wissen in immer kürzeren Phasen veraltet, führt dazu, daß sich die alte Aufteilung von Lernphase (Jugend) und Arbeitsphase (Erwachsenenalter) auflöst. Menschen unterliegen schon heute der Notwendigkeit, sich über die Gesamtdauer ihres Erwerbslebens fortzubilden und auf wiederholte Brüche in ihrer Berufsbiographie vorbereitet zu sein. Doch auch Nichtberufstätige sind durch die Veränderungen des Alltagslebens genötigt, kontinuierlich weiterzulernen. (Dok. 32, 33) Die ‚Moderne‘ kennzeichnet ein exponentielles Wissenswachstum; Menschen sind allenfalls in der Lage, sich Bruchteile der vorhandenen Wissensbestände anzueignen. Bildung, verstanden als Prozeß dauerhafter Aneignung von Kenntnissen, Fähigkeiten und Fertigkeiten, wird also mehr und mehr zu einer Metapher für ein Schwimmen im Meer unendlicher Informationen und Suchen nach Orientierungspunkten.

Daß der Bildungspolitik angesichts der gesellschaftlich und individuell gewachsenen Bedeutung von Bildung und Wissen eine wichtige Rolle zukommt, bedarf keiner Begründung. Was wem in welcher Weise unter welchen Bedingungen in wieviel und zu welcher Zeit vermittelt werden kann und soll und welche Rolle dabei staatlicher Politik zukommt, ist demgegenüber in erheblichem Maße strittig.[1] Unbeschadet der Anerkennung ihrer Bedeutung ist Bildungspolitik gleichwohl nur ein Politikfeld unter anderen, zwischen denen um die Verteilung von Mitteln gestritten wird. Das Bildungswesen in Deutschland ist traditionell durch eine Doppelrolle des Staates geprägt, die in wachsendem Maße von Bildungsökonomen kritisiert wird. Der Staat setzt die Rahmenbedingungen und entscheidet über Inhalte und Strukturen. Zugleich ist er Träger der meisten Institutionen und Anbieter von Bildung, die zumindest im Pflichtbereich unentgeltlich ist. Dabei ist der Staat einer nur schwach ausgeprägten Konkurrenz durch private Anbieter ausgesetzt, was folgenreich für die Bildungsprogramme, den Ressourceneinsatz, die Effektivität der Prozesse und die Art und Qualität der Produkte ist. Wie in den meisten Staaten wird auch in Deutschland das staatliche Angebot durch private Bildungseinrichtungen ergänzt, die durch Zuschüsse wiederum des Staates finanziert werden und insofern nur teilunabhängig sind. Unbeschadet der Frage, ob die Aufgabe der Strukturgebung und Steuerung von jener der Trägerschaft getrennt werden sollte, zeigt die bestehende Doppelaufgabe, daß die Bildungspolitik sowohl effizienter Steuerungsmittel als auch hinreichender Ressourcen bedarf. Der Bereich des staatlichen Handelns hat sich einerseits immer mehr ausgedehnt und ist andererseits andauernd Gegenstand der Kritik, während nichtstaatliches Handeln – diese Annahme bestimmt unmittelbar die Deregulierungs-und ‚Entstaatlichungsdebatte‘ im Bildungswesen – als ziel-, ressourcen- und effizienzbewußter gilt. Über 120 Jahre hinweg sind ‚soziale Sicherheit‘ das Leitmotiv und ‚Sozialstaatlichkeit‘ das Legitimationsinstrument für die Ausdehnung staatlichen Handelns gewesen. Das ‚Recht auf Bildung‘ und ‚Chancengleichheit‘ sind die Ausprägungen dieses Leitmotivs und der staatlichen Legitimation im Bildungsbereich. Was die Dimensionen des Rechts auf Bildung – Entfaltung, Zugang, Gewährleistung und Mitbestimmung – anbelangt, so ist eine Gewichteverschiebung zu beobachten, die für den gesamten Sozialstaat moder-

---

1 Vgl. die Ergebnisse der Delphi-Befragung 1996/1998 in: BMBF 1998(d), S. 147-178 (‚Wissens-Delphi‘); zu den Folgerungen für die Entwicklung des Bildungssystems bis zum Jahr 2005/2020 vgl. BMBF 1998(e), S. 13-21 (‚Bildungs-Delphi‘).

ner Prägung gilt. Die Gewährleistungsdimension, deren Grenzen in der Realität deutlich sichtbar geworden sind, wird als inflexibel, bürokratisch und fremdbestimmend erlebt; der Wunsch nach selbstbestimmten Freiräumen wächst. (Dok. 11, 24) Die für den ‚Staat' handelnden Personen nehmen selbst seine Immobilität und Ineffektivität wahr. Sie betreiben eine Politik der ‚Entstaatlichung' von oben und behalten eine ‚Effizienzrendite' in der Annahme ein, daß die Bildungsinstitutionen ihre Aufgaben ressourcenbewußter und effizienter als die staatliche Administration erfüllen könnten. Doch insgesamt läßt sich festellen, daß die Konturen für neue Formen der Aufgabenverteilung zwischen Staat und Gesellschaft noch undeutlich sind.

Bildungspolitik hat mit den Erwartungen der einzelnen Menschen und Forderungen der zahlreichen Korporationen aus Politik, Gesellschaft, Wirtschaft und Kultur zu tun. Diese Interessen und Ansprüche sind, wie der Blick auf den geschichtlichen Zusammenhang von Bildung und Kirche oder Bildung und Bürgertum zeigt, in hohem Maße widersprüchlich. Daß Bildung der Schlüssel zur Verbesserung der sozialen Lage ist, lernte die Arbeiterbewegung von beiden. Arbeiterbildungsvereine, Abendschulen und viele andere Bildungsaktivitäten haben in dieser Erkenntnis ihren Ursprung. ‚Aufstieg durch Bildung' war der Titel des SPD-Bildungsprogramms der frühen sechziger Jahre. Die in nahezu allen Staaten der Welt eingeführte Einheitsschule, die von der Idee geleitet ist, allen gemeinsam ein Höchstmaß an Bildung zu vermitteln, dabei aber jenen besondere Hilfen zukommen zu lassen, die benachteiligt sind, wurde nicht nur in Deutschland als Gefährdung des bürgerlichen Sozialstatus wahrgenommen. Den Funktionen der Akkulturation und Qualifikation, d.h. der Integration in das tradierte Kultursystem und Vermittlung von Wissen, Fähigkeiten und Fertigkeiten, stehen die Funktionen der Selektion und Statuszuweisung gegenüber. Unbeschadet ihres eher vertikalen oder eher horizontalen Aufbaus enthalten die Bildungssysteme aller modernen Staaten wirksame Selektionsinstrumente, die dem Beschäftigungssystem ein differenziert qualifiziertes Potential an Arbeitskräften vermitteln und die Sozialstruktur beeinflussen.

Welche Ziele und Aufgaben legitimieren in einer interessenpluralistischen Gesellschaft die Bildungspolitik? Bildung ist Voraussetzung einer offenen Gesellschaft; die ‚Bürgergesellschaft' (‚civil society') definiert sich durch Freiheit, Selbstverantwortung und soziales Engagement ihrer Mitglieder; der Staat ist limitiert auf Aufgaben der Gewährleistung der Grundrechte, des inneren (Rechts-) Friedens und der äußeren Sicherheit, der sozialen (Mindest-) Sicherung und im übrigen auf Fragen der Rahmensteuerung. Für die demokratisch, grundrechtlich und föderativ verfaßte deutsche Gesellschaft folgt daraus, daß die Bildungspolitik über ein öffentlich verantwortetes Bildungswesen möglichst allen Mitgliedern der Gesellschaft ein hinlänglich umfangreiches Maß an Wissen, Fähigkeiten und Fertigkeiten – an alten und neuen Kulturgütern und Kulturtechniken also – zu gewährleisten hat. Diese ist Grundlage zugleich für die eigenverantwortliche Lebensgestaltung der Individuen, für die Herstellung von Konsens über die gesellschaftlichen Grundwerte und Verhaltensregeln sowie für die Gewährleistung eines Mindestmaßes an Loyalität gegenüber dem Gemeinwesen. (Dok. 8, 9)

Jedem Gesellschaftsmitglied möglichst viele Optionen für seine Lebensgestaltung zu gewährleisten, ist Ideal aller bürgerlich-liberalen Gesellschaften. Der individuell erreichbare gesellschaftliche Status soll unabhängig von Geschlecht, Herkunft, Abstammung, Religion und Ethnie sein und dem meritokratischen Prinzip entsprechend nur durch Fähigkeit, Leistung und – dies tritt als Idee der Bürgergesellschaft hinzu – gesellschaftliche Verantwortung vermittelt sein. ‚Chancengleichheit' ist das Leitmotiv der bildungspolitischen Diskurses der vergangenen Jahrzehnte nicht nur in Deutschland. Die Herstellung eines proportionalen Chancenausgleichs durch Bildungspolitik hat sich allerdings als illusionär erwiesen. Eine Politik, die die Zahl der Bildungsabschlüsse an der Sozialstatistik zu orientieren versuchte, widerspräche der Unterschiedlichkeit menschlicher Fähigkeiten, Bedürfnisse und Leistungsbereitschaft. Doch unverzichtbar sind der Ausgleich gesellschaftlich bedingter Bildungsbenachteiligungen, die Zugänglichkeit der Institutionen und die Durchlässigkeit der Bildungswege. Insoweit ist die egalitäre Dimension des Bildungswesens die notwendige Bedingung seiner Freiheitlichkeit.

Bildungspolitik hat den unterschiedlichen Funktionen Rechnung zu tragen, die das Bildungssystem für die Gesellschaft zu erbringen hat. Neben seinen für die Individuen wichtigen Funktionen sind Leistungen für die Volkswirtschaft zu erbringen. Bildung ist Voraussetzung für die Entfaltung und Sicherung der Entwicklungsdynamik und Konkurrenzfähigkeit der Wirtschaft. Moderne Ökonomien sind durch einen beschleunigten Prozeß der Ablösung alter Produktions- und Tätigkeitsfelder durch neue gekennzeichnet; dieser macht eine schnelle Anpassung der Qualifikationsprofile erforderlich. Plakativ wird diese Entwicklung als Übergang von der Arbeitsgesellschaft zur ‚Wissensgesellschaft' bezeichnet.[2] Für die Bildungspolitik erwächst daraus die doppelte Herausforderung, einerseits ein hohes allgemeines Ausbildungsniveau möglichst aller Heranwachsenden zu gewährleisten und andererseits die Voraussetzungen dafür zu schaffen, daß künftig stärker als bisher die Bildungsphase auf verschiedene Abschnitte des Jugend- und Erwachsenenalters verteilt wird.

Das politische System bearbeitet die verschiedenen Politikfelder über einzelne Ressorts. Dies gilt für die Bildungspolitik nur eingeschränkt. Sie erstreckt sich vertikal über verschiedene Ebenen (EU, Bund, Länder, Kreise und Gemeinden) (Dok. 1, 2) und horizontal über mehrere Bildungs- oder Kultusministerien (Ministerien für Schule, Berufsbildung und Weiterbildung, für Hochschulen und Forschung, für Kultur). Darüber hinaus ist die Bildungspolitik mit anderen Politikfeldern vernetzt wie Wirtschafts- und Beschäftigungspolitik (berufliche Aus- und Weiterbildung), Sozial-, Jugend- und Familienpolitik, Außenpolitik (auswärtige Bildungs- und Kulturpolitik) und Entwicklungspolitik (Bildungsentwicklungshilfe). Aus der föderativen Ordnung Deutschlands folgt das Motiv der bildungspolitischen Koordination. Dabei geht es um den Versuch, eine Balance zu schaffen zwischen den durch konkurrierende politische Vorstellungen legitimierten Unterschieden der Bildungssysteme der Länder und dem für notwendig erachteten Maß an Vergleichbarkeit. Dieser Aufgabe widmet sich mit wechselndem Erfolg, aber auch mit wechselnden Zielen die ‚Ständige Konferenz der Kultusminster der Länder' (KMK). (Dok. 3) Die KMK hat zahlreiche Abkommen vorbereitet und Beschlüsse mit dem Ziel gefaßt, Bildungsgänge soweit vergleichbar zu gestalten, daß Schul-, Berufsausbildungs- und Hochschulabschlüsse wechselseitig anerkannt werden, um innerstaatliche Mobilität zu gewährleisten. Trotz vielfältiger Kritik an der Arbeit der KMK wird ihre bis heute anhaltende Bedeutung dadurch unterstrichen, daß

---

2 Vgl. BMBF 1998(d), S. 179-193.

andere Ansätze bildungspolitischer Planung und Koordinierung (vgl. z.B. BLK, Bildungsrat, BT-Enquetekommission ‚Bildung 2000') wenn nicht gescheitert, so doch weit weniger erfolgreich gewesen sind. Die Existenz der KMK ist bis heute nicht ernsthaft in Frage gestellt worden. Sollte sich allerdings der Trend zur Profilbildung und Konkurrenz der Bildungsinstitutionen verstärken, dürfte sich auch die Tätigkeit der KMK verändern. Einerseits hätte sie sich auf Fragen der Sicherung von Mindeststandards, soweit diese etwa aus Sicherheitsgründen als unverzichtbar angesehen werden, und andererseits auf die Festlegung von Regeln und Verfahren für die Akkreditierung und Evaluation der Bildungseinrichtungen und Bildungsgänge zu konzentrieren.[3]

Individuelle und kollektive Erwartungen sind an die Bildungspolitik und das Bildungssystem gerichtet. Die Erwartungen der Eltern beziehen sich auf die kulturelle, qualifikatorische und erzieherische Funktion der Schule. Doch überlagert werden diese vom Wunsch auf eine durch Bildungszertifikate eröffnete möglichst anspruchsvolle Beschäftigung und hohe soziale Plazierung; m.a.W.: Bildungsteilhabe ist auf das Engste mit der Hoffnung auf Beschäftigungs- und Statussicherheit verbunden. Der Zusammenhang zwischen Bildungsniveau und Arbeitsmarktchancen wird durch die Arbeitslosigkeitsstatistik belegt. Je geringer das Bildungsniveau ist, desto geringer sind die Chancen am Arbeitsmarkt bzw. desto höher ist die Gefahr des Arbeitsplatzverlustes. Auch der Zusammenhang zwischen Ausbildungs- und Einkommensniveau ist evident. Höherqualifizierte haben bessere Sozialchancen, definiert als Einkommens-, Weiterbildungs- und Arbeitsmarktchancen. Höhere Bildung ist zwar keine Garantie mehr gegen den möglichen Verlust des Arbeitsplatzes, sie eröffnet aber signifikant höhere Chancen auf Wiedereingliederung in das Beschäftigungssystem. Die Erwartungen der Betriebe und Wirtschaftsorganisationen sind demgenüber auf differenzierte verwendungsnahe Qualifikationen gerichtet. Die Ausbildungsgänge, insbesondere solche, an denen die Betriebe organisatorisch, personell und finanziell beteiligt sind, sollen möglichst kurz, effizient und kostengünstig sein. Allerdings führt die Beschleunigung des wirtschaftlich-technologischen Wan-

---

3 Vgl. Arbeitsgruppe Bildungsbericht am Max-Planck-Institut für Bildungsforschung 1994, S. 81-92; Führ 1997, S. 33-49; Tidick 1998.

dels dazu, daß auch für sie das Interesse an längerfristig verwendbaren, allgemeinen und multifunktionalen („Schlüssel'-) Qualifikationen wächst.[4]

2.2 Akteure – Strukturen – Kompetenzen – Finanzen

Die Palette der Akteure auf dem Gebiet der Bildungspolitk ist bunt und vielfältig. Neben den staatlichen Akteuren von Bund, Ländern und Gemeinden (Parlamenten und Ausschüssen, Regierungen, Ministerien und Verwaltungen; ,intermediären' Institutionen[5] beeinflussen auch die Urteile der Verwaltungs- und Verfassungsgerichte bildungspolitische Entscheidungen.[6] Als Transmissionsmittel zwischen Gesellschaft, organisierten gesellschaftlichen Kräften und staatlichen Akteuren spielen die Massenmedien und die politischen Parteien eine einflußreiche Rolle. Unter allen nichtstaatlichen Akteuren verfügen die Parteien mit ihren Apparaten, Untergliederungen, Hilfsorganisationen und Stiftungen über die bei weitem größten Einfluß- und Gestaltungsmöglichkeiten. Über ihre Abgeordneten in den Parlamenten und Vertreter in den Regierungen nehmen sie Einfluß auf die Definition der rechtlichen Rahmenbedingungen, die Festlegung der finanziellen Ressourcen und die strukturelle, administrative und inhaltliche Ausgestaltung des Bildungswesens. Überdies entsenden Regierungen, Parlamentsfraktionen und Parteien ,Experten' in bildungspolitische Beiräte und Beratungsgremien wie z.B. den Wissenschaftsrat, die BLK, das Bundesinstitut für Berufsbildung, den ehemaligen Bildungsrat, die seinerzeitige Enquetekommission und zahlreiche Gremien auf Länderebene.[7] Daß die Parteien über Wahlen legitimiert sind, die Vertretung der allgemeinen Interessen für sich in Anspruch zu neh-

---

4 Vgl. Befunde des ,Bildungs-Delphi' in: BMBF 1998(e), S. 13-21.
5 Vgl. KMK, BLK, Wissenschaftsrat und Hochschulplanungsausschuß; Bundesinstitut für Berufsbildung und Landesinstitute für Bildungsforschung, Curriculumentwicklung und Lehrerfortbildung; halbstaatliche Einrichtungen wie DFG und DAAD.
6 Vgl. Reuter 1980, S. 116-136.
7 Vgl. Enquete-Kommission ,Schulpolitik', Bürgerschaft der Freien und Hansestadt Hamburg Drs. 14/400 vom 13. Mai 1993; Bildungskommission NRW 1995.

men, gibt ihnen kein bildungspolitisches Entscheidungsmonopol (Art. 21 GG). Gesellschaftliche Verbände und Organisationen, die partikulare Interessen vertreten, nehmen Einfluß auf die Bildungspolitik und die Gestaltung des Bildungswesens. Auch sie besitzen für ihre (Interessen-) Politik die Legitimation durch die Verfassung (Art. 9 GG). Überdies benötigen die Parteien wie die staatlichen Organe sowohl den Sachverstand der Verbände im Rahmen der Politikformulierung als auch deren Vermittlerrolle im Politikvollzug. Zahlreiche bei den Regierungen registrierte oder von ihnen eingeladene Interessenverbände nehmen offiziell über Beiräte, Anhörungen, Gutachten, Stellungnahmen und ähnliche Instrumente auf den (bildungs-) politischen Entscheidungsprozeß Einfluß. Zu diesen großenteils ‚föderal' organisierten Verbänden gehören: (1) Berufs- und Fachverbände der im Bildungswesen Beschäftigten (z.B. Deutscher Gewerkschaftsbund [DGB], Gewerkschaft Erziehung und Wissenschaft [GEW], Deutsche Angestellten-Gewerkschaft [DAG], Deutscher Lehrerverband [DL], Verband Bildung und Erziehung [VBE], Philologenverband [DPhV], Hochschulverband [DHV]; (2) Berufs- und Fachverbände, die auf die Ausbildung ihres Bereichs Einfluß nehmen (z.B. Deutscher Richter-Bund; Hartmann-Bund; Verein Deutscher Ingenieure [VDI]); (3) die Kammern von Industrie, Handel, Handwerk und freien Berufen, die einerseits staatlich übertragene Aufgaben im beruflichen Ausbildungs- und Prüfungswesen wahrnehmen, andererseits aber auch über ihre Dachverbände wie z.B. den Deutschen Industrie- und Handelstag (DIHT) auf die Gestaltung der (Berufs-) Bildungspolitik Einfluß nehmen; (4) Verbände von Wirtschaft, Industrie, Handel und Handwerk (z.B. Bundesverband der Deutschen Industrie [BDI], Bundesvereinigung der Deutschen Arbeitsgeberverbände [BDA], Zentralverband des deutschen Handwerks [ZDH], Hauptgemeinschaft des Deutschen Einzelhandels [HDE]); (5) verbandsnahe Organisationen (z.B. das Kuratorium der deutschen Wirtschaft für Berufsbildung); (6) Fakultätentage, wissenschaftliche Vereinigungen und Fachverbände (z.B. Deutsche Gesellschaft für Erziehungswissenschaft [DGfE]); (7) Eltern-, Schüler- und Studentenverbände; (8) Stiftungen (z.B. Stifterverband für die deutsche Wissenschaft); (9) Kirchen und andere Religionsgemeinschaften.[8]

---

8   Vgl. Reuter/Muszynski 1980; Führ 1997, S. 57-63; Dok. 11, 17, 18, 20, 21.

Nicht zuletzt aufgrund ihrer historisch gewachsenen Rolle im Bildungswesen nehmen die beiden Volkskirchen (Evangelische Kirche in Deutschland [EKD], Katholische Kirche) eine Sonderstellung unter den nichtstaatlichen Akteuren der Bildungspolitik ein. Sie verfügen, auch wenn ihre gesellschaftliche Bedeutung zurückgegangen ist, über einen erheblichen Einfluß auf die Gestaltung des Bildungswesens. Von Verfassungs wegen haben sie Anspruch auf die Durchführung von Religionsunterricht an den öffentlichen Schulen und Beachtung ihrer Grundsätze in den Religionslehrplänen (Art. 7 Abs. 3 GG). (Dok. 1) Durch Konkordate und Staatskirchenverträge gesichert haben sie Anspruch auf die Ausbildung von Religionslehrern und Theologen an den staaatlichen Universitäten sowie Einfluß auf die Einstellung von Religionslehrern und die Berufung von Professoren (Theologie; Konkordatslehrstühle). Vor allem aber sind sie weiterhin die größten Träger nichtstaatlicher Schulen, Hochschulen und anderer Bildungseinrichtungen (Art. 140 GG i.V.m. Art. 138 WRV). Von diesen Rechten haben auch andere Religionsgemeinschaften, z.B. die jüdischen Gemeinden und muslimischen Vereinigungen, Gebrauch gemacht.

Die Grundstrukturen der staatlichen Bildungspolitik in der Bundesrepublik Deutschland werden durch die im Grundgesetz festgelegte Aufgabenverteilung bestimmt. Auch wenn der Schwerpunkt der bildungspolitischen Gestaltungs- und Umsetzungsaufgaben sowie finanziellen Lasten bei den Ländern und Gemeinden liegt, ist auch der Bund Akteur insbesondere in der außerschulischen Berufsbildung, im Hochschulwesen und auf dem Gebiet der Forschungspolitik. Somit gibt es in Deutschland heute siebzehn bildungspolitische ‚Machtzentren'. Die von den Bundesparteiorganisationen formulierten Programme enthalten zwar Leitlinien, welche die Bildungspolitik dieser Machtzentren beeinflussen; doch ihre die Bildungspolitik prägende Kraft bleibt gering. Besonders im Schulwesen betonen die in den Ländern regierenden (Regional-) Parteien ihre Eigenständigkeit. Diese zeigt sich z.B. in der Unterschiedlichkeit der Dauer der Schulpflicht (neun bis zehn Jahre Vollzeit- und ein bis drei Jahre Teilzeitschulpflicht), der Dauer der Grundschule (vier oder sechs Jahre) und anderer Schulformen (z.B. sieben- bis neunjähriges Gymnasium), der Struktur und Funktion der Orientierungs- oder Förderstufe (schulformabhängig oder -unabhängig), der unteren Sekundarstufe (zwei- bis viergliedrig), der Organisation des oberen Sekundarschulwesens (Oberstufenzentren oder separate Gymnasien und Berufsschulen) oder in Bildungseinrichtungen, die es nur in einigen Bundesländern gibt (z.B. Berufskollegs, Berufsakademien). Einschränkungen der bildungspolitischen Gestaltungskompetenzen der Länder beruhen mit Ausnahme des Hochschulwesens auf der Selbstbindung, die die Länder im Rahmen des Hamburger Abkommens und der KMK-Vereinbarungen eingegangen sind. Der ‚heilsame Zwang zum Kompromiß‘ liegt allerdings nicht nur in dieser jederzeit aufkündbaren Selbstbindung, sondern auch im Zertifikatswesen. Zwar verfügen alle Bundesländer über alle wichtigen Bildungseinrichtungen, mit denen sie ‚autonom‘ die Bildungswünsche ihrer Absolventen befriedigen könnten. Aber das Interesse an der faktischen Freizügigkeit, d.h. der Mobilität der Absolventen im ganzen Bundesgebiet, zwingt zu einer Politik der wechselseitigen Anerkennung der Bildungsabschlüsse, die Kompromisse über Ausbildungsgänge, -inhalte und -dauer erfordert. Ländern mit einem ausgeprägten Bildungsföderalismus wie z.B. den USA ist ein derartiges kleinmaschiges Abstimmungswesen fremd; das Problem der Unterschiede von Ausbildungswegen und Standards wird mit Hilfe nationweit operierender Testorganisationen und über Hochschuleingangsprüfungen gelöst.

Die bildungspolitischen Ebenen sind nicht gegeneinander abgeschottet. Vielfältige planerische, kompetenzielle, administrative und finanzielle Verschränkungen sind Ausdruck einer Politikverflechtung, die unter dem Gesichtspunkt der voneinander unabhängigen politischen Legitimation und der daraus folgenden getrennten Verantwortung bedenklich ist. Hierzu drei Beispiele:

(1) Für die allgemeinbildenden Schulen sind, was die ‚inneren‘ Schulangelegenheiten angeht, die Länder zuständig, während die Gemeinden und Kreise als Schulträger für die ‚äußeren‘ Angelegenheiten wie Schulbau, Ausstattung und Unterhaltung der Schulen, Beschäftigung des nichtpädagogischen Personals und Schülertransport verantwortlich sind. Doch weder betreiben noch finanzieren die Gemeinden diese Aufgaben alleinverantwortlich. Inhaltlich engen verschiedene Landesrichtlinien ihre Handlungsmöglichkeiten ein. Die Finanzmittel, die das Land direkt im Rahmen der inneren Aufgaben oder indirekt über Zuweisungen an die Ge-

meinden gibt, stammen nicht aus Landessteuern, sondern aus Steuereinnahmen von Bund und Ländern, aus Finanzausgleichsmitteln und aus Sonderzuweisungen. Die Höhe der Gehälter, die das Land an seine Lehrkräfte zahlt, kann es nicht gemäß seiner Finanzkraft und politischen Schwerpunktsetzung selbständig festlegen. Sie ist vielmehr Gegenstand der konkurrierenden Gesetzgebung, und der Bund hat von seinem Gesetzgebungsrecht Gebrauch gemacht (Bundesbesoldungsordnung).

(2) Hochschulpolitik und Hochschulträgerschaft sind Ländersache. Der Bund setzt einen legislativen Rahmen, der trotz der HRG-Novelle von 1998 z.T. immer noch detailliert ausgestaltet ist. (Dok. 22) Budgetierung und Deregulierung sollen die einzelnen Hochschulen zu Profilbildung, Leistungssteigerung und Wettbewerb befähigen. Doch selbst innerhalb dieses Rahmens können die Länder keine wirklich eigenständige Hochschulpolitik betreiben, da Hochschulbau und Forschungsförderung Gemeinchaftsaufgaben sind. Für die Bürger ist undurchschaubar, wer für Mängel im Schul- oder Hochschulwesen verantwortlich ist.

(3) Die Außenvertretung Deutschlands ist Bundesaufgabe. Grundsätzlich ist daher der Bund (AA, BMBF) für die Vertretung deutscher bildungspolitischer Interessen innerhalb der EU und für die Mitwirkung an EU-Bildungsentscheidungen zuständig. Im Innenverhältnis sind demgegenüber die Länder verantwortlich. Aus diesem Grunde setzten die Länder 1992 eine Neufassung von Art. 23 GG durch. Danach dürfen bei Angelegenheiten der EU, die innerstaatlich der Kompetenz der Länder unterliegen, auch Landesvertreter für den Bund handeln. (Dok. 1, 4) Diese prima facie naheliegende Lösung zieht jedoch komplizierte Prozeduren und inhaltliche Abstimmungsprozesse zwischen den Ländern nach sich, ohne das eigentlich Problem zu lösen, daß die einzelnen Länder (Parlamente) eigentlich zuständig sind. EU-Bildungspolitik erfolgt weitgehend durch Förderprogramme, zu deren Umsetzung sich die Kommission der nationalen Ministerien und anderer Stellen bedient. Liegt die Verantwortung für die Implementation dann bei der Kommission, die dem Europaparlament Rechenschaft schuldet, oder beim BMBF, das dem Bundestag gegenüber verantwortlich ist? Diese Frage stellt sich auch bei der Transformationsgesetzgebung Brüsseler Richtlinien durch den Bundestag.

Grundlage der föderativen Aufgabenverteilung ist das Grundgesetz.[9] Die Schwerpunkte der Bundeszuständigkeiten liegen im Bereich der außerschulischen Berufsbildung, im Hochschulbereich (Rahmengesetzgebung; Ausbildungsförderung; Hochschulbau) und in der Forschungsförderung. Die Länder sind verantwortlich für das Schul- und Hochschulwesen und die Erwachsenenbildung. Die Kommunen sind Träger der Schulen und Volkshochschulen. Die EU kann bildungspolitische Maßnahmen zur Verwirklichung der Unionsziele – z.B. Förderung der Zusammenarbeit im Bildungswesen oder Förderung der Möbilität der Unionsbürger – ergreifen. Ihre Organe handeln über Verordnungen und Richtlinien (z.B. zur Anerkennung der Hochschuldiplome oder zur Bildung von Arbeitsmigranten), Empfehlungen und Bildungsprogramme (LEONARDO, SOCRATES). Dabei hat sie die Verantwortung der Mitgliedstaaten für die Lehrinhalte und die Gestaltung des Bildungssystems strikt zu beachten.[10] Im einzelnen ergeben sich die gebietskörperschaftlichen Aufgaben aus den nachfolgenden Übersichten:

Übersicht 1
Bildungs- und kulturpolitische Zuständigkeiten des Bundes

1. Nichtschulische (betriebliche) Berufsausbildung (Gesetzgebung; Rahmenordnungen)
2. Hochschulwesen (Rahmengesetzgebung; Hochschulaus/neubau und Hochschulkliniken [Gemeinschaftsaufgabe mit den Ländern]; Trägerschaft ressortinterner [Verwaltungs-] Fachhochschulen und [Bundeswehr-] Universitäten)
3. Ausbildungsförderung (Gesetzgebung; Finanzierung [bestimmte vollzeitschulische Ausbildungsstätten, Berufsakademien, Hochschulen])
4. Aufstiegsfortbildungsförderung (Gesetzgebung; Finanzierung [z.B. Techniker, Meister])
5. Forschungsförderung (Gemeinschaftsaufgabe mit den Ländern)
6. Berufliche Weiterbildung: Fortbildung, Umschulung, Rehabilitation (Gesetzgebung; Finanzierung; Trägerschaft [für bundeseigenes Personal])
7. Teilnehmerschutz im Fernunterricht (Gesetzgebung)
8. Bildungsfreistellung (Bildungsurlaub; Gesetzgebung)

---

9 Art. 5 Abs. 3; 7; 12; 23; 30; 74 Ziff. 11, 12, 13; 91a; 91b GG; vgl. Dok. 1.
10 Bildungs- und kulturpolitische Aufgaben der EU nach Art. 2, 3, 18, 35, 47, 149, 150 und 151 EGV; vgl. Dok. 2.

9. Politische Bildung (Trägerschaft der Bundeszentrale für politische Bildung; Bezuschussung freier Träger [z.B. parteinahe Stiftungen])
10. Bildungsplanung (Gemeinschaftsaufgabe mit den Ländern)
11. Öffentliches Dienstrecht (Gesetzgebung; Besoldung, Versorgung [Bundesbedienstete]; Rahmengesetzgebung [Bedienstete von Ländern, Gemeinden und anderen Körperschaften des öffentlichen Rechts])
12. Zulassung zu den Justiz- und Gesundheitsberufen (Gesetzgebung [Qualifikationsanforderungen])
13. Jugendarbeit, Jugendsozialarbeit, außerschulische Kinder- und Jugendhilfe, Heimerziehung (Gesetzgebung; Finanzierung)
14. Nationale Kulturpolitik (Trägerschaft, Finanzierung, Bezuschussung)
15. Schutz deutschen Kulturgutes gegen Abwanderung ins Ausland (Rahmengesetzgebung)
16. Bildungs- und kulturpolitische Zusammenarbeit in supranationalen (EU) und internationalen Organisationen (OECD, UNESCO)
17. Auswärtige Bildungs-, Forschungs-, Jugend- und Kulturpolitik (Trägerschaft, Finanzierung, Bezuschussung)
18. Bildungsentwicklungshilfe (Trägerschaft, Finanzierung, Bezuschussung)

Übersicht 2

Bildungs- und kulturpolitische Zuständigkeiten der Länder

1. Vorschulwesen (Gesetzgebung [Krippen, Horte, Heime, Kindergärten])
2. Schulwesen
2.1 Staatliches Schulwesen (Gesetzgebung; Verwaltung, Aufsicht [Rechts-, Fach- und Dienstaufsicht; Kommunalaufsicht], Trägerschaft)
   + Allgemeinbildende Vollzeitschulen
   + Berufsbildende (Teilzeit- und Vollzeit-) Schulen
   + Einrichtungen des zweiten Bildungswegs (Abendschulen, Kollegs)
2.2 Nichtstaatliche (,freie') Schulen (Gesetzgebung; Rechtsaufsicht; [Teil-] Finanzierung)
3. Hochschulwesen
3.1 Öffentliche Hochschulen (Gesetzgebung; Trägerschaft, Rechtsaufsicht; Hochschulbau [Gemeinschaftsaufgabe mit dem Bund])
3.2 Studienkollegs (Gesetzgebung; Trägerschaft, Rechts- und Fachaufsicht)
3.3 Nichtstaatliche Hochschulen (Gesetzgebung; Rechtsaufsicht; [Teil-] Finanzierung)
3.4 Ressorthochschulen (Gesetzgebung; Trägerschaft; Rechtsaufsicht)
4. Forschungsförderung (Gemeinschaftsaufgabe mit dem Bund)
5. Erwachsenenbildung (Gesetzgebung; Trägerschaft; Bezuschussung freier Träger)
6. Bildungsfreistellung – Bildungsurlaub (Gesetzgebung; Finanzierung, Bezuschussung)
7. Aus- und Fortbildung der landeseigenen Bediensteten

8. Personalhoheit über das Personal an Schulen und Hochschulen
9. Öffentliches Dienstrecht (Gesetzgebung; Besoldung, Versorgung [Landes- und Kommunalbedienstete])
10. Jugendarbeit, Jugendsozialarbeit, außerschulische Kinder- und Jugendhilfe, Heimerziehung (Gesetzgebung; Bezuschussung freier Träger)
11. Bildungsplanung (Gemeinschaftsaufgabe mit dem Bund)
12. Theater, Museen und Bibliotheken (Gesetzgebung; Trägerschaft; Bezuschussung freier Träger)
13. Politische Bildung (Trägerschaft [Landesvolkshochschulen, Landeszentralen für politische Bildung]; Bezuschussung freier Träger)
14. Bildungs- und kulturpolitische Zusammenarbeit in supranationalen (Europäische Union) und internationalen Organisationen (OECD, UNESCO, Europäische und Internationale Kultusministerkonferenzen)
15. Auswärtige Bildungs- und Kulturpolitik (Auslandsschulwesen)

Übersicht 3
Bildungs- und kulturpolitische Zuständigkeiten der Kommunen (der kreisangehörigen Städte und Gemeinden sowie der Kreise und kreisfreien Städte)

1. Vorschuleinrichtungen (Trägerschaft, Personal; Bezuschussung freier Träger)
2. Schulwesen (Schulentwicklungsplanung, Trägerschaft, Personalhoheit über das nicht unterrichtende Personal)
3. Schülertransport
4. Volkshochschulen (Trägerschaft, Personalhoheit über das unterrichtende Personal; Bezuschussung freier Träger)
5. Theater, Büchereien und andere kulturelle Einrichtungen (Trägerschaft; Bezuschussung freier Träger)
6. Auswärtige Kulturpolitik (Städtepartnerschaften; Bezuschussung freier Träger)
7. Außerschulische Jugendbildung, Jugendarbeit und Jugendsozialarbeit (Trägerschaft; Bezuschussung freier Träger)
8. Kinder- und Jugendhilfe (Verwaltung; sozialpädagogische Betreuung)

Übersicht 4
Bildungs- und kulturpolitische Aufgabenbereiche der Europäischen Union

1. Berufsausbildung im Bereich der Landwirtschaft
1.1 Koordinierung der Berufsausbildung
1.2 Koordinierung der Forschung
1.3 Koordinierung der Verbreitung landwirtschftlicher Fachkenntnisse

40

1.4 Gemeinsame Finanzierung von Vorhaben und Einrichtungen
2. Anerkennung der Zertifikate
2.1 Richtlinien für die gegenseitige Anerkennung der Diplome und Prüfungszeugnisse
2.2 Richtlinien für die gegenseitige Anerkennung sonstiger Befähigungsnachweise
3. Allgemeine Bildung
3.1 Entwicklung der europäischen Dimension im Bildungswesen
    + Förderung der fremdsprachlichen Bildung
    + Andere Bereiche der europäischen Dimension des Bildungswesens
3.2 Förderung der Mobilität der Lehrenden und Lernenden
3.3 Anerkennung der akademischen Diplome und Studienzeiten
3.4 Förderung der Zusammenarbeit zwischen Bildungseinrichtungen
3.5 Informations- und Erfahrungsaustausch über die nationalen Bildungssysteme
3.6 Förderung des Jugendaustausches
3.7 Förderung der Entwicklung der Fernlehre
4. Berufsbildung einschließlich der Hochschulbildung und Weiterbildung
4.1 Berufliche Erstausbildung und Umschulung zur Anpassung an den industriellen Wandel
4.2 Verbesserung der beruflichen Erstausbildung und Weiterbildung als Hilfe zur Arbeitsmarkteingliederung
4.3 Förderung des Einstiegs in die Berufsbildung
4.4 Mobilitätsförderung für Ausbilder und Auszubildende
4.5 Förderung der Zusammenarbeit in der Berufsbildung zwischen Bildungseinrichtungen und Unternehmen
4.6 Informations- und Erfahrungsaustausch über die nationalen Berufsbildungssysteme
4.7 Förderung der Berufsbildungszusammenarbeit mit Drittstaaten und internationalen Organisationen
5. Kulturpolitik
5.1 Verbesserung der Kenntnisse der Kultur und Geschichte der europäischen Völker
5.2 Verbreitung der Kultur und Geschichte der europäischen Völker
5.3 Erhaltung und Schutz des kulturellen Erbes von europäischer Bedeutung
5.4 Nichtkommerzieller Kulturaustausch
5.5 Künstlerisches und literarisches Schaffen
5.6 Förderung der kulturellen Zusammenarbeit mit Drittstaaten und internationalen Organisationen
5.7 Wahrung und Förderung der Vielfalt der Kulturen
6. Trägerschaft im Hochschulbereich (Europäisches Hochschulinstitut in Florenz)

Die Bildungsausgaben der Bundesrepublik Deutschland im Verhältnis zum Bruttoinlandsprodukt liegen im Mittel der OECD-Länder

(Deutschland: 5,9% Frankreich: 6,3%; Schweden: 6,7%; OECD: 5,9%).[11] Für ein rohstoffarmes Land mit einer hohen Exportquote und weltweiten ökonomischen Interessen wird dieser Anteil als zu niedrig bezeichnet.[12] Diese Kritik erscheint berechtigt, wenn man die einzelnen Ausgabenbereiche analysiert (z.B. Relation von Personalkosten und Sachinvestitionen). Der absolute Betrag der staatlichen und privaten Aufwendungen für Bildung, Wissenschaft und Forschung liegt über 300 Mrd. DM (1999); die Vergleichszahl für 1970 beträgt 47 Mrd. DM.[13] Die Finanzierungsleistungen der Gebietskörperschaften für das Bildungssystem entsprechen der Aufgabenverteilung. Während der neunziger Jahre trugen die Länder jährlich mit rund drei Viertel (1997: 74,6%) die Hauptlast der Aufwendungen; der Anteil der Kommunen betrug knapp 20% (1997: 19,0%), und der Bundesanteil lag zwischen 6% und 10% (1997: 6,4%). Beim Bundesanteil bleiben die Mittel, welche die Länder im Rahmen des horizontalen Finanzausgleichs sowie aus Transferleistungen erhalten und für Bildungsaufgaben eingesetzt haben, unberücksichtigt. In absoluten Zahlen wendeten die Länder im Jahr 1997 für Bildung und Forschung 128,8 Mrd. DM, die Kommunen 32,7 Mrd. DM und der Bund 11,0 Mrd. DM auf.[14] Mehr als zwei Drittel der Gesamtsumme entfielen auf Personalkosten. Das Verhältnis der von Bund, Ländern und Gemeinden getragenen Aufwendungen blieb ebenso wie die anteilige Verteilung der Ausgaben für Personal, Sachaufwand und Investitionen über die neunziger Jahre hinweg konstant. Pro Einwohner wurden 1997 2.103 DM für Bildung ausgegeben; davon entfielen 1.061 DM auf die Schulen, 601 DM auf die Hochschulen, 199 DM auf die vor- und außerschulische Bildung, 102 DM auf die Forschungsförderung und 60 DM auf die Weiterbildung.[15]

---

11 Vgl. BMBF 1998, S. 444-445.
12 Vgl. z.B. Postlethwaite 1993, S. 110.
13 Vgl. BMBF 1998, S. 294.
14 Die Gesamtsumme der (geplanten) Ausgaben des Bundes für ‚Bildungswesen, Wissenschaft, Forschung, kulturelle Angelegenheiten' beträgt 1999 20,0 Mrd. DM und 2000 19,6 Mrd. DM (BT-Drs. 14/1400 vom 11.8.1999).
15 Vgl. BMBF 1998, S. 294-305.

2.3 Gesellschaftliche Konfliktlinien

Im Gegensatz zu totalitären Systemen sind Interessengegensätze und –konflikte konstitutive Merkmale freiheitlicher, ‚offener‘ Gesellschaften. Einzige Bedingung ist, daß die Grundlagen des politischen Systems – Menschenrechte und demokratische Verfahrensregeln – akzeptiert werden. Die Akzeptanzbereitschaft hängt von der Funktionsfähigkeit des politischen Systems, von der Responsivität der politischen Akteure und von der Zugänglichkeit der staatlichen Leistungen ab. Die Einsicht in die Statusverteilungsfunktion der Schule macht es zur Systembedingung, daß die Leistungen des Bildungswesens für alle Gesellschaftsmitglieder verfügbar sind.

Unterschiedliche Interessenlagen manifestieren sich in historisch gewachsenen gesellschaftlichen Konfliktlinien; eine der klassischen, bis heute fortwirkenden Konfliktlinien ist ‚Arbeit versus Kapital‘. Diese und andere Konfliktlinien – ‚Stadt versus Land‘, ‚katholisch versus protestantisch‘, ‚klerikal versus säkular‘ – sind im 19. Jahrhundert durch den Aufbau des öffentlichen Pflichtschulwesens virulent geworden. Sie enthielten ein erhebliches Konfliktpotential und führten zur Gründung politischer Parteien, die sich die Durchsetzung der jeweiligen Gruppeninteressen zum Ziel setzten. Aufgrund der ökonomischen und gesellschaftlichen Entwicklungen haben sich diese Konflikte zwar nicht vollständig aufgelöst, doch die Konfliktlinien haben am Ende des 20. Jahrhunderts erheblich an Schärfe verloren. Das staatliche Schulwesen ist weitgehend säkularisiert. Religiöse Akte und Symbole in der Schule haben an Bedeutung verloren; der Religionsunterricht an den Schulen ist fakultativ, seine Offenheit für nicht konfessionell oder religiös gebundene Schüler und für lebenskundliche Themen hat mancherorten seine Akzeptanz erheblich erhöht; die Zahl konfessionell gebundener Schulen in öffentlicher Trägerschaft ist gering. Daß diese Konfliktlinie jedoch nicht völlig verschwunden ist, belegen drei Beispiele. (1) Kritische katholische Theologen und Religionslehrer wurden mit dem Verlust ihrer Lehrbefugnis (‚missio‘) sanktioniert (z.B. BW, NW). (2) Eltern versuchten über den Anspruch auf staatliche Konfessions-Grundschulen türkisch-muslimische Migrantenkinder aus ‚ihren‘ Schulklassen zu verdrängen (NW). (3) Schulgebete und Kruzifixe in staatlichen Schulen haben wiederholt die obersten Gerichte beschäftigt (BY, HE). (4) Im weitgehend säkularen Bundesland Brandenburg streiten Kultusministerium und Kirchen um das Schulfach ‚Lebensgestaltung – Ethik – Religionskunde' (LER) und sein Verhältnis zum konfessionellen Religionsunterricht gemäß Art. 7 Abs. 3 GG.

Trotz der weitreichenden gesellschaftlichen Egalisierungsprozesse besteht die Konfliktlinie ‚Arbeit versus Kapital' fort. Sie hat nicht nur bildungspolitische Bedeutung und ist im Traditions- und Ideologiehaushalt des bipolaren Parteiensystems bis heute präsent. Nicht zufällig entstand die SPD aus den Arbeiterbildungsvereinen, die mit der Parole ‚Wissen ist Macht' antraten, die Bildungsinteressen der Arbeiterschaft durchzusetzen. Die ‚Brechung des bürgerlichen Bildungsmonopols' kann man heute als weitgehend gelungen bezeichnen. Gleichwohl gibt es gerade im Bildungswesen weiterhin Konfliktpotentiale, die sich aus dem Grundkonflikt herleiten lassen und ohne den Blick auf ihre Entstehungsgeschichte schwer verständlich sind. Dies gilt z.B. für die Forderung nach Angleichung der Lehrerausbildung und Lehrerlaufbahnen. Die extremen Unterschiede, die Volksschullehrer und Gymnasiallehrer (Philologen) im 19. Jahrhundert mit Blick auf Ausbildungsniveau, Gehalt und Sozialstatus trennten, sind leute abgemildert; Differenzen aber bestehen fort. Die alte Trennlinie (Lehrerakademie versus Universität) ist praktisch aufgehoben[16] – sie lebte aber bei der Einstufung der DDR-Grundschullehrer wieder auf. Eine marginale Differenz in der Regelstudienzeit ist heute Ausgangspunkt für die Rechtfertigung der Differenzierung der Gehälter und Beförderungsmöglichkeiten. Die Erziehung und Ausbildung der ‚kleinen' Kinder und des leistungsschwächsten und verhaltensschwierigsten Jahrgangsviertels der Zehn- bis Sechzehnjährigen gelten in der gehaltlichen Bewertung geringer als die ‚höhere Bildung' der Gymnasialschüler. Das Lehrerverbandswesen (vgl. GEW und DL versus Philologenverband) spiegelt bis heute diesen Interessenkonflikt wider.

Konflikte hat es in allen Bereichen des Bildungswesens in den vergangenen Jahrzehnten gegeben. Hierzu einige Beispiele: (1) ‚Demokratisierung' des Schul- und Hochschulwesens (Beseitigung des ‚Muffs unter den Talaren'; ‚Ende der Ordinarienuniversität'; ‚Drittelparität'; Streit um Rahmenrichtlinien [HE]); (2) ‚Numerus clausus' oder ‚Öffnung' der Hochschulen; (3) ‚Verstaatlichung' der Be-

---

16 Pädagogische Hochschulen gibt es heute nur noch in Baden-Württemberg.

44

rufsbildung (Berufsgrundbildungsjahr, Ausbildungsplatzabgabe); (4) ‚Verstaatlichung der Weiterbildung' (öffentliche Verantwortung für den quartären Bereich, Steuerung des Weiterbildungsangebots; Bildungsurlaub). Weitere gesellschaftliche Konfliktlinien sind durch die Geschlechterinteressen (Vorrang des Mannes im Berufsleben versus Gleichstellung der Frau) und den Gegensatz ‚traditionelle versus postmaterialistische Werte' markiert. Auch sie haben bis heute anhaltende Wirkungen auf das Bildungswesen ausgeübt, wie der Blick auf Frauenförderpläne in den Hochschulen oder die Debatte um den Bildungsauftag der Schule und die Lernziele zeigen.

Im Zentrum der gesellschaftlichen Interessenkonflikte im Bildungsbereich dürfte in der Regel das allgemeinbildende Schulwesen stehen. Als Brennpunkt der unterschiedlichen Elterninteressen ist es hochgradig emotionsbesetzt, geht es doch um die Chancen der Kinder für ihren späteren Lebensweg. Dabei ist zu beobachten, daß nicht wenige Elten Bildungswege ausschließlich abschluß- und nicht entwicklungs-, inhalts- oder leistungsbezogen sehen. Ohne Blick für die psychischen ‚Kosten' gilt der mühselige, von Mißerfolgen geprägte Weg durch das Gymnasium mehr als der erfolgreiche, mit einem positiven Selbstbild verbundene Weg durch die Realschule. Die zahlreichen späteren Alternativen werden ‚übersehen'.

Die schärfsten bildungs- und gesellschaftspolitischen Kontroversen galten in den siebziger und achtziger Jahren der Gesamtschule. Da es in diesem Streit nicht nur um pädagogische Ziele einer gegenüber dem tradierten ‚ständisch' gegliederten Schulwesen chancengerechteren ‚humanen Leistungsschule' ging, sondern um ‚Gesellschaftsreform durch Bildungsreform', waren der bildungspolitische Diskurs und auch das Gesamtschul-Versuchsprogramm chancenlos. Die hohe Emotionalisierung ließ keinen Raum für eine nüchterne Analyse von Konzepten, Schulversuchsergebnissen und ausländischen Erfahrungen. Nicht zuletzt der schiefe Vergleich mit der sozialistischen Einheitsschule der DDR stilisierte den Konflikt zur Systemfrage zwischen ‚Freiheit oder Sozialismus'. In den neunziger Jahren entschärfte sich die Gesamtschuldiskussion. Die KMK einigte sich auf die Regularien zur Anerkennung der Abschlüsse; die Mehrheit der Gesamtschulbefürworter akzeptierte, daß die Gesamtschule als einzige Schule anstelle des dreigliedrigen Sekundarschulwesens auf absehbare Zeit gesellschaftlich nicht durchsetzbar ist. Die Folgen sind für manche Gesamtschulen gravierend, denen es nicht gelingt, sich für genügend Schüler mit Realschul- und Gymnasialempfehlung attraktiv zu machen, und die mit überzogen Erwartungen überladen werden. So ist ein Teil der Gesamtschulen längst zu verbunden Haupt- und Realschulen geworden. In einigen Ländern ist die Gesamtschule ein dominierender Schultypus, in anderen gibt es sie gar nicht. Die Debatte um die Gesamtschule hat sich vor allem durch die Veränderung der bisherigen Schulformen und ihr Verhältnis zueinander, der seinen deutlichsten Ausdruck in der Verschiebung der Schülerströme fand, verändert. Besuchten Ende der sechziger Jahre etwa ein Viertel der Sekundarschüler Realschulen und Gymnasien, so stieg ihr Anteil bis heute auf mehr als zwei Drittel. Dies entkleidet das Gymnasium vom Nimbus der elitären Schule und nahm der Realschule die Funktion der Aufsteigerschule. Durch das sehr viel größere Leistungsspektrum ihrer jeweilige Schülerschaften sind dadurch beide zu ‚Gesamtschulen‘ geworden. Die Hauptschulen indes gerieten in eine Akzeptanz- und Existenzkrise, die in einigen Bundesländern zur Abschaffung durch Integration in die ‚verbundene Haupt- und Realschule‘ (HH), ‚Mittelschule‘ (SN), ‚Sekundarschule‘ (ST), ‚Regelschule‘ (TH) oder ‚Erweiterte Realschule‘ (SL) geführt hat. (Dok. 7)

Auch wenn die Gesamtschuldebatte nicht mehr den bildungspolitischen Diskurs bestimmt (vgl. Kap. 3.1), besteht weiterhin Diskussionsbedarf über die mit ihr verbundenen Themen. Diese haben weniger mit Struktur- als mit Qualifikations- und Leistungsfragen zu tun. Welche Bildungsaufgaben und Erziehungsziele soll die Schule wahrnehmen? Welches sind die von einem breiten gesellschaftlichen Konsens getragenen Erwartungen an das Schulwesen? Was kann die Schule angesichts der sie beeinflusseenden gesellschaftlichen Rahmenbedingungen leisten? Wie muß sie auf die innerstaatlichen und internationalen Herausforderungen antworten? Zweifellos gibt es auf diese Fragen unterschiedliche Antworten; doch scheinen die Chancen für einen breiten gesellschaftlichen Konsens am Beginn des neuen Jahrzehnts größer als früher zu sein.

2.4 Herausforderungen und zukünftige Aufgaben der Bildungspolitik

Mit sechs Stichworten sei abschließend der Blick auf einige grundsätzliche Herausforderungen und Aufgaben der Bildungspolitik gelenkt.

,Erziehung': Die Veränderung der gesellschaftlichen Rahmenbedingungen (Kleinfamilien, Alleinerziehende, Wertewandel, ethnische Minderheiten) weisen der Schule, aber auch der Berufsbildung und in gewissem Maße auch den Hochschulen neue Aufgaben zu, die mit Wertevermittlung, Gruppenerziehung, sozialen Kompetenzen, Teamorientierung u.ä. beschrieben werden können. (Dok. 8, 9, 12)

,Bildung und Wissen': Die Bildungseinrichtungen der verschiedenen Stufen werden sich angesichts wachsender Unsicherheiten über die spezifischen Arbeitsplatzanforderungen auf das jeweilig Allgemeine (Wissen, Kulturtechniken, Methoden, Fremdsprachen, Schlüsselkompetenzen) der Allgemeinbildung, der Berufsausbildung und des Hochschulstudiums zu konzentrieren haben. ,Technik', ,Organisation' und ,Dienstleistung' sollten Unterrichts- und Erfahrungsbereiche sein, die allgemeines und berufliches Lernen verbindet[17] (Dok. 8, 10, 11, 20, 21, 24, 33)

,Integration und Differenzierung': Offene pluralistische Gesellschaften benötigen Chancengleichheit als Basis dafür, daß die Systemgrundlagen und Spielregeln Akzeptanz finden und die Differenz der Lebenschancen erträglich bleibt. Bildungschancengleichheit hat zwei Dimensionen: Nachteilsausgleich und fähigkeitsorientierte Unterstützung. Zur ersteren tragen Integration (Heterogenität der Lerngruppen) und individuelle Hilfen bei. Zur zweiten gehört die differenzierte Förderung nach individuell unterschiedlichen Interessen und Leistungsmöglichkeiten. Bildungspolitische und pädagogische Maßnahmen zur Verbesserung der Chancengleichheit werden akzeptiert, wenn beide Dimensionen beachtet werden. Gleichheit der Chancen ohne Differenzierung nach individuellen Fähigkeiten und Leistungen ist ein Widerspruch in sich. (Dok. 8)

,Autonomie': Die Erweiterung der tatsächlichen Handlungsspielräume der Bildungseinrichtungen auf der Basis gesetzlich oder ver-

---

17 Vgl. ,Bildungs-Delphi', BMBF 1998(e).

traglich festgelegter Regeln über die zu erbringenden ,Produkte' entspringt verschiedenen Überlegungen. Handlungsfreiräume erfordern Eigenverantwortung und können Identifikations- und Leistungsbereitschaft sowie Effektivität erhöhen. ,Autonomie' ermöglicht Differenzierung und Individualisierung; diese scheinen künftig besser die Integration in das Beschäftigungssystem und den Erfolg im Berufsleben als die Standardisierung von Institutionen und Bildungsgängen zu ermöglichen. ,Autonomie' von Institutionen, die öffentlich finanziert werden, erfordert den Umbau der staatlichen Aufsichts- in Beratungs-, Evaluations- und Eingriffsaufgaben, die erforderlich sind, um Mindeststandards für die Erfüllung der gesetzlich übertragenen oder vertraglich übernommenen Leistungsverpflichtungen zu sichern. (Dok. 13, 14, 27)

,Mindeststandards': Die Außensteuerung der Institutionen sollte primär ergebnisorientiert erfolgen. Die auf Regeln gestützte Inputsteuerung sollte sich auf Mindeststandards (Inhalte, Leistungsmessung, Leistungsberichterstattung) für den jeweiligen Typus der Bildungseinrichtung beschränken. Schulprogramme beschreiben den Entwicklungsstand der Schule und ihre mittelfristigen Ziele und Aufgaben. Solche Programme sollten Teil der Leistungsvereinbarungen mit den Schulbehörden sein. (Dok. 11, 13)

,Zuwanderung und Interkulturalität': Die Binnenpluralität der Gesellschaften wächst im Zuge der ,Modernisierung' und der Migration. Zur gesellschaftlichen Integration benötigen Zuwanderer besondere Hilfen, die unter ,Bildungschancengleichheit' thematisiert sind. Wachsende Binnenpluralität stellt innerstaatlich Herausforderungen, die früher eher zwischenstaatlich erlebt wurden: die Erfahrung unterschiedlicher Traditionen, Werte, Sprachen und Verhaltensweisen. Der erlebte und erlernte Umgang mit dem Anderen auf dem Hintergrund des Eigenen und die Erfahrung des Eigenen durch die Reflektion des Anderen ist der Kern interkulturellen Lernens in der Schule. Dieser Kompetenzbereich wird angesichts der innerstaatlichen Pluralität sowie der Europäisierung und Globalisierung der Wirtschaft und der Lebensverhältnisse immer weniger verzichtbar.[18]

---

18 Vgl. Bühler-Otten/Neumann/Reuter 2000; Dok. 8.

3. Schule

3.1 Gesamtschule und Struktur der Sekundarstufe I

Seit mittlerweile mehr als dreißig Jahren gibt es in der Bundesrepublik Deutschland Gesamtschulen. Wie kaum ein anderer Teil des Schulsystems waren und sind sie Gegenstand kontroverser Diskussion, ja der Polarisierung. Die Diskussion um die Gesamtschule und ihre Stellung im Schulsystem ist nahezu untrennbar mit der Debatte um gleiche Chancen im Bildungswesen verbunden. Gesamtschulbefürwortern gilt das gegliederte Schulwesen als anachronistisch und sozial selektiv; Chancengleichheit sei nur in einer von allen Schülerinnen und Schülern besuchten Schule mit innerer Fach- und Leistungsdifferenzierung zu verwirklichen. Nach Ansicht von Gesamtschulgegnern hingegen werde ein strukturell gegliedertes Schulwesen unterschiedlichen Begabungen am ehesten gerecht; Schülerinnen und Schüler könnten hier die nach Neigung, Eignung und Leistungsmotivation am ehesten passende Schule finden. Problematisch an der Debatte ist, daß politisch-ideologische Argumente pädagogische Erwägungen oftmals überlagern; dies belegt nicht zuletzt die Zuordnung von Gesamtschulbefürwortern wie -gegnern zu je spezifischen politischen Lagern und Interessengruppen. Mit der Frage ‚Gesamtschule – ja oder nein?' wird noch immer eine der markanten Konfliktlinien im schulpolitischen Diskurs abgebildet. Dies wurde paradigmatisch deutlich in den 1990/91 geführten Auseinandersetzungen um den strukturellen Neuaufbau des Schulwesens in Ostdeutschland. (Kap. 7) In den in der Phase bis zur Vereinigung beider deutscher Staaten geführten bildungspolitischen Diskussionen spielten Strukturfragen nahezu keine Rolle. Demgegenüber waren die Ende 1990 in den neuen Bundesländern aufgenommenen parlamentarischen Beratungen, aber auch die außerparlamentarischen Debatten um die Neugestaltung des Schulwesens von der Kontroverse um die Einführung der Gesamtschule als Regelschule geprägt. Die sich im Neuaufbau des Schulwesens in Ostdeutschland manifestierenden Ergebnisse der schulpolitischen Diskussionen belegen dies eindrücklich: Im Land Brandenburg, in dem seit Wiedergründung die SPD den Ministerpräsidenten stellt, besucht heute etwa die Hälfte aller Schülerinnen und Schüler in der Sekundarstufe I eine Gesamtschule; in Sachsen – hier regiert seit 1990 die CDU mit absoluter Mehrheit – ist die Gründung von Gesamtschulen bis heute nicht zulässig.

Allgemeinbildende Schulen: Schüler nach Schularten
(Schuljahr 1998/99)

	Schüler insgesamt	Ausländische Schüler	Schüler an priv. Schulen
Grundschulen	3.602.000	395.945	37.501
Schulartunabhängige Orientierungsstufe	409.780	30.734	9.258
Hauptschulen	1.097.978	188.915	19.620
Schularten mit mehreren Bildungsgängen	385.844	5.117	1.747
Realschulen	1.247.635	78.608	88.795
Gymnasien	2.223.398	88.023	229.515
Integrierte Gesamtschulen	548.349	63.791	10.307
Freie Waldorfschulen	67.268	1.395	67.268
Sonderschulen	410.422	59.296	55.780
Insgesamt	9.992.674	911.824	519.791

Quelle: Statistisches Bundesamt: Bildung und Kultur, Fachserie 11, Reihe 1: Allgemeinbildende Schulen. Wiesbaden 1999, S. 27.

Im Vergleich zu den sechziger und siebziger Jahren hat die Gesamtschuldiskussion an Schärfe verloren. Dennoch scheiden sich die Geister bis in die jüngste Zeit an diesem wie an fast keinem anderen bildungspolitischen Thema. Zwei Beispiele: Postulieren Heinz Günter Holtappels und Ernst Rösner in einer Bilanz zu 25 Jahren Gesamtschulentwicklung in der Bundesrepublik Deutschland: „Mehr denn je gilt heute: Auf dem Weg zu einem zeitgemäßen Schulkonzept befindet sich am ehesten die Gesamtschule"[1], so zieht Wolfgang Bergsdorf zum Beleg genau des Gegenteils die Rede des früheren Bundespräsidenten Roman Herzog zum Thema

---

1 Holtappels/Rösner 1996, S. 222.

Bildung vom November 1997 heran: „Fast jeder Satz seiner Rede – soweit sie sich mit der Schule beschäftigt – kann als eine Anklage der im heftigen Streit zwischen den Parteien durchgesetzten Gesamtschule verstanden werden."[2] Nicht zuletzt aufgrund der faktischen Entwicklung – die Gesamtschule zählt heute in den meisten Bundesländern zu den Regelbestandteilen des Schulwesens – ist die Frage ‚Gesamtschule – ja oder nein?' heute kein zentrales Wahlkampfthema mehr. Noch immer ist es aber Parteien wie der SPD und den Grünen ein wichtiges Anliegen, Gesamtschulen bildungspolitisch durchzusetzen oder in ihrer Bedeutung zu stärken, während die konservativen Parteien in den von ihnen regierten Ländern Gesamtschulen zumindest in ihrer Zahl begrenzen.

Der Streit um die Gesamtschule ist ein Element der in den sechziger Jahren einsetzenden Bildungsreformdebatte, die 1969 in eine Empfehlung des Deutschen Bildungsrates und im Jahr 1972 in eine Vereinbarung der Kultusministerkonferenz[3] zur Errichtung von Gesamtschulen als Versuchsschulen mündete. Grundlage beider war eine Analyse der Defizite und Probleme des bestehenden gegliederten Sekundarschulwesens, aus der die Notwendigkeit einer strukturellen Neuordnung der Sekundarstufe sowie der Vorschlag, diese in Form von Gesamtschulen zu realisieren, abgeleitet wurde. Die Kritik am bestehenden Schulsystem bündelte sich in vier thematisch verschiedenen Bereichen. Im Rahmen einer pädagogisch-psychologischen Argumentationslinie wurden der faktische Zwang zur Festlegung des weiteren Bildungsweges bereits in der vierten Grundschulklasse und die geringen Möglichkeiten zur Revision einer einmal getroffenen Schulwahlentscheidung als unzeitgemäß in Frage gestellt. Die strukturell getrennten Bildungsgänge, die kaum Möglichkeiten für individuelle Profilbildung und Neigungswahl zuließen, wurden als zu starr kritisiert. In der integrierten Gesamtschule sollte es hingegen möglich sein, Laufbahnentscheidungen bis zum Ende der Sekundarstufe I offen zu halten, ein nach Leistung, Eignung und Neigung differenziertes Bildungsangebot zu unterbreiten und bei Bedarf kompensatorische Angebote für leistungsschwächere Schülerinnen und Schüler bereitzuhalten.

---

2 Bergsdorf 1997, S. 45.
3 Zur Rechtsstellung der Kultusministerkonferenz und ihren Aufgaben mit Blick auf das Bildungssystem vgl. Schulz-Hardt 1996.

Zur Abwendung einer Mitte der sechziger Jahre insbesondere von Georg Picht medienwirksam thematisierten ,Bildungskatastrophe'[4] sollten Begabungsreserven mobilisiert werden. Diese vermutete man vor allem in jenen sozialen Schichten, denen der Zugang zu höheren Bildungseinrichtungen im gegliederten Schulwesen bis dahin nicht gelungen war. Aus bildungspolitischer Sicht versprach man sich von der Gesamtschule, daß sie genau dies leisten könne.

Der bildungstheoretische Argumentationsstrang mündete in die Forderung, im Zuge einer Lehrplan- und Curriculumreform wissenschaftsorientierten Unterricht für *alle* Schülerinnen und Schüler zu ermöglichen, was eher in Gesamtschulen erreichbar sein sollte als im gegliederten Schulwesen. Das die Debatte bis heute tragende Kernargument jedoch hat einen sozialpolitischen Hintergrund: Gesamtschulen soll(t)en ein Medium zur Verringerung sozialer Ungleichheit sein. Die sich nach Ansicht seiner Kritiker im Zugang zu den Schularten des gegliederten Schulwesens widerspiegelnde Trennung der Gesellschaft in soziale Schichten und Milieus sollte dadurch entschärft werden, daß alle Schülerinnen und Schüler zumindest bis zum Ende der Sekundarstufe I eine nach Leistung und Neigung differenzierende, gleichwohl gemeinsame Schule besuchen sollten. Auf diesem Weg sollten soziale Ungleichheiten abgebaut und soziales Lernen ermöglicht werden. Zudem sollte mit dem Ersatz des gegliederten Schulwesens durch Schulen für alle Schüler einer Altersgruppe ein Beitrag zur Demokratisierung der Gesellschaft geleistet werden. Indem gleiche Startbedingungen für alle Kinder und Jugendlichen geschaffen und die Entscheidung über die Trennung der Bildungswege an das Ende der Sekundarstufe I verlegt werden sollten, schien die Realisierung des Chancengleichheitspostulates möglich. Die vorgesehene Binnendifferenzierung und ein umfangreiches Angebot an fakultativen und Neigungswahlangeboten sollte die optimale Förderung eines jeden Kindes und Jugendlichen ermöglichen. Gleichzeitig ging es darum, kompensatorische Angebote für solche Kinder und Jugendlichen anzubieten, die milieubedingt als benachteiligt galten; dies ist nach wie vor eines der wichtigen Anliegen der Gesamtschulbefürworter[5]. „Das in der Ver-

---

4 Vgl. Picht 1964.
5 Zu den grundlegenden Argumentationslinien für die Einführung der Gesamtschule vgl. Arbeitsgruppe Bildungsbericht am Max-Planck-Institut für Bildungsforschung 1994, S. 517ff.

bindung von optimaler Förderung und Disparitätenminderung an-
gelegte Dilemma blieb in der Entwicklung der Gesamtschule zunächst in der Schwebe, bis sich das Gewicht allmählich auf die Seite
des Chancenausgleichs verlagerte."[6] Chancengleichheit insbesondere im Sinne des Ausgleichs außerschulischer Benachteiligungen zu
interpretieren blieb, auch, nachdem sich die Gesamtschule in den
siebziger Jahren als Regelschule durchgesetzt und sich die KMK im
Jahr 1982 auf die bundesweite Anerkennung der Gesamtschulab-
schlüsse verständigt hatte, ein Kerngedanke des Gesamtschulkon-
zepts. Gleichzeitig machte dies die Gesamtschulen angreifbar, da der
optimalen Förderung aller, somit auch besonders leistungsfähiger
Schüler, nur zweite Priorität galt. In diese Richtung deuten auch die
vorliegenden Forschungsergebnisse zu den Leistungen und Problemen der Gesamtschulen. Es zeigt sich, daß Gesamtschulen im Vergleich zu den Schulen des gegliederten Sekundarschulwesens mehr
bessere Abschlüsse vergeben, d.h., es gibt mehr Schüler mit mittlerem Bildungsabschluß und mehr Befürwortungen eines Überganges
in die gymnasiale Oberstufe; zudem ist die Zahl der Abgänger ohne
Hauptschulabschluß geringer. Es ist davon auszugehen, daß dies auf
den besonderen Bemühungen um kompensatorische Förderung lei-
stungsschwächerer Schüler beruht, aber auch, und dies betonen Ge-
samtschulgegner, auf einem insgesamt niedrigeren Anforderungsni-
veau. Gesamtschulen können für sich in Anspruch nehmen, daß in
ihnen schicht- und geschlechtsspezifische Benachteiligungen im Zugang zu weiterführenden Bildungsgängen abgebaut wurden; damit
kann eines der Kernanliegen der Gesamtschulidee als verwirklicht
gelten.[7] Allerdings ist die Entwicklung auch im gegliederten Schulwesen nicht stehen geblieben. Die in den sechziger Jahren iden-
tifizierten Benachteiligtengruppen, seinerzeit plakativ festgemacht
am Konstrukt des ‚katholischen Arbeitermädchens vom Lande‘, sind
heute weitgehend verschwunden. So ist z.B. das Stadt-Land-Gefälle
in der Schul- und Unterrichtsversorgung abgebaut; der Anteil weib-
licher Gymnasialabsolventen liegt mittlerweile über dem männlichen; vergleichbares gilt für den erreichten Notendurchschnitt.

---

6 Arbeitsgruppe Bildungsbericht am Max-Planck-Institut für Bildungsforschung
 1994, S. 519.
7 Vgl. Gudjons 1993, S. 288f.

Das Bildungssystem in Niedersachsen

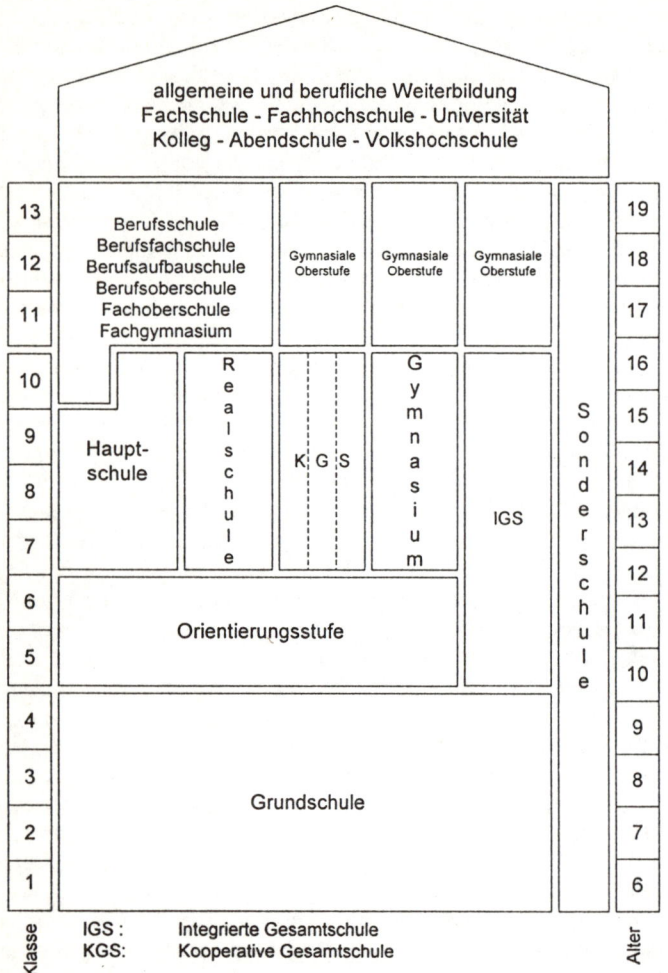

Grundproblem der Gesamtschulen war und ist, daß sie im Gegensatz zu der ursprünglichen Intention heute nicht das gegliederte Schulwesen ersetzen, sondern eine dritte oder vierte Säule des Sekundarschulwesens bilden. Die vorgesehene Gliederung des leistungsdifferenzierten Unterrichts in A-, B- und C-Kursniveau spiegelte das gymnasiale, das Realschul- und das Hauptschulniveau wider; der Umstand, daß heute zumeist zwei Leistungsniveaus angeboten werden, kann als Beleg dafür gewertet werden, daß es der Gesamtschule nicht gelungen ist, eine Klientel anzusprechen: die der potentiellen Gymnasialschüler. Kritiker sehen die Gesamtschule heute de facto als eine Art kombinierter Haupt- und Realschule, was hinsichtlich des Schülerpotentials für einen großen Teil der Gesamtschulen durchaus zutreffen dürfte. Das Weiterbestehen eigenständiger Gymnasien führt für die Gesamtschulen zum sogenannten ‚Creaming-Effekt‘; wo Gesamtschulen in Konkurrenz zum gegliederten Schulwesen stehen, besuchen leistungsstärkere Kinder und Jugendliche zumeist das Gymnasium und sind für die Gesamtschulen kaum erreichbar. Damit fehlt vielen Gesamtschulen ein Teil der Altersjahrgänge, durch den sie erst zur ‚Gesamt-Schule‘ würden. Der Anspruch, Bildung auch auf gymnasialem Niveau zu bieten, ist unter diesen Umständen kaum haltbar. Gleichwohl erfreuen sich Gesamtschulen, auch wenn sie Teil eines vielfältigen Schulangebotes sind, oftmals regen Zuspruchs, da in vielen Ländern Gesamtschulen finanziell stark gefördert werden und über die reine Unterrichtsversorgung hinausgehende Bildungs- und Betreuungsangebote unterbreiten können. Eltern können sich von diesen Gesamtschulen eine intensive Lernförderung sowie, wenn notwendig, zusätzliche sozialpädagogische Betreuung und einen höheren Schulabschluß für ihre Kinder erhoffen.

Die Situation der Gesamtschule variiert sehr stark von Bundesland zu Bundesland. In einigen Ländern besucht ein großer Teil der Schülerschaft eine Gesamtschule; in Brandenburg sind es über 50%, in Berlin rund ein Drittel, und auch in Bremen, Hamburg, Hessen und Nordrhein-Westfalen erhalten mehr als 10% der Schülerinnen und Schüler in der Sekundarstufe I ihren Unterricht dort. In anderen Ländern wie Bayern, Baden-Württemberg, Sachsen, Schleswig-Holstein oder Thüringen hingegen hat die Gesamtschule keine oder nur eine marginale Bedeutung im Rahmen des Schulangebotes. Im Bundesdurchschnitt liegt der Anteil der Gesamtschülerinnen und -schüler bei rund zehn Prozent. Demgegenüber besucht etwa ein Drittel der entsprechenden Altersjahrgänge ein Gymnasium, ein weiteres Drittel die Realschule, die eigentliche ‚Gewinnerin‘ der Bildungsreform der vergangenen Jahrzehnte.

Die ursprüngliche Idee, im Zuge einer umfassenden Reform das gegliederte Schulwesen flächendeckend durch Gesamtschulen zu ersetzen, wird kaum noch ernsthaft verfolgt; zu gering wären die Chancen ihrer Realisierung, zumal die Gesamtschule nach wie vor hart kritisiert wird.[8] Gesamtschulen vermögen sich dort zu behaupten, wo eine Nachfrage nach ihnen besteht. Dies ist insbesondere in Ballungszentren der Fall sowie dort, wo Gesamtschulen besondere pädagogische Angebote unterbreiten, zu denen nicht zuletzt die oftmals angebotene Ganztagsbetreuung der Kinder und Jugendlichen zu zählen ist. Der Versuch jedoch, politisch motiviert Gesamtschulen flächendeckend zu implementieren, hat sich weitgehend als Fehlschlag erwiesen – dies zuletzt in Brandenburg, wo zunächst intendiert war, Gesamtschulen alternativlos als Schulart der Sekundarstufe I zu installieren.[9] Zudem haben sich die Schulen des gegliederten Schulwesens in den vergangenen drei Jahrzehnten erheblich verändert. Durch die Aufnahme vielfältiger, aus reformpädagogischen Ansätzen abgeleiteter Unterrichtsformen wie Gruppen- und Projektarbeit, offenem Unterricht, Unterricht mit Tages- und Wochenplänen und einer Vielzahl weiterer didaktischer und methodischer Modifikationen der Unterrichtsgestaltung ist ein großer Teil derjenigen Mängel, deren Feststellung in den sechziger Jahren die Gesamtschulidee trug, abgestellt. Die Behauptung, Gesamtschulen böten das bessere, weil modernere Unterrichtsangebot, trägt insoweit heute nicht mehr. Gleichwohl ist nicht zu übersehen, daß ungeachtet der Kontroverse um Gesamtschulen und gegliedertes Schulsystem das gesamte allgemeinbildende Schulwesen angesichts zukünftiger Herausforderungen weitergehender inhaltlicher und innerer Reformen bedarf.

Interessanterweise haben außerschulische Entwicklungen die Gesamtschule in den vergangenen Jahren auch in schulpolitisch konservativen Kreisen wieder ins Gespräch gebracht. Strukturelle Probleme in Folge des demographischen Wandels lassen die Gesamtschule als diskutier- und finanzierbare Alternative zum gegliederten Sekundarschulsystem erscheinen. In Kommunen, die in Zeiten sinkender Schülerzahlen ein Angebot niveauverschiedener

---

8 Vgl. z.B. Heike Schmoll: Kein Nutzen für Hauptschüler, viel Schaden für Realschüler und Gymnasiasten, in: F.A.Z. vom 18.5.1998, S. 4.
9 Ausführlich dazu Fuchs 1997, S. 150f.

Bildungsgänge wohnortnah erhalten wollen, bietet sich mit der Gesamtschule eine Schulart an, deren Struktur dies unter einem Dach und zu vertretbaren Kosten ermöglicht. Solche Gesamtschulen hätten dann auch geringere Probleme mit dem ‚Creaming-Effekt' und könnten beweisen, daß sie tatsächlich in der Lage sind, nicht nur zum Abbau milieuspezifischer Disparitäten beizutragen, sondern auch die optimale Förderung aller, also auch der besonders leistungsfähigen Schüler, zu ermöglichen. In Westdeutschland eher als Option im Bereich des Wünschbaren diskutiert, zeichnet sich das mit dieser Idee verbundene Problem rückläufiger Schülerzahlen in den neuen Bundesländern in besonderer Schärfe ab (Kap. 7.4). Es bliebe zu hoffen, daß diese im Grunde unerfreuliche Entwicklung es ermöglicht, Gesamtschulen zukünftig auch durch eine andere als die ideologische Brille zu betrachten und so die Diskussion insgesamt etwas zu versachlichen.[10]

3.2 Diskussion um die gegenwärtigen und zukünftigen Aufgaben der Schule

Seit jeher ist die Existenz des institutionalisierten Schulwesens von der Diskussion um den Auftrag und die Aufgaben der Bildungseinrichtungen begleitet. Daß Schulen einen Bildungs- und einen Erziehungsauftrag gleichermaßen haben, wird dabei nicht grundsätzlich in Frage gestellt. Kontroversen setzen jedoch bei der Frage der Gewichtung der Anteile von Bildung und Erziehung ein; es ist strittig, ob Erziehung gleichgewichtig neben dem Bildungsauftrag steht oder ob ihr nur eine subsidiäre und kompensatorische Funktion bei individuell vorgefundenen Defiziten zukommt. Gefragt wird, ob Lehrkräfte ‚Mut zur Erziehung' brauchen, um die ihnen durch die Schulgesetze und zumeist auch durch die jeweilige Landesverfassung vorgegebenen Erziehungsziele zu verwirklichen, oder ob es genüge, sich im wesentlichen auf den Bildungsauftrag zu beschränken und im übrigen auf das grundgesetzlich verankerte elterliche Erziehungsvorrecht zu verweisen. Neben der Diskussion um die Gewichtung von Bildung und Erziehung im Unterrichtsall-

---

10 Vgl. Arbeitsgruppe Bildungsbericht am Max-Planck-Institut für Bildungsforschung 1994, S. 524ff.

tag gilt der Blick den sich verändernden, dabei insbesondere durch das Element der Erweiterung gekennzeichneten Aufgaben der Schule. So wird darauf verwiesen, daß, angelehnt an die Thesen Ulrich Becks, Schule im 21. Jahrhundert „Schule in der Risikogesellschaft"[11] sei. Hieraus resultiere Reformbedarf in verschiedener Hinsicht. Schule solle zur Stärkung der Ich-Identität von Schülerinnen und Schülern beitragen, um Gewalt und Minderheitenfeindlichkeit zu begegnen; sie solle moderne Basis- und Schlüsselqualifikationen vermitteln und gleichzeitig die Möglichkeit bieten, einzuüben, Interessen auf demokratischem Wege auszugleichen, Differenz auszuhalten und Ziele gemeinsam zu finden und zu realisieren. In einem der Kernpunkte der gegenwärtigen Diskussion um die Aufgaben der Schule geht es um die Aufrechterhaltung eines Gleichgewichts zwischen Gleichheit und Differenz, exemplifiziert an interkultureller Erziehung (Schülerinnen und Schüler deutscher und nichtdeutscher Muttersprache), integrativen Ansätzen (Schülerinnen und Schüler mit und ohne physische und psychische Schädigungen) und Binnendifferenzierung, bezogen auf Schüler unterschiedlicher Begabungs- und Leistungsniveaus. Dabei seien sich verstärkende soziale Unterschiede, mangelnde familiale Sozialisationsleistungen und fehlendes kulturelles Kapital – kurz: Chancengleichheit verhindernde Elemente – aus der Diskussion verdrängt worden. Ulf Preuss-Lausitz fordert, auch und gerade mit Blick auf die laufende Schulautonomie-Diskussion (Kap. 3.3), soziale Differenz und die Möglichkeiten ihres Ausgleichs durch Schule, somit die sozialpolitische Dimension von Schule, stärker hervorzuheben.[12]

Neben den skizzierten gibt es eine Debatte um die gegenwärtigen und zukünftigen Aufgaben der Schule unter erziehungswissenschaftlichen Fragestellungen im engeren Sinne. Exemplarisch verdeutlicht werden kann diese Diskussion an der Kontroverse, die ein erstmals 1995 veröffentlichter Aufsatz von Hermann Giesecke mit dem Titel „Wozu ist die Schule da?"[13] auslöste und in dessen Folge es zu z.T. heftigen Reaktionen in der Fachdisziplin kam.[14] Woran entzündete sich der Streit? Giesecke hatte in zuge-

---

11 Preuss-Lausitz 1997, S. 586.
12 Vgl. Preuss-Lausitz 1997, S. 587f.
13 Vgl. Giesecke 1996.
14 Vgl. Fauser 1996.

spitzter Form u.a. auf derzeit in Schulen vorfindbare Defizite wie Aggressivität und Gewaltbereitschaft unter Schülern, Konzentrations- und Leistungsmängel, aber auch die sich z.B. in einer hohen Frühpensionierungsrate widerspiegelnde Ohnmacht vieler Lehrerinnen und Lehrer angesichts der vorgefundenen Zustände hingewiesen und einschneidende Konsequenzen gefordert. Die Frage, so Giesecke, wozu die Schule da sei, müsse „offensichtlich gegen den Zeitgeist neu beantwortet werden".[15] Giesecke betonte, er halte die reformpädagogisch begründete Strategie, Schule und Unterricht vor allem an den Interessen und Bedürfnissen der Schülerinnen und Schüler zu orientieren, für gescheitert. Die in den Schulen Tätigen könnten die Schul- und Unterrichtsfähigkeit der ihnen anvertrauten Kinder nur noch in begrenztem Umfang selbst herstellen und seien auf die – nach seiner Ansicht vielfach mangelnde – Unterstützung der Eltern angewiesen. Zudem werde „jedes halbwegs für wichtig gehaltene politisch-gesellschaftliche Problem (...) zumindest *auch* als *pädagogisches* formuliert und damit zur Aufgabe der Schule erklärt".[16] Schulen überforderten sich mit falschen (Selbst-) Erwartungen hinsichtlich ihrer Bildungs- und Sozialisationsleistungen; außerschulische Sozialisationsagenturen hingegen würden sowohl in der Reichweite ihrer Wirkung als auch in ihrer allgemeinen Bedeutung für die nachwachsenden Generationen unterschätzt. Die Aufgabe der Schule, in einer Zeit relativer normativer und sozialer Offenheit einen Beitrag zur wertgebundenen Orientierung der Schülerinnen und Schüler zu leisten, werde in zu geringem Maße wahrgenommen; die Balance zwischen der Befriedigung individueller Bedürfnisse und gesellschaftlicher Erwartungen sei nicht mehr hinreichend gegeben. Aus dieser Sicht fordert Giesecke, daß sich Schule als gesellschaftliche Institution wieder stärker auf ihren Kernauftrag, die Erteilung von Unterricht, besinnen und dabei auch vor der negativen Sanktionierung solchen Verhaltens nicht zurückschrecken solle, durch welches sie in der Erfüllung ihres Auftrages behindert werde. Der öffentliche Anspruch der Schule müsse wieder stärker zur Geltung gebracht werden; zudem hätten sich die Schulen über ihre Stellung im Verhältnis zu

---

15 Giesecke 1996, S. 15; vgl. a.a.O. S. 5f.
16 Giesecke 1996, S. 7 (Hervorhebung im Original).

anderen sozialisationsrelevanten Agenturen neu zu verständigen.[17]

Von der Kritik fühlten sich insbesondere solche Erziehungswissenschaftler und Schulpraktiker angesprochen, die die heute für viele Schulen maßgeblichen pädagogischen und didaktischen Konzepte in Forschung und Lehre vertreten. Sie verwiesen in ihrer Reaktion auf die Aussagen Gieseckes darauf, daß Schulen heute mit einem in früheren Zeiten nicht bekannten Maß an Heterogenität in der Schülerschaft umgehen müssten, daß sich insbesondere auch die sozialen Herkunftsmilieus der Schülerschaft in den letzten Jahren stark verändert hätten und daß die Lebenswelten der Kinder so verschieden geworden seien, daß die Orientierung des Unterrichts und der Erziehung an einem wie auch immer definierten Normalfall nicht mehr möglich sei. Die Pluralisierung der Lebensstile, der Werte und Normen und der familiären Verhältnisse seien ein Faktum, auf das Schule zu reagieren habe. So könne z.B. nicht mehr selbstverständlich davon ausgegangen werden, daß eine innerfamiliäre nachmittägliche Hausaufgabenbetreuung gesichert sei; anderes wäre zu nennen. Andererseits könne – dies scheint auch bei den Vertretern des gegenwärtigen, reformpädagogisch orientierten schulpädagogischen Mainstreams unstrittig zu sein – Schule nicht *alle* individuellen und sozialen Problemlagen kompensieren.[18] Dies überfordere die in den Schulen tätigen Lehrkräfte, die den wesentlichen Teil des Bildungs- und Erziehungsauftrages zu bewältigen haben, zeitlich, menschlich und z.T. auch fachlich. Auch in der Replik auf die Thesen Gieseckes wird die Auseinandersetzung um die von der Schule stets neu zu suchende Balance zwischen individuellen und gesellschaftlichen Ansprüchen deutlich. Hier treffen pädagogische, bildungspolitische und bildungspraktische Aspekte zusammen. Deutlich wird ebenso, daß die Frage, wie Schule zu sein hat, um sowohl gesellschaftliche als auch individuelle Forderungen angemessen befriedigen zu können, von jeder Generation neu zu beantworten ist und einem fortdauernden Aushandlungsprozeß zwischen Lehren-

---

17 Vgl. Giesecke 1996, passim. Giesecke hat die in dem genannten Aufsatz vorgetragenen Thesen ausgearbeitet und in den historischen Kontext von fünfzig Jahren bildungspolitischer Entwicklung in der Bundesrepublik Deutschland gestellt; vgl. Giesecke 1998.

18 Vgl. Kucharz/Sörensen 1996 S. 19f.

den, Lernenden und Eltern einerseits sowie Schule, Erziehungswissenschaft und Bildungspolitik andererseits unterliegt.

In der Fachwissenschaft umstritten ist die im Zusammenhang mit der Diskussion um die heutigen und zukünftigen Aufgaben der Schule vorgetragene These, Schule müsse lebensnah sein und die individuell erfahrene Lebensumwelt im Unterricht angemessen zur Geltung kommen lassen. Hier steht Schule in einem eigentümlichen Spannungsverhältnis. Einerseits scheint es in der Tat notwendig, bestimmte soziale Lernerfahrungen soweit möglich ‚authentisch‘ und lebensnah zu vermitteln, z.B., in dem es ermöglicht wird, die Wahrnehmung politischer Teilhaberechte in der Demokratie an praktischen Beispielen im schulischen Alltag einzuüben. Gelegenheit bieten u.a. die in einigen Ländern gesetzlich verankerten Schulkonferenzen, in denen Schüler gleichberechtigt über schulische Angelegenheiten mitbestimmen können. Andererseits sind nicht wenige Lerngegenstände eher über Abstraktion und Exemplifikation, über ‚Zeigen‘ und die Vermittlung von Regeln und Gesetzmäßigkeiten verständlich zu machen, seien dies die Grundlagen der Naturwissenschaften, Grammatikregeln oder mathematische Modelle. Hinzu kommt, daß Lernen und sich Bilden oftmals eines ‚Schonraumes‘ bedürfen, der es ermöglicht, sich in Ruhe und mit Konzentration auf einen Lerngegenstand einzulassen und in dem gleichzeitig die in der Schule lernenden Kinder und Jugendlichen gegen Ablenkungen und Störungen, aber auch gegen Zumutungen und Gefährdungen des ‚wirklichen Lebens‘ zumindest temporär abgeschirmt sind. Insofern kann die Aussage, Schülerinnen und Schüler störten den Unterricht nicht zuletzt, „weil ihre Schule nichts mit ihnen und ihrem Leben zu tun hat"[19], auch zu falschen Schlußfolgerungen verleiten.

Wenn Schulen in immer größerem Umfang Erziehungsaufgaben wahrnehmen (müssen), die nach der Kompetenzordnung des Grundgesetzes (GG) – hier: Art. 6 Abs. 2 GG – den Eltern vorbehalten sind, werden nicht nur pädagogische, sondern auch bildungspolitische und rechtliche Fragen berührt. Das Grundgesetz definiert Erziehung als elterliches Recht *und* elterliche Pflicht gleichermaßen. Wenn Eltern aber nicht willens oder in der Lage sind, ihren Verpflichtungen in angemessener Weise nachzukommen, können

---

19 Kucharz/Sörensen 1996, S. 21.

Schulen in eine schwierige Lage geraten. Zum einen zählt es zu den Aufgaben der Lehrkräfte, auf erkannte Erziehungs- und Sozialisationsdefizite kompensatorisch zu reagieren. Zum anderen wird auf diese Weise sukzessive der Raum staatlichen Handelns ausgeweitet, der durch die verfassungsrechtliche Verankerung des elterlichen Erziehungsvorrechts einer bewußten Begrenzung unterworfen wurde. Ähnlich wie im Falle der Konkurrenz individueller und gesellschaftlicher Ansprüche ist es auch in diesem Falle notwendig, die Balance zwischen elterlicher und schulischer Erziehung zu wahren. Es besteht die Gefahr, daß sich der Einfluß der Schule und damit des Staates auf die Persönlichkeitsentwicklung der Kinder und Jugendlichen nach und nach erweitert – dies in durchaus bester Absicht, die zumeist darin besteht, vorgefundene Erziehungsdefizite zu kompensieren. Dies jedoch kann den auch in anderen gesellschaftlichen Bereichen erkennbaren Trend, bislang individuell wahrgenommene Aufgaben und Verpflichtungen an gesellschaftliche und/oder staatliche Institutionen zu delegieren, verstärken. Eine zunächst nur auf den Einzelfall bezogene intensive (sozial-) pädagogische Betreuung wird so zum Regelangebot; das ,Haus des Lernens'[20] übernimmt nolens volens immer weitere Aufgaben, deren Erfüllung eigentlich – und vielleicht auch besser – von den Familien zu leisten wäre. Die alte Lernschule von gestern wird so zur multifunktionalen Einrichtung mit ganzheitlichem Bildungs-, Erziehungs- und Betreuungsangebot. Wie berechtigt diesbezügliche Erwartungen mittlerweile sein dürfen, spiegelt sich nirgendwo deutlicher wider als in den immer länger werdenden Auflistungen der den Schulen per Gesetz vorgegebenen Bildungs- und Erziehungsziele – ein Trend, der in vielen Bundesländern zu beobachten ist und in Folge dessen elterliche Erwartungshaltungen auch (schul-)rechtlich abgesichert werden. (Dok. 8) In ein Dilemma geraten die in den Schulen Tätigen aber dadurch, daß der beständigen Aufgabenerweiterung keine Ressourcenverbesserung nachfolgt – im Gegenteil: in einer Zeit knapper Kassen sind auch die Schulen von Stellenstreichungen, Lehrdeputaterweiterungen und Haushaltskürzungen betroffen. Gleichzeitig weisen Erzie-

---

20 Schule als ,Haus des Lernens' ist der Kernbegriff einer in Nordrhein-Westfalen erarbeiteten Studie, deren Thesen im Rahmen der Schulreformdiskussion bundesweite Beachtung fanden; vgl. Bildungskommission NRW (Hrsg.) 1995.

hungs- und Sozialwissenschaftler seit langem darauf hin, daß in einer Zeit zunehmender sozialstruktureller Differenzierung, einem aus unterschiedlichen Gründen wachsenden Anteil Alleinerziehender und der unter dem Schlagwort ‚Zweidrittelgesellschaft' diskutierten beständigen materiellen Probleme eines nicht vernachlässigbaren Bevölkerungsanteils von der Normalbiographie des ganz überwiegenden Teils der Schülerschaft, einer gesicherten, auch zeitintensiven elterlichen Betreuung der Kinder und Jugendlichen usf. nicht mehr selbstverständlich ausgegangen werden könne. Die Forderung zusätzlicher, im Rahmen der Bildungseinrichtungen zu gewährleistender pädagogischer und therapeutischer Angebote ist vor dem Hintergrund einer solchen Problemdiagnose konsequent. Andererseits wird nicht nur aufgrund erwartbar dauerhaft geringer fiskalischer Spielräume die Begrenztheit staatlicher Handlungsmöglichkeiten in zunehmendem Maße deutlich. Ungeachtet der Frage der Wünschbarkeit ist ‚der Staat', hier repräsentiert durch die diesbezüglichen Institutionen, weder in der Lage, alle sozialen Probleme zu bewältigen, noch für alle auftretenden Bildungs-, Erziehungs- und Sozialisationsprobleme Lösungsmöglichkeiten anzubieten.[21] Je tiefer die Begrenztheit staatlicher Handlungs- und Interventionsmöglichkeiten in das Bewußtsein der Betroffenen – Lehrende und Lernende, aber auch Eltern – dringt, desto größer scheint die Unzufriedenheit mit dem (nicht) Geleisteten, aber auch, aus Sicht der Lehrkräfte, mit dem nicht Leistbaren zu werden. Symptome der Überforderung bis hin zu physischen und psychischen Erkrankungen sind die beobachtbare Folge. Hinzu kommt ein Weiteres: in einer zunehmend inhomogener werdenden Gesellschaft – Folge der als ‚Pluralisierung der Lebenslagen und Lebensstile' gekennzeichneten Ausdifferenzierung von Kulturen, Werten, Normen, Einstellungen und Verhaltensweisen – wird es auch in den Schulen schwieriger, sich auf einen Minimalkonsens verbindlicher Ziele und Aufgaben zu verständigen. Erziehungsziele wie das Einüben von Toleranz und das Aushalten von Verschiedenheit erhalten so einen immer größeren Stellenwert, und es besteht die Gefahr, daß der (Aus-) Bildungsauftrag dabei mehr und mehr aus dem Blickfeld gerät. (Dok. 8, 9)

---

21 Vgl. Edler 1996, S. 33ff.

Mit Blick auf die heutigen und künftigen Aufgaben der Schulen und die Frage, wie diese den wachsenden Anforderungen hinsichtlich Erziehung und Betreuung der anvertrauten Schülerinnen und Schüler gerecht werden können, zeigt sich, daß, wie meist, einfache Lösungen nicht zu finden sind. So sehr es vordergründig plausibel erscheinen mag, zu fordern, daß sich die Schulen in Anbetracht einer größer werdenden Differenz zwischen übertragenen Aufgaben und faktischer Leistungs- und Problemlösefähigkeit wieder stärker auf Wissensvermittlung als ihren wichtigsten Auftrag besinnen mögen, so wenig ist es möglich, die von den Kindern und Jugendlichen in die Schulen importierten lebensweltlichen Probleme auszublenden. Bildung und Erziehung der nachwachsenden Generationen sind Aufgaben, die der gemeinsamen Anstrengung aller Erziehungs- und Sozialisationsagenturen bedürfen. Erweiterte Gestaltungsmöglichkeiten der Einzelschule, Ergebnis der Schulautonomiedebatte und in einigen Bundesländern bereits schulgesetzlich verankert, fordern von den beteiligten Lehrkräften, Eltern, Schülerinnen und Schülern ein hohes Maß an Engagement und – insbesondere – Kooperation. Sie können auch als Reaktion auf die sich im Bildungssystem widerspiegelnde zunehmende gesellschaftliche Differenzierung verstanden werden und wären dann systemtheoretisch betrachtet eine notwendige Anpassung an die sich verändernde Systemumwelt, in der der Versuch zentralistisch-administrativer Steuerung immer vielfältigerer Detailprobleme keine adäquaten Ergebnisse mehr erbringt.

3.3 Erweiterte Gestaltungsspielräume der Einzelschule

Unter Schlagworten wie ,Schulautonomie' oder plakativen Kennzeichnungen wie ,Schule in erweiterter Verantwortung'[22] steht derzeit ein Thema hoch im (Dis-) Kurs, das auch in den kommenden Jahren die bildungspolitische Debatte prägen dürfte.[23] Im Kern

---

22 So der Titel eines Modellversuchs an Berliner Schulen.
23 Ein Blick in das erziehungswissenschaftliche und bildungspolitische Schrifttum belegt die Fülle der hierzu mittlerweile erschienenen Publikationen; insbesondere in Fachzeitschriften wird die Diskussion um Nutzen und Chancen dieser Konzeption geführt; vgl. statt vieler Martini 1996. Der Band weist rund 400 annotierte Publikationen aus.

geht es dabei um die Frage, ob durch die Übertragung von Verantwortlichkeiten und Kompetenzen von der Administration an die einzelne Schule deren Arbeit effizienter, innovativer, ,besser' gestaltet werden kann. Neben eine bildungsökonomische Motivation tritt eine bildungspolitische: das Wirken der Einzelschule soll demokratischer werden, wenn sich die Verwaltung aus – wenn auch eng begrenzten – Regelungsbereichen zurückzieht und Entscheidungen denjenigen (Lehrenden, Lernenden, Eltern) überläßt, die von ihnen unmittelbar betroffen sind. Gilt die Erweiterung einzelschulischer Handlungsspielräume den einen als Möglichkeit, wenn nicht alle, so doch viele der derzeit in Schulen vorfindbaren Probleme zu lösen, Transparenz zu erhöhen und Partizipation zu ermöglichen, so empfinden es andere als ,Mogelpackung', mittels der anstehende Probleme nicht beseitigt, sondern lediglich zwischen den Ebenen Schule, Verwaltung und Bildungspolitik verschoben werden. Das Thema Schulautonomie wird kontrovers diskutiert; in der überwiegenden Zahl der vorfindbaren Veröffentlichungen liegt der Akzent jedoch auf der grundsätzlichen Befürwortung stärkerer Selbstverantwortung der Einzelschule.

Das Konzept ,autonome Schule'[24] ist nicht grundsätzlich neu. Es geht zurück auf reformpädagogische Ansätze aus den zwanziger Jahren und wurde schon Ende der sechziger/Anfang der siebziger Jahre u.a. vom Deutschen Bildungsrat, Anfang der achtziger Jahre auch von der Schulrechtskommission des Deutschen Juristentages in die bildungspolitische Debatte eingebracht.[25] Neue Aktualität erhält das Thema aufgrund der schulpolitischen Entwicklungen in anderen europäischen Staaten, z.B. der Niederlande, Dänemarks und Österreichs, wie auch aufgrund vielfältiger Probleme im deutschen Schulwesen, zu deren Lösung sich Bildungspolitiker, Fachwissenschaftler und Schulpraktiker durch die Übertragung größerer Eigenverantwortung an die Einzelschule einen Beitrag erhoffen. (Dok. 11, 12, 13) Zudem war nach Abklingen der von Mitte der sechziger bis Mitte der siebziger Jahre andauernden Phase bildungspolitischer Reformeuphorie erkennbar, daß sich bildungsre-

---

24 Ahrens verweist auf die begriffliche Unschärfe des Terminus: „Eigentlich gibt es ,Schulautonomie' überhaupt nicht, ebensowenig wie die ,erlaßfreie Schule'"; Ahrens 1996, S. 10.
25 Vgl. Beetz 1997.

formerische und -planerische Vorhaben auf gesamtstaatlicher Ebene nicht durchsetzen ließen. Die Probleme, auf die mit den Entwürfen aus den sechziger und siebziger Jahren reagiert werden sollte, blieben jedoch bestehen, und neue traten hinzu. Das Recht erweiterter Selbstgestaltung und Selbstverwaltung soll es nun der einzelnen Schule ermöglichen, auf vorgefundene Problemlagen individuell angemessen reagieren zu können. Zur Begründung des Nutzens größerer einzelschulischer Entscheidungs- und Gestaltungsspielräume können erziehungswissenschaftliche, politikwissenschaftliche, sozial- und verwaltungswissenschaftliche, rechtliche und ökonomische Ansätze herangezogen werden.[26] Indes ist nicht zu übersehen, daß Schulautonomie kein Allheilmittel darstellt. Kritische Anfragen verweisen auf Probleme, die mit einer Verwirklichung des Konzeptes unter den Bedingungen von Schule und Schulpolitik in Deutschland verbunden wären.

Worum geht es in dieser Diskussion? Nicht nur dem professionellen Beobachter offenbart sich heute eine Vielzahl ganz unterschiedlich gelagerter Probleme, mit denen sich viele allgemeinbildende, aber auch berufsbildende Schulen auseinanderzusetzen haben. So lassen der nachhaltige Anstieg der Schülerzahlen an Realschulen und Gymnasien und die gleichzeitige ‚Krise der Hauptschule‘ eine – wahrscheinlich dauerhafte – Verschiebung der Schülerströme erkennen. Viele Hauptschulen laufen Gefahr, zu Einrichtungen für eine Restgruppe der Altersjahrgänge mit geringen Lernleistungen und Bildungsaspirationen zu werden. Nahezu schulartunabhängig wächst die Zahl der Klagen über Vandalismus sowie über Disziplin- und Motivationsprobleme in der Schülerschaft. Bei vielen Kindern und Jugendlichen sind überdies Lernschwierigkeiten und Konzentrationsmängel beobachtbar. Schülerinnen und Schüler nichtdeutscher Muttersprache mit je individuellen Bildungsbedürfnissen finden sich in wachsender Zahl in den Schulen wieder – seien dies Kinder ausländischer Arbeitnehmer, die in ihren Herkunftsfamilien die deutsche Sprache nicht in ausreichendem Maß erlernen, seien dies Kinder aus Aussiedlerfamilien, die zwar formalrechtlich deutsche Staatsbürger sind, gleichwohl die deutsche Sprache nicht oder nicht ausreichend beherrschen. Zusätzliche Förderung beim Erlernen der deutschen Sprache oder die Einrichtung bilingualen

---

26 Vgl. Richter 1994; Jach 1999(a).

Unterrichts ist jedoch nur eine der notwendigen Reaktionen auf die in diesen Gruppen vorfindbaren Problemlagen. Ein anders gelagertes Problem stellt das steigende Durchschnittsalter in Lehrerkollegien dar; die Länder stellen seit einigen Jahren neue Lehrkräfte fast nur noch als Ersatz für aus dem Schuldienst ausgeschiedene Lehrerinnen und Lehrer ein. Für eine Erweiterung der Lehrerkollegien oder zur Verbesserung der Schüler-Lehrer-Relationen bestehen auf absehbare Zeit nur geringfügige finanzielle Spielräume. Gleiches gilt für die Ausstattung der Schulen mit nichtlehrenden, sozialpädagogisch und psychologisch qualifizierten Betreuungskräften, die aufgrund der hier nur ansatzweise skizzierten Probleme in vielen Schulen mehr als nur wünschenswert wären.

Schon aus der knappen, exemplarischen Auflistung wird schlaglichtartig die Vielfalt der heute an Schulen vorfindlichen Probleme deutlich. Darüber hinaus ist zu bedenken, daß eine Schule je nach Schulart, regionaler Lage, sozialer Herkunft der Schülerschaft etc. ganz unterschiedliche, schuleigentümliche Herausforderungen zu bewältigen hat. Bei der Suche nach Lösungsansätzen zeigt sich, daß eine Verbesserung der finanziellen Ausstattung eine zwar notwendige, nicht jedoch hinreichende Reaktion wäre; im übrigen scheint die Erwartung einer Erhöhung staatlicher Mittelansätze für die Schulen zumindest mittelfristig unrealistisch. Erhofft wird aber, daß Schulen, denen das Recht und die Plicht, erweiterte Verantwortung wahrzunehmen, übertragen wird, angemessenere Antworten auf je individuell drängende Fragen finden können als eine mehr oder weniger ferne Verwaltung.

Auch mit erweiterter Selbstverantwortung sind Schulen nicht ,autonom'; weder sind sie selbständig oder unabhängig von staatlicher Verwaltung und Aufsicht, noch können sie gar ,nach eigenen Gesetzen leben', wie der Duden den Terminus ,Autonomie' definiert. Eine der in der Diskussion vorgetragenen Forderungen lautet aber, das umfang- und detailreiche schulrechtliche Regelungswerk auf das Notwendige zu reduzieren, zumindest aber im Rahmen rechtlicher Regelungen Freiräume zu schaffen, die in den Schulen ausgefüllt werden können.[27] Ermöglicht werden soll so eine individuelle schulische Profilbildung, die z.B. künstlerisch, sprachlich, sportlich, naturwissenschaftlich-technisch oder berufsbezogen sein

---

27 Vgl. z.B. Frister 1994, S. 155f.

kann. Hier fällt die Nähe zu reformpädagogischen Konzeptionen auf. Gleiches gilt für die der Einzelschule im Rahmen erweiterter Selbstverantwortung eingeräumte Möglichkeit, unter dem Etikett ‚Flexibilisierung der Unterrichtsorganisation' stärker als bisher von der Möglichkeit Gebrauch zu machen, nach Tages- und/oder Wochenplänen zu unterrichten, Projekte durchzuführen und Fächer zu Lernbereichen zusammenzulegen. Auch eine darüber hinausgehende teilweise Aufhebung des die Schule kennzeichnenden 45-Minuten-Rhythmus ist möglich. Denkbar wären auch die Erprobung neuer Methoden der Leistungsmessung und eine Lockerung der bisher üblichen Art der Leistungsfeststellung innerhalb der Schuljahre und/oder bei Schulabschluß. In einigen Bundesländern ist den Schulen bereits die Aufgabe übertragen, weitgehend eigenständig Profile auszubilden und je individuelle Standards für ihre Arbeit festzulegen. (Dok. 12, 13)

Ein weiterer Komplex betrifft die Regelung der die Schule unmittelbar betreffenden Angelegenheiten, die über ‚Konferenzen' oder ‚Räte' erfolgen soll. Je nach zu treffender Entscheidung sollen sich Lehrer-, Schüler-, Zeugnis-, Schul- oder Gesamtkonferenz mit einer Angelegenheit befassen. Dies ist in einigen Ländern bereits schulgesetzlich verankert, so z.B. in Hessen oder Bremen. Lehrer, Schüler, Eltern und nichtlehrendes Personal sollen nach einem festgelegten, je nach Bundesland differierenden Schlüssel in diesen Konferenzen vertreten sein. Der erweiterte Entscheidungsspielraum reicht von der erwähnten Flexibilisierung der Unterrichtsorganisation über die Namensgebung der Schule bis hin zur Verteilung der einer Schule zugewiesenen Mittel. Gerade der letztgenannte Aspekt, die erweiterte Verantwortung in finanziellen Angelegenheiten, ist eine wichtige Voraussetzung für individuelle schulische Profilbildung. Gedacht ist an Globalzuweisungen, die die Mittel für den laufenden Unterhalt ebenso einschließen wie die für Lehr- und Lernmittel bereitgestellten Beträge; über die Ressourcenverwendung entscheiden die genannten Räte bzw. Konferenzen. Diskutiert wird auch die teilweise Übertragung der Personalverantwortung von der Schuladministration an die Schulen selbst. Dies kann die Einstellung lehrenden und nichtlehrenden Personals, dessen Status sowie den Einsatz verfügbarer Arbeitskräfte nach Zeit und Inhalt betreffen. Schließlich sollen Schulen die Möglichkeit erhalten, Gelder selbst zu erwirtschaften oder Geld- und Sachmittel einzuwerben, was z.B. über die Vermietung von Räumen und Flächen oder die Gewinnung von Sponsoren geschehen kann. Die Kompetenz, über die Verwendung zugewiesener oder eingeworbener Mittel zu entscheiden, stellt eines der Kernelemente von Schulautonomie dar, denn: „Eine extensive pädagogische Handlungsautonomie bleibt ohne eine entsprechende ökonomische Handlungsautonomie Fiktion bzw. Illusion."[28]

Kritik richtet sich gegen mögliche strukturelle Veränderungen als Folge größerer Selbständigkeit der Einzelschule. Nehmen Schulen die ihnen gebotenen Möglichkeiten einer eigenständigen Gestaltung von Bildungsgängen intensiv wahr, könnten langfristig die Profile der Schularten des gegliederten Schulwesens verwischt, in letzter Konsequenz möglicherweise sogar abgeschafft werden. Hinzu kommt, daß die Vergleichbarkeit der an den Schularten vergebenen Abschlüsse erschwert wird. Schul- oder Schulartwechsel können durch unterschiedlich profilierte Bildungsgänge problematischer werden; die ohnehin vorhandenen Probleme beim Wechsel des Bundeslandes könnten sich verstärken. Auch bildungsrechtliche Fragen können bei einer Realisierung von Elementen des Konzeptes Schulautonomie tangiert werden. So ist zu prüfen, ab wann die in Art. 7 Abs. 1 GG (Dok. 1) verankerte Pflicht bzw. das Recht des Staates zur Aufsicht über das gesamte Schulwesen berührt wird, wenn die Schulaufsicht, wie zur Zeit intensiv diskutiert, statt einer kontrollierenden eine überwiegend beratende Rolle einnähme. Und schließlich bleibt der Vorwurf zu entkräften, angesichts der derzeit und voraussichtlich auch zukünftig angespannten Haushaltslage solle die Verantwortung für knappe Stellen und Mittel auf die niedrigst mögliche Ebene – die einzelne Schule – abgeschoben werden.

Die Reihe der kritischen Anfragen ließe sich ebenso fortsetzen wie die der befürwortenden Argumente. Deutlich wird bei der Diskussion um Schulautonomie, daß es kaum möglich ist, über Plausibilitätserwägungen hinausgehende empirische oder gar theoretische Begründungen anzugeben, mit denen sich die Vorteile

---

28 Timmermann 1995 S. 52. Rittelmeyer nennt als Kernelemente der Autonomiediskussion Budgetautonomie, Personalautonomie und pädagogische Autonomie; vgl. Rittelmeyer 1997 S. 129.

größerer Autonomie der Einzelschule gegenüber dem bisherigen Verfahren staatlicher Steuerung stützen ließe. Gleiches gilt jedoch auch umgekehrt; staatliche Aufsicht und Kontrolle des Schulwesens läßt sich nur unter Setzung bestimmter Prämissen als das sinnvollere Handlungsprinzip begründen. Folgt man einer eng definierten Argumentationslinie, wie Dieter Timmermann dies am Beispiel einer rein bildungsökonomischen Annäherung an das Thema Schulautonomie verdeutlicht hat, ist es möglich, zu einem eindeutigen Urteil, in diesem Falle zugunsten eines größeren Maßes an Autonomie, zu gelangen. Eine solche Vorgehensweise ist jedoch, hierauf weist der Autor selbst hin, dezisionistisch;[29] die Erörterung des Themas unter einer pädagogischen, soziologischen, rechtlichen oder politisch-administrativen Fragestellung kann, ja wird mit großer Wahrscheinlichkeit zu einem anderen Ergebnis führen.[30] Interessanterweise haben, obgleich in der Fachwissenschaft das Thema erst als ‚andiskutiert' und noch mit vielerlei Fragezeichen versehen betrachtet wird, Länder wie Bremen (Dok. 13), Hamburg und Hessen[31] bereits Rechtsregelungen erlassen, die zwar nicht aus Schulen autonome Einrichtungen werden lassen, gleichwohl aber Schritte auf dem Weg zu größerer einzelschulischer Eigenverantwortung darstellen und diese rechtlich fixieren. Dies stützt die Vermutung, daß sich die Befürworter größerer Autonomie derzeit insbesondere im Lager der Schulpolitik und der Schulverwaltung finden lassen, wohingegen Lehrer und ihre Verbände dem eher skeptisch gegenüber stehen.[32] Es bleibt abzuwarten, wie die größeren Spielräume durch die beteiligten Akteure – Lehrende, Lernende, Eltern, nichtlehrendes Personal – ausgefüllt werden. Die Übertragung größerer Verantwortung bedeutet, diese Verantwortung auch wahrnehmen zu müssen, und dies führt nicht zuletzt zu

---

29 Vgl. Timmermann 1995, S. 59.
30 Vgl. in diesem Sinne z.B. Oelkers (1995), der kritische Anfragen aus erziehungswissenschaftlicher Sicht an das Konzept ‚Schulautonomie' stellt.
31 Vgl. Bremisches Schulverwaltungsgesetz vom 20.12.1994, in: GBl. S. 342, hier: §§ 21ff.; Hamburgisches Schulgesetz vom 10.4.1997, in: GVBl. S. 97, hier: §§ 50ff.; Hessisches Schulgesetz vom 17.6.1992, in: GVBl. I S. 233, zuletzt geändert durch Gesetz vom 15.5.1997, in: GVBl. I S. 143, berichtigt S. 204, hier: §§ 127ff.
32 In den siebziger Jahren hingegen war es umgekehrt; vgl. Timmermann 1995, S. 49.

einem stark erhöhten Arbeitsaufwand in den Schulen. Schulprogramme müssen erarbeitet und der Unterricht nach den zu beschließenden Prinzipien zeitlich und räumlich organisiert sowie inhaltlich gestaltet werden (Dok. 12) – Tätigkeiten, deren Ausführung wesentlich den Lehrkräften überantwortet ist. Die Verteilung der global zugewiesenen Mittel muß beraten und beschlossen werden und es ist für deren beschlußgemäße Verwendung zu sorgen. Nicht zuletzt sorgt die Vielzahl schulgesetzlich verankerter Räte und Konferenzen für eine umfangreiche Gremienarbeit. Der zeitliche Aufwand ist hoch, jedoch mag die Möglichkeit, das schulische Umfeld als Betroffene(r) oder Beteiligte(r) mitgestalten zu können, Motivation für die Bewältigung dieser Aufgaben schaffen. Nicht übersehen werden darf zudem, daß sich in Staaten, die, wie z.B. die Niederlande, mit (relativer) Autonomie von Schulen bereits Erfahrungen gesammelt haben, die Notwendigkeit einer ständigen Evaluation der Schulen selbst und des Standes der Umsetzung ihrer Programme zeigte.[33]

Selbst Befürworter von ‚Schulautonomie' sehen kritisch, daß größere Autonomie der Einzelschule nahezu zwangsläufig zu einer größeren Unterschiedlichkeit der Schulen, oder, negativ formuliert, zu größerer Ungleichheit führt. Sind selbst innerhalb einer Schulart Schulen auch heute schon oftmals nur scheinbar gleich, so werden sich aufgrund der räumlichen Lage der Schule (Stadt-Land), der sozialen Zusammensetzung der Schüler- und Elternschaft, der Zusammensetzung und des Engagements der Lehrerkollegien und der Schulleitung sowie verschiedener anderer Faktoren Unterschiede relativ schnell vergrößern. Aufgrund allgemeingesetzlicher und verfassungsrechtlicher Bestimmungen sind die politisch wie administrativ Verantwortlichen verpflichtet, Mindeststandards zu fixieren und durchzusetzen, ggf. durch gezielte Bezuschussung solcher Einrichtungen, die aufgrund ihrer spezifischen Rahmenbedingungen kompensatorischer Förderung bedürfen. Nicht unrealistisch erscheint es aber, zu erwarten – oder, je nach Standpunkt, zu befürchten – daß bei Gewährung größerer Eigenständigkeit gute Schulen besser und schlechte Schulen schlechter werden können.[34] Wer

---

33 Vgl. Liket 1993.
34 Vgl. Blankenburg 1993, S. 345f.

Autonomie will, muß bereit sein, ein sich u.U. schnell vergrößerndes Maß an Ungleichheit zwischen Schulen zu akzeptieren.

Eine Evaluation des Schulautonomieprojektes in Österreich – dort sind die Bemühungen um größere Selbständigkeit der Einzelschule weiter fortgeschritten als in Deutschland – hat zudem gezeigt, daß „erweiterte Handlungs- und Entscheidungsspielräume für die Schulen (...) eine notwendige, keinesfalls aber hinreichende Bedingung für mehr Qualität schulischer Bildung und Erziehung in der modernen Gesellschaft"[35] darstellen. Um die Schulen zu befähigen, die Herausforderungen der kommenden Jahre bewältigen zu können, wird es demnach weitergehender Schritte bedürfen als der formalrechtlichen Übertragung von Kompetenzen nach unten, dies zumal, wenn, wie dies häufig beobachtbar ist, Schulautonomie und Haushaltsfragen im Zusammenhang diskutiert werden. Sinnvoll schiene es somit zunächst, die Autonomiedebatte von der Spardebatte zu lösen, um nicht dem Eindruck Vorschub zu leisten, im wesentlichen ginge es um die Delegation der Verantwortung für erkannte Mängel.[36] Hinzu kommt ein weiteres: Bevor selbständigere Schulen – möglicherweise – Einsparpotentiale erschließen können, bedarf es zunächst der Befähigung aller Beteiligten (Lehrkräften und Schulleitung, Schülern, Eltern, nichtlehrendem Personal) zur Übernahme der mit der Kompetenzzuweisung verbundenen Aufgaben. Hierzu zählt auch, die Schulen personell in die Lage zu versetzen, die mit einer teilweisen Finanz- und Personalhoheit verbundenen administrativen Aufgaben zu bewältigen.[37] Ähnlich wie bei der Neugestaltung des Schulwesens in den neuen Bundesländern (Kap. 7) gibt es auch bei der Übertragung größerer Verantwortung an die Einzelschule kein Moratorium, im Rahmen dessen experimentiert, ggf. verworfen und Neues ausprobiert werden könnte. Die Implementierung der Neuerungen muß bei normal weiterlaufendem Schulbetrieb erfolgen. Und so setzt die Übernahme neuer Rechte und Pflichten notwendigerweise voraus, die Beteiligten auf die Übernahme neuer Aufgaben bestmöglich vorzubereiten und sie zu motivieren, die damit verbundene Verantwortung auch zu übernehmen. Die mögliche Verbesserung der

---

35 Bachmann 1996, S. 146.
36 Vgl. Tillmann 1993, S. 6f.
37 Vgl. Hoffmann 1993, S. 13f.; Schultheis 1997.

Leistungsfähigkeit der Schulen hängt im wesentlichen von der Fähigkeit *und* von der Bereitschaft der Lehrenden, der Lernenden und der Eltern ab, hinzugewonnene Handlungsspielräume kreativ und konstruktiv zu nutzen. Ahrens bringt dies auf den Punkt mit der Frage: „Wieviel zusätzliches Engagement und damit auch Arbeitszeit ist uns die weitergehende Selbstbestimmung wert?"[38] Auch hier können die Ergebnisse der Evaluation in Österreich Hinweise geben. Während in österreichischen Schulen die Möglichkeit erweiterter Handlungsoptionen zunächst von nicht wenigen Beteiligten positiv aufgenommen und als motivierend für die eigene Arbeit beschrieben wurde, zeigte sich schon bald in der subjektiven Einschätzung vieler mit schulischer Lehre wie auch mit der Leitung von Schulen betrauter Personen eine erhöhte Arbeitsbelastung und eine niedrigere Arbeitszufriedenheit als bei solchen an Schulen ohne autonomiefördernde Maßnahmen. Im Rahmen der Evaluation zwei Jahre nach Einführung erweiterter Gestaltungsmöglichkeiten wurden insbesondere mangelndes Engagement von Kolleginnen und Kollegen sowie die Konfliktanfälligkeit vieler Entscheidungen und ein sich hierdurch verschlechterndes Sozialklima in Schulen kritisiert.[39] Die weitere Entwicklung in der Bundesrepublik Deutschland bleibt abzuwarten; viele Fragen sind noch ungeklärt.

---

38 Ahrens 1996, S. 20.
39 Vgl. die Zusammenfassung der Ergebnisse von Evaluationsstudien zur Autonomiereform in Österreich in Bachmann et al. 1996, S. 143-150.

4. Berufliche Bildung

4.1 Krise des dualen Systems

In den vergangenen Jahren verdichteten sich im Bereich der Berufsbildung Probleme ganz unterschiedlicher Art zu einem Komplex, der den ‚Spiegel' zu der Einschätzung „der bisher wohl
schwersten Krise des bundesdeutschen Bildungssystems"[1] gelangen ließ. Es scheint nicht verfehlt, derzeit von einer Strukturkrise
des dualen Systems der Berufsausbildung zu sprechen. Insbesondere das rückläufige Angebot an Ausbildungsplätzen und der hieraus resultierende Anstieg der Zahl nicht vermittelter Lehrstellenbewerber führte zu einem anhaltenden Medienecho. In den neuen
Bundesländern blieb bislang in jedem Jahr das Ausbildungsplatzangebot z.T. deutlich hinter der Nachfrage zurück. In den alten
Bundesländern hingegen entsprachen sich Angebot an und Nachfrage nach Ausbildungsplätzen in den vergangenen Jahren in etwa.
Ende der achtziger und Anfang der neunziger Jahre hatte die
Nachfrage nach betrieblichen Ausbildungsplätzen teilweise noch
erheblich unter dem verfügbaren Lehrstellenangebot gelegen; 1991
konnten über 128.000 angebotene Ausbildungsplätze nicht besetzt
werden. Seither ist das jährliche Lehrstellenangebot rückläufig, die
Bewerberzahlen hingegen steigen. Es ist nicht unbegründet zu befürchten, daß sich dieser Trend in den kommenden Jahren fortsetzen wird. Grundsätzlich ist zu berücksichtigen, daß die jeweiligen
Gesamtzahlen des Angebots bzw. der Berweber nur bedingt aussa-
gekräftig sind, da sowohl Angebot als auch Nachfrage regional
stark differieren und bei den zumeist jugendlichen Ausbildungs-

---

1 Hoffen auf das große Wunder, in: Der Spiegel Nr. 26/1997, S. 22-33, hier: S. 22.

stellenbewerbern nicht von einer bundesweiten Mobilität ausgegangen werden kann. Ein gewisses Überangebot an Ausbildungsplätzen ist erforderlich, um tatsächlich jedem Ausbildungswilligen eine Lehrstelle in angemessener Entfernung von der Wohnung vermitteln zu können. War seit 1991 erkennbar, daß sich in Westdeutschland die Zahl nicht vermittelter Berweber und die Zahl unbesetzter Ausbildungsstellen einander annäherten, so überstieg zum Ende des Ausbildungsjahres 1998/99 die Zahl der bei den westdeutschen Arbeitsämtern gemeldeten Ausbildungsstellenbewerber die der gemeldeten Berufsausbildungstellen um ca. 76.000.[2] In den neuen Bundesländern gelang es bislang nur durch die alljährliche Stützung des ostdeutschen Ausbildungssektors mit erheblichen Bundes- und Landesmitteln durch Bund und Länder sowie durch Schaffung außerbetrieblicher Ausbildungsplätze in erheblicher Zahl, dessen Zusammenbruch zu verhindern. Im Vergleich zum Vorjahreszeitraum stieg in den neuen Bundesländern die Zahl der der Bundesanstalt für Arbeit zum Ende des Berichtsjahres 1998/99 gemeldeten Ausbildungsstellen etwas stärker an als die der Ausbildungsstellenbewerber; gleichwohl ist die Lage nach wie vor sehr ungünstig: Im Berichtsjahr 1998/99 standen in Ostdeutschland rund 138.000 gemeldeten Ausbildungsplätzen ca. 234.000 gemeldete Interessenten gegenüber.[3]

Die genannten Daten spiegeln allerdings nur einen Teil der Ausbildungsstellenproblematik wider. In einer anderen Statistik der Bundesanstalt für Arbeit wird die Zahl der Ende September 1999 noch nicht vermittelten Bewerberinnen und Bewerber mit 29.365 angegeben, denen 23.439 noch nicht besetzte Ausbildungsstellen gegenüberstanden. Der damit fast erreichte Ausgleich von Angebot und Nachfrage ist indes scheinbarer Natur. Die Differenz zwischen der im gesamten Berichtsjahr gemeldeten Zahl an Ausbildungsplatzinteressenten – bundesweit 802.648 – und der Zahl angebotener Ausbildungsplätze (629.251) beträgt 173.397. Zieht man nun die 29.365 Bewerberinnen und Bewerber ab, die am Ende

---

2 Vgl. Amtliche Nachrichten der Bundesanstalt für Arbeit 47 (1999), S. 1253. In Westdeutschland betrug die Zahl gemeldeter Ausbildungsstellen im Berichtsjahr 1998/99 491.122, die der gemeldeten Bewerber 567.273; vgl. a.a.O.

3 Vgl. Amtliche Nachrichten der Bundesanstalt für Arbeit 47 (1999), S. 1253. Das ‚Berichtsjahr' umfaßt den Zeitraum von Oktober eines Jahres bis September des Folgejahres.

des Berichtsjahres 1998/99 noch auf der Suche nach einem Ausbildungsplatz waren, so bedeutet dies auch, daß im Laufe des Berichtsjahres rund 144.000 junge Menschen ihren den Arbeitsämtern zunächst mitgeteilten Ausbildungswunsch nicht aufrecht erhielten und sich – zunächst – für andere Bildungsmöglichkeiten
oder den direkten Übergang in das Beschäftigungssystem ohne
formale Berufsqualifikation entschieden.[4] Es ist zu vermuten, daß
viele von ihnen in den kommenden Jahren erneut als Lehrstellen-
nachfrager auftreten werden. (Dok. 14-18)

Wie kam es zu dieser Krise des dualen Systems der Berufsausbildung, das in vielen Industriestaaten als vorbildlich gilt und in
dem nach wie vor der überwiegende Teil der in Deutschland Be-
rufstätigen auf hohem Niveau ausgebildet wird – einem *der* positiven Faktoren des ‚Standorts Deutschland'? Bei einer nur ober-
flächlichen Betrachtung ist es die zu geringe von Wirtschaft und
Verwaltung bereitgestellte Zahl an Ausbildungsstellen, die zu der
krisenhaften Zuspitzung der aktuellen Situation geführt hat. Neben
diesem Faktum sind aber vielfältige – und in West- und Ostdeutschland je unterschiedliche – Detailprobleme erkennbar, die in
ihrer Summe dazu führten, daß von nicht wenigen das duale System mittlerweile sogar als auslaufendes Modell betrachtet wird.

Ursächlich für die steigende Zahl an Ausbildungsplatzbewerbern sind zwei Faktoren. Dies ist zunächst die demographische
Entwicklung. Ende 1996 betrug die Zahl der 15-19jährigen, der
Altersgruppe, die die größte Zahl an Ausbildungsplätzen nach-
fragt, 2,75 Mio Personen. Bis 2005 wird ein langsamer, aber steti-
ger Anstieg auf 3,13 Mio. Personen prognostiziert.[5] Somit steigt
der Ausbildungsstellenbedarf demographisch bedingt an. Hinzu
tritt eine wachsende Zahl an Nachfragern mit Hoch- oder Fachhochschulreife, die vor Aufnahme oder statt eines Studiums eine
Berufsausbildung im dualen System durchläuft, dies insbesondere
im kaufmännischen, aber auch im gewerblich-technischen Bereich.
Die Quote der Studienanfänger mit bereits abgeschlossener Berufsausbildung liegt inzwischen bei über 30% eines Jahrganges.

---

4 Vgl. Amtliche Nachrichten der Bundesanstalt für Arbeit 47 (1999), S. 1253 u.
  eigene Berechnungen.
5 Vgl. BMBF 1998(a), S. 354, 356 und eig. Berechnungen (Deutschland; Deutsche und Ausländer). Ausführlich dazu vgl. Hagedorn 1994.

Dieser Trend führt zu einer weiteren, für viele Ausbildungsplatzbewerber bedrohlichen Entwicklung: einem zunehmenden Verdrängungswettbewerb zwischen Abiturienten einerseits sowie Absolventen mit Haupt- oder Realschulabschluß, der eigentlichen
,klassischen' Klientel des dualen Systems, andererseits. Hauptschulabsolventen – zu ihnen zählen in zunehmender Zahl Schüler
nichtdeutscher Muttersprache – haben so immer größere Probleme,
einen Ausbildungsplatz zu finden. Der Verdrängungswettbewerb ist
nicht nur ,von oben nach unten', sondern auch zwischen deutschen
und nichtdeutschen Ausbildungsplatzbewerbern beobachtbar.

Schulische Vorbildung der Auszubildenden nach
Ausbildungsbereichen 1997

Ausbildungsbereich	Haupt-schule ohne Ab-schluß	Haupt-schule mit Ab-schluß	Real-schule oder gleichw.	Hoch-schul/FH-Reife	Berufs-grundbil-dungsjahr	Berufs-fach-schule	Berufs-vorberei-tungs-jahr
Industrie/Handel	1,2	23,2	36,8	23,9	2,1	11,4	1,5
Handwerk	4,8	46,0	32,2	5,2	6,0	3,7	2,0
Landwirtschaft	5,5	37,2	30,9	13,1	8,0	3,6	1,7
Öffentlicher Dienst	0,3	7,2	59,2	26,8	1,2	4,7	0,7
Freie Berufe	0,4	21,5	52,9	20,4	0,5	4,2	0,2
Hauswirtschaft	22,9	40,1	9,2	0,7	4,3	11,4	11,4
Seeschiffahrt	2,1	15,9	28,6	41,4	2,1	–	–
Alle Bereiche	**3,2**	**31,4**	**36,7**	**16,4**	**3,5**	**7,6**	**1,6**

Quelle: BMBF 1999(a), S. 60.

In Westdeutschland hat, dies mag zunächst paradox klingen, auch
das bis 1995 vorhandene Überangebot an Ausbildungsstellen zu
einer sinkenden Ausbildungsbereitschaft geführt. Von 1987 bis
1995 waren viele, insbesondere auch kleinere und mittlere Betriebe trotz eines z.T. hohen Werbeaufwandes nicht in der Lage, alle
Ausbildungsstellen mit qualifizierten Bewerbern zu besetzen. Dies
führte schließlich dazu, daß das Angebot an Ausbildungsplätzen
reduziert und auch in einer Phase sich wieder erhöhender Nachfrage nicht ausgeweitet wurde.

Die zehn am häufigsten von Ausbildungsanfängern mit
Hochschulreife gewählten Ausbildungsberufe 1997

Ausbildungsberuf	Ausbildungsanfänger mit Hochschulreife (Zahl)	Anteil an allen Ausbildungsanfängern des Berufs (Prozent)
Bankkaufmann/frau	12.248	68,3
Industriekaufmann/frau	10.383	48,3
Kaufmann/frau im Groß- und Einzelhandel	6.756	36,2
Bürokaufmann/frau (Industrie und Handel)	4.769	22,9
Steuerfachangestellte/r	4.664	56,4
Hotelfachmann/frau	3.235	29,5
Versicherungskaufmann/frau	3.134	65,1
Rechtsanwalts- und Notafachang.	2.917	29,1
Kaufmann/frau im Einzelhandel	2.817	9,6
Kaufmann/frau für Bürokommunikation	2.615	25,9

Quelle: BMBF 1999(a), S. 60.

Die abnehmende Ausbildungsbereitschaft der Wirtschaft geht einher
mit einer steten Reduzierung der Beschäftigtenzahlen. Der auf vielen Unternehmen lastende Druck weltweiten Wettbewerbs führt zum
Zwang ständiger Rationalisierung der Produktion, und in einem
Hochlohnland wie der Bundesrepublik Deutschland wird die Lösung
dieses Problems vorrangig über eine Reduzierung der Arbeitskosten
zu erreichen versucht. Daneben führt die derzeit verbreitete Umsetzung neoliberaler Wirtschaftskonzepte, bekannt unter Begriffen wie
‚shareholder value', dazu, zur Steigerung der Unternehmensgewinne
die Produktion weiter zu rationalisieren. So entließen selbst prosperierende Unternehmen der Branchen Automobilbau und Chemie in
den vergangenen Jahren fortlaufend Mitarbeiter bis hin zur Managementebene. Die Freisetzung von Arbeitskräften zieht nahezu
zwangsläufig eine Reduzierung der Ausbildungsplatzkapazitäten
nach sich, dies nicht nur im Bereich der gewerblichen Wirtschaft,
sondern auch im Dienstleistungssektor, bei Banken und im Handel.

Ein ebenfalls zu sinkender Ausbildungsbereitschaft in der Wirtschaft führender Faktor ist in der dauerhaft hohen Arbeitslosenzahl
zu sehen. Die Schaffung neuer Arbeitsplätze kann die Verringerung der Beschäftigtenzahlen, zu der ein partieller Einstellungsstopp in der öffentlichen Verwaltung hinzutritt, nicht ausgleichen,

was zu der seit Jahren im Bereich von ca. 4 Mio. Personen liegenden Zahl an Erwerbslosen führt.[6] Da nach wie vor keine Anzeichen erkennbar sind, die die Erwartung eines nachhaltigen Rückgangs der Arbeitslosenzahlen zumindest mittelfristig als realistisch erscheinen ließen, können Betriebe einen kurzfristig wachsenden Bedarf an Arbeitskräften aus diesem Pool decken; die Notwendigkeit zur eigenständigen Qualifizerung von Arbeitskräften entfällt.

Doch es sind nicht nur diese äußeren, ökonomischen und strukturellen Faktoren, die zur Krise des dualen Systems führten. Es existieren weitere, systemimmanente Probleme, die eine Reform dieses Teils der Berufsbildung dringend erforderlich machen. Das duale System gilt mittlerweile in Teilen als inflexibel. Eine Ursache dafür ist das Spannungsfeld von staatlicher Steuerung einerseits und privatwirtschaftlicher bzw. Marktregulierung des Ausbildungsplatzangebotes andererseits, in dem rechtliche, strukturelle, inhaltliche und kapazitative Fragen bearbeitet werden müssen. Erforderlich ist eine konstruktive – im Bundesinstitut für Berufsbildung (BIBB) institutionalisierte – Zusammenarbeit von Bund und Ländern auf der einen sowie von Arbeitgeber- und Arbeitnehmervertretern auf der anderen Seite. Zwar können die Interessen aller relevanten Akteure auf diese Weise angemessen berücksichtigt werden, die Aushandlungs- und Abstimmungsprozesse erfordern aber einen hohen Zeitaufwand. Als Folge davon wird nun Klage geführt, daß der Strukturwandel in der Wirtschaft und die in immer kürzerer Folge auftretenden technologischen Neuerungen nicht rasch genug in Ausbildungsprogramme und Lehrpläne umgesetzt würden, was in dem sehr aufwendigen Verfahren begründet liegt, welches für die Bearbeitung und Implementierung neuer Ausbildungsunterlagen vorgegeben ist. „Es ist schlimm genug, daß wir offenbar zuwenig Ausbildungsplätze haben und leistungswillige junge Leute auf ‚Last-Minute-Initiativen' vertrösten müssen. Das eigentliche Problem aber ist, daß die Veränderungen in der Berufswelt heute hundertmal schneller verlaufen als die Anpassung und Formulierung zeitgemäßer ‚Berufsbilder'. (...) Wenn wir verhindern wollen, daß unser zu Recht gerühmtes duales Ausbil-

---

6 Ende September 1999 waren in Deutschland insgesamt 3,94 Mio. Personen arbeitslos gemeldet, davon 2,62 Mio. in Westdeutschland und 1,32 Mio. in Ostdeutschland; vgl. Amtliche Nachrichten der Bundesanstalt für Arbeit 47 (1999), S. 1223ff.

dungssystem zum Auslaufmodell wird, (...) müssen wir unsere Ausbildungsordnungen (...) permanent modernisieren", so der vormalige Bundespräsident Roman Herzog in seiner Rede vom 5. November 1997.[7]

Anforderungen an den ‚modernen Facharbeiter', insbesondere Selbstlern-, Motivations- und Kommunikationskompetenzen sowie weitere unter dem Schlagwort ‚Schlüsselqualifikationen' diskutierte Befähigungen sind oftmals nicht Inhalt der Ausbildungsrahmenpläne, oder aber sie sind, was vielfach als Manko gesehen wird, nicht prüfungsrelevant. Verlangt wird in den Prüfungen hingegen zumeist abfragbares Faktenwissen, dessen ‚Halbwertzeit' indes immer weiter abnimmt.[8] Vergleichbares gilt für die Neuordnung bestehender und die Erarbeitung neuer Berufsbilder. Auch das Fehlen moderner Ausbildungsberufsbilder erschwert die Bereitstellung von Ausbildungsplätzen. Durch den immer schnelleren technologischen Wandel, insbesondere durch den Bedeutungsgewinn der Informationstechnologien, entstehen neue Berufsfelder, für die Ausbildungsunterlagen bereitgestellt werden müssen, um eine Tätigkeit zum ‚anerkannten Ausbildungsberuf nach der Systematik der Ausbildungsberufe' werden zu lassen. Viele in zukunftsträchtigen Bereichen (Informations- und Kommunikationstechnologien; Dienstleistungen) tätige Unternehmen qualifizieren mittlerweile einen Teil ihrer Beschäftigten ‚on the job', dies nicht zuletzt, da tätigkeitsadäquate Ausbildungsberufsbilder trotz großer Bemühungen der beteiligten Stellen um zügige Modernisierung der Lehrpläne oftmals erst mit großer Verzögerung bereitgestellt werden.[9] Auch dies erschwert die Akzeptanz des dualen Systems in der Wirtschaft in zunehmendem Maße.

Die Krise des dualen Systems ist auch eine Krise der Berufsschule. Entgegen häufig und insbesondere im politischen Bereich

---

7 Herzog 1997 S. 1003f.

8 Vgl. Homeyer 1997, S. 66. Beispiele für die Anforderungen an Auszubildende in modernen IT-Berufen und die Ausbildungsstruktur in einem Unternehmen der Informationstechnologie nennt Klinkhammer; vgl. Klinkhammer 1999.

9 Vgl. Modernisierung großgeschrieben, in: iwd Nr. 4 vom 23.1.1997, S. 8. Der Berufsbildungsbericht 1999 nennt für das Jahr 1998 elf neue Berufe, für die Ausbildungsordnungen erlassen wurden, darunter Fachangestellte/r für Medien und Informationsdienste, Mechatroniker/in, Mikrotechnologe/in und Mediengestalter/in für Digital- und Printmedien; vgl. BMBF 1999(a), S. 85.

vertretener Vorstellungen einer gleichberechtigten Partnerschaft von Betrieb und Berufsschule besteht de facto ein asymetrisches Verhältnis zugunsten der Betriebe. Dieses manifestiert sich nicht nur in den höheren, von den Betrieben zu leistenden Ausbildungsanteilen. Die in der Berufsschule zu erbringenden Leistungen haben nahezu keine Auswirkungen auf den Abschluß der Ausbildung, das Abschlußzeugnis der Berufsschule einen deutlich geringeren Stellenwert als z.B. der Gesellen- oder Kaufmannsgehilfenbrief, der Auszubildenden nach Ablegen der Abschlußprüfung bei der zuständigen Stelle ausgehändigt wird.[10]

Berufliche Schulen: Schüler nach Schulart (Schuljahr 1998/99)

	Schüler insgesamt	Ausländische Schüler	Schüler an Privatschulen
Berufsschulen im dualen System*	1.683.478	125.362	35.201
Berufsvorbereitungsjahr	66.806	14.301	4.696
Berufsgrundbildungsjahr	40.856	5.319	1.323
Berufsaufbauschulen	2.158	344	31
Berufsfachschulen	383.231	42.139	64.896
Fachoberschulen	84.230	6.383	3.819
Fachgymnasien	93.092	6.364	1.168
Kollegschulen	88.635	13.421	868
Berufs-/Techn. Oberschulen	8.178	524	17
Fachschulen	142.050	5.297	48.914
Fachakademien	8.204	604	4.185
Insgesamt	2.600.918	220.058	165.118

* Einschließlich Berufsgrundbildungsjahr in kooperativer Form
Quelle: Statistisches Bundesamt: Bildung und Kultur, Fachserie 11, Reihe 2: Berufliche Schulen. Wiesbaden 1999, S.24.

Die in den Berufsschulen zu absolvierenden Ausbildungsanteile gelten vielen Praktikern als zu theorielastig. Oftmals sind sie nur in ungenügendem Maße auf die Anforderungen des ausbildenden Betriebes bezogen. Diskutiert wird auch die Gestaltung der berufsschulischen Allgemeinbildungs- und Fachausbildungsanteile. Zwar zählt die Fortführung allgemeinbildenden Unterrichts auch in der Berufsschule zur deutschen Bildungtradition, und Ausbildende beklagen immer häufiger mangelnde Allgemeinbildung insbesondere bei Hauptschulabsolventen. Dennoch wird als fraglich ange-

---

10 Vgl. z.B. Arnold/Münch 1995, S. 118f.

sehen, ob die in der Berufsschule vermittelten Allgemeinbildungs-
anteile geeignet sind, die bei vielen Auszubildenden festgestellten
Wissensdefizite abzubauen.

Wirtschafts- und Industrieverbände fordern die Abschaffung
des zweiten wöchentlichen Berufsschultages. Sie begründen dies
mit den hohen Kosten, die durch eine zweitägige Abwesenheit der
Auszubildenden von Betrieb entstünden. Die Kultusminister der
Länder lehnen dieses Ansinnen allerdings – bislang noch – ab und
schlagen stattdessen eine Flexibilisierung der schulischen Ausbildungsanteile vor. Diese kann darin bestehen, die Berufsschulan-
teile bei Erhöhung der Wochenstundenzahl von zwölf auf 16 in
den ersten Ausbildungshalbjahren zu verstärken und in der letzten
Ausbildungsphase, wenn Auszubildende bereits zum Ertrag eines
Betriebes beitragen können, nur noch einen wöchentlichen Berufs-
schultag vorzusehen. Auszubildende im Handel könnten in um-
satzstarken Phasen, z.B. in der Vorweihnachtszeit, vom Berufsschulunterricht freigestellt werden, der dann zu einer für den ausbildenden Betrieb günstigeren Zeit im Rahmen einer Blockunter-
richtsphase nachgeholt werden kann. Zugleich haben die Kultusminister die Kritik an der inhaltlichen Gestaltung der berufsschulischen Ausbildungsanteile aufgenommen und eine Überprüfung der
Lehrpläne sowie eine Modernisierung des Lehrstoffes vorgeschlagen.[11] Die Beispiele zeigen, daß viele der – in diesem Falle strukturellen – Probleme gelöst werden können. Die starke Verregelung
und der Zwang zur Abstimmung zwischen einer großen Zahl von
Beteiligten erschweren und verzögern dies aber.

Ein weiteres Problem für Berufsschulen besteht in der Heterogenität der Schülerschaft. Die Bildungsvoraussetzungen der Schülerinnen und Schüler einer Berufsschulklasse können heute von
der nicht erfolgreich abgeschlossenen Hauptschule bis zur allgemeinen Hochschulreife reichen; bei Schülerinnen und Schülern
nichtdeutscher Muttersprache treten oftmals mangelnde Kompetenzen in der deutschen Sprache hinzu. Die Bewältigung der damit
verbundenen Anforderungen verlangt von den Lehrkräften hohes
didaktisches Geschick und – angesichts des nur geringen Stellen-

---

11 Vgl. hierzu z.B. Hoffen auf das große Wunder, in: Der Spiegel H. 26/1997, S.
22-33, hier: S. 26; Wernstedt: KMK will berufliche Bildung weiterentwickeln,
in: F.A.Z. vom 16.1.1997.

wertes der berufsschulischen Unterrichtsanteile – die Fähigkeit zur fortdauernden Motivation der Unterrichteten.

Zu den allgemeinen Problemen des dualen Systems der Berufsausbildung treten spezifische in den ostdeutschen Ländern identifizierbare Probleme, die abzustellen durchaus zum Gesamtprozess der Angleichung der Lebensverhältnisse gezählt werden kann. Die Volkswirtschaft der DDR war Ende der achtziger Jahre durch einen nur gering ausgebauten Dienstleistungssektor geprägt. Die Beschäftigten waren überwiegend im produzierenden Gewerbe und in der Landwirtschaft tätig; dementsprechend war dort ein großer Teil der Ausbildungskapazitäten konzentriert. Im Verlauf des 1990 einsetzenden Transformationsprozesses der ostdeutschen Wirtschaft gingen mit dem Abbau veralteter industrieller Fertigungsstätten neben Arbeitsplätzen auch Ausbildungskapazitäten in erheblichem Umfang verloren. Der Neuaufbau der Industrie in Ostdeutschland ist ein langfristiger Prozeß. Der seit 1990 stark angewachsene Dienstleistungssektor konnte den Wegfall von Industrieausbildungsplätzen bislang nur zum Teil ausgleichen.

Ein weiteres Problem tritt hinzu, das nicht auf Ostdeutschland beschränkt ist, dort aber besonders deutlich sichtbar wird. Bislang galt der Konsens, daß Wirtschaft und Verwaltung für die Qualifizierung ihres Nachwuchses selbst Sorge tragen und dafür auch die Kosten übernehmen. Mittlerweile klagen viele Unternehmen über die ihnen aus der Berufsausbildung entstehenden Kosten. Um nun gerade in Ostdeutschland die Bereitstellung von Ausbildungsplätzen nicht an bei vielen Unternehmen bestehenden finanziellen Engpässen scheitern zu lassen, unterstützen der Bund – hier insbesondere die Bundesanstalt für Arbeit, die Länder, aber auch die EU – ausbildende Betriebe finanziell. Für das zum 1. Oktober 1998 beginnende Ausbildungsjahr 1998/99 bedeutete dies, daß aus unterschiedlichen Quellen rund 70% der neu abgeschlossenen betrieblichen Ausbildungsverhältnisse staatlich gefördert wurden. Die ostdeutsche Wirtschaft stellte allerdings lediglich 60% der Ausbildungsplätze für ostdeutsche Lehrstellenbewerber. Etwa 40% der neu abgeschlossenen Ausbildungsverhältnisse wurden entweder vollständig durch Bund und Länder finanziert, wobei die Ausbildung dann außerbetrieblich durchgeführt wird, oder aber Lehrstellenbewerber fanden einen Ausbildungsplatz in den alten Bundesländern.

Aufgrund des ungenügenden Ausbildungsplatzangebotes der ostdeutschen Wirtschaft sind Bund und Länder gezwungen, erhebliche Mittel aufzubringen, um solche zusätzlichen Ausbildungsmöglichkeiten zu schaffen. So wurden für das Ausbildungsjahr 1998/99 im Rahmen der ‚Lehrstelleninitiative Ost' 17.500 zusätzliche Ausbildungsplätze bereitgestellt, an deren Finanzierung sich der Bund, der etwa die Hälfte der entstehenden Kosten trägt, mit rund 232 Mio. DM beteiligt. Insgesamt wurden 1998 zur Unterstützung der beruflichen Erstausbildung in Ostdeutschland mehr als 1,8 Mrd. DM aufgewandt.[12] Diese Praxis öffentlicher Subventionierung der Berufsausbildung im Dualen System, die im übrigen auch den alten Bundesländern zu Gute kommt, läßt die Vermutung nicht unbegründet erscheinen, die Wirtschaft versuche, sich auf diese Weise sukzessiv zumindest des finanziellen Teils ihrer Verpflichtung zur Nachwuchsqualifizierung zu entziehen.

Während bis vor kurzem die vielfältigen Vorteile des dualen Systems im Vordergrund standen – Marktorientierung und Bedarfsberücksichtigung bei den Betrieben, Praxisnähe, Vermeidung von Fehlbesetzungen und hohen Einarbeitungskosten, Verbindung von praktischer und theoretischer Unterweisung, Flexibilität der ausgebildeten Arbeitnehmer u.a. – sind heute von der Arbeitgeberseite eher Monita wie die zu langsame Anpassung der Ausbildungsordnungen an den schnellen technologischen Wandel und die zu Wettbewerbsnachteilen führende hohe Kostenbelastung durch die betriebliche Ausbildung zu vernehmen.[13] Dies trifft jedoch nur eingeschränkt zu; in Handwerksbetrieben erbringen Auszubildende im zweiten und dritten Ausbildungsjahr bereits produktive Leistungen, die die Aufwendungen für deren Ausbildung z.T. mehr als ausgleichen.[14] Notwendig ist es, das duale System strukturell an die Bedingungen eines immer schnelleren technologischen Wandels anzupassen und die sich verändernden Kompetenzerwartungen, die heute an Berufstätige gestellt werden, bei der inhaltlichen Gestaltung der Ausbildung hinreichend zu berücksichtigen. Zukunft hat das duale System aber nur, wenn sichergestellt werden

---

12 Vgl. BMBF 1999(a), S. 6, S. 23.
13 Vgl. Richter 1999.
14 Vgl. Angelika Fritsche: Mehr Nutzen als Kosten, in: Deutsche Universitäts-Zeitung Nr. 19/1996, S. 18f.

kann, daß jeder Ausbildungswillige auch einen Ausbildungsplatz erhalten kann. Wie dies gesichert werden kann, ist allerdings umstritten. Einerseits setzt sich die Arbeitgeberseite gegen die Versuche staatlicher Regulierung und Einflußnahme, z.B. durch Ausbildungsplatzabgaben, vehement zur Wehr; andererseits wäre der Ausbildungsstellenmarkt ohne die hohen staatlichen Zuschüsse zumindest in Ostdeutschland kaum überlebensfähig. Leichtfertig wäre es, aufgrund kurzfristiger Vorteilserwägungen ein bislang bewährtes Ausbildungssystem in seiner Existenz zu gefährden, das nach einer notwendigen Phase der Modernisierung besser als andere in der Lage sein dürfte, über die Kombination aus praktischen, fachtheoretischen und allgemeinbildenden Ausbildungsanteilen für die zukünftigen Anforderungen in der Arbeitswelt zu qualifizieren.

4.2 Veränderte Inhalte und Anforderungen in der beruflichen Bildung

Zwischen dem Bildungs- und dem Beschäftigungssystem bestehen vielfältige Verbindungen. Eine Funktion des Bildungssystems besteht darin, Qualifikationen zu vermitteln, die nach Art und Umfang den Bedürfnissen des Beschäftigungssystems entsprechen. Nachgewiesen wird der Erwerb solcher – insbesondere materialer – Qualifikationen über Zeugnisse, Bescheinigungen und Berechtigungsnachweise. Nach wie vor kann eine umfassende, vorwiegend in den Einrichtungen des Bildungssystems vermittelte allgemeine Bildung als basale Voraussetzung für die Vermittlung berufsbezogener Qualifikationen gesehen werden. Wichtige Elemente sind der Kompetenzerwerb in der Muttersprache in Wort und Schrift sowie zumindest einer Fremdsprache; beides kann unter dem Leitbegriff ‚Kommunikationsfähigkeit' subsumiert werden. Hinzu treten der sichere Umgang mit grundlegenden mathematischen Methoden und Verfahren sowie Kenntnisse in den Naturwissenschaften und im gesellschaftskundlichen Bereich. Diese Basisqualifikationen gelten als notwendige Bedingung sowohl für die berufliche Erstausbildung als auch für eine sich hieran anschließende Weiterqualifizierung.[15] Zu den wichtigsten im Rahmen des beschriebenen, eher statisch

---

15 Vgl. z.B. Schlaffke 1997, S. 237f.

wirkenden Bildungskanons zu vermittelnden Kompetenzen zählt die einer intellektuellen wie handlungsleitenden Flexibilität. Die Notwendigkeit lebenslangen Lernens steht heute außer Frage, und nur noch bei wenigen Menschen ist die einmal erworbene berufliche Grundqualifikation hinreichend für ein ganzes Arbeitsleben. Der ökonomische und gesellschaftliche, insbesondere aber der sich beschleunigende technologische Wandel erfordern eine stete Anpassung individueller Kenntnisse, Fertigkeiten und Handlungskompetenzen an die sich verändernde Arbeits- und Lebensumwelt.

Im Beschäftigungssystem vollzieht sich seit einigen Jahren ein Paradigmenwechsel, der zu vielfältigen Veränderungen im Arbeitsprozeß und damit zu neuen Anforderungen an die menschliche Arbeitskraft führt. Bis in die jüngste Zeit war die unter dem Begriff ‚Taylorismus' gefaßte Form der Güterproduktion kennzeichnend für entwickelte Industriestaaten. Eine Arbeitskraft stellte nicht mehr, etwa im Sinne klassischer Handwerkstätigkeiten, ein Produkt vollständig her, sondern war nur mit Teiltätigkeiten innerhalb eines Produktionsablaufes befaßt. Hierzu genügte meist die Vermittlung von Teilqualifikationen. Heute ist es kaum wahrscheinlich, daß eine Person alle erforderlichen Kompetenzen zur Herstellung eines modernen Massenproduktes, z.B. eines Kraftfahrzeuges, besitzt. Arbeitsteilung war und ist insofern notwendig und sinnvoll; die tayloristische Produktionsweise als Kombination von menschlicher und maschineller Arbeit war und ist unter Produktivitätsgesichtspunkten den meisten anderen Produktionsverfahren überlegen. Vorausgesagt wird aber heute ein Ende des Taylorismus, dessen Ursachen in veränderten Anforderungen der Märkte und in dem in entwickelten Industrienationen wachsenden Dienstleistungssektor gesehen werden.[16] Beides hat nachhaltige Auswirkungen auf Inhalte und Anforderungen in der beruflichen Bildung. Der im Rahmen des Welthandels aufgrund einer zunehmenden Zahl an Anbietern herrschende Wettbewerbsdruck zwingt Hersteller von Massengütern zu fortlaufender Rationalisierung ihrer Produktion, die zumeist einen Abbau von Personal nach sich zieht. Die Zahl der Beschäftigten in der gewerblich-technischen Wirtschaft, dem sekundären Sektor, verringert sich zugunsten des tertiären Sektors, zu dem insbesondere Handel und Dienstleistun-

---

16 Vgl. Bullinger/Gidion 1994.

gen, Bildung sowie medizinische Versorgung und Betreuung zählen. Hinzu tritt eine ‚innere Tertiarisierung' im produzierenden Gewerbe. Ein immer größerer Teil der Arbeitskräfte eines Unternehmens ist mit Tätigkeiten wie Planen und Organisieren, Verwalten und Anleiten, Lehren, Ausbilden und Kommunizieren befaßt. Die Arbeitsorganisation wandelt sich von der Einzeltätigkeit mit häufig begrenztem Tätigkeitsspektrum hin zur Gruppen- oder Teamarbeit, bei der die Arbeitsabläufe und die Tätigkeiten der Gruppenmitglieder weitgehend selbständig geplant und koordiniert sowie Ausfälle innerhalb der Gruppe kompensiert werden müssen. Die Bewältigung des inhaltlichen und strukturellen Wandels der Berufsarbeit setzt ein hohes Qualifikationsniveau voraus. Das prognostizierte Ende des Taylorismus bedeutet in modernen Industriestaaten einen Rückgang der Produktion standardisierter Massengüter zugunsten der Realisierung vielfältiger Kundenwünsche und einen raschen Wechsel der Produktpaletten; beides wiederum führt zu einer ständigen Veränderung von Arbeitsabläufen. Begleitet werden diese Prozesse von einem immer schnelleren und weiteren Vordringen moderner Informations- und Kommunikationstechnologien in allen Sektoren. Eine substantielle Erweiterung der Kompetenzen bei den Beschäftigten in allen Tätigkeitsbereichen ist somit unumgänglich. Sie kann sich jedoch nicht auf den fortdauernden Neu-Erwerb von Kenntnissen und Fertigkeiten, z.B. in der EDV-Anwendung beschränken. Flexibles Agieren im Arbeitsprozeß, zu dem auch die Bereitschaft zu flexibler Arbeitszeitgestaltung (Nacht-, Schicht- und Wochenendarbeit) tritt, bei der Organisation von Teamarbeit oder beim Eingehen auf Kundenwünsche stellt Anforderungen an Arbeitskräfte, die die Notwendigkeit der Vermittlung von Schlüsselqualifikationen begründen. Zu ihnen zählen neben den bereits genannten kommunikative Kompetenzen, die Fähigkeit zur Arbeit in Gruppen, die Bereitschaft zu ständiger Fortbildung, Grundkompetenzen in den Bereichen Planen, Organisieren und Informieren und nicht zuletzt Frustrationstoleranz. Gefordert wird zudem „die erweiterte Einbeziehung der Blickwinkel anderer am Entwicklungsprozeß beteiligter Professionen in das eigene Schaffen (antizipatives, iteratives und reflexives Arbeiten)."[17]

---

17 Bullinger/Gidion 1994, S. 12; vgl. a.a.O.

Aus der größeren inhaltlichen Vielfalt und dem höheren Anspruchsniveau einer Berufstätigkeit, in der die genannten Qualifikationsmerkmale Berücksichtigung finden, resultieren höhere Anforderungen an die Ausbildung und damit an Ausbildende und Auszubildende. In noch stärkerem Maße als bislang wird es notwendig sein, daß sich Beschäftigte in Aus- und Weiterbildung Kenntnisse und Kompetenzen in den genannten Bereichen aneignen. Gleichzeitig bedeutet dies, daß Fortbildungsangebote an sich schnell wandelnde Bedürfnisse angepaßt werden müssen. Im Vordergrund stehen hier Praxisnähe und -verwertbarkeit, Kostenreduzierung und Adressatenorientierung, letzteres sowohl hinsichtlich der Teilnehmer als auch hinsichtlich der die Fortbildung zumeist finanzierenden Betriebe. Doch nicht nur die Fortbildung, auch die Erstausbildung selbst bedarf der regelmäßigen Überprüfung auf Zeitgemäßheit und Praxisrelevanz der Inhalte. Hinsichtlich der Ausbildungsmethodik ist noch mehr als bisher danach zu fragen, mit welchen Methoden bei Auszubildenden mit ihren je unterschiedlichen Eingangsvoraussetzungen unter gegebenen sächlichen, zeitlichen und finanziellen Rahmenbedingungen Lernziele am ehesten erreicht werden können. Mit der zunehmenden Ausdifferenzierung der Eingangsvoraussetzungen bei Ausbildungsbeginn – vom Auszubildenden ohne Schulabschluß bis zum Abiturienten – tritt die Notwendigkeit einer stärkeren Differenzierung und Individualisierung der Ausbildungsgestaltung vor Ort. Ist es bereits jetzt möglich, die Dauer eines Ausbildungsganges bei Abiturienten zu kürzen, so wird zukünftig die Anpassung der Ausbildungsgestaltung an das je individuelle Lerntempo der Auszubildenden in den Vordergrund treten, dies mit Blick sowohl auf lernschwache als auch auf besonders lernstarke Auszubildende, denen eine weitergehende Verkürzung der Ausbildungszeit ermöglicht werden sollte.[18] Eine gewisse Unterstützung können dabei DV-gestützte Lernprogramme bieten (CBT – Computer Based Training). Sie eignen sich für die berufliche Erstausbildung wie für Fortbildung gleichermaßen, ermöglichen Lernen mit je individuellem Lerntempo und entlasten Ausbilder.[19] Die Entwicklung von CBT-Programmen

18 Zur Individualisierung und Flexibilisierung beruflicher Bildung vgl. Zielke/Dybowski/Mucke 1994; BLK 1993.
19 Allgemein zum Thema Multimedia und CBT in der Berufsausbildung vgl.

ist allerdings aufwendig und teuer; dies begründet ihre bislang noch begrenzte Verbreitung. Eine Individualisierung der Ausbildungsdauer wie der Ausbildungsmethodik verlangt von den Ausbildern ein hohes Maß an Kompetenzen in unterschiedlichen Feldern; der Qualifizierung der Ausbilder kommt dabei eine ebenso hohe Bedeutung zu wie der Qualitätssicherung betrieblicher Aus- und Weiterbildung.[20] Die Veränderung der an den ‚modernen Arbeitnehmer' gestellten Anforderungen, die fortdauernde Erneuerung der Ausbildungsinhalte analog zum technologischen – und gesellschaftlichen – Wandel und die adressatenorientierte Flexibilisierung der beruflichen Bildung gehen Hand in Hand. Hier nun sind auch staatlichen Stellen und damit Bildungspolitik und –verwaltung vielfältige Aufgaben gestellt. Neben der finanziellen Unterstützung der Erstausbildung wie der Weiterbildung kann staatliche Berufsbildungspolitik die Modernisierung der beruflichen Bildung im Rahmen der Initiierung von Reformprojekten vorantreiben. Das Bundesinstitut für Berufsbildung (BIBB) ist mit der ständigen Anpassung der Ausbildungsgrundlagen an sich verändernde äußere Rahmenbedingungen und der Erarbeitung neuer Berufsbilder befaßt. Der Forderung nach schnellerer Reaktion auf die industriellen Wandlungsprozesse versucht das BIBB durch verkürzte Fristen bei der Be- und Erarbeitung von Ausbildungsordnungen nachzukommen. Die Bundesregierung startete 1997 das Reformprojekt ‚Flexible Strukturen und moderne Berufe', im Rahmen dessen auf genannte Probleme reagiert und es z.B. den Betrieben ermöglicht werden soll, Lernziele offener zu formulieren, die inhaltliche Gestaltung der Ausbildung den spezifischen Bedürfnissen der Betriebe anzupassen oder die Ausbildungsgestaltung an der je individuellen Leistungsfähigkeit der Auszubildenden zu orientieren. Gleichzeitig wurden Ausbildungsinhalte in einigen neuen Ausbildungsberufen modularisiert; Betriebe können je nach Qualifikationsbedarf Bausteine auswählen.[21] Dies alles sind Schritte in die richtige Richtung, wie auch Kritiker konzedieren. Gleichwohl bedarf es weiterer und beschleunigter Anstrengungen zur Modernisierung des dualen Systems der Berufsausbildung, denn der öko-

---

Schlaffke 1997, S. 239ff.; BMBW 1997(a), S. 79ff.; BIBB 1996(a).
20 Vgl. Degen/Walden 1997.
21 Vgl. BMBF 1999(a), S. 85ff.; BMBF 1999(b), S. 89ff.

nomische, technologische und allgemein gesellschaftliche Wandel dauert fort. (Dok. 20, 21)

4.3 Problemgruppen in der beruflichen Bildung

Nach wie vor bereitet die Einbindung bestimmter Personengruppen in die Berufsausbildung und anschließend in das Arbeitsleben große Schwierigkeiten. Zu nennen sind hier Lern- und Leistungsschwache, sozial Benachteiligte und Behinderte sowie Ausbildungsbewerber nichtdeutscher Muttersprache. Trotz einer Vielzahl von Fördermaßnahmen ist es für Angehörige dieser Gruppen nicht einfach, die beiden Schwellen – den Übergang von der allgemeinbildenden Schule in ein Berufsausbildungsverhältnis und den Übergang von der Berufsausbildung in ein Arbeitsverhältnis – zu überwinden. Auch junge Frauen haben nach wie vor Probleme im Berufsbildungs- und Beschäftigungssystem, dies jedoch mittlerweile weniger in quantitativer als vielmehr in qualitativer Hinsicht.

Bereits für Ausbildungsplatzbewerber mit Hauptschulabschluß wurde es in den vergangenen Jahren in zunehmendem Maße schwierig, eine Lehrstelle im dualen System zu erhalten. Umso mehr haben Jugendliche, die über keinen Schulabschluß verfügen und/oder als lern- und leistungsschwach eingestuft werden müssen, nur geringe Chancen auf einen Ausbildungsplatz, der eine Qualifikation in einem Beruf nach der Systematik der Ausbildungsberufe vermittelt und damit eine grundlegende Voraussetzung für eine eigenständige unabhängige Zukunftsgestaltung darstellt. Dies liegt zunächst in der seit Mitte der neunziger Jahre rückläufigen Zahl angebotener Ausbildungsplätze begründet, die zu einer verschärften Konkurrenz um die verbleibenden Plätze führt. Eine weitere Ursache ist der zu beobachtende Verdrängungswettbewerb (Kap. 4.1) Er hat dazu geführt, daß sich in vielen Berufen, deren Ausbildungsberufsbilder auf dem Hauptschulabschluß als Eingangsvoraussetzung basieren, heute keine Hauptschulabsolventen mehr als Auszubildende finden. Als weiteres Problem erweist sich eine gegenläufige Entwicklung, die, sofern diesbezügliche Beobachtungen zutreffen, für die genannte Gruppe bedenkliche Konsequenzen hat: sinkende Bildungsvoraussetzungen bei gleichzeitig steigenden Anforderungen in der Ausbildung. Bereits seit mehreren Jahren wird ein rückläufiges Bildungsniveau bei Hauptschul-absolventen diagnostiziert. So bemerkte Roman Herzog in seiner Rede zur Bildungspolitik vom November 1997, ihn beeindrucke „die Klage, daß bis zu fünfzehn Prozent der Lehrstellenbewerber nicht ausbildungsfähig seien, und das nicht zuletzt, weil ihnen die erforderlichen Kenntnisse im Lesen, Schreiben und Rechnen fehlen."[22] Und der Geschäftsführer des Instituts der Deutschen Wirtschaft führt aus, es gehöre „zu den Schwächen unserer Bildungs-diskussion, zu verschweigen, daß Zehntausende von Ausbildungs-plätzen unbesetzt bleiben müssen, weil geeignete ausbildungsfähi-ge Bewerber fehlen."[23] In der Tat erstaunt es zu beobachten, daß die Zahl der den Arbeitsämtern gemeldeten Ausbildungsplatzbe-werber die der angebotenen Ausbildungsplätze deutlich übersteigt und gleichzeitig Ausbildungsplätze in nicht geringer Zahl auch deshalb unbesetzt bleiben, weil Ausbildungsbetriebe keine Interes-senten mit adäquater Allgemeinbildung finden. Dies liegt nicht zuletzt darin begründet, daß im Zuge der Neuordnung der Ausbil-dung verschiedener Berufsgruppen, z.B. der Metall- und Elektro-berufe, die Ausbildungsdauer auf bis zu 42 Monate verlängert wurde und die im Rahmen der Ausbildung zu bewältigenden An-forderungen deutlich gestiegen sind. Offensichtlich lassen Betriebe Ausbildungsplätze eher unbesetzt, als daß sie zu gering qualifi-zierte Bewerber akzeptierten. Wenn bereits Lehrstellenbewerber mit Hauptschulabschluß Probleme bei der Findung eines Ausbil-dungsplatzes haben, dürften solche ohne formale Qualifikation auf dem Ausbildungsstellennarkt nahezu chancenlos sein. Zwar gibt es für die letztgenannte Gruppe kompensatorische Angebote z.B. in Form des Berufsgrundbildungs- und Berufsvorbereitungsjahres; die Chancen auf einen Ausbildungsplatz im Anschluß an die Ab-solvierung dieser von vielen Betroffenen als ‚Warteschleife' ange-sehenen Bildungsmaßnehmen verbessern sich angesichts der Ge-samtsituation auf dem Ausbildungsstellenmarkt indes nur gering-fügig. Es verbleiben Institutionen, die sich in Realisierung sozial-staatlicher Postulate sogenannter ‚marktbenachteiligter' Ausbil-dungsplatzbewerber annehmen. Unterstützung für sozial benach-teiligte und lernbeeinträchtigte Jugendliche ist z.B. nach den dies-

---

22 Herzog 1997, S. 1003.
23 Schlaffke 1997, S. 236.

bezüglichen Bestimmungen des SGB III möglich. Nach den §§ 235 und 240 bis 247 SGB III können Jugendliche mit Bildungsdefiziten und/oder sozialen Problemen bei der Vorbereitung auf eine Berufsausbildung, ausbildungsbegleitend und beim Übergang in einen Beruf nach Abschluss einer Ausbildung unterstützt werden.[24] Dies geschieht durch finanzielle Förderung einer betrieblichen Berufsausbildung oder durch Vermittlung in eine außerbetriebliche Berufsausbildung sowie, wenn erforderlich, durch sozialpädagogische Begleitangebote während der Ausbildung. Die Bundesanstalt für Arbeit förderte im Jahr 1998 die Berufsausbildung knapp 114.000 benachteiligter Auszubildender nach den Bestimmungen des SGB III mit ca. 1,5 Mrd. DM. Hinzu kam ca. 1 Mrd. DM für sonstige Berufsausbildungsbeihilfen.[25]

Zur Gruppe ‚marktbenachteiligter' Auszubildender zählen auch solche nichtdeutscher Muttersprache, d.h. Aussiedler und Ausländer, wobei Aussiedler formalrechtlich Deutsche sind, in der Konkurrenz um Ausbildungsstellen aber ähnliche Probleme haben wie Jugendliche ohne deutschen Paß, deren Erstsprache ebenfalls nicht Deutsch ist. Die Probleme ausländischer Jugendlicher beginnen bereits bei der schulischen Qualifikation. Während 1997 insgesamt 8,7% aller Schulabgänger die Hauptschule ohne Abschluß verließen, lag die Quote ausländischer Schüler bei 17,1%. Dies hat Folgen für den Zugang zur Berufsausbildung. So betrug der Anteil ausländischer Jugendlicher in der Altersgruppe der 15- bis 18jährigen im Jahr 1997 15%, wohingegen ihr Anteil an allen Auszubildenden nur bei 8,7% lag. Zu beachten ist, daß die Ausbildung im dualen System den Hauptweg ausländischer Jugendlicher zu einer beruflichen Qualifikation darstellt; ihr Anteil in Fachschulen, Fachhochschulen und Hochschulen ist gering.[26] Insgesamt hat sich in den vergangenen Jahren die Situation ausländischer Jugendlicher und junger Erwachsener in der Berufsausbildung verbessert. Es blieben jedoch Probleme bestehen. So konzentriert sich eine große Zahl ausländischer Auszubildender in wenigen Berufen in

---

24 BMBF 1999(a), S. 105ff.
25 Vgl. BMBF 1999(a), S. 264; vgl. auch: Klammheimlich?, in: DUZ Nr. 19/1996, S. 18.
26 Vgl. BMBF 1999(a), S. 64ff. Die Angaben beziehen sich auf die alten Bundesländer; in den neuen Ländern gab es 1997 insgesamt nur 189 Auszubildende ausländischer Herkunft; vgl. a.a.O.

Industrie und Handwerk (z.B. Friseur/Friseurin; Gas- und Wasser-installateur; Industriemechaniker Betriebsdienst) sowie im Bereich der freien Berufe (insb. Arzt- und Zahnarzthelferin). In weit höherem Maße als deutsche Jugendliche fragen ausländische Jugendliche Ausbildungsplätze garnicht nach, sondern treten ohne Ausbildung in das Beschäftigungssystem über. Auch die Quote ausländischer Ausbildungsabbrecher liegt über der der deutschen Vergleichsgruppe. Mangelnde Sprachkompetenz insbesondere bei nicht in der Bundesrepublik Deutschland aufgewachsenen jugendlichen Ausländern und Aussiedlern sowie die oftmals geringe Vertrautheit mit dem dualen System der Berufsausbildung wirken sich ebenfalls hemmend auf den Zugang zu Ausbildungsplätzen aus. Hinzu tritt das Auswahlverhalten vieler Betriebe, die vermeintliche oder festgestellte sprachliche oder Bildungsdefizite und eine mögliche Andersartigkeit kultureller Orientierungen zum Anlaß nehmen, ausländische Ausbildungsplatzbewerber nicht einzustellen.[27] Möglichkeiten des Abbaus von Defiziten und Benachteiligungen bei dieser Gruppe bestehen in einer Förderung des Erwerbs von Kompetenzen in der deutschen Sprache, in der gezielten Ansprache ausländischer Jugendlicher und ihrer Eltern durch die Arbeitsämter einschließlich einer verstärkten Information über Ausbildungsmöglichkeiten im dualen System, sowie, wie dargestellt, in der Aufnahme dieser Gruppe in die Ausbildungsförderung nach dem SGB III.

Die Situation junger Frauen in der Berufsbildung hat sich in den vergangenen Jahren erheblich verbessert. Erkennbar ist ihre trotz der angespannten Lage auf dem Arbeitsmarkt hohe Erwerbsorientierung. Noch heute bestehen aber Unterschiede im Vergleich mit dem männlichen Teil der Altersgruppe hinsichtlich des chancengleichen Zuganges zu Ausbildungs- und Arbeitsplätzen. Bei der Suche eines Ausbildungsplatzes müssen junge Frauen nach wie vor größere Anstrengungen unternehmen als männliche Jugendliche. Nicht selten sind sie daher gezwungen, einen anderen als den zunächst gewünschten Beruf zu erlernen, und so finden sich viele junge Frauen ungewollt in sogenannten ‚frauentypischen' Berufen wieder. Zwar sind nicht nur bei weiblichen, sondern auch bei

---

27 Vgl. Arbeitsgruppe Bildungsbericht am Max-Planck-Institut für Bildungsforschung 1994, S. 615ff.

männlichen Ausbildungsplatzbewerbern Präferenzen in der Wahl bestimmter Berufe feststellbar. Diese entspringen aber gerade bei Frauen nur zum Teil individuellen Interessen. Häufig sind auch hier das Angebot und die Chance, überhaupt eine Lehrstelle erhalten zu können, ausschlaggebend für die Wahl. Ein Blick auf die Liste der am häufigsten gewählten Berufe zeigt, daß sich Frauen insbesondere in folgenden Tätigkeitsfeldern finden: kaufmännische Berufe (Bürokaufleute, Verkäuferinnen, Bank- und Versicherungskaufleute), nichtärztliche Gesundheitsdienste (Arzt- und Zahnarzthelferinnen, Krankenschwestern), Bürofach- und -hilfskräfte, Friseurinnen, Berufe im Hotel- und Gaststättengewerbe sowie sozialpflegerische und Reinigungsberufe. Einschließlich der Lehrerinnen und der im Bereich der Landwirtschaft Tätigen sind in den genannten Berufsfeldern rund zwei Drittel aller weiblichen Beschäftigten zu finden.[28] Die meisten der genannten Berufe bieten nur begrenzte Einkommens- und Aufstiegsperspektiven und nicht zuletzt gerade deswegen ein eher geringes Sozialprestige. Hinzu kommen in einigen Berufen ungünstige Arbeitszeiten (Schicht-, Nacht- und Wochenendarbeit) und/oder eine hohe psychische Belastung, so z.B. bei Krankenschwestern. Nicht selten sind die erzielbaren Gehälter kaum ausreichend als alleiniges Familieneinkommen; auch dies kann als Grund gesehen werden, daß Männer in diesen Berufen nur in geringer Zahl vorzufinden sind. „Mit einer Ausbildung in diesen sogenannten Frauenberufen ist daher eine problematische Berufsperspektive für das ganze Leben bereits vorgezeichnet."[29] Die seit mittlerweile zwanzig Jahren auf bildungspolitischer Ebene unternommenen Bemühungen, Frauen in männertypischen Berufen neue Beschäftigungsperspektiven zu eröffnen, war nur teilweise erfolgreich. Wenn es auch jungen Frauen durch gezielte Förderung überhaupt erst möglich wurde, Zugang z.B. zu Metall- und Elektroberufen zu finden, so ist deren Zahl in diesen Berufen doch gering geblieben. Seit den achtziger Jahren ist allerdings eine Entwicklung zu beobachten, die langfristig für erhebliche Verände-

---

28 Vgl. Arbeitsgruppe Bildungsbericht am Max-Planck-Institut für Bildungsforschung 1994, S. 612ff., BMBW 1997(a), S. 114f., S. 120ff. In Ostdeutschland zählen zu den am meisten von Frauen gewählten Berufen auch Ingenieurinnen und Textilverarbeiterinnen; vgl. BIBB 1997, S. 5.
29 Arbeitsgruppe Bildungsbericht am Max-Planck-Institut für Bildungsforschung 1994, S. 613.

rungen im Berufswahlverhalten junger Frauen sorgen dürfte. Bei den westdeutschen Schulabgängern mit allgemeiner Hochschulreife stieg der Frauenanteil von 39,4% im Jahr 1970 auf 51,3% im Jahr 1994; Deutschlandweit wurden 1997 54% aller Hochschulreifezeugnisse an junge Frauen vergeben, aber nur 34,9% aller Hauptschulabschlußzeugnisse.[30] Sofern, was zu erwarten ist, dieser Trend zu höheren Bildungsabschlüssen anhält, dürfte dies Auswirkungen auch auf die Möglichkeit für Frauen haben, höherqualifizierte und damit besser vergütete und zukunftssicherere Tätigkeiten aufnehmen zu können. Allerdings sind Frauen eher als Männer bemüht, Berufswahlentscheidungen unter Berücksichtigung der Frage zu treffen, inwieweit diese eine Vereinbarkeit von Familie und Beruf zulassen. Daher sind sie oftmals kompromißbereiter hinsichtlich der Verwirklichung ihrer Berufswünsche. Die weitere Verbesserung der Möglichkeit, Berufstätigkeit und Familie zu verbinden, z.B. durch Schaffung einer größeren Zahl von Arbeitsplätzen auch in (hoch-) qualifizierten Teilzeittätigkeiten, bleibt eine Aufgabe, die nur im Zusammenwirken der relevanten Akteure in Wirtschaft, Gesellschaft und Politik gelöst werden kann.

4.4 Gleichheit allgemeiner und beruflicher Bildung – mehr als ein Postulat?

Seit einigen Jahren thematisieren Wissenschaftler, Bildungspolitiker und auch Vertreter der Wirtschaft verstärkt die Frage, wie eine Gleichstellung allgemeiner und beruflicher Bildung erreicht werden kann. Diese Frage ist nicht grundsätzlich neu; bereits in der im 19. Jahrhundert vollzogenen Trennung in allgemeinbildende und berufsbildende Schulen bildete sich die Kontroverse um die Wertigkeit allgemeiner und beruflicher Bildung ab. Während in der DDR versucht wurde, über das Konzept polytechnischer Bildung beide Elemente in einer Schulart zusammenzuführen, herrschte und herrscht in der Bundesrepublik Deutschland bis heute mit wenigen Ausnahmen die überkommene Trennung von allgemeiner und beruflicher Bildung vor. Lediglich im Bereich der Haupt- und Gesamtschulen gab und gibt es Bemühungen, über das Arbeitsleh-

---

30 Vgl. BMBF 1998(a), S. 86f.

rekonzept berufsvorbereitende und -informierende Elemente in den Bildungskanon einer allgemeinbildenden Schulart zu integrieren, und in den berufsbildenden Teilzeitschulen werden berufsspezifische und allgemeinbildende Inhalte gleichermaßen vermittelt.

Die Diskussuion um die Gleichwertigkeit allgemeiner und beruflicher Bildung entzündete sich in den vergangenen Jahren im Kern an der Behauptung, die von durchschnittlich immerhin zwei Dritteln eines Altersjahrganges durchlaufene Berufsausbildung im dualen System stelle aufgrund fehlender Anschlußmöglichkeiten eine ‚Bildungssackgasse' dar. Eine Weiterqualifizierung über die Meister-Ebene hinaus, z.B. die Aufnahme eines Hochschulstudiums, sei nur in Ausnahmefällen möglich, weswegen sich leistungsfähige Jugendliche in immer größerer Zahl für zur Hochschulreife führende Bildungsgänge entschieden. In der Tat ist die Zahl der Studierenden an Universitäten und Hochschulen in den vergangenen zwanzig Jahren kontinuierlich angestiegen. Während im Jahr 1980 in der Bundesrepublik Deutschland 1,04 Mio. Studierende 1,71 Mio. Auszubildenden im dualen System gegenüberstanden, lag 1991 die Zahl der Studierenden mit 1,669 Mio. erstmals leicht über der der Auszubildenden (1,666 Mio.); 1997 betrug die Zahl der Auszubildenden 1,62 Mio., die der Studierenden 1,83 Mio. Die sich aus den Daten abzeichnende Tendenz wird als Ausdruck weiteren Bedeutungszugewinnes der allgemeinen gegenüber der beruflichen Bildung gewertet.[31] Allerdings entsteht bei ausschließlicher Betrachtung der Gesamtzahlen ein schiefes Bild. Die hohe Gesamtzahl der Studierenden liegt auch im Anstieg der Studiendauer begründet; die durchschnittliche Studiendauer von sechs bis sieben Jahren beträgt rund das Doppelte der Dauer einer Ausbildung im dualen System. Nach wie vor ist die Zahl jährlicher Ausbildungsbeginner etwa doppelt so hoch wie der der Studienanfänger. Dennoch deutet sich mit der Erhöhung der Studentenzahlen, und, damit verbunden, der Zahl akademisch ausgebildeter Arbeitskräfte, ein Trend an, der im Sinne eines Vorranges allgemeiner Bildung gedeutet werden könnte. Als gewichtige Faktoren treten die Abhängigkeit der Einkommensmöglichkeiten vom Ausbildungsniveau und das Risiko der Arbeitslosigkeit hinzu. Der Zusammenhang von (Aus-) Bildungsniveau und damit jeweils erziel-

---

31 Vgl. BMBF 1998(a), S. 114, S. 141; Behringer/Ulrich 1997.

barem Einkommen tritt nirgendwo augenfälliger zu Tage als im öffentlichen Dienst mit seinen rigiden Zugangsregelungen. Vergleichbare Entgeltstaffelungen in Abhängigkeit vom formalen Qualifikationsniveau sind aber auch in vielen, insbesondere mittleren und großen Unternehmen vorfindbar. Im Beschäftigungssystem führt die zunehmende Zahl akademisch ausgebildeter Arbeitskräfte zu einem Verdrängungswettbewerb ‚von oben nach unten‘, da auf Hochschulniveau ausgebildete Arbeitskräfte mehr und mehr mit Absolventen des dualen Systems um Beschäftigungsmöglichkeiten konkurrieren. Hier ist jedoch auch das Paradoxon einer gleichzeitigen Auf- und Abwertung akademischer Qualifikation beobachtbar, da Hochschulabsolventen oftmals ein ausbildungsadäquates Gehalt nicht mehr realisieren können.

Die statistisch belegte Minderung des Risikos, arbeitslos zu werden bzw. dies über einen längeren Zeitraum zu bleiben, läßt es ebenfalls angeraten erscheinen, mit einem möglichst hohen (Allgemein-) Bildungsniveau in das Beschäftigungssystem einzutreten. 1998 besaßen 46% aller arbeitslos gemeldeten Personen keine berufliche Qualifikation. Demgegenüber sinkt das Riskiko der Erwerbslosigkeit mit der Höhe des Ausbildungsabschlusses. Die statistisch geringste Arbeitslosenquote weisen Fachhochschulabsolventen auf; während die Arbeitslosenquote dieser Gruppe im Jahr 1998 bei 2,9% lag, betrug die der Ungelernten 24,2%.[32] Auch dieses Faktum läßt es so notwendig wie folgerichtig erscheinen, nach einem möglichst hohen Bildungsniveau zu streben. Zudem besitzen die zur Hochschulreife führenden Bildungsgänge nach wie vor ein hohes gesellschaftliches Ansehen und eröffnen gleichzeitig sowohl die größte Zahl an allgemein- und berufsqualifizierenden Anschlußmöglichkeiten als auch den Zugang zu Tätigkeiten mit überdurchschnittlicher Vergütung. Beides erschwert es aber, zu einer Gleichstellung von allgemeiner und beruflicher Bildung zu gelangen, auch wenn nahezu alle gesellschaftlich relevanten Akteure dies fordern.[33] Solange aber der Erwerb höherer allgemeiner Bildung gegenüber einem frühen Einstieg in eine berufliche (Aus-) Bildung gesellschaftliche und ökonomische Vorteile mit sich bringt, wird das Streben nach Gleichwertigkeit von allgemeiner und be-

---

32 Vgl. Bundesanstalt für Arbeit 1999, S. 107f.; vgl. auch BIBB 1996, Abb. 7.2.
33 Vgl. Kell 1995, S. 143.

ruflicher Bildung bloßes Postulat bleiben. Dies hat die Bildungspolitik mittlerweile erkannt und es gibt Bemühungen, der Forderung nach „attraktive(n) Berufsperspektiven für dual ausgebildete Fachkräfte"[34] konkrete Maßnahmen Folgen zu lassen. Zu nennen sind das Förderprogramm ‚Begabtenförderung berufliche Bildung' und die über das Aufstiegsfortbildungsförderungsgesetz (AFBG, ‚Meister-BAföG')[35] geregelte finanzielle Förderung der Weiterqualifizierung z.B. zum Industrie- oder Handwerksmeister. Im Rahmen der ‚Begabtenförderung berufliche Bildung' können junge Berufstätige, die eine Ausbildung im dualen System nach der Handwerksordnung oder dem Berufsbildungsgesetz absolviert haben und jünger als 25 Jahre sind, Fördermittel in Form von Stipendien zur Finanzierung berufsbegleitender Weiterbildung erhalten. Dies, so das Bundesbildungsministerium, „erhöht die Attraktivität der dualen Berufsausbildung und trägt zur Gleichwertigkeit von allgemeiner und beruflicher Bildung sowie zur Sicherung eines leistungsfähigen Fachkräftenachwuchses bei."[36] Einen weiteren Beitrag zur Verbesserung der Aufstiegs- und Qualifiktionsmöglichkeiten in der Berufsbildung stellt die Vereinbarung der Kultusministerkonferenz zum Erwerb des mittleren Abschlusses an der Berufsschule vom Juni 1992 dar. Demnach kann das Abschlußzeugnis der Berufsschule bei Vorliegen bestimmter Bildungsvoraussetzungen eine dem Realschulabschluß gleichwertige Berechtigung einschließen.[37] Dies verschafft Hauptschulabsolventen die Möglichkeit zum Erwerb weiterführender Bildung und wertet gleichzeitig den Berufsschulunterricht auf. Das Problem beruflicher Bil-

---

34 Zur Weiterentwicklung der dualen Berufsausbildung. Antwort der Bundeseregierung auf die Kleine Anfrage der Abgeordneten Daweke u.a.; BT-Drs. 11/6353 vom 5.2.1990, S. 5.

35 Vgl. Gesetz zur Förderung der beruflichen Aufstiegsfortbildung - Aufstiegsfortbildungsförderungsgesetz (AFBG) vom 23.4.1996, in: BGBl. I, S. 623.

36 BMBW 1997(a), S. 171.

37 Vgl. Vereinbarung der Kultusministerkonferenz über den Abschluß der Berufsschule vom 1.6.1979 i.d.F. vom 25./26.6.1992. KMK-Pressemitteilung vom 26.6.1992 über die 259. Plenarsitzung am 25./26.6.1992, Anlage II. Bedingungen sind: der erfolgreiche Besuch der Berufsschule mit einem Notendurchschnitt von mindestens 2,5 im Abschlußzeugnis, der erfolgreiche Abschluß einer Berufsausbildung gem. BBiG/HwO sowie der Nachweis eines mindestens fünfjährigen Fremdsprachenunterrichts, der mit befriedigenden Leistungen abgeschlossen wurde.

dung als einer ‚Bildungssackgasse' kann mit solchen Fördermaßnahmen nicht unwesentlich verringert werden. Gleichwohl signalisieren das gesellschaftliche Ansehen eines hohen Allgemeinbildungsniveaus und die nach wie vor insgesamt günstigeren Einkommensmöglichkeiten akademisch ausgebildeter Arbeitskräfte, daß trotz des Bemühens um Kompensation von einer Gleichwertigkeit allgemeiner und beruflicher Bildung noch immer nicht gesprochen werden kann. Diese Tatsache ist nicht nur ökonomisch oder soziologisch, sondern auch bildungstheoretisch erklärbar. Allgemeinbildung wird, dem neuhumanistischen Bildungsideal Humboldtscher Prägung folgend, in unserer Gesellschaft noch immer vorwiegend als materiale, auf die Auseinandersetzung mit bestimmten Inhalten bezogene Bildung definiert. Berufliche Bildung hebt hingegen in hohem Maße auf formale Qualifikationen ab, wie sie z.B. unter dem Begriff der ‚Schlüsselqualifikationen' diskutiert werden. Gleichwertigkeit allgemeiner und beruflicher Bildung kann erst erreicht werden, wenn die Aneignung materialer Inhalte und formaler Qualifikationen gleichermaßen als persönlichkeitsbildend, als Bildung anerkannt wird. Es wird aber, so Adolf Kell, „keine Gleichwertigkeit der Berufsbildung geben, solange allgemeine Bildung bildungstheoretisch vorwiegend *material* begründet wird."[38] (Dok. 19)

---

38 Kell 1995, S. 146 (Hervorhebung im Original).

5. Hochschule

Die aktuelle Hochschuldebatte bestimmen Schlagwörter wie Elite-bildung, Evaluation, Qualitätssicherung und Internationalisierung. Studiengänge sollen ‚entrümpelt‘, Studienzeiten verkürzt, das Studium straffer strukturiert und transparenter gestaltet werden[1]. Roman Herzog hebt in seiner Rede beim 179. Plenum der Hochschulrektorenkonferenz (1996) in Berlin die zukunftsträchtige Bedeutung von Wissen und Bildung hervor. Hochschulen seien „keine philanthropischen Inseln abstrakten Diskurses, sondern Dienstleistungszentren, die – zumal wenn sie vom Souverän, dem Bürger als Steuerzahler, finanziert sind – einem Legitimationsdruck ausgesetzt sind".[2] Er betont die Notwendigkeit des Wettbewerbs zwischen den Hochschulen auch über die Landesgrenzen hinaus und die Bedeutung der Zusammenarbeit zwischen Hochschulen und Wirtschaft. Die häufig beklagte Mittelknappheit könne – so Herzog – auch Anstoß für die notwendigen Neuerungen sein. Kulturelle Institutionen wie Museen, Theater und Hochschulen werden zunehmen als Unternehmen vergleichbare Dienstleistungseinrichtungen in öffentlicher Verantwortung charakterisiert und rechtlich wie budgetär verselbständigt. Kritiker verweisen auf einen kultur- und bildungspolitischen ‚Paradigmenwandel‘ in Richtung auf eine verstärkte Koppelung von Bildung und Markt; Kultur, Bildung und Wissenschaft würden auf ihren marktfähigen Nutzen reduziert.[3]

---

1   Vgl. iwd Nr. 31/1999; DGfE 1999, S. 5.
2   Herzog 1996, S. 7f.
3   Vgl. Bultmann/Weitkamp 1999, S. 10.

Die 1998 in Kraft getretene Novelle zum Hochschulrahmengesetz (HRG)[4] gilt als Anfang der anhaltenden Reform des deutschen Hochschulwesens, die mit einer grundlegenden Neuorientierung des Verhältnisses von Staat und Hochschulen verbunden ist. Wesentliche Kennzeichen sind mehr Eigenverantwortung, Kostenorientierung, Vielfalt, Internationalität und Wettbewerb der Institutionen. Die Reform verfolgt eine leistungsdifferenzierte Hochschulfinanzierung, die Evaluation von Forschung und Lehre, mehr Möglichkeiten des Teilzeit- und Fernstudiums, verstärkte Studienberatung – auch eine studienbegleitende Beratung und Qualifizierung zur Existenzgründung, die Einführung eines Leistungspunktsystems und die Entwicklung gestufter Studiengänge (Bachelor/Bakkalaureus und Master/Magister).[5] (Dok. 11, 22-29)

Das revidierte Hochschulrahmengesetz ermöglicht Entstaatlichung und Deregulierung; so z.B. sind die Vorgaben über die Zusammensetzung von Hochschulgremien und die Organisation der Hochschulen entfallen, die Leitungsebenen werden gestärkt und die Erhebung von Studiengebühren zugelassen.[6] (Dok. 21, 27) Die Hochschulen können andere Rechtsformen als die einer Körperschaft des öffentlichen Rechts in staatlicher Trägerschaft, beispielsweise die Rechtsform einer Gesellschaft oder Stiftung, erhalten. Durch die Differenzierung in der Rechtsform sollen die Hochschulen mehr Freiräume für Innovationen in Forschung und Lehre und die Kooperation mit privatwirtschaftlichen Unternehmen und Abnehmern erhalten. Der Vorsitzende des deutschen Hochschulverbandes kritisiert die Einschränkung der Verantwortung des Staates für die Hochschulen; die Freiheit von Forschung und Lehre seien ebenso wie deren Qualität gefährdet. Der Präsident der Hochschulrektorenkonferenz (HRK) hingegen spricht sich dafür aus, alle Hochschulen in privatrechtliche Gesellschaften umzuwandeln und den Beamtenstatus der Professoren abzuschaffen.[7] Hochschulen sollten sich wie Unternehmen verhalten, um schneller auf Nachfrageänderungen in der Lehre reagieren zu können und

---

4 HRG i.d.F. v. 9.4.1987, in: BGBl. I S. 1170, zuletzt geändert am 20.8.1998, in: BGBl. I S. 2190.
5 Vgl. §§ 18-19 HRG (Dok. 22); BMBF 1998, S. 3f.; BMBF: Presseinformation vom 22.6.1999.
6 Vgl. Lange 1999, S. 9.
7 Vgl. Sabine Etzold: Freiheit macht Angst, in: DIE ZEIT Nr. 31 vom 29.7.1999.

den Forschungstransfer in die Wirtschaft zu beschleunigen. Im angelsächsischen Raum, insb. in den USA, wird das Konzept des ‚Forschungsparks' mit ‚Campus-Firmen' schon seit geraumer Zeit praktiziert. Wissenschaftliche Serviceeinrichtungen sind aus den Hochschulen aus- oder an die Hochschulen angegliedert worden. Aufgabengebiete sind die Vermittlung von Kooperationsmöglichkeiten mit Unternehmen und anderen externen Einrichtungen, die Entwicklung von Weiterbildungsangeboten für externe Kunden, die gemeinsame Durchführung von Forschungs- und Entwicklungsvorhaben, die Vermittlung von Praktikanten und Absolventen, die Privatisierung von Dienstleistungen für die Hochschulen, die Vermarktung von Forschungsergebnissen und das Betreiben ganzer Technologieparks.[8] (Dok. 24)

Spitzenleistungen in Forschung und Lehre gelten als maßgebliche Voraussetzung für einen Spitzenplatz in der Reihe der Industrienationen der Zukunft. (Dok. 23) Roman Herzog wendet sich indes nicht gegen die aufklärerische und kulturelle Funktion der Universität. Forschung und Lehre sollen jedoch *auch* anwendungsorientiert erfolgen, um erfolgreich zu sein; Forschung in der Hochschule und in der Wirtschaft sollen ‚in Sichtnähe zueinander' bleiben.[9] Zu diskutieren bleibt allerdings die jeweilige Gewichtung der Funktionen des Hochschulwesens.

5.1 Aufbau des tertiären Bereichs

Im Zuge der Bildungsexpansion ist die Zahl der Studierenden auf etwa 29% der 19- bis 26-Jährigen (1,833 Mio. im WS 1997/98)[10] angestiegen; sie liegt damit aber immer noch unter dem Anteil anderer Industriestaaten wie z.B. Frankreichs, der USA oder Japans. Parallel zur Expansion wurde der tertiäre Bereich auch in Deutschland in bezug auf die Institutionen wie die Ausbildungsprogramme erheblich ausdifferenziert. Die insgesamt etwa 365 Einrichtungen tertiärer Bildung, von denen manche über eine Rei-

---

8 Vgl. iwd Nr. 13/1999.
9 Vgl. Herzog 1996, S. 17f.
10 Ausländische und deutsche Studierende; nur deutsche Studierende: 1,675 Mio. = 31,5% der Alterskohorte; vgl. BMBF 1998(a), S. 141.

he von Außenstellen verfügen, die in dieser Zahl jedoch nicht berücksichtigt sind, setzen sich aus vier Gruppen zusammen: (1) 113 Universitäten und anderen, ihnen gleichgestellten wissenschaftlichen Hochschulen (Technischen Hochschulen, Gesamthochschulen[11], Pädagogischen Hochschulen[12], Theologischen Hochschulen und anderen Spezialhochschulen [z.B. Sport, Rundfunk, Fernsehen]); (2) 46 Kunst- und Musikhochschulen; (3) 178 öffentlichen Fachhochschulen und ressortinternen Verwaltungsfachschulen und (4) 27 Berufsakademien.[13] Die Expansion des Hochschulbereichs führte zu einer verstärkten gesamtstaatlichen Planung (Aus- und Neubau der Hochschulen sowie Bildungsplanung als Gemeinschaftsaufgaben von Bund und Ländern gemäß Art. 91a Abs. 1 Ziff.1 und Art. 91b GG) und zur Kompetenzerweiterung zugunsten des Bundes in der Hochschulpolitik (konkurrierende Gesetzgebung auf dem Gebiet der Ausbildungsbeihilfen und Forschungsförderung gemäß Art. 74 Abs. 1 Ziff. 13; Rahmengesetzgebung gemäß Art. 75 Abs. 1 Ziff. 1a GG). (Dok. 1)

Die Fachrichtungen an den wissenschaftlichen Hochschulen umfassen Sprach- und Kulturwissenschaften sowie Sport, Rechts-, Wirtschafts- und Sozialwissenschaften, Mathematik und Naturwissenschaften, Medizin, Agrar-, Forst- und Ernährungswissenschaften sowie Ingenieurwissenschaften. Die seit dem Staatsvertrag der Länder von 1968 geschaffenen Fachhochschulen, die sich unbeschadet gewisser konzeptioneller Annäherungen von den Universitäten durch einen stärkeren Praxisbezug, kürzere Studienzeiten und längere Praktika unterscheiden, umfassen die Fachrichtungen Ingenieurwesen, Wirtschaft, Verwaltung und Rechtspflege, Sozialwesen, Gesundheit und Therapie, Religionspädagogik, Mathematik, Informatik, Informations- und Kommunikationswesen, Ernährung und Hauswirtschaft sowie Bibliothekswesen, Kunst, Design und Restaurierung.[14] Die seit 1994 zunächst als Modellversuch in Baden-Württemberg errichteten Berufsakademien, die es heute auch in Berlin, Niedersachsen, Sachsen, Schleswig-Holstein

---

11 Nur in Nordrhein-Westfalen und Hessen sowie Universität der Bundeswehr München (additive Gesamthochschule).
12 Künftig nur noch in Baden-Württemberg.
13 Vgl. BMBF 1998(a), Kap. 4; KMK 1999, S. 179; Führ 1997, S. 200-228; vgl auch Planungsausschuß für den Hochschulbau 1999.
14 Vgl. KMK 1999, S. 158f., 171; KMK 2000, Nr. 1592.

und Thüringen sowie als Wirtschaftsakademien in Bremen, Hamburg und im Saarland gibt, bieten in der Regel dreijährige wissenschaftsbezogene und praxisorientierte duale Ausbildungsgänge im Wechsel zwischen Betrieb, mit dem ein Ausbildungsvertrag abzuschließen ist, und Akademie.[15] Die Berufsakademien, die den Anforderungen des KMK-Beschlusses von 1995 gemäß dem ‚Modell Baden-Württemberg' entsprechen (Baden-Württemberg, Berlin, Sachsen), erfüllen wie die Universitäten und Fachhochschulen die Hochschuldiplomrichtlinie der EU. Zu den Fachrichtungen an den Berufsakademien gehören insb. Wirtschaft und Dienstleistungen (z.B. Fremdenverkehr), Technik, Gesundheit, Jugendarbeit und Sozialwesen, Banken- und Versicherungswesen sowie öffentliche Verwaltung. Derartige duale Ausbildungsangebote werden inzwischen auch von Fachhochschulen (‚duale' und ‚kooperative' Studiengänge) entweder alternierend im ‚Sandwich-Modell' oder aufbauend als ‚Konsekutivmodell' angeboten.

Die tertiären Bildungsinstitutionen in Deutschland sind weiterhin weitgehend staatliche Einrichtungen in Trägerschaft der Bundesländer. Anders etwa als in den USA unterhalten die Kommunen (Ausnahme: Städtische Fachhochschule für Gestaltung Mannheim in der Rechtsform einer Privathochschule) keine tertiären Bildungseinrichtungen. Der Bund ist nur ausnahmsweise Träger von (Verwaltungs-) Fachhochschulen (Bundesministerien des Innern, der Verteidigung u.a.) und zweier Universitäten der Bundeswehr (Bundesministerium der Verteidigung), die der Qualifikation des ressorteigenen Personals dienen. Das Grundgesetz (Art. 140 GG, Art. 137 WRV) räumt den Religionsgemeinschaften das Recht ein, für ihr eigenes Personal Hochschulen zu errichten; im übrigen enthält das Hochschulrahmengesetz (§ 70) Vorgaben für das nichtstaatliche Hochschulwesen. Inzwischen gibt es 78 Hochschulen (neun Universitäten, 16 Theologische Hochschulen, zwei Kunsthochschulen, 51 Fachhochschulen) und 16 Berufsakademien in nichtstaatlicher Trägerschaft; dabei handelt es sich in der Regel um Körperschaften der Religionsgemeinschaften nach öffentlichem Recht und um gemeinnützige Gesellschaften, Vereine oder

---

15 Vgl. Berufsakademien im teriären Bereich, KMK-Beschluß v. 29.9.1995, in: KMK 2000, Nr. 1622 (vgl. auch Nr. 1622.1 u. 2 sowie Nr. 1903); vgl. exemplarisch das Gesetz über die Berufsakademien im Lande Baden-Württemberg vom 10.1.1995, in: GBl. S. 115.

Stiftungen des Privatrechts. Der private Sektor der Institutionen beträgt 26%, während der Anteil der Studierenden (Universitäten und Fachhochschulen) bei 2,2% liegt.[16]

Die Zulassung zum Universitätsstudium setzt die allgemeine bzw. fachgebundene Hochschulreife voraus, die nach zwölf bis 14 Schuljahren an allgemein- bzw. berufsbildenden Schulen oder dem Besuch eines Abendgymnasiums oder Kollegs erworben werden kann. Weitere Möglichkeiten sind die Abiturprüfung von ,Nichtschülern', die Hochschulzugangsprüfung (,Begabtensonderprüfung') und weitere Ausnahmeverfahren (,Eignungsprüfung') der Universitäten für befähigte Berufstätige. Über die Hochschulreife hinaus sind für die Zulassung zu bestimmten Studiengängen wie z.B. Sport, Musik oder Kunst besondere Eignungsprüfungen abzulegen. Bundesweite Zulassungsbeschränkungen bestehen für einige Studiengänge mit besonders hohen Bewerberzahlen wie z.B. Medizin, Psychologie und Architektur; einige Hochschulen haben örtliche Zulassungsbeschränkungen festgelegt. Ab dem Wintersemester 2000/01 können die Hochschulen in zulassungsbeschränkten Studiengängen einen Teil ihrer Studierenden selbst auswählen.

Neben der allgemeinen oder fachgebundenen Hochschulreife berechtigt die Fachhochschulreife zum Studium an den Fachhochschulen und Gesamthochschulen. Diese wird in der Regel durch den Abschluß der zwölfjährigen Fachoberschule, aber auch durch ergänzenden Unterricht an beruflichen Schulen erworben. Daneben existieren weitere Zulassungsformen und Eingangsprüfungen der Hochschulen. In einigen Studienrichtungen sind zusätzliche Eignungsnachweise (z.B. Design) erforderlich; aufgrund begrenzter Kapazitäten bestehen an den meisten Fachhochschulen Zulassungsbeschränkungen. Zugangsvoraussetzung zu den Berufsakademien ist die Hochschul- bzw. Fachhochschulreife. Die Regelabschlüsse der Universitäten sind die Diplom- bzw. Magistergrade und das Staatsexamen (Lehrämter, Jura, Medizin). Mit entsprechend differenzierenden Zusätzen werden Diplomgrade auch von den Fachhochschulen (FH) und jenen Berufsakademien (BA) vergeben, welche die KMK-Anforderungen erfüllen. Diese Abschlüsse sollen den Fachhochschuldiplomen bundesrechtlich gleichgestellt werden. Bereits seit 1999 werden von Universitäten wie Fachhochschulen zahlreiche

---

16 Vgl. BMBF 1998(a), S. 139 u. Kap. 11; KMK 1999, S. 62; BMBF 1998(b).

gestufte Studiengänge mit den angelsächsischen Bachelor- und Masterabschlüssen ohne institutionelle Differenzierung der Grade durchgeführt. (Dok. 25, 28) Ergänzungsstudien ermöglichen besonders qualifizierten Absolventen der Fachhochschulen die den Universitäten vorbehaltene Promotion.

Universitäten und Fachhochschulen bieten postgraduale Studiengänge (Aufbau-, Zusatz- oder Ergänzungsstudien) an, die auf dem ersten Studienabschluß aufbauen und der beruflichen Spezialisierung, Kompetenzerweiterung oder Vertiefung dienen. An allen Hochschultypen gibt es weiterbildende Kurse und zertifizierte Weiterbildungsprogramme.

Fernstudienmöglichkeiten bestehen an der Fernuniversität Hagen mit regionalen Studienzentren im In- und Ausland; daneben gibt es verschiedene private Fernfachhochschulen (z.B. die Hochschule für Berufstätige Rendsburg mit Regionalstudienzentren im ganzen Bundesgebiet) insbesondere auf den Fachgebieten Betriebswirtschaft, Informatik und Ingenieurwesen. Seit den neunziger Jahren werden die modernen Informations- und Kommunikationsmedien auch für Lehre und Studium genutzt. Eine Reihe von Universitäten und Fachhochschulen haben im Rahmen eines Förderschwerpunktes der BLK ein umfassendes Netzwerk von Fernstudienmöglichkeiten insbesondere zur Ergänzung der Präsenzstudienangebote entwickelt; dadurch beginnen sich die Grenzen zwischen Präsenz- und Fernstudium zu verwischen. Dieser Trend dürfte sich im Rahmen der Weiterentwicklung bisheriger Modelle ‚virtueller‘ Fachhochschulen und Universitäten verstärken (vgl. die Deutsch-Französische Hochschule Saarbrücken).

5.2 Expansion, Überlast und Personalknappheit

Während nach den Prognosen der KMK die Zahl der Schulabsolventen mit Hochschulreife bis 2008 noch leicht ansteigen wird, ist die Zahl der jährlichen Studienanfänger, die einheitsbedingt 1990 auf 318.000 angestiegen war, bis 1995 kontinuierlich gesunken (264.000) und hat sich Ende der neunziger Jahre bei etwa 266.000 eingependelt. Die Studienanfängerquote, d.h. der Anteil der Studierenden an den 19- bis 21-jährigen Deutschen, lag 1960 in Westdeutschland noch bei 7,9% und betrug im Studienjahr 1995/96

34,5% (Gesamtdeutschland 1997: 30,4%). Die Studienanfänger-quote stieg in den neuen Bundesländern zwischen 1990 und 1995 von 18,8% auf 23,7%, d.h. liegt etwa 10% unter der westdeutschen Quote. Während zwischen 1960 und 1995 sich die Zahl der jährlichen Studienanfänger in Westdeutschland etwa verdreifachte, stieg die Zahl der Studierenden in diesem Zeitraum um mehr als das Fünffache (1960: 291.000; 1995: 1,66 Mio.). Mit 1,875 Mio. wurde 1994 die bislang höchste Zahl eingeschriebener Studierender erreicht. Seither ist die Zahl auf etwa 1,8 Mio. gesunken. Zwischen 1960, als der Wissenschaftsrat seine Empfehlung zum Ausbau der wissenschaftlichen Hochschulen vorgelegt hatte, und 1975 wurde das Hochschulnetz um allein 24 Universitätsneugründungen verdichtet; seit 1970 kamen die zunächst aus den bestehenden Ingenieur- und Höheren Fachschulen entstandenen Fachhochschulen dazu.[17]

Trotz des bemerkenswerten Anstiegs der öffentlichen Bildungsaufwendungen (1970 [BRD]: 14,8 Mrd.; 1997 [Deutschland]: 122,9 Mrd.) ist das Hochschulwesen in ganz erheblichem Maße unterfinanziert. Die Finanzmittelzuweisungen für die Hochschulen sind zwar auch in den letzten Jahren noch einmal nominell gestiegen, wenn die Aufwendungen für die Hochschulklinika unberücksichtigt bleiben, real sind sie jedoch gesunken. Seit Mitte der neunziger Jahre bauen die Stadtstaaten Berlin und Hamburg aus budgetären Gründen und nicht aufgrund überflüssiger Studienkapazitäten Studienplätze ab. Die Universitäten und Fachhochschulen insbesondere in den westlichen Bundesländern befinden sich in einem doppelten Dilemma; sie müssen einerseits die weiterhin bestehende ‚Überlast' in den Massenfächern bei unzureichender Personal-, Raum- und Bibliotheksausstattung bewältigen und andererseits auf den mit der Internationalisierungs- bzw. Standortdebatte verbundenen Reformdruck reagieren. Während die hitzigen Hochschulreformdebatten vor drei Jahrzehnten die ‚Demokratisierung' der deutschen Hochschulen, d.h. Gruppenmitbestimmung und Zugangsrecht zu den Hochschulen, zum Gegenstand hatten und vergleichsweise günstige finanzielle Rahmenbedingungen gegeben waren, geht es heute gleichzeitig um betriebswirtschaftliche und finanzielle Aspekte (Effektivität, Budgetierung, Modi öffentlicher

17 Nachweise in BMBF 1998(a), Kap. 4.

und privater Finanzierung), dienstrechtliche Fragen (Abschaffung des Beamtenstatus für Hochschullehrer), strukturelle Aspekte (gestufte Studiengänge, Hochschultypologie, Deregulierung), qualitative Aspekte (Evaluation, Konkurrenz, Internationalisierung) und neue Formen der Gruppenbeteiligung.[18] (Dok. 11, 24, 25)

Der Anteil der öffentlichen Ausgaben für das Hochschulwesen einschließlich der Aufwendungen für Ausbildungs- und Forschungsförderung am Bruttosozialprodukt ist seit 1975 gesunken.[19] Entsprechend hat sich die personelle, apparative und insbesondere räumliche Ausstattung der Hochschulen verschlechtert; Investitionen in den Erhalt der Infrastruktur wurden vernachlässigt.[20] Die Deutsche Forschungsgemeinschaft (DFG) weist darauf hin, daß bei längerfristiger Unterausstattung der Hochschulen sich ihre Rolle von der flexiblen Förderung innovativer Forschungsprojekte hin zur Strukturförderung verschieben werde.[21] Der Anstieg der Stellen für wissenschaftliches Personal hat mit dem Anstieg der Studentenzahlen auf fast ein Drittel des Jahrgangs nicht Schritt halten können. Dabei ist zu berücksichtigen, daß zu den Aufgaben der Hochschulen nicht nur die Lehre, sondern auch die (grundlagenorientierte und anwendungsbezogene) Forschung, der Forschungs- und Wissenstransfer, die wissenschaftliche Beratung, die Ausbildung des wissenschaftlichen Nachwuchses, die Angebote von Ergänzungs-, Weiterbildungs- und Seniorenstudien, die internationale Zusammenarbeit (einschließlich der Umstrukturierungs- und Aufbauhilfen vor allem in den mittelosteuropäischen Staaten und der wissenschaftlichen Bildungsentwicklungshilfe) und in jüngster Zeit die Modernisierung des Hochschulwesens (z.B. Internationalisierung, Differenzierung, Leistungsförderung) gehören. Die finanziellen Engpässe haben sich besonders ungünstig auf das Betreuungsverhältnis von Studierenden und Lehrenden, insbesondere Professoren, ausgewirkt. Obwohl die ‚Überlast' in den neunziger Jahren angehalten hat, wurden in erheblichem Maße Stellen nicht wiederbesetzt oder einer mehrjährigen Wiederbesetzungs-

---

18 Vgl. Küpper 1997, S. 12f.
19 Vgl. Lange 1999, S. 8; Wissenschaftsrat 1998 (Bd. I), S. 9.
20 Vgl. Bultmann/Weitkamp 1999, S. 15.
21 Vgl. DFG 1997; Wissenschaftsrat 1998 (Bd. I), S. 7-42 (Stellungnahme zur Denkschrift der Deutschen Forschungsgemeinschaft: Perspektiven der Forschung und ihrer Förderung 1997 bis 2001).

sperre unterworfen. Die Politik der Vergrößerung der Zahl befristeter Stellen erweist sich als funktional ambivalent. Sie erleichtert die Flexibilität und Innovationsfähigkeit der Hochschulen und vergrößert das Potential zur Rekrutierung der qualifizierten Hochschullehrer, wird aber mit geringerer Kontinuität in Lehre und bei Forschungsvorhaben, mit verringerter sozialer Sicherheit und geringerer Attraktiviät der Hochschultätigkeit bezahlt; schon seit mehreren Jahren wird es insbesondere für die technischen Fachbereiche immer schwieriger, qualifizierte Hochschulabsolventen für Qualifikations- und Projektstellen zu gewinnen.[22]

Da der Ausbau des Hochschulwesens nicht mit dem Anstieg der Zahl der Studienberechtigten und Studenten Schritt hielt und nicht allen Studienbewerbern Studienplätze in den von ihnen gewünschten Studiengängen zur Verfügung gestellt werden konnten, gründeten die Länder 1972 die Zentralstelle für die Vergabe der Studienplätze (ZVS) in Dortmund. Im November 1977 faßten die Ministerpräsidenten angesichts der geburtenstarken Jahrgänge den bis heute geltenden ,Öffnungsbeschluß‘, der trotz begrenzter Studienkapazitäten allen Studienwilligen ein Studium ermöglichen sollte. Die Aufnahmefähigkeit wurde durch ,Überlastquoten‘, detaillierte Kapazitätsberechnungen, Sonderzuweisungen und Personalstellenumwidmungen erweitert. Die Prognosen von KMK und Wissenschaftsrat, wonach die Studentenzahlen in den neunziger Jahren sich wieder dem Niveau der siebziger Jahre annähern würden und der ,Studentenberg‘ daher durch befristete Notmaßnahmen ,untertunnelt‘ werden könnte, erwiesen sich als eklatanter Irrtum; trotz kleinerer Geburtenjahrgänge blieben die Studentenzahlen auf hohem Niveau. Der Wissenschaftrat, der 1988 angesichts der Expansion der Studentenzahlen die Einführung kürzerer und gestufter Studiengänge vorgeschlagen hatte, kritisierte im selben Jahr den realen Rückgang der Gesamtaufwendungen der öffentlichen Hände für den Hochschulbereich. Aufgrund der irrigen Prognose einer nur temporären Überlast stagnierte der Hochschulausund -neubau seit Mitte der siebziger bis Ende der achtziger Jahre. Durch die Verschlechterung der Studienbedingungen, die Verringerung der Ausbildungsförderung, verzögerte Studienentscheidungen sowie die Veränderungen des Studienhabitus und der studenti-

---

22 Vgl. HRK 1999, S. 9; HRK 1999(c).

schen Lebensformen (z.B. Verbindung von Studium und beruflicher Arbeit), vor allem aber die Unterlassung einer durchgreifenden Studien- und Hochschulreform, die strukturell auf den Wandel vom ‚Minderheiten- zum Massenstudium' reagiert hätte, wurde die Überfüllung zum Dauerzustand; die durchschnittliche Studiendauer stieg auf etwa 14-16 Semester. Plakativ formuliert: Die Hochschulpolitik der alten Bundesrepublik der siebziger und achtziger Jahre war durch den Anstieg der Studentenzahlen, die Stagnation der öffentlichen Hochschulausgaben und den Verzicht auf Studienreformen geprägt.[23]

Die studentischen Großdemonstrationen vom Dezember 1988 gegen die desolate Hochschulsituation stießen auf positive Resonanz und trugen dazu bei, daß Bund und Länder ein Sonderausbauprogramm in Höhe von 2,1 Mrd. DM verabschiedeten. Ihm folgten die Hochschulsonderprogramme I (1989-95: 300 Mio. DM [Hochschulausbau]), II (1990-2000: 4 Mrd. DM [Promotions- und Habilitationsförderung]) und III (1996-2000: 3,6 Mrd. DM [Verbesserung der Studienbedingungen, Förderung des wissenschaftlichen Nachwuchses, insb. von Frauen, und der internationalen Wettbewerbsfähigkeit]) sowie das Erneuerungsprogramm für Hochschule und Forschung in den neuen Ländern (1991-1996).[24] Zwar überlagerten bis Mitte der neunziger Jahre die Transformationsprozesse im ostdeutschen Hochschul- und Forschungssystem die Probleme der westdeutschen Hochschulen, doch bahnten sich mit den Sonderprogrammen die Reformdebatte und Korrektur der Hochschulpolitik seit 1996 an.[25] (Dok. 23, 25, 27)

Angesichts einer Studienquote zwischen 30% und 50% des Jahrgangs haben die Hochschulen in den meisten Industriestaaten einen grundlegenden Funktionswandel von der ‚Elitebildung' zur ‚Massenbildung' vollziehen müssen. Wie in anderen Ländern hat die Hochschulpolitik auch in Deutschland auf die Differenzierung der Studentenschaft und der gesellschaftlichen Erwartungen an die Absolventen mit einer Differenzierung der institutionellen Strukturen reagiert. Eine Differenzierung der Studiengänge, Inhalte, Anforderungen, Unterrichtsformen und Studiendauer ist an den Uni-

---

23 Vgl. Führ 1997, S. 208; BMBF 1998(a), S: 156f.
24 Vgl. KMK 1999, S. 82f.; Führ 1997, S. 208-213; Reuter 1997, S. 71-90.
25 Vgl. HRK: Beiträge zur Hochschulpolitik Jgg.e 1996 bis 1999.

versitäten jedoch erst ansatzweise erfolgt. Die Berücksichtigung der unterschiedlichen Fähigkeiten und Bedürfnisse im universitären Studium war eines der Hauptanliegen der bildungspolitischen Impulse des ehemaligen Bundespräsidenten; Herzogs Plädoyer für Chancengleichheit ,in beiden Richtungen' („die Besten fördern, ohne die Durchschnittlichen aus dem Auge zu verlieren")[26] bleibt als Herausforderung an die Studienreform bestehen. (Dok. 11, 24)

5.3 Ausländerstudium und Internationalisierung der Hochschulen

Zwar sind Zahl und Anteil der ausländischen Studierenden in Deutschland in den vergangenen Jahren gestiegen (1980: 57.700 [5,5%]; 1990: 99.800 [5,8%]; 1996: 151.900 [8,3%]). Aber diese Zahlen vermitteln ein undifferenziertes Bild, denn sie enthalten die ,Bildungsinländer', d.h. ausländische Zuwanderer, die in Deutschland ihre Schulabschlüsse erworben haben (1996: 51.800]. Damit liegt die ,echte' Ausländerstudienquote bei 5,5% (1996). Von den 589.000 ausländischen Studierenden in den EU-Staaten studierten 1995 171.000 in Frankreich, 146.100 in Deutschland und 129.000 in Großbritannien.[27] Gegenstand der Besorgnis ist, daß das Interesse ausländischer Studenten an den ingenieurwissenschaftlichen und medizinisch-naturwissenschaftlichen Studiengängen zurückgegangen ist und der Anteil der Studenten aus den westlichen Industriestaaten stagniert, aus einigen Ländern wie z.B. USA sogar zurückgegangen ist. Die Diskussion über den Attraktivitätsverlust der deutschen Hochschulen ist von bildungs-, wissenschafts- und wirtschaftspolitischen Motiven bestimmt und insofern Teil der allgemeinen ,Standortdebatte' der mittneunziger Jahre. (Dok. 25) Als Gründe für die Abnahme der Attraktivität insbesondere für hochqualifizierte ausländische Studenten gelten einerseits die allgemeinen Mängel des derzeitigen Hochschulsystems wie Unterfinanzierung, Überfüllung, mangelnde Leistungsdifferenzierung und fehlende internationale Studiengänge, andererseits bestimmte Umstände, die sich besonders für Ausländer als nachteilhaft erweisen. Hierzu

---

26 Herzog 1996, S. 14.
27 Vgl. BMBF 1998(a), S. 140-147, 193-199 und eigene Berechnungen.

gehören das Ausländerrecht in Verbindung mit der uneinheitlichen und z.T. restriktiven Verwaltungspraxis, die komplizierten Anerkennungs- und Zulassungsbestimmungen (z.B. die unbefriedigende Einstufung der Bachelor-Abschlüsse), die im Ausland unbekannten Abschlußdiplome, das Fehlen eines Leistungspunktsystems, die unzureichende Strukturierung des Studiums und ungenügende Betreuung der Studierenden, die Studiendauer, die unzureichende Serviceorientierung der Hochschulen und schließlich die sprachlichen Anforderungen angesichts der internationalen Stellung der deutschen Sprache. Ergänzt werden sollte, daß durch die Hochschulreformen in anderen Ländern die internationale Konkurrenz der Hochschulen gewachsen und das auslandsorientierte Studienmarketing deutscher Hochschulen unterentwickelt geblieben sind.

Deutsche und ausländische Studierende nach Hochschulart (Wintersemester 1997/98)

	Insgesamt	Universitäten und gleichgestellte Hochschulen	Kunst- und Musikhochschulen	FH einschl. Verwaltungs-Fachhochschulen
Deutsche	1.674.700	1.242.100	24.400	408.300
Ausländer	158.100	122.300	5.500	30.100
zusammen	1.832.800	1.364.400	29.900	438.400

Quelle: BMBF 1998(a), S. 141.

Im Dezember 1996 verabschiedeten die Regierungschefs von Bund und Ländern eine gemeinsame Erklärung zur ‚Stärkung der internationalen Wettbewerbsfähigkeit des Studienstandortes Deutschland‘; mit einem Aktionsprogramm vom Januar 1997 reagierte der DAAD auf die Kritik an der unzureichenden Attraktivität des deutschen Hochschulwesens für ausländische Studierende. In fünf Bereichen werden darin ‚Strategien zur Internationalisierung‘ entwickelt.[28] Um Anreize zur Entwicklung attraktiverer Angebote für Ausländer zu geben, werden Fördermittel bereitgestellt für ‚auslandsorientierte‘ zweisprachige Studiengänge, tutorenbegleitete Masterstudiengänge für qualifizierte ausländische Bachelors, die Internationalisierung des Lehrkörpers und Vermehrung des fremd-

---

28 Vgl. DAAD 1997; KMK 1999(a) (Bericht der KMK vom 24.10.1997 zur gemeinsamen Erklärung der Regierungschefs von Bund und Ländern ‚Zur Steigerung der institutionellen Wettbewerbsfähigkeit des Studienstandortes Deutschland‘).

sprachigen Lehrangebots, die Ausweitung der (englischsprachigen) entwicklungsländerorientierten Aufbaustudiengänge, projektbezogene Personenaustauschprogramme mit Lateinamerika und Asien und ‚Betreuungspakete' für ausländische Studierende. Solange die Umstellung auf die international verkehrsfähigen Bachelor- und Master-Studiengänge noch nicht möglich sei, sollten – so der DAAD – zumindest flexiblere und qualifikationsgerechtere Einstufungen der ausländischen Bachelors und Promotionsbewerber erfolgen. (Dok. 25, 28) Eine zentrale Informations- und Vermittlungsstelle für ausländische Studienbewerber soll nach den Vorstellungen des DAAD das Bewerbungsverfahren erleichtern und Mehrfachbewerbungen vermeiden helfen. Zu den Hilfen, die der DAAD zur Bewältigung der sprachlichen Anforderungen vorschlägt, gehören insbesondere in der Studieneinführungsphase das Angebot fremdsprachiger Kurse und studienbegleitender Deutschkurse, die Zulassung fremdsprachiger Dissertationen und die Entwicklung eines dem amerikanischen Sprachtest TOEFL entsprechenden standardisierten Deutschtests (TESTDAF). Schließlich sollten für ausländische Studierende, die nur für eine begrenzte Zeit in Deutschland studieren wollen, fremd-, insbesondere englischsprachige Kurse angeboten werden.

Die Diskussion über das Ausländerstudium als Teil der Debatte über die Internationalisierung des deutschen Hochschulsystems hat wichtige Impulse für die Projekte und Entwicklungen in diesem Bereich gegeben.

5.4 Neuordnung des Studiums

„Lehre und Studium sollen den Studenten auf ein berufliches Tätigkeitsfeld vorbereiten und ihm die dafür erforderlichen Kenntnisse, Fähigkeiten und Methoden dem jeweiligen Studiengang entsprechend so vermitteln, daß er zu wissenschaftlicher oder künstlerischer Arbeit und zu verantwortlichem Handeln in einem freiheitlichen, demokratischen und sozialen Rechtsstaat befähigt wird." Dieses ‚Ziel des Studiums' gemäß § 7 HRG steht im Kontext gesellschaftlicher, politischer und ökonomischer Erwartungen an das Hochschulstudium. (Dok. 24) Die Anforderungen auf den innerstaatlichen, europäischen und internationalen Arbeitsmärkten wandeln sich in immer kürzeren Zeiträumen; dementsprechend nimmt die Vorhersehbarkeit des zukünftig benötigten Wissens ab. § 8 HRG verpflichtet daher die Hochschulen zur ständigen Überprüfung und Weiterentwicklung der Inhalte und Formen des Studiums. Der 1997 gegründete Sachverständigenrat Bildung bei der Hans-Böckler-Stiftung empfiehlt daher ein ‚neues Leitbild für das Bildungssystem', welches durch ein verändertes Verhältnis von individueller und öffentlicher Verantwortung gekennzeichnet sein soll. Die drei Teilbereiche Erstausbildung, Studium und Weiterbildung sollen zu einem differenzierten Gesamtsystem lebensbegleitenden Lernens entwickelt und die Bildungszeiten über das ganze Berufs- und Arbeitsleben verteilt werden.[29] Für das Hochschulwesen wird u.a. vorgeschlagen: die Modularisierung der Studienangebote, die Profilbildung der Hochschulen, die ‚Dualität' als Prinzip des Lernens durch verschiedene Lernorte, Praxisphasen oder Auslandsaufenthalte, die Anerkennung von in Beruf oder Freizeit erworbenen Qualifikationen und die Neuordnung der Anerkennungsverfahren. Die Entwicklung individueller Profile (Selbststeuerung der Studierenden, Individualisierung der Qualifikationen) und institutioneller Profile (differenzierte Programme der Hochschulen, Hochschulwettbewerb) sollen der Veränderungsdynamik im Wissenschafts- wie im Beschäftigungssystem Rechnung tragen. Da Lernen mehr und mehr auf unterschiedliche Lebensphasen verteilt werde, relativiere sich die Bedeutung des Erststudiums für das Berufsleben, so daß ein erster Studienabschluß auch an Universitäten nach einer kürzeren Studienzeit ermöglicht werden müsse. Auch im Hochschulbereich solle die Zertifizierung des außerhalb der Institution Gelernten ermöglicht werden. Der Wechsel zwischen Erwerbstätigkeit und Studium solle durch unterschiedliche Studienformen wie Teilzeitstudium, Abendkurse, Fernkurse, Wochenendkurse und Sommerkurse ermöglicht werden. Die Finanzierung des Studiums solle über Bildungsgutscheine, Gebühren oder Bildungsdarlehen erfolgen.[30]

Der Wissenschaftsrat hatte bereits 1988 in seinen ‚Empfehlungen zu den Perspektiven der Hochschulen in den 90er Jahren' auf den sich verändernden Arbeitsmarkt für Hochschulabsolventen

---

29 Vgl. Sachverständigenrat Bildung 1998, S. 11-19; Dok. 21.
30 Vgl. Sachverständigenrat Bildung 1998, S. 36-40.

und dabei insb. auf den entstehenden europäischen Binnenmarkt hingewiesen. Zur Verbesserung der Beschäftigungschancen sollten die Hochschulen differenzierte und flexible Studiengänge entwikkeln. Mit der Novelle zum Hochschulrahmengesetz 1998 werden diese Vorschläge aufgegriffen und zur Erprobung neben den bestehenden Studiengängen die Einführung von Studiengängen mit Bachelor/Bakkalaureus und Master-/Magisterabschlüssen (BA/MA) empfohlen.[31] Diese Abschlußtypen haben sich weltweit durchgesetzt, wohingegen das deutsche Diplom international unterschiedlich eingeschätzt und eingestuft wird. Die Einführung von BA/MA-Studiengängen soll sowohl den Zugang zum internationalen Arbeitsmarkt für deutsche Studierende als auch die Attraktivität des (Hochschul-) Standortes Deutschland erhöhen und ausländischen Studierenden den Zugang zu den deutschen Universitäten erleichtern sowie international vernetzte Studiengänge ermöglichen. Der BA-Studiengang sieht einen ersten berufsqualifizierenden Abschluß bereits nach drei bis vier Jahren vor; die Regelstudienzeiten für die Diplomstudiengänge sind auf vier Jahre an Fachhochschulen und auf viereinhalb Jahre an allen übrigen Hochschulen festgesetzt (§§ 11, 19 HRG; vgl. Dok. 22). Mit der Vereinheitlichung der Terminologie der Abschlüsse ist jedoch nicht gleichzeitig eine Vereinheitlichung der Studienkonzepte verbunden; schon innerhalb der EU unterscheiden sich die bestehenden BA/MA-Studiengänge strukturell und inhaltlich erheblich. Angesichts der Arbeitsmarktentwicklung wäre eine Vereinheitlichung allerdings auch kaum sinnvoll, allenfalls eine Strukturannäherung kommt in Betracht. Die Ziele ‚Internationalisierung‘ und ‚Steigerung der Attraktivität durch Kompatibilität der Studienangebote‘ erfordern andere Instrumente wie die Modularisierung und das Leistungspunktsystem.[32] (Dok. 11, 24, 25)

Die von der KMK 1998 beschlossene Einführung eines ‚Akkreditierungsverfahrens‘ für BA- und MA-Studiengänge soll Vielfalt ermöglichen, Qualität sichern und Transparenz gewährleisten. Denn die Pluralisierung der Studienangebote erfordert Instrumente, die Studienbewerbern wie Arbeitgebern Informationen über die Studiengänge ermöglichen. Traditionelle Steuerungsinstrumente sind die

---

31 Vgl. HRK 1999(a); Dok. 28.
32 Vgl. DGfE 1999.

Rahmenprüfungsordnungen der KMK, auf deren Grundlage die staatlichen Hochschulverwaltungen die Studien- und Prüfungsordnungen genehmigen. Mit der Akkreditierung ist es möglich, die Qualität der Studienprogramme und die dafür verfügbare Ausstattung der Hochschulen zu überprüfen und entsprechend zu zertifizieren; regelmäßige Evaluationen können die festgelegten Standards im Zeitablauf gewährleisten. Die Entscheidung über die Einführung von den Hochschulen entwickelter gestufter Studiengänge liegt vorläufig beim jeweiligen Land; die Akkreditierung ist bisher keine zwingende Voraussetzung für die Einrichtung dieser Studiengänge.[33] Die Akkreditierungs-Empfehlung der KMK sieht eine „funktionale Trennung zwischen staatlicher Genehmigung und Akkreditierung" vor.[34] Dies bedeutet, daß die Kultusminister über die Gewährleistung der Ressourcenbasis und die Verantwortung für die Einhaltung der staatlichen Strukturvorgaben auch die Entwicklung neuer Studiengänge in die staatliche Hochschulplanung eingebunden wissen wollen. Dies wiederspricht jedoch der längst eingeleiteten Neuordnung im Verhältnis von hochschulischer Selbststeuerung und staatlicher Rahmenverordnung, wie sie mit Deregulierung, Globalzuweisungen und Outputsteuerung verbunden sind. Eine staatliche Genehmigung von Prüfungsordnungen ist allenfalls für diejenigen Ausbildungsbestandteile erforderlich, die Fragen der öffentlichen Sicherheit und des Vertrauensschutzes, so z.B. bestimmte Module der Ingenieur- oder Medizinerausbildung, betreffen. Ebenso würde es genügen, Standards für die Berufszulassung festzulegen. Aufgabe der Akkreditierung und Evaluation sollte es vor allem sein, über die Prüfung und Gewährleistung der materiellen, fachlichen und personellen Voraussetzungen und über die Erfüllung von Standards der staatlichen Berufszulassung die Wettbewerbsfähigkeit der Absolventen auf den Arbeitsmärkten zu verbessern[35].

Soweit neue Studienabschlüsse in bisherigen Diplom-, Magister- und Staatsexamensstudiengängen existieren, stellen sich Einstufungsfragen. Die KMK will eine Abwertung der bisherigen Abschlüsse verhindern; sie stellt im Beschluß von 1998 Mastergrade den Diplom- und Magisterabschlüssen gleich, die Fachhochschuldi-

---

33 Das HRG (vgl. §§ 9 u. 19) schreibt keine verbindliche Akkreditierung vor.
34 KMK 1999(b), S. 60.
35 Vgl. Hufen 1995; Wissenschaftsrat 1996; Reissert/Carstensen 1998.

plome werden als qualifizierter BA-Abschluß (,Honours Bachelor') eingestuft. Bereits Ende der neunziger Jahre waren weit über 100 BA/MA-Studiengänge an den Universitäten und Fachhochschulen eingeführt; damit stellt sich die Frage nach dem Verhältnis zwischen den unterschiedlichen deutschen Hochschularten aufs Neue. So wird gegen die Einführung von gestuften Studiengängen an Universitäten kritisch eingewendet, daß die Fachhochschulen kürzere und praxisbezogene Studiengänge besser anbieten könnten als die Universitäten. Für die Universitäten ist es in der Tat unverzichtbar, daß die Vermittlung berufsorientierender Qualifikationen im BA-Studiengang wissenschaftlich fundiert und mit der Vermittlung der grundlegenden Methoden wissenschaftlichen Arbeitens und Denkens verbunden wird und je nach Dauer des Bachelor-Studiums in ein bzw. zwei weiteren Studienjahren ein weiterführender wissenschaftlicher Studienabschluß erworben werden kann. (Dok. 22, 23, 25)

Modularisierung und Leistungspunktsystem sind nicht nur Instrumente zur Straffung und Differenzierung des Hochschulstudiums in Deutschland, sie dienen auch der Förderung der Strukturannäherung und Vernetzung der Hochschulausbildung in Europa (,europäische Dimension', ,Mobilität' und ,Zusammenarbeit' gemäß Art. 149 Abs. 2 EGV). Fachlich definierte kleine Studieneinheiten (Module) werden mit Leistungspunkten verknüpft; ihr Nachweis erleichtert die innerstaatliche und internationale Anerkennung und fördert so die Mobilität der Studierenden. Zu diesem Zweck haben die Hochschulen innerhalb der EU begonnen, ein ,Europäisches System zur Anrechnung der Studienleistungen' (European Creditpoint Transfer System = ECTS) einzuführen. Für die im Rahmen des Programmbereichs SOCRATES geförderten einzelnen Mobilitäts-, Austausch- und Kooperationsprogramme ist das ECTS eine unverzichtbare Voraussetzung dafür, daß die erbrachten Studienleistungen in den jeweiligen Studiengängen wechselseitig anerkannt werden. Seine künftige Bedeutung geht aber weit darüber hinaus. Denn inzwischen sind auf der Basis von Kooperationsvereinbarungen zahlreiche Studiengänge mit deutschen und ausländischen Studienabschlüssen etabliert worden, für welche die beteiligten Hochschulen z.T. auch eigene Systeme zur Leistungspunktanrechnung entwickelt haben. ,Europäische Studiengänge mit Doppeldiplom' (z.B. in den Wirtschafts- und Ingenieurwissenschaften) wenden sich an eine multinational zusammengesetzte Studentenschaft und werden von deutschen wie ausländischen Hochschullehrern durchgeführt. Ihre Studienordnungen sind auf internationale Tätigkeiten angelegt; obligatorischer Fremdsprachenunterricht, Mehrsprachigkeit des Lehrangebots und Internationalität von Lehrkörper und Studentenschaft vermitteln erste wichtige interkulturelle Lernerfahrungen. Auch von diesen für viele Studenten attraktiven grundständigen und postgradualen Studiengängen (z.B. Europarecht, Tropenmedizin), die z.T. auch mit Promotionsstudiengängen verknüpft sind, geht ein wachsender Reformdruck auf die herkömmlichen Studiengänge aus. Dies zeigt sich bereits heute für einen der traditionell ‚nationalen' Studiengänge wie das Jurastudium und dürfte mittelfristig auch für die Lehramtsstudien gelten. Der Zusammenhang zwischen der Europäisierung der Studiengänge, der Einführung gestufter Studiengänge mit entsprechenden Abschlußgraden, der Deregulierung der Studiengänge, der Modularisierung der Studieninhalte und der Einführung des ECTS ist unverkennbar.[36]

5.5 Aufgaben und Status der Hochschullehrer

Mit ihren ‚Empfehlungen zum Dienst- und Tarif-, Besoldungs- und Vergütungsrecht sowie zur Personalstruktur in den Hochschulen' von 1998 hat die HRK eine Diskussion über das Hochschulrecht eingeleitet. (Dok. 29) Auf der Grundlage staatlicher Rahmenvorschriften und Globalzuweisungen sollen die Hochschulen eine eigenverantwortliche Personalentwicklung, Binnenstruktur- und Verwaltungsreform sowie Haushaltspolitik betreiben, um dadurch ihre Leistungsfähigkeit zu steigern und ein eigenes Profil zu entwickeln.

Erste Reformen ermöglicht bereits das 1997 in Kraft getretene Gesetz zur Reform des öffentlichen Dienstechts. Die HRK hat sich zwar für eine Ausweitung der Angestelltenverhältnisse, nicht jedoch für die generelle Abschaffung des Beamtenstatus der Professoren, sowie für eine Reform des Besoldungsrechts und die Abschaffung der Berufungsaltersgrenzen ausgesprochen. Dieser Vorschlag sieht

---

36 Vgl. KMK 1999(a), S. 24; KMK 1999, S. 232ff.; HRK 1998, S. 5f., 9ff.; HRK 1999; HRK 1999(a), S. 5ff..

die Abschaffung der bisherigen drei Besoldungsstufen und der Alterszulagen vor. An ihrer Stelle sind ein einheitliches Grundgehalt als Mindestgehalt sowie Leistungs-, Belastungs- und Funktionszulagen vorgesehen. Für besondere Leistungen in Lehre, Forschung, Entwicklung und Drittmitteleinwerbung, für besondere Belastungen durch hohe Studentenzahlen oder für zusätzliche Funktionen (Hochschul- und Fachbereichsleitungsaufgaben) sollen in der Regel befristete Zuschläge ausgehandelt oder Anreize ausgelobt werden können. Die Voraussetzung für Teilzeitbeschäftigungsverhältnisse sollen verbessert werden, um die Verbindung des Lehrberufs mit Tätigkeiten in der Wirtschaft oder in anderen Bereichen, aber auch in der Familie zu ermöglichen. Im Zuge der Erprobung von Globalhaushalten in einigen Bundesländern wurde begonnen, den Universitäten auch die Dienstherreneigenschaft und Tarifhoheit zu übertragen. Das Ziel, sie zu befähigen, über den Einfluß auf Gehälter und Sondervergütungen den Wettbewerb um das beste Lehr- und Forschungspersonal bestehen zu können, setzt Planungssicherheit im Budgetbereich voraus. Die HRK schlägt vor, über mehrere Jahre hinweg die staatlichen Globalzuweisungen verläßlich zuzusagen und hierüber ebenso wie über die ‚Produkte' der Hochschulen – Studiengänge, Studienplätze, Studiendauer und Absolventenzahlen – Verträge (‚Leistungs- und Zielvereinbarungen') abzuschließen.[37]

Die Dauer der postgradualen Qualifizierung ist in Deutschland relativ lang. Die Förderung der Promotion im Forschungsverbund durch Graduiertenkollegs kann nicht auf Dauer Aufgabe der DFG sein, und Promotionsstudien gibt es erst in Ansätzen. Durch die Habilitation wird der Weg bis zur ersten Berufung um weitere sechs Jahre verlängert. Die HRG-Novelle von 1998 sieht einen Kompromiß vor, wonach der Nachweis zusätzlicher wissenschaftlicher Leistungen durch die Habilitation weiterhin möglich sein soll, aber auch durch andere wissenschaftliche Leistungen erbracht werden kann. (Dok. 22) Ziel ist es, daß eine erste selbständige Forschungs- und Lehrtätigkeit früher als bisher begonnen wird. (Dok. 23) Die Wege zur Entwicklung des Hochschullehrernachwuchses sollen daher differenziert werden. Nachwuchswissenschaftler mit überdurchschnittlichen Promotionsergebnissen können sich wie bisher auf Assistenturen zur Habilitation, aber auch auf befristete

---

37 Vgl. HRK 1998(a); HRK 1999(b).

(Assistenz-) Professuren bewerben, die wie in den USA nach weiteren herausragenden wissenschaftlichen Leistungen in unbefristete Stellen überführt werden können. Ob sich die Parallelität dieser beiden Wege bewähren wird, ist schwer zu prognostizieren.

Eine im Sommer 1999 von der Bundesbildungsministerin eingesetzte Kommission von Hochschulexperten aus dem In- und Ausland soll im Frühjahr 2000 Vorschläge zur Reform des Dienstrechts, der Personalstruktur und der Struktur der Nachwuchsqualifikation unterbreiten.[38] Bulmahn, die sich die meisten der HRK-Vorschläge zu eigen gemacht hat, will in der Legislaturperiode 1998-2002 das Reformvorhaben in Kraft setzen. Hintergrund ist der Umstand, daß bis 2010 mehr als 50% der im Jahr 2000 aktiven Professoren aus Altersgründen aus den Hochschulen ausgeschieden sein werden.

5.6 Wettbewerb und Qualitätsmanagement

Daß Leistung, Qualität und Wettbewerb Bedingungen eines funktionierenden Hochschul- und Forschungssystems sind, ist keine neue Erkenntnis. Gleichwohl sind sie Schlüsselbegriffe der aktuellen Hochschulreformdebatte. „Wissenschaft und Wettbewerb gehören untrennbar zusammen" betont der Wissenschaftsrat in seiner Stellungnahme zur Denkschrift der DFG von 1997. Wissenschaftlicher Wettbewerb mit seinen individuellen und institutionellen Dimensionen ziele auf Leistungssteigerung: Der Wettbewerb unter den Wissenschaftlern und die Schwerpunkt- und Profilbildung der Hochschulen förderten die Differenzierung. Indikator für die schon heute ausgeprägten Unterschiede zwischen den Universitäten sind nach Ansicht von DFG und Wissenschaftsrat die Drittmittelvolumina. Kritisch macht der Wissenschaftsrat allerdings darauf aufmerksam, daß eine ausreichende Grundausstattung Voraussetzung wissenschaftlicher Wettbewerbsfähigkeit sei.[39] Landfried verweist auf den nationalen wie den internationalen Wettbewerb der Hochschulen; keine Hochschule sei mehr in der Lage, alle Fächer auf einem international konkurrenzfähigen Niveau anzubieten. Die Hochschulen

---

38 Vgl. BMBF-Presseinformation vom 22. Juni 1999.
39 Vgl. Wissenschaftsrat 1998 (Bd. I), S. 10f.; DFG 1997.

seien daher gezwungen, Schwerpunkte zu setzen und Profile zu entwickeln.[40] Der damit verbundene Abbau von Fächern und ganzen Wissenschaftsbereichen kann im Rahmen von Kooperation und Verbund von Hochschulen vermieden werden.

Die Debatte um die Qualitätssicherung im Hochschulwesen angesichts der sich öffnenden Schere zwischen steigenden Studentenzahlen und zurückgehenden öffentlichen Mitteln hat in Europa seit den achtziger Jahren zu unterschiedlichen Antworten in bezug auf die rechtliche Stellung der Hochschulen, ihre strukturelle Differenzierung und die Allokation der Mittel geführt.[41] Der Hochschul- und Forschungsbereich ist in Deutschland traditionell von Wettbewerb um die qualifiziertesten Wissenschaftler, gemessen an Publikationen, Projekten und Reputation in der wissenschaftlichen Gemeinschaft, und um die stets knappen Forschungsmittel geprägt. Qualität und Innovationspotential der Projekte, aber auch die institutionelle Einbindung, Status und Ansehen der Antragsteller bestimmen die Mittelvergabe. Die erheblich gestiegene Zahl der Projektanträge insbesondere bei der DFG hat angesichts der Schrumpfung anderer Finanzquellen und der Verschlechterung der Grundausstattung der Hochschulen zur Steigerung der Antragsqualität, aber auch zu erheblichen Einschnitten bei den Förderungszusagen geführt. (Dok. 23, 26, 27)

Instrumente zur Förderung von Wettbewerb und Qualität im Bereich der Lehre sind demgegenüber in Deutschland unterentwickelt, während andere Länder über etwa zwei Jahrzehnte Erfahrungen beispielsweise mit der studentischen Lehrevaluation verfügen. Die Novelle zum HRG von 1998 hat den Hochschulen die „regelmäßige Bewertung der Forschung, Lehre, Förderung des wissenschaftlichen Nachwuchses und der Gleichstellung der Geschlechter" zur Pflicht gemacht. „Die Studierenden sind bei der Bewertung der Qualität der Lehre zu beteiligen" (§ 6). (Dok. 22) Während die Umsetzung der verbindlichen studentischen Lehrevaluation erst ansatzweise erfolgt ist, wird die bereits in einer Reihe von Bundesländern bestehende Verpflichtung zur Forschungs-, Lehr- und Studienberichterstattung praktiziert. Indikatoren der Studienberichterstattung sind u.a. die Zahlen der Anfänger, Abbrecher und Absolventen, die Studiendauer

---

40 Vgl. Landfried 1999, S. 5.
41 Vgl. Schreier 1999, S. 15ff.

(u.a. Erfolgsquoten im Rahmen der Regelstudienzeit), die Studien-situation, der Verbleib der Absolventen und die Art ihrer Abnehmer. Im Mittelpunkt der Lehrevaluation steht die formalisierte Lehrver-anstaltungskritik, d.h. die schriftliche Befragung der Studierenden zu den Dozenten (Vor- und Nachbereitung, Präsenz, Erreichbarkeit, Beratung etc.), zur Didaktik und Methodik, zum Niveau des Stoffes, zu den Leistungsanforderungen, zur Bewertungspraxis, zum Lerner-folg und zur studentischen Beteiligung.

Im Rahmen der Forschungsberichterstattung werden regelmäßig Forschungsprojekte, Publikationen und externe Vorträge nachge-wiesen. In der Forschungsevaluation spielen darüber hinaus insbe-sondere die Qualität der Publikationen (z.B. Zitationshäufigkeit, das Drittmittelaufkommen, die Zahl der Promotionen und Habili-tationen, die Wahrnehmung von Leitungsfunktionen in Fachverei-nigungen und Gutachteraufgaben in Forschungsorganisationen ei-ne Rolle.[42] Die universitätsinterne Stellen- und Mittelverteilung nach Leistungskriterien im Bereich der Forschung ist nicht neu; doch erst in Ansätzen werden formalisierte Verfahren der Kosten-Leistungs-Rechnung und Ressourcensteuerung nach den Ergebnis-sen der Lehr- und Forschungsevaluation eingesetzt. Dasselbe gilt für die externe Hochschulbudgetsteuerung. Die Gründe sind viel-fältig: Qualität und Effizienz in der Lehre und noch mehr in der Forschung hängen von vielen, auch solchen außerhalb der Verant-wortung der Professoren liegenden Faktoren ab. Ein valider quan-tifizierbarer Nachweis der Qualität von Forschungsergebnissen und Publikationen ist äußerst kompliziert. Möglicherweise schon die Evaluation, mit größerer Wahrscheinlichkeit jedoch die an sie geknüpfte Mittelvergabe können Effekte haben, welche die Rich-tung, Felder und Formen der Forschung, die Art und Originalität der Projekte, kurzum die Freiheit der Forschung beeinträchtigen können. Forschungsvorhaben, die weder eine Zuweisung von Res-sourcen noch eine Anerkennung bei den Gehaltsverhandlungen versprechen, dürften kaum mehr betrieben werden.[43] In diesem Sinne ist selbst die herkömmliche Drittmittelforschung nicht un-problematisch, da sie Forschungsaktivitäten auf extern definierte Forschungsschwerpunkte lenkt, selbst wenn sie wie bei der DFG

---

42 Vgl. Conrad/Katzer/Reuter 1999.
43 Vgl. KMK 1999, S. 225-228; kritisch Conrad/Katzer/Reuter 1999, S. 29-38.

aus der wissenschaftlichen Gemeinschaft heraus definiert werden. Die Außensteuerung im Falle der Ressort- und Industrieforschung ist evident. Auch mit Blick auf die Vielfalt von Forschungsdesigns und -methoden dürften die Drittmittelvolumina wohl allenfalls ein Kriterium unter anderen für Produktivität, Originalität und Qualität von Wissenschaftlern darstellen können.[44] (Dok. 23, 27)

Unbeschadet der Kritik an der evaluationsgestützten Ressourcensteuerung werden an einigen deutschen Universitäten (z.B. FU Berlin, Universität Hamburg) bereits die Befunde interner Evaluationen zur Mittelverteilung eingesetzt. Die über die Grundausstattung hinaus verfügbaren freien Mittel sind allerdings relativ gering, so daß die Anreizfunktion unbedeutend bleibt. Externe Evaluationsvorhaben, wie sie z.B. im Verbund Norddeutscher Hochschulen seit einigen Jahren im Bereich von Studium und Lehre durchgeführt werden, sind bisher nicht als Mittel der Ressourcensteuerung bzw. Sanktionierung, sondern zur Qualitätsentwicklung eingesetzt worden. Die HRK führt im Auftrag von Bund und Ländern für den Zeitraum von 1998 bis 2000 ein Projekt zur ‚Qualitätssicherung‘ im Hochschulbereich durch. Ziel dieses Projekts ist es, Austauschmöglichkeiten zwischen Akkreditierungs- und Evaluationsagenturen und Hochschulnetzwerken[45] zu fördern, allgemeine Standards für Kriterien und Verfahren zur Hochschulevaluation zu entwickeln und die Fachbereiche zur Einführung qualitätssichernder Maßnahmen zu motivieren.[46] Hochschulranglisten (Rankings) gibt es seit einigen Jahren auch in Deutschland.[47] Sie sind Ausdruck des Wettbewerbs- und Standortdiskurses, der die deutsche Bildungsreformdebatte seit Mitte der neunziger Jahre bestimmt. Ihre Aussagekraft und Verläßlichkeit hängen von der Zahl und Objektivierbarkeit der Indikatoren ab. Wenn die nachgewiesenen Daten auf Fachbereiche, Studiengänge, Fächer und Personal bezogen sind, können sie Studierenden und Abnehmern, Hochschulministerien und Hochschulen selbst wichtige Informationen geben.

---

44 Vgl. HRK 1998(a); HRK 1999(b).
45 Vgl. KMK 1999(b).
46 Vgl. Zentrale Evaluationsagentur der Niedersächsischen Hochschulen 1997; dies. 1997(a).
47 Vgl. Rosigkeit 1997, S. 32ff.

6. Erwachsenenbildung – Weiterbildung

Die Begriffe ‚Erwachsenenbildung' und ‚Weiterbildung' bezeichnen den Bereich des Lernens Erwachsener. Trotz unterschiedlicher Akzentuierungen (berufliche versus allgemeine Bildung) werden sie häufig synonym verwendet; vielfach findet auch die Doppelbezeichnung ‚Erwachsenenbildung/Weiterbildung' Anwendung.[1] Bis in die sechziger Jahre behauptete sich der ältere Begriff der ‚Erwachsenenbildung' und stand vorwiegend für die allgemeine, insbesondere kulturelle und politische Persönlichkeitsbildung in der Tradition der ‚Volksbildung' der Weimarer Republik. Der Begriff Weiterbildung hat sich seit 1970 entsprechend der Definition des Deutschen Bildungsrates durchgesetzt als „Fortsetzung oder Wiederaufnahme organisierten Lernens nach Abschluß einer unterschiedlich ausgedehnten ersten Bildungsphase".[2] (Dok. 31) Diese Definition ist mit formalisierten Bildungsgängen und -abschlüssen, vor allem mit dem Bereich der beruflichen Weiterqualifizierung verbunden. Mit ‚Erwachsenenbildung' werden Konzepte assoziiert, die in der Regel von den individuellen Interessen und Bedürfnissen her bestimmt sind, während ‚Weiterbildung' oft gleichgesetzt wird mit organisiertem Lernen Erwachsener unter dem Aspekt einer kontinuierlichen Qualifizierung im Laufe des Arbeitslebens. Die KMK konkretisiert die Definition des Bildungsrats wie folgt: „Weiterbildung ist die Fortsetzung oder Wiederaufnahme organisierten Lernens nach Abschluß einer unterschiedlich ausgedehnten ersten Bildungsphase und in der Regel nach Aufnahme einer Erwerbs- oder Familientätigkeit. Sie umfaßt die allgemeine,

---

1 Vgl. Tippelt 1994, S. 9.
2 Deutscher Bildungsrat 1970, S. 197.

berufliche, politische, kulturelle und wissenschaftliche Weiterbildung. Weiterbildung kann in Präsenzform, in der Form der Fernlehre oder in kombinierten Formen stattfinden. Informelle Lernprozesse Erwachsener, ob am Arbeitsplatz oder anderenorts, sind nicht Gegenstand dieser Empfehlung."[3] Selbstorganisiertes Lernen wird nach dieser Definition nicht der Weiterbildung zugeordnet. Weiterbildung wird bis heute untergliedert in ‚allgemeine' und ‚berufliche' Weiterbildung, obwohl angesichts des schnellen Wandels in beruflichen wie gesellschaftlichen Zusammenhängen eine Trennung in der Praxis oft nicht möglich ist. Auch die KMK lehnt in ihrer dritten Empfehlung zur Weiterbildung diese Segmentierung ab, da sie weder dem Bildungsinteresse der Menschen noch dem Verständnis der modernen beruflichen Bildung entspreche. Der traditionelle Bildungsbegriff hat sich gewandelt. Dies zeigt sich besonders deutlich bei den fremdsprachlichen Kompetenzen und bei den ‚Schlüsselqualifikationen'. (Dok. 19) Kommunikationsfähigkeit, Konfliktfähigkeit, Teamfähigkeit, Kreativität und sozialverantwortliches Handeln – traditionell der allgemeinen Bildung zugeordnet – sind in ihrer Bedeutung für die berufliche Weiterbildung und Praxis heute unbestritten.[4] Eine Abgrenzung läßt sich am ehesten über organisatorische und kompetenzrechtliche Aspekte vornehmen. Dagegen ist Meueler weiterhin der Ansicht, daß sich in der Erwachsenen- und Weiterbildung eine vollkommene Trennung zwischen der ursprünglich mit dem Bildungsbegriff verbundenen allgemeinen Bildung und dem beruflichen Lernen ergeben habe; er verweist hierzu auf die Kriterien Autonomieanspruch bzw. Wissenserwerb. Das auf das Erwerbsleben abzielende und als unabdingbar betrachtete Qualifikationslernen ergebe sich aus der genau geplanten Anpassung an sich verändernde Strukturen von Arbeitsplätzen; die davon getrennt im Rahmen der Erwachsenenbildung angebotene Allgemeinbildung beschreibt er als völlig beliebig, womit eine Vernachlässigung dieses Bereiches impliziert ist.[5] Diese Gegenüberstellung ist überspitzt; wirklichkeitsnäher äußern sich die Autoren des Gutachtens über zukunftsorientierte Angebote, Organisationsformen und Institutionen, die Wei-

---

3 Dritte Empfehlung der Kultusministerkonferenz (KMK) zur Weiterbildung vom 2. Dezember 1994, in: KMK 2000, Nr. 2129.3, S. 2 (Dok. 32).
4 Vgl. Richter 1993, S. 36f.; Jach 1999, S. 3.
5 Vgl. Meueler 1998, S. 163f.

terbildung und Erwachsenenbildung synonym verwenden. „Wie differenzieren die Weiterbildung nicht nach ‚Schubladen', etwa denjenigen der allgemeinen, beruflichen und politischen Bildung, da wir der Ansicht sind, daß dies weder dem Bildungsverständnis der Menschen noch der pädagogischen Realität entspricht. Und wir verwenden auch nicht das in jüngster Zeit immer häufiger auftretende Begriffspaar ‚berufliche' und ‚nicht-berufliche' Weiterbildung, da dies – aktueller politischer Opportunität folgend – Erwachsenenbildung aus der Sicht ‚beruflicher Bildung' definiert und viele Bildungsangebote, die unmittelbar im Interesse der einzelnen Menschen liegen, zu einer Restmenge bildungspolitischen Brachlandes herabwürdigt."[6]

6.1 Notwendigkeit lebenslangen Lernens

Weiterbildung heißt, so der Deutsche Bildungrat in seinem ‚Strukturplan für das Bildungswesen', daß organisiertes Lernen auf spätere Phasen des Lebens verteilt wird. Weiterbildung ist ein integrierter Bestandteil des gesamten Bildungssystems. Aus den Anforderungen einer sich immer schneller verändernden Welt resultiert die Forderung nach lebenslangem Lernen. Globalisierung und Wandel der Berufs- und Lebensbedingungen erfordern Offenheit für neues Wissen als notwendige Voraussetzung sowohl für ein gelingendes Berufsleben als auch für die Teilnahme am gesellschaftlichen Prozeß.[7] (Dok. 32, 33)

In der Wirtschaft ist lebenslanges Lernen zu einer selbstverständlichen Anforderung geworden. Weiterbildung erfolgt als selbstgesteuertes und als kooperatives Lernen von Mitarbeitern auf allen Hierarchieebenen. Komplexe Probleme erfordern die Zusammenarbeit unterschiedlicher Experten zur Findung der jeweils bestmöglichen Lösungen. Selbststeuerungs- und Kooperationskompetenzen sind durch kontinuierliche Weiterbildung zu erlernen und zu sichern. Selbstbestimmtes individuelles Lernen und Teamlernen gelten als wichtige Methoden des Lernens Erwachsener.[8] (Dok. 21)

---

6   Vgl. Faulstich et al. 1992, S. 9.
7   Vgl. Deutscher Bildungsrat 1970, S. 51f.; Dohmen 1999.
8   Vgl. KMK 2000, Nr. 2129.3, S. 1.

Das Konzept des lebenslangen Lernens verwischt die Grenzen zwischen ‚Erstausbildung‘ und ‚Weiterbildung‘. Die berufliche Erstausbildung ist angesichts des ständigen Wandels der Technologien, Produktionsweisen, Kommunikationsmittel und Leistungserwartungen der Kunden sowie der daraus resultierenden Veränderungen der Arbeitsanforderungen und Berufe nicht mehr ausreichend; Lernen wird zum ständigen Prozeß. Lebenslanges Lernen (‚life-long-learning‘, ‚education permanente‘) wird entscheidend für die Fähigkeit, sich einerseits an die veränderten qualitativen Anforderungen des Arbeitsmarktes und andererseits an flexiblere Arbeitszeiten sowie Veränderungen im Verhältnis von Arbeitszeit und Freizeit anzupassen. (Dok. 33)

Die bildungspolitische Diskussion am Beginn des neuen Jahrhunderts spiegelt die Phase sich im europäischen und globalen Rahmen vollziehender gesellschaftlicher und wirtschaftlicher Umbrüche wider. Diese sind geprägt durch globale Marktkonkurrenz, wachsende Konzentrationsprozesse, überall verfügbare Informationen und Austauschformen (Internet, Multimedia) sowie internationale Vernetzung; Verlust von Arbeitsplätzen und steigende strukturelle Arbeitslosigkeit in verschiedenen Arbeitsmarktsegmenten, im besonderen Maße allerdings weiterhin auf der untersten Qualifikationsstufe; die anhaltende Gefährdung der natürlichen Lebensgrundlagen; die wachsende Kluft zwischen Arm und Reich; anhaltende Migrationsprozesse; die Differenzierung der Wertsysteme und Verhaltensmuster und schließlich die grenzüberschreitende Kriminalität.[9] Gerade die umbruchbedingten Unsicherheiten in der Arbeitswelt und in der alltäglichen Lebenswelt rechtfertigen die (Fort-) Entwicklung breit angelegter individueller Kompetenzen und ‚Schlüsselqualifikationen‘; sie können – so der Konsens in der heutigen Weiterbildungsdiskussion – dazu verhelfen, erfolgreich mit noch nicht oder erst teilweise bekannten Veränderungen umzugehen. ‚Schlüsselqualifikation‘ ist ein komplexer Begriff; er steht für selbständiges Denken, Handeln und Verantworten, Kommunikationsfähigkeit, offenes flexibles Eingehen auf veränderte Situationen und Anforderungen, interkulturelle Empathie, Sensibilität, Fairness, Konflikt- und Kompromißbereitschaft, Innovationsfähigkeit und Kreativität und schließlich die Fähigkeit,

---

9   Vgl. Reimann-Rothmeier/Mandel 1995.

in den sich wandelnden gesellschaftlichen, ökologischen und internationalen Kontexten zu handeln. (Dok. 21)

Die Forderung nach Schlüsselqualifikationen steht nicht im Gegensatz zum kognitiven Lernen; vielmehr ergänzen sich beide. Voraussetzung der Wissensgesellschaft ist die Entwicklung zur Lerngesellschaft. Dies bedingt, daß lebenslanges Lernen von immer mehr Menschen als etwas Selbstverständliches erlebt wird. Voraussetzung dafür ist die Öffnung des Weiterbildungsbereichs für alle. Diesem demokratisch-egalitären Ziel sind die Weiterbildungsgesetze der Bundesländer verpflichtet. Unbeschadet der parteipolitisch bedingt unterschiedlichen Ansätze geht es in diesen Gesetzen darum, die notwendige Infrastruktur für ein offenes, jeder Person zugängliches und die Vielfalt der Teilnehmerbedürfnisse berücksichtigendes Weiterbildungssystem zu schaffen oder zu ermöglichen. Die Bildungsurlaubs- bzw. die Bildungsfreistellungsgesetze der Länder ermöglichen es den Arbeitnehmern, bei Lohnfortzahlung an Weiterbildungsmaßnahmen teilzunehmen. (Dok. 31) Ihr Ziel ist es, 'bildungsferne' Personen für eine systematische Fortbildung zu gewinnen. Das Sozialgesetzbuch Teil III (SGB III)[10] ermöglicht die Teilnahme an Fortbildungs- und Umschulungsmaßnahmen, die der Anpassung an den Wandel der Arbeitsanforderungen, dem beruflichen Aufstieg oder der (Re-) Integration von Arbeitslosen in das Beschäftigungssystem dienen.

Die Entwicklung der Erwachsenen- bzw. Weiterbildung in Deutschland steht im Zusammenhang mit internationalen Entwicklungen und Diskursen. Ein besonders wichtiges Forum zur Diskussion und Verbreitung neuer Ansätze ist die UNESCO mit ihren bisher fünf Erwachsenenbildungskonferenzen ('CONFINTEA'). Die 1997 in Hamburg durchgeführte vorläufig letzte CONFINTEA nimmt in der 'Hamburger Deklaration zum Erwachsenenlernen' und in der 'Agenda für die Zukunft des Lernens im Erwachsenenalter' Abschied vom etatistischen Selbstverständnis. (Dok. 33) Diese Dokumente betonen vielmehr die Komplementarität öffentlicher und nichtstaatlicher Weiterbildungsaktivitäten und das Wechselverhältnis zwischen dem organisiertem, angeleitetem Ler-

---

10 Sozialgesetzbuch (SGB) Drittes Buch (III) – Arbeitsförderung – vom 24. März 1997, in: BGBl. I, S. 594, zuletzt geändert am 21. Juli 1999, in: BGBl. I, S. 1648, 1653.

nen in Institutionen und dem informellem Lernen im alltäglichen Lebensvollzug.[11] Der 1997 von der Internationalen Kommission unter Leitung von Jacques Delors herausgegebene UNESCO-Bericht ‚Bildung für das 21. Jahrhundert' hält am Begriff und Konzept seines Vorläufers[12] fest und betont die Lernfähigkeit als wesentliche Voraussetzung der Weiterbildung. Von den Dimensionen des lebenslangen Lernens (‚lernen zu wissen, lernen zu handeln, lernen zu leben, lernen miteinander zu leben') wird besonders die letzte hervorgehoben. ‚Lernen miteinander zu leben' meint das Verständnis für die Mitmenschen, ihre Geschichte, Traditionen und Werte, die Schaffung eines Bewußtseins für die wachsende gegenseitige Abhängigkeit und die Befähigung, Konflikte intelligent und friedlich zu lösen. Unter ‚Lernen zu wissen' wird verstanden, schnelle Veränderungen aufgrund der gesellschaftlichen, wissenschaftlichen und wirtschaftlichen Entwicklungen durch eine breite Allgemeinbildung und vertiefte Kenntnisse in ausgewählten Fächern zu bewältigen. Allgemeinbildung gilt als Schlüssel für einen gelingenden lebenslangen Lernprozeß. ‚Lernen zu handeln' steht für Methodenkompetenz, Teamfähigkeit und die Qualifikation, mit neuen, auch unvorhersehbaren Situationen fertig zu werden. Unter ‚Lernen zu leben' werden insbesondere die Forderungen nach größerer persönlicher Eigenständigkeit, nach Urteilsvermögen und der Bereitschaft, wachsende Verantwortung zu übernehmen, verstanden.[13] (Dok. 33)

Die internationale Kommission der UNESCO verweist auf die Grenzen des gegenwärtigen Wachstumsmodells sowie die sozialen Ungleichheiten und ökologischen Kosten, die es verursache. Sie schlägt daher vor, den Bildungsbegriff umzudefinieren, d.h. Bildung „nicht mehr nur aus dem Blickwinkel ihrer Bedeutung für das Wirtschaftswachstum, sondern (auch) aus der erweiterten Perspektive der menschlichen Entwicklung"[14] zu verstehen. In den Mittelpunkt rückt wieder die Entfaltung der Persönlichkeit und nicht allein ihre Funktion im Arbeitsprozeß. Die Idee vom lebenslangen Lernen muß über die bloße Anpassung an den Arbeitsmarkt hinausgehen, wenn die eingeforderte Entwicklung der Indi-

---

11 Vgl. BMBW 1997, S. 33; CONFINTEA 1997 (Dok. 33); Reuter 1999.
12 Vgl. Faure 1973.
13 Vgl. Deutsche UNESCO-Kommission (DUK) 1997, S. 18f.
14 DUK 1997, S. 57.

viduen in ihren jeweiligen Gesellschaften das Ziel ist. Zugleich enthält der UNESCO-Bericht auch ganz konkrete Forderungen nach verbesserter Bildung für Mädchen und Frauen, nach verbesserter Qualifikation der Lehrkräfte, nach Dezentralisierung der Bildung und Verbreitung der modernen Bildungs- und Informationstechnologien. Arbeitsmarktorientierte und persönlichkeitsorientierte Bildung stehen also auch für die Verfasser dieses internationalen Dokuments in einem nicht unbedingt spannungsfreien Verhältnis der Komplementarität.

Angesichts der europäischen Integration, der internationalen Migrationsbewegungen und der wachsenden ethnischen und religiösen Spannungen sieht auch die deutsche Kultusministerkonferenz die Weiterbildung vor neuen Herausforderungen: „Verständnis von Sprache, Kultur und Denkweisen anderer Völker und Kenntnisse über politische und wirtschaftliche Entwicklungen in anderen Staaten und über supra- und internationale Organisationen zu vermitteln, sind unverzichtbarer Bestandteil zukunftsorientierter Weiterbildung."[15]

Besondere Bedeutung mißt die in- und ausländische Diskussion der Verbesserung des ‚selbstgesteuerten Lernens' zu. Dieser Ansatz zielt darauf ab, Menschen bei ihrem informellen Lernen zu unterstützen, Lernbarrieren abzubauen und vor allem bisher bildungsfernen Personen die Nutzung offener Lernsysteme und neuer Informations- und Kommunikationstechnologien nahezubringen. Die dazu entwickelten Konzepte von ‚Lerngemeinschaften' beschäftigen sich mit Ansätzen, wie man zum Lernen ermutigen, auf Lernmöglichkeiten aufmerksam machen, Lerngelegenheiten erschließen sowie Beratungs- und Unterstützungsmöglichkeiten anbieten kann.[16]

6.2 Weiterbildungsbeteiligung

Die Forderung nach der ‚lernenden Gesellschaft' ist Allgemeingut geworden. Die tatsächliche Weiterbildungsteilnahme wird seit 1979 im Auftrag des Bundesministeriums für Bildung und Forschung (bis 1998: Bundesministerium für Bildung, Wissenschaft,

---

15 KMK 2000, Nr. 2129.3, S. 4c (Dok. 32).
16 Vgl. BMBW 1997, S. 29ff.

Forschung und Technologie) alle drei Jahre erhoben; das ‚Berichtssystem Weiterbildung' gibt einen Überblick über die Weiterbildungsbeteiligung sowie den Umfang und die Schwerpunkte der Weiterbildungsnachfrage. Die folgenden Daten aus den beiden ‚Berichtssystemen' 1996 und 1999 spiegeln die Realität der Lerngesellschaft in Deutschland wider.[17]

Von den Befragten im Alter von 19 bis 64 Jahren haben 1997 48% (1994: 42%) an Maßnahmen organisierter Weiterbildung teilgenommen. Bei den für 1997 erhobenen Daten sind erstmals auch in Deutschland lebende Ausländer einbezogen. Ihre Weiterbildungsbeteiligung liegt in allen Bereichen erheblich niedriger als die der deutschen Teilnehmer. Als wichtigste Gründe für ihre Teilnahme an Maßnahmen allgemeiner Weiterbildung nennen die Befragten 1994 – Detaildaten für 1997 sind noch nicht verfügbar – ‚Kenntniserwerb, der im Alltag hilft' und ‚Interesse für das Gebiet'. Bei den beruflichen Lernmotiven spielen die ‚Anpassung an neue Entwicklungen' und die ‚Vermeidung beruflicher Nachteile' eine vorrangige Rolle. Die Teilnahme an Maßnahmen der beruflichen Weiterbildung geht bei 53% der Teilnehmer auf ihre eigene Initiative zurück, während 47% aufgrund betrieblicher Anordnung oder Vorgesetztenempfehlung teilnehmen. Auch die jüngsten Erhebungen bestätigen die bekannte Abhängigkeit der Weiterbildungsmaßnahme von der Vorbildung; das Niveau der Schulbildung korreliert positiv mit der Teilnahme an Weiterbildungsveranstaltungen. Die Quote von Teilnehmern mit niedrigem Schulabschluß liegt 1997 bei 34% (1994: 20%), bei Teilnehmern mit mittlerem Schulabschluß bei 54% (1994: 47%) und bei Teilnehmern mit Abitur bei 65% (1994: 60%). Ebenso eng ist der Zusammenhang zwischen Weiterbildungsteilnahme und beruflichem Bildungsabschluß. 1997 nehmen 24% (1994: 19%) der Adressaten ohne Berufsausbildung an Maßnahmen der Weiterbildung teil; von den Personen mit abgeschlossener Lehre bzw. Berufsfachschule nehmen 1997 54% (1994: 39%) teil. Bei den Adressaten mit den Abschlüssen Meister, Techniker u.ä. liegt die Quote bei 58% (1994: 52%); die Teilnehmerquote von Personen mit Hochschulabschluß beträgt 69% (1994: 64%). Die Weiterbildungsteilnahme ist – wenn auch in unterschiedlichem Maße – bei allen nach Schul- und Be-

---

17 Vgl. BMBF 1999; BMBW 1996.

rufsbildung differenzierten Gruppen im Zeitverlauf angestiegen. Gleichwohl behält die Forderung Aktualität, daß die betriebliche Weiterbildung, die den Großteil der beruflichen Weiterbildung ausmacht, nicht nur technische und kaufmännische Angestellte und Führungskräfte, sondern auch Facharbeiter sowie an- und ungelernte Mitarbeiter einbezieht.[18]

Ein weiterer Indikator für die unterschiedliche Verteilung der Weiterbildungschancen ist die Erwerbsarbeit; 1997 haben 57% (1994: 50%) der Erwerbstätigen an Weiterbildung teilgenommen, dagegen nur 34% (1994: 29%) der Nichterwerbstätigen. Der Unterschied geht wesentlich auf die höhere Beteiligung der Erwerbstätigen an beruflicher Weiterbildung zurück. Bei der Teilnahme an Maßnahmen der allgemeinen Weiterbildung ist das Merkmal ‚Erwerbstätigkeit' nicht signifikant. Im Zeitverlauf ist die Teilnahme an Weiterbildungsmaßnahmen sowohl bei Erwerbstätigen als auch bei Nichterwerbstätigen angestiegen. Die Teilnahmequote der Frauen ist weiterhin angestiegen. Sie liegt 1997 bei 47% gegenüber 49% bei den Männern (1994: Frauen 40%; Männer 44%). Bei der Bewertung dieser nur noch geringen Unterschiede ist allerdings zu beachten, daß Frauen sich häufiger als Männer an Maßnahmen allgemeiner als beruflicher Weiterbildung beteiligen. Dies hängt u.a. damit zusammen, daß sie durchschnittlich häufiger als Männer Teilzeitbeschäftigungen ausüben, geringer beruflich qualifiziert sind, niedrigere berufliche Positionen bekleiden und weiterhin familiär stärker belastet sind. Die älteren Befunde von Ende der achtziger und Anfang der neunziger Jahre, wonach die Teilnehmerquote von Frauen in vergleichbaren Positionen über derjenigen der Männer liegt, werden bestätigt. Nach der Transparenz der Weiterbildungsangebote befragt, geben 52% der Befragten (1994: 58%) an, daß sie zwar über einen guten Überblick verfügten; aber 37% wünschen eine verbesserte Beratung und weitere Informationen über Weiterbildungsmöglichkeiten (1994: 42%). Als weitere Barrieren werden die Angst vor Überforderung, familiäre Verpflichtungen, fehlende Kinderbetreuungseinrichtungen, Weiterbildungskosten, Zeitaufwand sowie Probleme von Tageszeit und Entfernung genannt.

---

18 Vgl. Schlaffke 1995, S. 222; Dok. 16-18.

Nachdem in den letzten Jahren das bildungspolitische Interesse an den ‚weichen' (informellen) Formen der Weiterbildung zugenommen hat, wird im Berichtssystem VII die informelle berufliche Weiterbildung ausführlicher dargestellt. Formen der informellen Weiterbildung sind beispielsweise das Lernen am Arbeitsplatz, die Einweisung durch Kollegen, das Lernen durch Beobachten, Imitieren und Ausprobieren. 1997 geben 72% der Befragten (1994: 52%) eine Beteiligung an solchen ‚Maßnahmen' an. Im Bereich der informellen Weiterbildung zeigt sich somit ein wesentlich größerer Anstieg als im Bereich der formellen beruflichen Weiterbildung. Trotz dieser Daten kann für beide Bereiche von einer weitgehenden Durchsetzung des Prinzips des lebenslangen Lernens noch nicht gesprochen werden; insbesondere hat sich die Schere der unterschiedlichen Bildungschancen zwischen den nach Schulbildung und beruflicher Erstqualifizierung differenzierten Gruppen nicht geschlossen, sondern weiter geöffnet.

6.3 Weiterbildung im Spannungsfeld von Berufs- und Persönlichkeitsorientierung

Die Realität der Erwachsenen- bzw. Weiterbildung wird aus unterschiedlichen theoretischen Perspektiven reflektiert. Auch in der Wissenschaft von der Erwachsenenbildung gibt es nicht ‚den' vorherrschenden Theorieansatz; vielmehr konkurrieren miteinander recht unterschiedliche erziehungs- und sozialwissenschaftliche Ansätze. Versuche, diese zu ordnen, knüpfen an die Wissenschaftsdisziplinen, an wissenschaftliche Schulen oder an Konzepte und Aufgaben der Weiterbildungspraxis an.[19] Exemplarisch sei hier das 1993 von Horst Siebert entwickelte Ordnungsmodell vorgestellt.[20] Siebert unterscheidet dabei sechs theoretische Ansätze mit Hilfe der Ebenen Wissenschaftstheorie, Gesellschaftstheorie, Anthropologie, Bildungstheorie, Makrodidaktik und Mikrodidaktik.

---

19 Vgl. Dewe/Frank/Huge 1988; Tippelt 1994.
20 Siebert 1993, S. 34f.

Theorieansätze und Theorieebenen

	sozialökologischer Ansatz	sozialistischer Ansatz	postmoderner Ansatz
Wissenschafts-/ Erkenntnistheorie	ökologisches Paradigma, Kritik an Naturwissenschaften und Fortschritt	dialektischer Materialismus, normatives Paradigma, Abbildtheorie, Parteilichkeit der Wissenschaft	Verzicht auf Wahrheit/Einheit/ Finalität, Skeptizismus, Postszientismus
Gesellschaftstheorie	Krise des Industrealismus, ökologische Erneuerung, reflexive Modernisierung	Gleichheit und Kollektivität, Interessenidentität von Individuum, Gesellschaft, Staat	soziale, kulturelle, ethnische Minderheiten, Pluralität
Anthropologie	innere Ökologie, neue Körperlichkeit, Wertewandel, ökologische Ethik, Ästhetik	Produktivkraft Mensch, Erziehungsbedürftigkeit zum sozialist. Menschen	Individualisierung
Bildungs-/ Lerntheorie	vernehmende Vernunft, Unterlassungshandeln, antizipatorisches Lernen	Einheit von Bildung und Erziehung, fachliche und politische Bildung, Motivation und Aktivität, Widerspiegelung	Gleichwertigkeit von wissenschaftl. Wissen, Alltagswissen und Ästhetik, Verzicht auf Bildung und Erziehung
Makrodidaktik	Integration von Ökologie, Gesundheit, Kultur und Beruf; selbstorganisierte Initiativen	schulischer Fächerkanon, Stufenqualifizierung, Arbeitskultur	Vielfalt ohne Prioritäten, didaktische Selbstauswahl
Mikrodidaktik / Methodik	Lernökologie, Entschulung, spielerisches, aktivierendes Lernen, Erkundungen	Stofforientierung, Dozent als Erzieher, Aneignungslernen, Konsultation	Methodenvielfalt, lustbetontes Lernen, Brainstorming, Collagen

Quelle: nach Siebert 1993, S.24f.

Der aktuelle erwachsenenpädagogische Theoriediskurs hat auch den in den Sozialwissenschaften viel diskutierten konstruktivistischen Ansatz rezipiert, der auf neueren System- und Evolutionstheorien beruht. Vereinfacht formuliert lautet die Annahme, daß das Gehirn ein autopoietisches, mit der Umwelt strukturell verkoppeltes System darstelle. Dieses erzeuge seine eigenen Wirklichkeiten; auf der Basis der individuellen lebensgeschichtlichen Erfahrungen werde die Wirklichkeit nach Prinzipien der Nützlichkeit und lebenspraktischen Bewährung konstruiert. Kommunikation zwischen Menschen erfolge über ihre jeweiligen individuellen Wirklichkeitskonstrukte; durch diese könnten sie auch Differenzen identifizieren. Die erwachsenenpädagogische Folgerung geht dahin, daß Erwachsene zwar lernfähig, nicht jedoch belehrbar seien; Lernen sei ein eigensinniger und eigenwilliger Vorgang. Grundlagen des konstruktivistischen Verständnisses der Erwachsenenbildung sind die Prinzipien der Selbstorganisation und der individuellen Lebensdeutung. Dabei entzieht sich der konstruktivistische Ansatz der Frage nach gesellschaftlicher Verantwortung, die jedoch ohne normative Annahmen (z.B. Menschenrechte, Sozialität, Sozialstaatlichkeit) nicht beantwortbar zu sein scheint.[21]

In der Vielfalt der theoretischen Ansätze spiegelt sich die im Weiterbildungsbereich bestehende Vielfalt der Interessen, Bedürfnisse, Aufgaben und Aktivitäten. Über den theoretischen Diskurs wird versucht, die Bildungspraxis mit Hilfe wissenschaftlicher Erkenntnisse zu ordnen, zu erklären und zu interpretieren sowie Impulse für die Praxis von der Angebotsplanung bis zur Didaktik und zum informellen Lernen zu geben.[22] Theorieentwicklung und Entwicklung der Weiterbildungspraxis stehen in einem Wechselwirkungszusammenhang. Neuere Ansätze ersetzen in der Regel nicht die vorangegangenen, sondern ergänzen sie um neue Perspektiven oder vermischen sich mit früheren Ansätzen. Die Erziehungswissenschaft und ihre Teildisziplinen sind durch die Pluralität der Theorien und ihre Rezeption aus den übrigen Sozialwissenschaften geprägt. Sieberts Schema hat in erster Linie heuristischen Charakter; es macht die Vielfalt und Zusammenhänge in der Theorienbil-

---

21 Vgl. Arnold/Siebert 1997; Arnold 1996; Siebert 1995.
22 Vgl. Tietgens 1995.

dung und zugleich die pluralistisch strukturierte Praxis in der Weiterbildung sichtbar.

Weiterbildung wendet sich an Erwachsene. Es ist daher grundsätzlich Sache der einzelnen Menschen, aus dem Angebot den eigenen Interessen und Bedürfnissen entsprechend auszuwählen. Lebensbegleitende Bildungsprozesse tragen zur ‚Subjektkonstitution' bei, d.h. sie prägen die Persönlichkeit der Lernenden unabhängig davon, ob sie nach Hilfen zur Bewältigung von Alltagsproblemen suchen, die eigenen beruflichen Möglichkeiten verbessern wollen, Angebote zur Persönlichkeitsbildung in Anspruch nehmen oder etwa aus Motiven der Alltagsgestaltung Lernangebote akzeptieren. Zu den Zielen und Aufgaben der allgemeinen und beruflichen Weiterbildung gehören die Förderung der freien Persönlichkeitsentwicklung, der individuellen Selbstbestimmung und Selbstverantwortung; die Bildung zum mündigen Staatsbürger, d.h. die Befähigung zur politischen Teilhabe und Wahrnehmung gesellschaftlicher Verantwortung; die Entwicklung von Schlüsselkompetenzen für interpersonale Beziehungen in Partnerschaft, Gruppe, Arbeitsteam und interkulturellen Kontexten; die Erhaltung der ethischen Grundlagen einer demokratischen, offenen und gemeinwohlorientierten Gesellschaft; die Qualifizierung für eine kompetente und effiziente Erwerbsarbeit und die Bewältigung der Veränderungen im Zuge des wirtschaftlich-technischen Wandels und der Herausbildung eines europäischen Arbeitsmarktes.[23] (Dok. 32, 33)

Zu den Voraussetzungen, die unterschiedlichen Ziele in der Weiterbildung zu realisieren, gehören Pluralität und Öffentlichkeit. Der Konsens über die Pluralität der Interessen, Ziele, Aufgaben und Programme erfaßt auch die Pluralität der Träger von Weiterbildungseinrichtungen, seien dies Städte oder Landkreise, Kirchen, Gewerkschaften, Arbeitgeberorganisationen, Parteien, sonstige freie Träger, inner- und überbetriebliche Bildungseinrichtungen oder kommerzielle Anbieter von Präsenzkursen oder Fernunterricht. Damit wird der Dissens über die Rolle des Staates bei der Finanzierung, rechtlichen Regulierung, regionalen Angebotskoordinierung und Trägerschaft jedoch nur oberflächlich überdeckt. Kern dieses politisch-gesellschaftlichen Dissenses ist die

---

23 Vgl. Dewe 1995, S. 141ff.; BMBW 1997, S. 9.

Frage, ob nicht nur Allgemeinbildung und berufliche Erstausbildung, sondern auch Hochschul- und Weiterbildung öffentliche Güter darstellten, für deren unentgeltliche Bereitstellung der Staat verantwortlich sei. Im Hochschulwesen wurde der Streit um Gebühren nicht nur für Einschreibung, Rückmeldung und Aufbaustudien, sondern auch für das Erststudium im Zusammenhang mit der Novelle zum Hochschulrahmengesetz 1998 geführt, die Entscheidung jedoch vertagt. Im Weiterbildungsbereich geht der Dissens nicht allein um die Frage der individuellen Kostenverantwortung, sondern auch um die Rolle des Staates als institutionellen Anbieters und bei der Bezuschussung und Koordination des Angebots nichtstaatlicher Träger. (Dok. 30, 32)

Nahezu alle Länderverfassungen enthalten ein Grundrecht auf (Schul-) Bildung; eine ausdrückliche Garantie eines Grundrechts auf Weiterbildung enthält jedoch nur Artikel 29 Brandenburgische Verfassung.[24] Anders als die Länderverfassungen kennt das Grundgesetz über das allgemeine Sozialstaatsprinzip hinaus nur wenige soziale Grundrechte. Abgeleitet aus den Art. 2, 3, 12 u. 20 GG wird allerdings von Rechtsprechung und Literatur ein Recht auf Bildung als ‚Minimumgrundrecht' anerkannt. Dieses umfaßt die drei Aspekte des Zugangs, der freien Entfaltung und der Mitbestimmung.[25] Grundrechtliche Ansprüche in dem Sinne, daß die öffentlichen Hände für die Bildung der Erwachsenen nach Maßgabe der individuellen Lerninteressen und -möglichkeiten zu sorgen hätten, widersprechen dem liberalen Verfassungsrecht. So ist keines der konkurrierenden Ordnungsmodelle im deutschen Weiterbildungswesen – Weiterbildung als öffentliche Aufgabe, Konkurrenz staatlicher Akteure und Anbieter, Staatssubsidiarität, staatliche Rahmenregulierung, finanzielle Bezuschussung privater Anbieter – verfassungsrechtlich festgelegt. Doch lassen sich von Verfassungs wegen Grenzen identifizieren. So dürfte eine umfassende Verstaatlichung des Weiterbildungsbereichs mit den Freiheitsrechten ebenso unvereinbar sein wie der völlige Rückzug des Staates aus dem quartären Bereich mit dem (Minimum-) Grundrecht auf Bildung und dem allgemeinen Sozialstaatsprinzip. (Dok.

---

24 Vgl. Reuter 2000; Faulstich/Schiersmann/Tippelt 1997.
25 Vgl. näher Reuter 2000; Richter 1993, S. 45ff.; Reuter 1993, S. 62; Reuter 1996, S. 161.

31) Die Verlagerung von Bildungszeit aus der allgemeinen und beruflichen Erstausbildung in spätere, lebensbegleitende Bildungsphasen dürfte das Argument einer staatlichen Grund- und Rahmenverantwortung verstärken. Darüber hinaus bleibt es dem öffentlichen Diskurs und politischen Prozeß überlassen, inwieweit Staat, Markt oder Bürgergesellschaft die politischen, wirtschaftlichen, kulturellen und sozialen Aufgaben des Weiterbildungsbereichs bestimmen.[26] (Dok. 33)

Im bildungspolitischen Diskurs gilt die institutionalisierte Weiterbildung seit dem ‚Strukturplan' als ständige gesamtgesellschaftliche, d.h. öffentliche Aufgabe; der Weiterbildungsbereich wird als vierte Stufe des öffentlichen Bildungssystems bezeichnet. Doch verglichen mit den anderen Bildungssystemstufen unterliegt diese in weitaus geringerem Maße staatlichen Regelungsmechanismen, auch wenn der gesamte Normbestand nicht unerheblich ist. Auf verschiedenen gebietskörperschaftlichen Ebenen gibt es eine Vielzahl von in der Regel unzusammenhängenden Bestimmungen, die dem Wirtschafts-, Berufs-, Arbeits-, Sozial- oder Bildungsrecht zuzuordnen sind. Während man unbeschadet der bestehenden Abgrenzungsprobleme zu anderen Rechtsbereichen von Schulrecht oder Hochschulrecht in einem systematischen Sinne sprechen kann, ist das angesichts der Akzessorietät zu den genannten Rechtsgebieten nur in eingeschränktem Sinne beim ‚Weiterbildungsrecht' möglich.

Das Recht der Weiterbildung ist Bundes- oder Landesrecht, je nachdem ob die Bezüge zum Wirtschafts-, Berufs-, Arbeits- und Sozialrecht oder zum Bildungsrecht (Schule, Hochschule, Berufsbildung, Erwachsenenbildung) dominieren. Es ist überdies in gewissen Bereichen auch Europarecht. Nach Art. 140 EG-Vertrag fördert die Kommission die berufliche Aus- und Fortbildung; die Art. 149 und 150 konkretisieren die Befugnisse der Union auf dem Gebiet der allgemeinen und beruflichen Bildung. Zu ihren Weiterbildungsaufgaben gehören vor allem die Maßnahmen des Europäischen Sozialfonds (Art. 146-148) und die Berufsbildungsprogramme nach dem Programmbereich LEONARDO zur Anpassungsfortbildung, Umschulung und Wiedereingliederung in den Arbeitsmarkt, zur Förderung der Mobilität der Lernenden und

---

26 Vgl. DUK 1997, S. 136ff.; Faulstich 1995; Wittpoth 1997.

Ausbilder, zur Förderung des Fernunterrichts und der Zusammenarbeit der Weiterbildungsträger.[27] (Dok. 2)

Die Gesetzgebungskompetenzverteilung zwischen Bund und Ländern geht von der grundsätzlichen Zuständigkeit der Länder aus, sofern das Grundgesetz keine andere Regelung trifft (Art. 30 GG). Im Rahmen der konkurrierenden Gesetzgebung ist der Bund für das Berufsrecht und das Berufsausbildungsrecht zuständig. Dies schließt auch das Recht der beruflichen Weiterbildung ein.[28] Innerhalb seiner Zuständigkeit für das Arbeitsrecht (Art. 74 Ziff. 12 GG) kann der Bund Weiterbildungsbestimmungen zur Verhinderung bzw. Beseitigung von Arbeitslosigkeit sowie zur Reintegration in das Arbeitsleben (z.B. Frauen nach einer Erziehungsphase oder Schwerbehinderte), aber auch Regelungen zur Arbeitsfreistellung ('Bildungsurlaub') zum Zweck der Weiterbildung treffen. (Dok. 1) Hierzu hat der Bund jedoch nur punktuell wie z.B. im öffentlichen Dienstrecht Gebrauch gemacht.[29]

Nach den Art. 30, 70 u. 83 GG haben die Länder diejenigen Gesetzgebungs- und Verwaltungszuständigkeiten auf dem Gebiet der Weiterbildung, die dem Bund nicht zustehen. Hierbei handelt es sich vor allem um die allgemeine, insb. durch Volkshochschulen angebotene Weiterbildung und die politische Weiterbildung, die schwerpunktmäßig von den Landeszentralen für politische Bildung wahrgenommen wird, sowie um die wissenschaftliche Weiterbildung an den Hochschulen. Entsprechend verpflichten die meisten Landesverfassungen Länder, Kreise und Gemeinden zur Förderung der (nichtberuflichen) Erwachsenenbildung durch Volkshochschulen, Bibliotheken sowie nichtstaatliche Einrichtungen. Der Umstand, daß in der (west-) deutschen Nachkriegsbildungsgeschichte der außerschulischen beruflichen Aus- und Weiterbildung kein eigenständiger bildungsrechtlicher Platz zugewiesen wurde, sondern die jeweiligen Regelungen als Ergänzungen anderer Rechtsgebiete verstanden wurden, hat den traditionellen Graben zwischen der allgemeinen und politischen Weiterbildung (Erwachsenenbildung) einerseits und der berufli-

---

27 Näher Reuter 1995.
28 Art. 74 Ziff. 11 (Recht der Wirtschaft), Art. 74 Ziff. 1 und 19 GG (Recht der freien Berufe); vgl. Entscheidung des Bundesverfassungsgerichts (BVerfGE) Bd. 55, S. 274-348 (Ausbildungsplatzförderungsgesetz).
29 Vgl. Reuter 1996, S. 158.

chen Weiterbildung andererseits kompetenzrechtlich verfestigt. (Dok. 32)

Die staatliche Förderung der beruflichen Weiterbildung stützt sich auf das Arbeitsförderungsgesetz (AFG), das seit 1998 als Drittes Buch in das Sozialgesetzbuch (SGB III) integriert ist. Das AFG ist kein Bildungsgesetz im eigentlichen Sinne, sondern Instrument der Sozial- und Arbeitsmarktpolitik, für die gemäß Art. 74 Abs. 1 Ziff. 12 GG der Bund zuständig ist.

Das erste und insoweit bahnbrechende Erwachsenenbildungsgesetz war das Gesetz über die Zuschußgewährung an Volkshochschulen und entsprechende Volksbildungseinrichtungen von 1953 in Nordrhein-Westfalen. Ihm folgten die zwischen 1970 und 1975 verabschiedeten Gesetze von Baden-Württemberg, Bayern, Bremen, Hessen, Niedersachen, Nordrhein-Westfalen und Rheinland-Pfalz sowie 1990 die kombinierten Weiterbildung- und Bildungsfreistellungsgesetze im Saarland und in Schleswig-Holstein. Seit der Wiedervereinigung wurden auch in den ostdeutschen Bundesländern zwischen 1992 und 1998 Weiterbildungsgesetze verabschiedet.[30] Als einziges ostdeutsches Gesetz enthält das Brandenburgische Weiterbildungsgesetz (1993) auch Regelungen zur Bildungsfreistellung (§§ 14-26). (Dok. 31) Die Stadtstaaten Hamburg und Berlin verfügen bis heute über keine Weiterbildungsgesetze. Unbeschadet der bestehenden Unterschiede gehen alle Landesgesetze davon aus, daß allgemeine, kulturelle, politische und berufliche Bildung integrierte Teilbereiche der Weiterbildung seien. Der Schwerpunkt der Landesgesetze liegt allerdings in der Förderung der nichtberuflichen Weiterbildung. (Dok. 30, 32)

Die finanzielle Ausstattung des Weiterbildungsbereichs nach den Weiterbildungsgesetzen der Länder ist unzulänglich. Aufgrund der allgemeinen Budgetprobleme wurden die aus der Sicht der institutionellen Empfänger ohnehin zu niedrig angesetzten Fördermittel in den vergangenen Jahren gegenüber den ursprünglich in den Gesetzen und Richtlinien enthaltenen Ansätzen gekürzt. Die folgende Tabelle gibt einen Überblick über die Ausgaben der Länder für die nichtberufliche Erwachsenenbildung nach

---

30 Vgl. Quellennachweise bei Reuter 1993, S. 60 und Reuter 1996, S. 158; Kuhlenkamp 1997; Raapke 1998, S. 550; Sächsisches Weiterbildungsgesetz, in: SGVBl. 1998, S. 270; vgl. hierzu ‚Bonner Erklärung zur Weiterbildung' (Dok. 30).

Maßgabe der Weiterbildungsgesetze und die Ausgaben des Bundes zur Förderung der beruflichen Fortbildung und Umschulung nach dem SGB III. Unberücksichtigt bleiben also beispielsweise die Ausgaben der Gebietskörperschaften für die verwaltungsinterne Weiterbildung des Personals, die Lehrerfortbildung, die nichtschulische politische Bildung und Jugendbildung, die Bildungsarbeit der Bibliotheken und anderen Kulturbereiche.[31]

Aufwendungen des Bundes und der Länder für Weiterbildung

Jahr	Ausgaben der Länder in Mrd. DM	Ausgaben des Bundes in Mrd. DM
1994	0,611	4,53
1995	0,605	4,94
1996	0,593	5,46
1997	0,575	4,48
1998	0,563	4,74

Quellen: Eigene Berechnungen auf der Grundlage von Daten der Kultusministerkonferenz und der Bundesanstalt für Arbeit.[32]

Unbeschadet der Bemessungs- und Abgrenzungsprobleme in der Ausgabenstatistik spiegelt die Mittelverteilung die Dominanz der beruflichen Weiterbildung eindeutig wider. Die Diskrepanz der Ausgaben für die verschiedenen Bereiche der allgemeinen und der beruflichen Weiterbildung wird besonders deutlich, wenn die unternehmensinterne, d.h. nicht öffentliche berufliche Weiterbildung, mit erfaßt wird. Die Weiterbildungsausgaben der Unternehmen betragen 1995 33,9 Mrd. DM. Auch wenn diese Zahl nicht unmittelbar mit den gebietskörperschaftlichen Aufwendungen vergleichbar ist, verdeutlicht sie den Stellenwert der beruflichen Wei-

---

31 Es gibt keine umfassende Weiterbildungsstatistik; vgl. Strunk 1997; Knoll 1996, S. 18-20; Kuhlenkamp 1997(a), S. 36.

32 Vgl. Öffentliche Ausgaben für Kunst und Kulturpflege, Kunsthochschulen, Erwachsenenbildung und Bibliothekswesen 1985-1998 (Statistische Veröffentlichungen der Kultusministerkonferenz). Bonn 1997 (Sonderheft 85); Bonn 1999 (Sonderheft 93); Amtliche Nachrichten der Bundesanstalt für Arbeit: Jahreszahlen Arbeitsstatistik 1998; Bundesanstalt für Arbeit 1999(a), S. 25. Entsprechend der Definition der KMK (vgl. Sonderheft 85) sind berücksichtigt: Volkshochschulen, Heim-, Abend- und Landvolkshochschulen, Arbeiterunterrichtskurse. Die Weiterbildungsausgaben der Bundesanstalt für Arbeit enthalten ‚notwendige' sowie ‚zweckmäßige' Maßnahmen zur Förderung der beruflichen Fortbildung und Umschulung sowie Einarbeitungszuschüsse; Unterhaltsleistungen die Teilnehmer sind nicht berücksichtigt.

terbildung und zugleich auch die begrenzte Rolle des Staates im quartären Bereich des Bildungswesens.[33] (Dok. 33)

Weiterbildung ist immer mehr zu einem Selektionsinstrument der individuellen Berufsverläufe geworden. Die Umsetzung der bildungsgrundrechtlichen Verpflichtungen des Staates[34] ist in der Praxis vorrangig vom gesellschaftlich-ökonomisch, insb. arbeitsmarktpolitisch und technologisch begründeten Anpassungsdruck bestimmt. Die Bildungserfordernisse erscheinen ‚fremdbestimmt‘, präziser: Die nicht verwertungsorientierten Elemente und das aufklärerische Grundmotiv der Bildung werden zugunsten der beruflichen (Weiter-) Bildung vernachlässigt.[35] Daß der Markt die Rahmenbedingungen und zu einem großen Teil auch Aufgaben und Inhalte des Weiterbildungssystems bestimmt, ist nicht ausschließlich auf das alle Lebensbereiche durchdringende ‚ökonomistische Paradigma‘ zurückzuführen, sondern auch Folge der Verschuldungs- und Haushaltskrise der öffentlichen Hände. Seit dem ‚Strukturplan‘ wird Weiterbildung zwar als ein Bereich des öffentlicher Verantwortung unterstehenden Bildungssystems verstanden; die Legitimation des Staates in diesem Politikfeld beruht auf der Gewährleistung der bildungsbezogenen Teilhaberrechte. (Dok. 30, 33) Doch unverkennbar ist, daß die Zielsetzungen des Deutschen Ausschusses für das Erziehungs- und Bildungswesen (‚Gewährleistung freier Bildug‘) und des Deutschen Bildungsrats (‚Gewährleistung eines vielfältigen und allgemein zugänglichen Bildungsangebotes‘) durch sozial- und arbeitsmarktpolitische Aufgaben überlagert werden. Bund und Ländern ist es bestenfalls teilweise gelungen, den Weiterbildungsbereich nach modernen sozial- und kulturstaatlichen, individuellen, gesellschaftlichen, wirtschaftlichen und politischen Anforderungen systematisch zu ordnen. Während sich die ‚öffentliche Verantwortung‘ für den Weiterbildungsbereich immer noch darauf beschränkt, primär Mittel für freie und kommunale Träger bereitzustellen und möglichst viel dem ‚selbstregulativen‘ Weiterbildungsmarkt zu überlassen, käme es darauf an, daß die staatliche Weiterbildungspolitik einerseits klare Rahmenregelungen schaffte und sich andererseits ihrer spezi-

---

33 Vgl. iwd Nr. 23/1997.
34 Vgl. Richter 1993; Reuter 2000.
35 Vgl. Strunk 1997, S. 24f.

fischen bildungs-, kultur- und gesellschaftspolitischen Ziele ver-
gewisserte.[36] Gerade jene erwachsenen- und weiterbildnerischen
Aufgaben wären vorrangig zu beachten, die sich den Marktmecha-
nismen entziehen. Im Rahmen einer gesamtstaatlichen Bildungs-
strukturplanung, welche die unbefriedigende Aufgabenteilung
zwischen Bund und Ländern überwinden müßte, wären insbesondere folgende Problemkreise aufzugreifen: (1) Maßnahmen zur
Herstellung von Weiterbildungschancengleichheit bildungsferner
und benachteiligter Gruppen; (2) Bildungsfreistellung und neue
Konzepte zur Kombination von Arbeit, Bildung und Freizeit; (3)
Sicherung regionaler Grundangebote; (4) Weiterbildungsinforma-
tions- und Weiterbildungsberatungsdienste.

6.4 Weiterbildung und Arbeitsmarkt

Die berufsbezogene Weiterbildung beschränkt sich nicht auf ar-
beitsplatzgebundene Qualifikationsmaßnahmen, sondern zielt auf
den Ausbau der ‚menschlichen Ressourcen‘.[37] Dabei geht es nicht
nur um Wissen und Können, um Fertigkeiten und Fähigkeiten,
sondern auch um soziale Kompetenzen, Handlungsorientierungen
und moderne Schlüsselqualifikationen, um die Beschäftigten in die
Lage zu versetzen, mit den Veränderungsprozessen schritthalten
zu können. Während in Deutschland die Erwerbsarbeit traditionell
bis heute auf der Grundlage ausdifferenzierter Berufe organisiert
ist (‚Prinzip der Beruflichkeit‘), zielt die ‚neue Beruflichkeit‘ auf
eine größere Komplexität der Profile, auf offenere und flexiblere
Berufsgrenzen und subjektive Differenzierungen in den Qualifikationsprofilen. Schlüsselqualifikationen sind vor allem allgemeine,
fachübergreifende Kompetenzen mit ‚Transferqualität‘ wie z.B.
vernetztes Denken, Selbständigkeit und Verantwortungsbereitschaft, Konfliktfähigkeit, Kommunikations- und Teamfähigkeit.[38]
(Dok. 21)
   Die betriebliche Weiterbildung nimmt den bedeutendsten Platz
in der beruflichen Weiterbildung ein. Die Betriebe versuchen, ih-

---

36 Vgl. Faulstich 1992; 1995.
37 Vgl. DUK 1997, S. 73-98.
38 Vgl. Dedering 1998, S. 39ff.; Lenske/Werner 1999, S. 48.

ren Beschäftigten die für die jeweilige aktuelle Tätigkeit benötigten und die im Rahmen der angestrebten Personalentwicklung gewünschten Qualifikationen zu vermitteln. Die durch Aus- und Weiterbildung vermittelten Kompetenzen der Arbeitskräfte sind vor allem in Hochlohnländern wie Deutschland wichtige Standortfaktoren, die die Unternehmensproduktivität beeinflussen.[39] Die betriebliche Weiterbildung ist durch eine Vielfalt an Organisationsformen gekennzeichnet. Weiterbildungsmaßnahmen finden unternehmensintern, extern bei außerbetrieblichen Trägern, insb. bei den Weiterbildungseinrichtungen der Wirtschaftsverbände und Kammern, sowie als ‚Training on the job' im Rahmen der Arbeitsprozesse statt. In den neunziger Jahren hat das ‚organisierte Lernen am Arbeitsplatz' erheblich an Bedeutung zugenommen. Trotz der Kritik, daß arbeitsplatzorientiertes Lernen lediglich an die aktuellen organisatorisch-technischen Anforderungen der Betriebe anpasse, haben sich verschiedene durchaus anspruchsvolle Formen des organisierten Lernens am Arbeitsplatz wie z.B. ‚Qualitätszirkel', ‚Lerninseln' oder ‚Coaching' entwickelt. Das Lernen am Arbeitsplatz mag zwar ein geringeres innovatives Potential als andere Formen der Weiterbildung besitzen; es ermöglicht jedoch die direkte Umsetzung des Gelernten und ist daher besonders motivierend.[40] Auch die ‚betriebliche Gruppenarbeit' wird als Lernen am Arbeitsplatz eingeordnet. Durch Gruppengespräche, Arbeitsplatzrotation, erhöhte Selbststeuerung und Eigenverantwortlichkeit sowie die formalisierte Vertretung der Gruppe durch Sprecher werden soziale (z.B. kommunikative), methodische und fachliche Lernfortschritte ermöglicht.[41]

(Weiter-) Bildung wird als eine spezifische Form der Kommunikation innerhalb eines Unternehmens verstanden. Aufgabe der betrieblichen Bildungspolitik ist es, diese Kommunikation zu ermöglichen und zu verbessern. Betriebliche Bildungspolitik soll den Personal- und Qualifikationsbedarf antizipativ gewährleisten, d.h. frühzeitig auf konjunkturelle Schwankungen, technische Veränderungen, neue Organisationsstrukturen und Produktionsprozesse oder veränderte Angebots- und Nachfragestrukturen auf den

---

39 Vgl. Wittwer 1998, S. 165f.; Schlaffke 1995, S. 213f.
40 Vgl. Schlaffke 1995, S. 223.
41 Vgl. Dehnbostel 1995, S. 196f.; Lenske/Werner 1999, S. 30-42.

Waren-, Dienstleistungs- und Arbeitsmärkten reagieren. Betriebliche Bildungsprozesse sind gleichzeitig Folge und Motor unternehmerischer Modernisierungs- und Rationalisierungsprozesse.[42] Lebenslange Weiterbildung ist daher immer weniger eine betriebliche und individuelle Option und immer mehr eine unverzichtbare Strategie zur Sicherung der betrieblichen ebenso wie der individuellen ‚Marktfähigkeit'; Weiterbildungsbereitschaft wird zur selbstverständlichen Anforderung an die Beschäftigten.

Weiterbildung wird zur Durchsetzung verschiedener betrieblicher Interessen eingesetzt:

1. zur Bewältigung technischer und organisatorischer Veränderungen, z.B. zur Bedienung, Kontrolle und Wartung neu implementierter technischer Systeme oder zur Einführung neuer Organisationsstrukturen und Arbeitsabläufe;
2. zur ‚Rationalisierung' sozialer Beziehungen und Prozesse, zur Verringerung oder Ausschaltung von interpersonalen Konflikten, zur Effektivierung von Entscheidungen und zur konfliktfreien Gestaltung der internen und externen Kommunikation – in diesem Bereich wird ein erheblicher Anstieg der Weiterbildungsaktivitäten vermutet;
3. zur Vorbereitung auf unvorhergesehene, nicht standardisierbare Situationen (z.B. Einzel- oder Teamberatung, Coaching);
4. zur Stärkung der Betriebsbindung durch berufs- und tätigkeitsspezifische Spezialisierung und durch Persönlichkeitsentwicklung (‚Subjektivitätsentwicklung').[43]

Pädagogische Prozesse sollen nicht nur die gewünschten Qualifikationen verfügbar machen, sondern auch den Zugang zur ‚Mitarbeitersubjektivität' ermöglichen. Im ‚lernenden Unternehmen' geht es nicht nur um die Zugänglichkeit des Wissens, sondern auch den ganzheitlichen Zugang zu den Individuen (Subjekten). Beratung als ‚subjektorientierte Interventionsform' soll Veränderungen durch Lernen ermöglichen.[44] Der Weiterbildungsbedarf ist nicht mehr nur Ergebnis der spezifischen Tätigkeitsanforderungen, sondern er wird auch aus der Entwicklung der Berufsbiographie

42 Vgl. Geißler/Orthey 1998, S. 75ff.
43 Vgl. Geißler/Orthey 1998, S. 80ff.; Schlaffke 1995, S. 223.
44 Vgl. Geißler/Orthey 1998, S. 83.

abgeleitet. Weiterbildungsmaßnahmen sollen die Mitarbeiter bei der Bewältigung tätigkeitsbezogener Veränderungen ebenso wie im biographischen Qualifikationsaneignungsprozeß selbst unterstützen. Das Interesse an der Optimierung der Arbeitsabläufe wird also mit dem Ziel der Stärkung der Betriebsbindung (,Vermeidung der inneren Kündigung', ,Betriebsidentifikation') verbunden.

Bisher erfolgt der Erwerb beruflicher Kompetenzen nach weitgehend festgelegten beruflichen Ordnungsmustern. Die am System der Berufe und am konkreten Berufsfeld orientierte Ausbildung führte zu relativ klaren beruflichen Karrieren. Diese Orientierung am Beruf löst sich mehr und mehr auf. (Dok. 20, 21) An ihre Stelle könnte die Orientierung am Subjekt treten. ,Subjektorientierung' meint die berufsbiographische Freiheit, Ausbildung und Berufserfahrungen mit individuellen Weiterbildungsvorstellungen zu kombinieren. Dementsprechend sollte zumindest die betriebliche Weiterbildung – so die Vertreter dieses Ansatzes – nicht am Arbeitsplatz, sondern an der Biographie des Arbeitnehmers anknüpfen.[45] Das ist durchaus nicht so wirklichkeitsfremd, wie es auf den ersten Blick erscheinen mag. Denn mit den sich schneller und unvorhersehbar ändernden gesellschaftlichen, wirtschaftlichen und betrieblichen Anforderungen lohnt sich auch für die Einzelbetriebe eine berufliche Weiterbildung, die sich nicht auf eine enge Arbeitsplatzspezialisierung beschränkt, sondern einen flexibleren Einsatz unter bleibender Verfügbarkeit vorhandener Qualifikationen ermöglicht.

Als sehr viel schwieriger erweist es sich, erfolgreiche Ansätze zu finden, nicht erwerbstätige Personen und insb. (Langzeit-) Arbeitslose in den Arbeitsmarkt zu (re-) integrieren und nicht in ,Umschulungskarrieren' abzuschieben. Nach den §§ 1-2 SGB III sollen arbeitsmarktpolitische Maßnahmen ergriffen werden, um Arbeitslosigkeit, unterwertige Beschäftigung und Arbeitskräftemangel zu verhindern, berufliche Mobilität sicherzustellen und nachteilige Folgen der technischen Entwicklungen und strukturellen Wandlungen für die Erwerbstätigen abzuwenden. Kernstück der Arbeitsmarktpolitik ist die Förderung der Fortbildung, Umschulung und Rehabilitation. Die Teilnehmer an den beruflichen Weiterbildungsmaßnahmen erhalten ein gegenüber der Arbeitslo-

---

45 Vgl. Wittwer 1998, S. 178f.

senunterstützung erhöhtes Unterhaltsgeld; die Fortbildungskosten werden übernommen. Trotz unverkennbarer Erfolge für Einzelne hat die Politik der Arbeitsförderung durch berufliche Weiterbildung keinen quantitativ bedeutsamen Beitrag zur Verhinderung bzw. zum Abbau von Arbeitslosigkeit leisten können. Ebensowenig ist es gelungen, die Arbeitsmarktbenachteiligung bestimmter Problemgruppen wie Frauen, Ausländer, älterer Arbeitsloser und gesundheitlich nur eingeschränkt leistungsfähiger Personen aufzuheben. Angesichts der hohen strukturellen Arbeitslosigkeit läuft die durchaus berechtigte Kritik, daß die Arbeitsmarktpolitik die präventiven Maßnahmen zu Lasten der kurativen vernachlässige, indem sie die Förderung auf arbeitslose und unmittelbar von Arbeitslosigkeit bedrohte Arbeitnehmer beschränke, in die Leere.[46] Soweit hier überhaupt weiterbildungspolitische Maßnahmen von Bedeutung sein können, müßten aus dem Ansatz der berufsbiographischen Kompetenzentwicklung Folgerungen gezogen werden; d.h. erst im Kontext einer Beschäftigung ist Weiterbildung sinnvoll. Damit wird der Blick auf die staatliche Förderung des zweiten Arbeitsmarktes – z.B. von Beschäftigungsgesellschaften – gelenkt.

6.5 Problemgruppen in der Lerngesellschaft

Bildungsexperten warnen vor der Gefahr einer sich vergrößernden ‚Wissenslücke' zwischen bildungsnahen und bildungsfernen Gruppen in der modernen Industrie- und Dienstleistungsgesellschaft.[47] Aus der Statistik der Weiterbildungsbeteiligung ergibt sich, daß Weiterbildung eher die Funktion der Öffnung als der Schließung der Qualifikationsschere hat. Denn fast zwei Drittel der Bevölkerung nehmen an den Angeboten der organisierten Erwachsenenbildung in der modernen Industrie- und Dienstleistungsgesellschaft nicht teil.[48] Folgende Fragen stellen sich daher der Weiterbildungspolitik: (1) Wie ist der Zugang zur Weiterbildung zu verbessern? (2) Wie sind bisher bildungsferne Menschen zur Weiter-

---

46 Vgl. Dobischat 1997, S. 156ff.
47 Vgl. BMBF 1999, S. 72.
48 Vgl. Tippelt 1994(a), S. 461.

bildung zu motivieren? (3) Wie kann das Bildungsgefälle zwischen Erwerbstätigen und Arbeitslosen verkleinert werden? (4) Wie kann Bildungspolitik beide Ziele, Differenzierung und Chancengleichheit, erreichen?

Die Problematik wird einerseits bei jenen Personen besonders deutlich, die über eine abgebrochene Schulausbildung und keine Berufsausbildung verfügen, andererseits bei Zuwanderern mit unzureichenden Deutschkenntnissen und Qualifikationsdefiziten. Grundsätzlich gilt, daß präventiv gehandelt werden muß: Die Erstausbildung in Schule und Lehre muß so ausgestaltet werden, daß die Zahl der Abbrecher und Absolventen ohne Hauptschul- und Berufsbildungsabschluß so gering wie möglich ist. Auch Teilqualifikationen sollten zertifizierbar sein. Eine unzureichende Erstausbildung führt in der Regel in unqualifizierte Tätigkeiten bzw. in die Erwerbslosigkeit. (Dok. 14-18) Da Weiterbildung überwiegend im betrieblichen Bereich stattfindet, bleiben die Ungelernten, vor allem aber die Erwerbslosen ausgeschlossen. Die Arbeitsförderungsmaßnahmen nach dem Sozialgesetzbuch stehen ihnen zwar grundsätzlich offen, doch verhindert die erfolglose Erstausbildung in der Regel auch Erfolg in der Weiterbildung. Vor allem aber ist das Weiterbildungsangebot für Ungelernte gering; überwiegend werden kurzfristige Maßnahmen zur Einarbeitung und Anpassungsfortbildung angeboten. Die Betroffenen bleiben von der die Berufschancen erhöhenden Wissenserweiterung abgeschnitten, d.h. vermögen den negativen Zirkel von Erstausbildungsmangel, Arbeitslosigkeit und Weiterbildungsmißerfolg nicht zu durchbrechen.

Die schlechten Erfahrungen aus der Schule und Lehre sind oft mit Ängsten und Vorurteilen besetzt, die eine negative Grundeinstellung gegenüber formalem Lernen hervorrufen. Die bisherigen Untersuchungen und Modellversuche zeigen, daß dieser Personenkreis am ehesten durch gezielte, adressatenspezifische Angebote ansprechbar ist. Im Rahmen der Modellversuchsreihe ,Zur beruflichen Qualifizierung von Erwachsenen, die keine abgeschlossene Berufsausbildung haben und ein besonderes Arbeitsmarktrisiko tragen', die vom BMBF finanziert wird, ist untersucht worden, ob und in welchem Umfang es gelingt, im Rahmen einer mehrjährigen Qualifikationsmaßnahme bei besonderer didaktischer Ausgestaltung und sozialpädagogischer Begleitung sowie einer vorgeschalteten Beratungs- und Motivationsphase und einer nachgeschalteten sozialpädagogischen Betreuung Langzeitarbeitslose ohne berufliche Qualifizierung zu Facharbeitern in Metallberufen auszubilden. Es zeigt sich, daß durch eine pädagogisch angeregte Änderung des Selbstkonzepts die bei den Teilnehmern lebensgeschichtlich entstandenen Blockaden der Lern- und Leistungsfähigkeit überwunden werden können.[49] Ob und inwieweit diese Erfahrungen allerdings generalisierbar sind, ist nicht zuletzt auf dem Hintergrund des hohen Aufwands im Rahmen dieses Projekts nicht ganz leicht zu beantworten.

In ihrer ‚Dritten Empfehlung zur Weiterbildung' empfiehlt die KMK, Zuwanderern mit Hilfe von Weiterbildungsangeboten bessere Chancen zum Leben und Arbeiten in Deutschland zu eröffnen.[50] Ein Teil der Zuwanderer vor allem der ersten Generation verfügt nicht über die notwendigen schulischen und beruflichen Grundqualifikationen.[51] Hinzu kommen oft auch bei Angehörigen der zweiten und dritten Generation unzureichende Kenntnisse der deutschen Sprache, die mit restringierten Kontakten zur inländischen Bevölkerung einhergehen. Ohne ausreichende Deutschkenntnisse ist es jedoch in der Regel ausgeschlossen, an über Sprachkurse hinausgehenden Weiterbildungsmaßnahmen teilzunehmen. Zuwanderer mit unzureichenden Deutschkenntnissen haben in der Regel nur Zugang zu unqualifizierten Tätigkeiten, die wiederum nur unzureichende Möglichkeiten bieten, die Sprachkenntnisse zu verbessern. Ethnisch strukturierte Wohngebiete und Fremdenfeindlichkeit innerhalb der Mehrheitsbevölkerung erschweren intensivere Alltagsbeziehungen zwischen Zuwanderern und Deutschen.[52] Schlüssel zur Verbesserung der Bildungschancen von Zuwanderern ist auch hier der Erfolg der Erstausbildung in Schule und Lehre. Formale Weiterbildungsmaßnahmen haben nur für einzelne Zuwanderer der ersten Generation chancenverbessernde Effekte. ‚Deutschstämmige' Aussiedler haben im Gegen-

---

49 Vgl. Nieke 1992.
50 Vgl. KMK 2000 Nr. 2129.3 (Dok. 32).
51 Vgl. Richter 1990.
52 Vgl. Hamburger 1994, S. 564; Bundesministerium für Arbeit und Sozialordnung 1995; Beauftragte der Bundesregierung für Ausländerfragen 1997, S. 117-119; Beauftragte der Bundesregierung für Ausländerfragen 1997(a), S. 29-60.

satz zu ‚ausländischen' Zuwanderern Anspruch auf allgemein- und berufsbildende Integrationsmaßnahmen wie z.B. Sprachkurse, Hausaufgabenbetreuung und Nachhilfeunterricht sowie berufsqualifizierende Angebote. Ihre Effekte sind sehr uneinheitlich. Jugendliche Aussiedler, die die Zuwanderung ihrer Eltern nach Deutschland nicht uneingeschränkt bejahen, zeigen signifikante Schul- und Berufsausbildungsschwächen. Ein Modellversuch zur beruflichen Integration erwachsener Aussiedler aus den osteuropäischen Staaten dokumentiert, daß angesichts der mangelnden Verknüpfung der verschiedenen Eingliederungshilfen z.T. nur geringe Effekte festzustellen seien. Der Erfolg der beruflichen Qualifizierungsmaßnahmen scheint im erheblichem Maße davon abzuhängen, ob sie mit allgemeinen Bildungsangeboten zum Erlernen neuer Wert-, Einstellungs- und Verhaltensmuster verbunden sind.[53]

---

53 Vgl. Dobischat/Golks 1992, Nr. 9.10.50.3; Reuter 1999(a), S. 26-42.

7. Bildungspolitik in den ostdeutschen Ländern

7.1 Bildung im Vereinigungsprozeß

Das letzte Jahrzehnt des 20. Jahrhunderts erfuhr seine spezifische Prägung durch die bis zu ihrem Eintritt kaum für möglich gehaltene politische und ökonomische Transformation der Staaten des ehemaligen sowjetischen Macht- und Einflußbereichs. Die meisten dieser Staaten wandelten sich mittlerweile zu parlamentarischen Demokratien mit im wesentlichen marktwirtschaftlicher Ordnung. Sie drängen in die westlich geprägten multinationalen Organisationen, insbesondere in die Europäische Union, aber auch in die NATO (Polen, Ungarn, Tschechien), und waren bzw. sind dafür bereit, Politik, Ökonomie und allgemeine staatliche Werteordnung an die durch diese Organisationen und ihre Mitgliedstaaten vertretenen Prinzipien anzupassen. Aufgrund der spezifischen historisch-politischen Ausgangssituation lagen für die DDR, ihre Transformation in Länder und deren Beitritt zum Geltungsbereich des Grundgesetzes besondere Bedingungen vor. Dies galt auch für die Bildungspolitik und den Umbau des Bildungssystems als eines nicht unwesentlichen Elementes des gesamtstaatlichen Veränderungsprozesses. So hatte die politisch-gesellschaftliche ‚Wende' in der DDR des Jahres 1989 nachhaltige Auswirkungen auf den gesamten Bildungsbereich. Zwar galt das DDR-Bildungssystem vielen Bildungspolitikern und -forschern – auch in der Bundesrepublik Deutschland – als leistungsfähig und sinnvoll strukturiert; und die polytechnische Oberschule, das Kernelement des DDR-Schulsystems, übte in manchen westdeutschen Kreisen sogar eine Art Vorbildwirkung aus. Gleichwohl war das ‚einheitliche sozialistische Bildungssystem' von Anbeginn in die umfassende Kritik an der staatlichen und gesellschaftlichen Verfaßtheit der DDR einbezogen. Forderungen nach Reform und Veränderung, im Herbst/ Winter 1989/90 vorgetragen von der DDR-Reform- und Bürgerrechtsbewegung, zielten nicht nur auf die allgemeine politische, gesellschaftliche und ökonomische Situation des zweiten deutschen Staates, sondern auch auf dessen staatlich-parteilich dominiertes Bildungs- und Erziehungssystem. Vielen Bürgerrechtlern galt weniger die strukturelle, umso mehr aber eine inhaltliche und innerere Reform insbesondere der schulischen und universitären Bildungsgänge sowie der Rahmenbedingungen der Arbeit in den Bildungs- und Erziehungseinrichtungen als grundlegende Bedingung der als unumgänglich angesehenen gesellschaftlichen Erneuerung. Im Zentrum der Kritik stand der allumfassende Einfluß der SED und der von ihr kontrollierten Organisationen und Institutionen in allen Bildungseinrichtungen von der Vorschulerziehung bis zur Weiterbildung. Erste aus den vielfältigen Reformforderungen resultierende Veränderungen im Schulwesen wurden bereits im Herbst 1989 umgesetzt; zu ihnen zählen die Einstellung der vormilitärischen Ausbildung und des Staatsbürgerkundeunterrichts mit ihrer ausschließlich systemstabilisierenden Funktion sowie die inhaltliche Öffnung des Geschichtsunterrichts unter Wegfall des ihm zugrunde liegenden historisch-materialistischen Paradigmas. Sehr bald war es zudem möglich, von den rigiden Vorgaben der verbindlich gesetzten Unterrichtsmethodik und -didaktik abzugehen und mit neuen Unterrichtsformen und -methoden zu arbeiten. Da, beginnend noch im Herbst 1989, nach und nach die bis dahin strikt einzuhaltenden verbindlichen Lehrpläne auf Weisung der sich ebenfalls reformierenden Unterrichtsverwaltung als Rahmenpläne ausgewiesen wurden, konnte auch nun mit einer veränderten inhaltlichen Gestaltung des Unterrichts experimentiert werden, wovon viele Lehrkräfte Gebrauch machten.[1]

---

1 Zur Entwicklung des DDR-Schulsystems vgl. Anweiler 1988; Bundesministerium für innerdeutsche Beziehungen 1990. Einen Überblick über die Bildungspolitik in den beiden deutschen Staaten anhand ausgewählter Dokumente vermittelt: Anweiler et al. 1992. Dokumente zur Bildungssystemtransformation in der DDR und in den ostdeutschen Ländern 1989-1994 bieten: Fuchs/Reuter 1995. Zur Analyse der Bildungsreformdiskussion in der DDR und den bildungspolitischen Veränderungen in der DDR der Jahre 1989/90 vgl. Fuchs 1997, S. 33ff.

Auf die bildungspolitische Diskussion vermochte in der Phase seines Bestehens auch der Zentrale Runde Tisch einen gewissen Einfluß zu nehmen. Noch im März 1990, kurz vor der Volkskammerwahl, veröffentlichte er ein ‚Positionspapier zu Bildung, Erziehung, Jugend', das wichtige Reformforderungen der am Runden Tisch versammelten Parteien und Gruppen enthielt und damit als eine Art Querschnitt der Bildungsreformdiskussion in der DDR in dieser Phase gesehen werden kann. Zum einen wurde darin in allgemeiner Form auf soziale, politische und sonstige Grundrechte für Kinder verwiesen, die in einer zukünftigen Verfassung enthalten sein sollten. Zum anderen wurden konkrete Forderungen aufgestellt, u.a. nach Erhaltung einer staatlich finanzierten zehnklassigen Regelschule, nach finanzieller Sicherung von Schulen in nichtstaatlicher Trägerschaft und einer ebenfalls durch den Staat zu finanzierenden Berufsausbildung.[2]

Das Positionspapier vermochte sich auf die weitere Veränderung des Bildungssystems nicht mehr auszuwirken, denn der Verlauf der politischen Entwicklung änderte seine grundsätzliche Richtung mit der Volkskammerwahl vom 18. März 1990. Nach dem Wahlsieg der CDU-geführten ‚Allianz für Deutschland' wurde Lothar de Maizière von der Volkskammer zum Ministerpräsidenten gewählt; er stellte eine Mehrparteienregierung unter Beteiligung der SPD und der Liberalen auf. Die Regierungskoalition setzte sich für die schnellstmögliche Vereinigung beider deutscher Staaten ein, die de Maizière in seiner Regierungserklärung vom 19. April 1990 als vorrangiges Ziel seiner Regierung bezeichnet hatte. Die Bildungspolitik der ersten und einzigen frei gewählten Regierung der DDR wurde geprägt durch Diskussionen insbesondere zwischen den Regierungsparteien CDU und SPD. Dabei traten mehr und mehr die bildungspolitischen Konfliktlinien hervor, die die Auseinandersetzungen der westdeutschen Schwesterparteien prägten (und bis heute prägen). Gleichwohl begann die Regierung mit der Vorbereitung des Bildungssystems auf die politisch-administrativen Veränderungen, die erwartbar mit der Vereinigung der beiden deutschen Staaten einhergehen würden. Sie bemühte

---

2   Vgl. Positionspapier des Zentralen Runden Tisches zu Bildung, Erziehung, Jugend. Auszug aus dem Originalprotokoll an die Volkskammer vom 5.3.1990, in: Fuchs/Reuter 1995, S. 107-109.

sich in ihrer knapp sechsmonatigen Amtsperiode um erste Schritte in Richtung einer Harmonisierung der im Detail sehr unterschiedlichen Bildungssysteme der beiden deutschen Staaten. Die für die Herbeiführung der ‚Wende' 1989/90 noch so bedeutenden Reformgruppen, die bildungspolitisch stets die Vorrangigkeit einer didaktischen und methodischen Erneuerung der Unterrichtskonzeptionen, sowie, wo nötig, von personellen Veränderungen vor Strukturreformen herausgestellt hatten, verloren in dieser Phase mehr und mehr die Möglichkeit, sich öffentlichkeitswirksam zu artikulieren; gleiches galt für ihre Einflussnahme auf das Regierungshandeln.[3]

Bildungspolitisch agierte die Regierung de Maizière eher zurückhaltend. Ihr vorrangiges Ziel bestand darin, den laufenden Betrieb der Bildungseinrichtungen in der Übergangsphase zu sichern. Darüber hinaus bemühte sie sich darum, die Politisierung von Bildung und Erziehung weiter abzubauen. In den Hochschulen geschah dies z.B. dadurch, daß, folgend auf einen Beschluß des Ministerrates vom Mai 1990, die bisherigen Struktureinheiten für das Fach Marxismus-Leninismus formell aufgelöst und damit begonnen wurde, Hochschullehrer und Dozenten dieser Fächer zu entlassen. Neben solchen strukturellen und personellen Maßnahmen gab es vielfältige inhaltliche Veränderungen in nahezu allen Bereichen des Bildungswesens.

Parallel zu diesen Vorgängen bereiteten sich Volkskammer und Übergangsregierung insbesondere auf rechtlicher Ebene auf den Beitritt vor. So wurden bis Ende September 1990 vielfältige Übergangsregelungen erlassen, die großenteils Aufnahme in das Einigungsvertragswerk fanden. Mit diesen neuen Rechtsvorschriften sollte einerseits eine handhabbare Basis für die Übergangsperiode vorliegen; andererseits sollte die Bindungswirkung dieser Dokumente aber auch auf die Übergangsphase beschränkt bleiben. Nahezu diskussionslos herrschte Konsens, daß auf dem Territorium der DDR wieder Länder gebildet werden sollten. Gestritten wurde aber über die Frage, welche Ländergliederung die sinnvollste sei; diskutiert wurden vor allem Drei-Länder- und Fünf-Länder-Varianten. Schließlich zeigte sich, daß die fünf Länder, die bis 1952 in der DDR bestanden hatten, noch immer ein hohes Identifikationspoten-

---

3 Vgl. Wielgohs/Schulz 1991/1992.

zial besaßen, und so beschloß die Volkskammer im Sommer 1990 die Rückgliederung der Bezirke in die Länder Brandenburg, Mecklenburg-Vorpommern, Sachsen, Sachsen-Anhalt und Thüringen zum 3. Oktober 1990. Mit ihrem Beitritt zum Geltungsbereich des Grundgesetzes erhielt dessen Kompetenzordnung für die neuen Länder Gültigkeit, was bedeutete, daß ihnen gleich ihren westdeutschen Pendants die Kulturhoheit übertragen wurde.[4]

Mit dem Beitritt der Länder und des Ostteils Berlins zur Bundesrepublik Deutschland war Deutschland formalrechtlich wiedervereinigt. Seither vollziehen sich Umbau und Neugestaltung von Bildung und Wissenschaft in den ostdeutschen Ländern wesentlich als Prozeß einer weitgehenden rechtlichen, organisatorischen, strukturellen und inhaltlichen Angleichung an die in Westdeutschland vorgefundenen Rahmenbedingungen.[5] Allerdings konnte es – dort, wo vorhandene Spielräume genutzt wurden – auch gelingen, Bildungssysteme zu errichten, die sich von den westdeutschen hinsichtlich der rechtlichen Rahmenbedingungen, ihres strukturellen Aufbaus, aber auch der inhaltlichen Gestaltung von Bildungs- oder Studiengängen in nicht unwesentlichen Elementen unterscheiden.

7.2 Rahmenbedingungen der Bildungssystemerneuerung

Die Neugestaltung des Bildungswesens, deren Notwendigkeit von keiner der im Herbst 1990 gewählten Länderregierungen ernsthaft in Abrede gestellt worden war, stand unter schwierigen Rahmenbedingungen. Wie in der Politik allgemein gab es auch im Bildungswesen keine ‚Stunde Null‘. Alle Veränderungen – u.a. die Beratung und Verabschiedung einer neuen Bildungsgesetzgebung, der strukturelle Umbau des Schul- und Hochschulwesens, die Neuerarbeitung von Lehr-, Ausbildungs- und Studienplänen oder die im Zusammenhang mit dem in Erziehung, Lehre und Forschung tätigen Personal als notwendig erachteten Veränderungen – waren bei ‚laufendem Betrieb‘ in den Bildungs- und Erziehungseinrichtungen umzusetzen. Betreuung, Unterricht und Ausbildung muß-

---

4 Zum Prozeß der Länderneubildung in der DDR und ihren rechtlichen Implikationen vgl. Fuchs 1996, S. 142ff.
5 Im Detail vgl. Fuchs 1996; Fuchs 1997; Fuchs/Reuter 1995.

ten weiterlaufen. Dies machte eine Vielzahl zeitlich befristeter Übergangsregelungen nicht nur im Bereich des Bildungs- und Wissenschaftsrechts erforderlich; gleiches galt für vielfältige kurzfristig und auf zunächst unsicherer rechtlicher Basis zu treffende politische Entscheidungen.

Als weiteres Problem erwies sich die knappe Zeit, in der der Umbau von Bildung und Wissenschaft vollzogen werden sollte. So hatten die Länderregierungen schon bis zum Ende des Jahres 1990 – eine Vorgabe des Einigungsvertrages – darüber zu entscheiden, welche der auf ihren Territorien befindlichen Forschungseinrichtungen übernommen und welche aufgelöst werden sollten. Der überwiegende Teil des Bildungsrechts – sowohl des überkommenen DDR-Rechts wie auch der neu geschaffenen Übergangsbestimmungen – war bis zum 30. Juni 1991 zu erneuern. Es bestand allerdings auch die Möglichkeit, altes DDR-Bildungsrecht durch einen formalen Akt der Rechtsetzung in Landesrecht zu überführen. Die Länder machten in unterschiedlichem Maße von beiden Möglichkeiten Gebrauch. So galt z.B. in Mecklenburg-Vorpommern DDR-Schulrecht in nicht geringem Umfang bis zur Verabschiedung des Schulgesetzes vom Mai 1996 weiter. Durchgängig erkennbar war aber der Wunsch der politisch Verantwortlichen, die ihnen nun auf Länderebene gegebenen Gestaltungsmöglichkeiten zu nutzen und möglichst schnell neue Rechtsgrundlagen für Bildung und Wissenschaft zu schaffen. Ursache des erkennbaren Zeitdruckes, unter dem die Länderparlamente und -regierungen in dieser Phase standen, war der Wille, z.B. den schulischen Unterricht bereits zum Schuljahresbeginn 1991/92, somit zum 1. August 1991, in einem strukturell und inhaltlich neu gestalteten Schulwesen aufnehmen zu können. Dies jedoch setzte eine Vielzahl bildungspolitischer Entscheidungen und die vorherige Erneuerung der wichtigsten rechtlichen Regelungen voraus.[6]

Die politischen Entscheidungsträger hatten bei der Neugestaltung insbesondere des Schulwesens eine Vielzahl von Vorgaben zu beachten. Dies begann mit dem Grundgesetz, das auch mit Blick auf Bildung und Wissenschaft einige grundlegende Vorschriften enthält. Weiterhin galten die im Einigungsvertrag und dessen umfangreichen Anlagen enthaltenen Regelungen. Überdies

---

6 Vgl. Fuchs 1997, S. 131ff.

waren die vielfältigen Vereinbarungen der Kultusministerkonferenz zu beachten, die beim Aufbau der Bildungssysteme in den neuen Bundesländern zumindest ‚orientierend' berücksichtigt werden sollten, wie die Denkschrift zum Einigungsvertrag auswies. Diese Vorgaben erwiesen sich jedoch sehr schnell als bindend für die Neugestaltung von Schule und Hochschule, zumal Vertreter der westdeutschen Länder schon bald nach der Vereinigung damit begannen, auf ihre ostdeutschen Pendants Druck auszuüben, damit diese ihre Bildungssysteme vergleichbar den westdeutschen Gegebenheiten gestalteten. Andererseits bekräftigten die neuen Länder mit ihrem Beitritt zur Kultusministerkonferenz im Dezember 1990 den Willen, am Konsensfindungsverfahren der KMK teilzuhaben und die geltenden Vereinbarungen zu akzeptieren. (Dok. 1, 2, 5, 6)

Als eines der von Anbeginn drängendsten Probleme erwies sich die Finanzknappheit der Länder, durch die die Richtung vieler Veränderungen bereits vorgegeben war. Die z.T. erhebliche Reduzierung des in den Bildungs- und Wissenschaftseinrichtungen tätigen Personals war eine unmittelbare Folge dieser Situation; sie kennzeichnet die Bildungspolitik und das Bildungswesen in Ostdeutschland bis heute. Die vielfältigen und sehr hohen Transferleistungen, welche die neuen Länder bis heute erhalten, setzten und setzen die Verantwortlichen in Parlamenten und Regierungen dem Druck aus, Finanzbedarf zu begründen, mit den verfügbaren Mitteln sparsam zu wirtschaften und zumindest nicht mehr Geld für den öffentlichen Dienst aufzuwenden, als dies auf vergleichbarer Ebene in den westdeutschen Ländern der Fall ist. In der Folge wurden Kinderbetreuungseinrichtungen – ein in der DDR besonders stark ausgebauter Bereich – in großer Zahl geschlossen; die pädagogisch durchaus wünschbaren, in der DDR durchweg günstigeren Lehrer-Schüler-Relationen wurden an die der westdeutschen Länder angepaßt. Im Hochschulwesen und in den Forschungseinrichtungen kam es zu umfänglichen Kündigungen aufgrund mangelnden Bedarfs.

Personalprobleme gab es jedoch auch in anderer Hinsicht. Aufgrund der inhaltlichen Umgestaltung des Unterrichts und der Lehre in Schulen und Hochschulen fehlte fachlich ausgebildetes Personal in vielen Fächern und Wissenschaftsdisziplinen, wenn diese in der DDR nicht unterrichtet oder gelehrt worden waren oder wenn ein Fach soweit ideologisch instrumentalisiert war, daß die bisherigen Lehrkräfte nicht weiter eingesetzt werden sollten. Personalknappheit herrschte z.T. auch in den Einrichtungen der Bildungsverwaltung, was in der Anfangsphase zu einem bisweilen unerwünscht großen Einfluß westdeutscher ‚Berater' auf den Umgestaltungsprozeß führte. Personalüberhänge bestanden hingegen dort, wo Fächer nicht oder nicht in der bisherigen Art und Weise weitergeführt wurden wie z.B. in Russisch, Staatsbürgerkunde und Polytechnik, oder im Hochschulwesen in allen inhaltlich eng an die marxistisch-leninistische Lehre angelehnten Disziplinen, darunter in Recht, Ökonomie und den meisten sozialwissenschaftlichen Fächern. Vergleichbare Probleme herrschten in der Berufsausbildung vor. Noch im Sommer 1990 hatte die Volkskammer wichtige westdeutsche Berufsbildungsvorschriften in der DDR in Kraft gesetzt, nach denen nun die Ausbildung zu gestalten war. Vielfach mangelte es an Personal, das in der Lage gewesen wäre, Lehrlinge nach den westdeutschen Ausbildungsvorschriften zu qualifizieren. Vielen Betrieben fehlten die materiellen und sonstigen Voraussetzungen, die das westdeutsche Berufsbildungsrecht vorschreibt; viele Ausbilder genügten nicht den Anforderungen z.B. der Ausbilder-Eignungsverordnung. Auch hier mußten für die erste Zeit vielfältige Übergangs- und Ausnahmeregelungen geschaffen werden, um den Ausbildungsbetrieb nicht vollständig zum Erliegen kommen zu lassen.[7]

7.3 Neugestaltung von Bildung und Wissenschaft

Wie sich bald zeigen sollte, waren die Landtagswahlen vom Oktober 1990 Richtungsentscheidungen auch in bezug auf die Erneuerung des Bildungssystems. Besonders deutlich wurde dies an den Auseinandersetzungen um die Umgestaltung des allgemeinbildenden Schulwesens. Zwar waren die neuen Gesetzgeber durch die bestehenden bundesrechtlichen und sonstigen Regelungen – insbesondere der KMK – sowie durch die von Anfang an knappen Haushaltsmittel in ihren Gestaltungsspielräumen eingeschränkt. Gleichwohl zeigte sich bei dem strukturellen Umbau des überkommenen DDR-Schulwesens, welche Gestaltungsmög-

---

7 Vgl. Fuchs 1996, S. 221ff.

lichkeiten noch vorhanden waren. Die Länderparlamente mit ihren jeweiligen parteipolitischen Mehrheitsverhältnissen und die Länderregierungen vermochten in der ersten Legislaturperiode ihre schul- und allgemein bildungspolitischen Vorstellungen weitgehend zu realisieren und damit insbesondere den strukturellen Neuaufbau des Bildungswesens zu beeinflussen. Soweit westdeutsche Schwesterorganisationen vorhanden waren, vertraten die Parteien in den neuen Ländern zumeist deren aus der westdeutschen bildungspolitischen Diskussion bekannte Positionen. Dies war bereits vor der Volkskammerwahl vom März 1990 deutlich geworden; die Fortsetzung der Diskussionen auf Länderebene ergab hier kein anderes Bild. So wies die schulpolitische Diskussion der Jahre 1990/91 in allen neuen Ländern das aus Westdeutschland bekannte Muster auf: die im politischen Spektrum eher ‚links' stehenden Parteien, die GEW und ein Teil der Lehrerverbände setzten sich für eine möglichst starke Verankerung der Gesamtschule im neu zu gestaltenden Schulwesen ein, wohingegen die konservativen Parteien, die Liberalen und einige Interessenvertretungen der Lehrerschaft für das gegliederte Schulwesen im Sekundarbereich votierten. Um die Ausgestaltung der Schulgesetze, auf deren Bestimmungen der spätere strukturelle Aufbau des Schulwesens basierte, wurde in den Parlamenten, aber auch in der interessierten Öffentlichkeit, z.T. heftig gestritten. Die bekannte, für die westdeutsche bildungspolitische Diskussion seit den sechziger Jahren schon beinahe ‚klassisch' zu nennende Konfliktlinie blieb auch nach dem strukturellen Neuaufbau des Schulwesens in der zweiten Hälfte der neunziger Jahre bestimmend. In den Ländern, in denen die Sozialdemokraten in der zweiten Legislaturperiode erstmalig an der Landesregierung beteiligt waren (Mecklenburg-Vorpommern, Thüringen) oder diese führten (Sachsen-Anhalt), bestand ein vorrangiges bildungspolitisches Ziel der SPD darin, die Stellung der Gesamtschule zu stärken; außer in Sachsen können Gesamtschulen mittlerweile in allen Ländern eingerichtet werden. In Brandenburg von Anfang an dominierende Schulart, ist die Gesamtschule mittlerweile auch in Mecklenburg-Vorpommern und Sachsen-Anhalt Regelschule.[8]

---

8 Vgl. Fuchs 1997, S. 146ff. und die dortigen Nachweise.

Bei dem ebenfalls als unumgänglich angesehenen Umbau der Berufsausbildung und des Hochschulwesens waren die Gestaltungsmöglichkeiten der Länder ungleich stärker eingeschränkt, da es hier diverse bundesrechtliche Regelungen zu beachten galt. Zudem waren und sind die Länder insbesondere mit Blick auf die Hochschulen von der finanziellen Unterstützung des Bundes abhängig, der zudem u.a. über das Hochschulrahmenrecht auf die Ausgestaltung des Hochschulwesens Einfluß nehmen kann. Im Bereich der Berufsausbildung boten sich den Ländern nur hinsichtlich der berufsbildenden Teilzeit- und Vollzeitschulen gewisse gestalterische Freiräume. Das Kernelement des dualen Systems, die betriebliche Lehre, ist ein Bereich, den der Bund rechtlich regelt. Wichtige Vorschriften wie das Berufsbildungsgesetz und die Handwerksordnung galten bereits seit Sommer 1990, sodaß bereits im Lehr- und Ausbildungsjahr 1990/91 die Berufsausbildung weitgehend nach gesamtdeutsch einheitlichem Recht gestaltet werden konnte. Hinsichtlich des Hochschulwesens traten neben Rechtsfragen strukturelle Aspekte in den Vordergrund. Hier war insbesondere der Abbau des in der DDR vorhandenen starken Süd-Nord-Gefälles bei Hochschul- und Wissenschaftseinrichtungen zu leisten – auf dem Territorium des späteren Landes Brandenburg hatte bis 1990 keine Universität existiert, wogegen in Sachsen (und in Ost-Berlin) ein wesentlicher Teil der DDR-Lehr- und Forschungskapazitäten konzentriert war.[9]

Wie wurde nun das Bildungswesen in den neuen Ländern konkret umgestaltet? In Brandenburg, dem einzigen in der ersten Legislaturperiode SPD-regierten ostdeutschen Bundesland, führte die Gestaltungsmacht des Landesgesetzgebers zum Aufbau eines Schulwesens mit einer sechsjährigen Grundschule und einem hierauf aufbauenden Sekundarschulwesen mit Gymnasium, Realschule und Gesamtschule. Letztere ist die dominierende Schulart, die von etwa 50% der Schüler im Sekundarbereich I besucht wird. Brandenburg nimmt damit beim relativen Anteil der Gesamtschüler an den entsprechenden Altersjahrgängen gesamtdeutsch den ersten Platz ein. In der

---

9 Zur Erneuerung der beruflichen Bildung und des Hochschulwesens in den ostdeutschen Ländern vgl. Fuchs 1997, S. 218ff., S. 236ff. Zur Erneuerung des Berufsbildungssektors und der damit verbundenen Probleme vgl. auch die durch das BMBW/BMBF jährlich herausgegebenen Berufsbildungsberichte. Bonn 1991ff.

Folgezeit gab es keine strukturellen Veränderungen im Schulwesen, das seine Dreigliedrigkeit ohne Hauptschule beibehielt.

In Mecklenburg-Vorpommern – hier regierte in der ersten Legislaturperiode eine CDU/FDP-Koalition – kam es zur Errichtung eines Schulsystems, welches auf den ersten Blick wie ein Abbild der in den meisten westdeutschen Ländern existierenden Strukturen erschien: vierjährige Grundschule mit sich hieran anschließender Hauptschule, Realschule und Gymnasium; die Errichtung von Gesamtschulen war bei Einhaltung bestimmter Auflagen möglich. Ein genauerer Blick zeigte jedoch, daß in der Praxis schon bald die überwiegende Mehrzahl der Haupt- und Realschulen zumindest organisatorisch zusammenarbeitete. Dies nahm der Landesgesetzgeber zum Anlaß, bei der in der zweiten Legislaturperiode anstehenden Erarbeitung eines endgültigen Schulgesetzes – bis zu dessen Verabschiedung im Mai 1996 galt ein Schulreformgesetz als vorläufige neue Rechtsgrundlage – die ,Verbundene Haupt- und Realschule' als verbindliche Schulart in der Sekundarstufe I festzulegen; die Zusammenarbeit der Zweige soll sich zukünftig auch auf inhaltliche Aspekte erstrecken. Zudem ist in der dritten Legislaturperiode, in der das Land durch eine SPD/PDS-Koalition regiert wird, vorgesehen, eine zweijährige schulartunabhängige Orientierungsstufe einzurichten, wodurch sich die gemeinsame Schulzeit aller Schüler auf sechs Jahre erweitert und die nachfolgenden Bildungsgänge der schulartdifferenzierten Sekundarstufe entsprechend verkürzt werden. Langfristig soll die Orientierungsstufe in eine sechsjährige Grundschule münden – eine nicht unerhebliche und nicht nur in Mecklenburg-Vorpommern kontrovers diskutierte Strukturveränderung im Schulwesen. Als weitere wichtige schulstrukturelle Veränderung ist die Verlängerung der Gymnasialschulzeit um ein dreizehntes Schuljahr zum Schuljahr 1999/2000 zu nennen. Notwendig wurde diese Änderung durch die 1996 von der KMK beschlossene Regelung, daß der gymnasiale Bildungsgang bis zum Abitur mindestens 265 Unterrichtswochenstunden umfassen muss, die im Rahmen des zuvor zwölfjährigen Bildungsganges nicht erreicht wurden.[10]

---

10 Vgl. Pressemitteilungen des Ministeriums für Bildung, Wissenschaft und Kultur Mecklenburg-Vorpommern (BM M-V) in: Mitteilungsblatt BM M-V 9 (1999), S. 150; Mitteilungsblatt BM M-V 9 (1999) 5, S. 315; Mitteilungsblatt BM M-V 9 (1999), S. 562f.

Das Bildungssystem in Mecklenburg-Vorpommern

allgemeine und berufliche Weiterbildung
Fachschule - Fachhochschule - Universität
Kolleg - Studienkolleg - Abendschule - Volkshochschule

Klasse						Alter
13	Berufsschule / Berufsfachschule / Höhere Berufsfachschule / Berufsvorbereitungsjahr / Berufsgrundbildungsjahr / Fachoberschule / Fachgymnasium	*	*	*		19
12		Gymnasiale Oberstufe	Gymnasiale Oberstufe			18
11						17
10			Gymnasium	*	Förderschulen	16
9	Vebundene Haupt- und Realschule	Gesamtschule		Progymnasium		15
8						14
7						13
6	OS	OS*	OS			12
5						11
						10
4	Grundschule					9
3						8
2						7
1						6

*: ab dem Schuljahr 2000/01 (§ 21 [5] SchulG M-V)
OS: Orientierungsstufe
OS*: Orientierungsstufe an Kooperativen Gesamtschulen

164

Das Bildungssystem in Sachsen-Anhalt

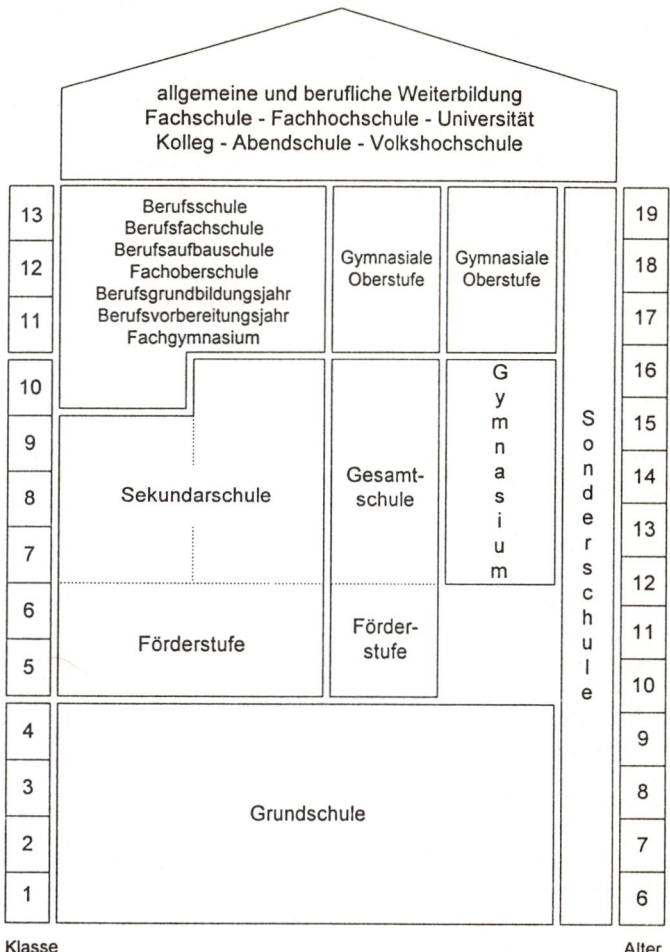

Wie in Mecklenburg-Vorpommern wurde die Bildungspolitik in der ersten Legislaturperiode auch in den drei südlichen neuen Ländern wesentlich durch die mehrheitlich CDU-geführten Landesregierungen (Sachsen-Anhalt; Thüringen) bzw. in Sachsen durch die CDU-Alleinregierung bestimmt. Die drei Länder nutzten bestehende Spielräume und entschieden sich für die Einführung einer auf die vierjährige Grundschule aufbauenden Schulart mit kombiniertem Haupt- und Realschulbildungsgang; hier wird ab der Klassenstufe 7 nach Leistungs- und Neigungsprofilen auf die jeweiligen Abschlüsse hin differenziert. Die Länder verfügen mit dem Gymnasium und der Mittelschule (Sachsen), der Sekundarschule (Sachsen-Anhalt) bzw. der Regelschule (Thüringen) nun über ein im Kern zweigliedriges Sekundarschulwesen. In Sachsen-Anhalt und in Thüringen kann die Gesamtschule hinzutreten; Gesamtschulen existieren aber in beiden Ländern nur in geringer Zahl. Das sächsische Schulgesetz lässt die Errichtung von Gesamtschulen nicht zu. Während in Sachsen und Thüringen auch in der zweiten Hälfte der neunziger Jahre nur geringfügige Änderungen am strukturellen Aufbau des Schulwesens vorgenommen wurden, gab und gibt es in Sachsen-Anhalt bedeutende Neuerungen. Zu nennen sind die Einführung der von allen Schülern zu besuchenden, an den Sekundarschulen eingerichteten Förderstufe zum 1. August 1997 und die Erweiterung des gymnasialen Bildungsganges um ein 13. Schuljahr, die erstmalig für diejenigen Schülerinnen und Schüler wirksam wird, welche zum 1. August 1999 in die 11. Klasse eintraten. Zudem wurde mit dem Schuljahr 1999/2000 die bisherige Trennung des Haupt- und Realschulbildungsganges in den Sekundarschulen aufgehoben. Alle Schülerinnen und Schüler sollen, so das Bildungsziel, zum mittleren Bildungsabschluss geführt werden; gleichwohl kann weiterhin ein erster Schulabschluss nach erfolgreicher Beendigung der Klassenstufe 9 erworben werden. Hierin vergleichbar Mecklenburg-Vorpommern, waren auch in Sachsen-Anhalt die genannten Veränderungen im Schulwesen durch den Regierungswechsel zu einer in der zweiten Legislaturperiode SPD-geführten Landesregierung motiviert.[11]

In Ost-Berlin wurde die Neuordnung des Schulwesens wesentlich in Form einer weitgehenden Angleichung an den im Westteil der Stadt bereits vorhandenen Strukturaufbau vollzogen. Der seit Ende 1990 vorangetriebenen Rechtsangleichung folgte zum Schuljahresbeginn 1991/92 die Übertragung der allgemein- und berufsbildenden Schularten West-Berlins auf die Ost-Berliner Bezirke.

---

11 Vgl. Fuchs 1996, S. 32ff; Reuter 1999(b), S. 45f.; Schulgesetz des Landes Sachsen-Anhalt in der Fassung vom 27. August 1996, in: GVBl. LSA S. 264, zuletzt geändert durch Gesetz vom 30. März 1999, in: GVBl. LSA S. 120, 121, hier: §§ 6, 86.

Im Bereich der beruflichen Bildung haben alle Länder neben der die praktische Berufsausbildung im Betrieb ergänzenden Teilzeitschule mit gewissen Variationen im Detail das in Westdeutschland vorhandene vielfältige System berufsbildender Schulen übernommen. Somit steht heute Jugendlichen und jungen Erwachsenen vom Berufsvorbereitungsjahr bis zur Fachoberschule eine breite Palette berufsbildender Anschlußmöglichkeiten an das allgemeinbildende Schulwesen zur Verfügung. Problematisch gestaltete sich der strukturelle Neuaufbau des berufbildenden Schulwesens, da hier kaum auf bereits Vorhandenem aufgebaut werden konnte und die Neuerrichtung von Berufsschulzentren oder kombinierten Oberstufenzentren einen hohen Mitteleinsatz erfordert. Vorrangig ist und bleibt allerdings die Lösung der anhaltenden Lehrstellenknappheit, da nach der deutschen Berufsbildungstradition vollzeitschulische Berufsbildungsgänge nur ein Zusatzangebot zu der Ausbildung im dualen System darstellen (Kap. 4.1).

Von vielfältigen internen Diskussionen und einem starken Medienecho begleitet war die Erneuerung des Hochschul- und Forschungssektors, nicht zuletzt, da hier rechtliche, organisatorische, strukturelle und insbesondere personelle Probleme in erheblichem Ausmaß zu lösen waren. Zudem erfolgte auch in diesem Bereich des Bildungssystems der Umbau bei fortdauerndem Studien-, Lehr- und Forschungsbetrieb und langsam aber stetig sich erhöhenden Studierendenzahlen. Auch im Hochschulwesen richtete sich die Umgestaltung wesentlich nach den in Westdeutschland existierenden Gegebenheiten, obgleich ein struktureller und organisatorischer Umbau nach westdeutschem Muster die Gefahr barg, die an westdeutschen Hochschulen vorfindlichen vielfältigen Probleme (Kap. 5) zu importieren. Dies wurde zwar erkannt, schien aber für die am Prozeß der Neugestaltung Beteiligten keine maßgebliche Bedeutung zu besitzen. Gründe dafür, daß Strukturen, Organisationsprinzipien und die inhaltliche Gestaltung vieler Studiengänge scheinbar unkritisch übernommen wurden, liegen zum einen in dem Zeitdruck begründet, dem der gesamte Transformationsprozeß unterworfen war. Zum anderen ging ein nicht unerheblicher Druck von den relevanten westdeutschen Akteuren aus, die in Hochschulwesen und Forschung Ostdeutschlands keine grundlegend anderen Organisationsmuster als die bereits bestehenden westdeutschen zulassen wollten, welche sich zeitversetzt wiederum in Reformdruck auf die westdeutschen Hochschul- und Wissenschaftseinrichtungen hätten niederschlagen können.[12] Die Begründetheit dieser ‚Befürchtungen' wird beispielhaft deutlich an der Tätigkeit des Wissenschaftsrates. Nachdem sämtliche ostdeutschen Hochschulen, Wissenschafts- und Forschungseinrichtungen begutachtet und Empfehlungen zu Erhalt, Umbau oder Schließung der jeweiligen Einrichtung gegeben worden waren, begann der Wissenschaftsrat 1996 damit, auch westdeutsche Forschungsinstitute zu evaluieren.

Vergleichbar dem Schulwesen waren auch die für die Universitäten und Hochschulen relevanten Rechtsvorschriften bis zur Jahresmitte 1991 durch neues Länderrecht zu ersetzen. Die Gesetzgeber behalfen sich zunächst damit, die erwünschte Richtung des Umbaus durch Hochschulerneuerungsgesetze oder vorläufige Vorschriften rechtlich abzusichern. Außer in Brandenburg, wo bereits im Juni 1991 ein mit dem Hochschulrahmengesetz weitgehend konformes Hochschulgesetz verabschiedet worden war, wurden zwischen Juli 1992 (Thüringen) und Februar 1994 (Mecklenburg-Vorpommern) dauerhafte Rechtsregelungen als Grundlage für die weitere Gestaltung des Hochschulwesens in Ostdeutschland erlassen. Bei der strukturellen Neugestaltung richteten sich die Länder weitgehend nach den Empfehlungen des Wissenschaftsrates, gingen z.T. aber auch über diese hinaus, so z.B. in Brandenburg. Hier hatte der Wissenschaftsrat empfohlen, nur in Potsdam eine Universität zu gründen und im weiteren Fachhochschulen einzurichten. Die Landesregierung gründete indes im Juli 1991 neben der Universität Potsdam die ‚Europa-Universität Viadrina' in Frankfurt/Oder sowie die Technische Universität Cottbus. Insbesondere die beiden letztgenannten Hochschulen leiden heute an Studentenmangel, der, soweit nicht bereits erfolgt, zu Personaleinsparungen zwingt. Insgesamt galt das Bemühen dem Aufbau einer ausgeglichenen Hochschullandschaft, die sich am erwarteten Wachstum des Studentenaufkommens wie auch an der Finanzkraft der Länder orientieren sollte. Aufgrund der bisherigen Entwicklung zeigt sich, daß die ostdeutschen Hochschulen im Verhältnis

---

12 Vgl. hierzu exemplarisch die von Renate Mayntz vorgelegte Studie zur Transformation der Akademie der Wissenschaften der DDR (Mayntz 1994) sowie Mayntz 1994(a) zum Umbau des Hochschulwesens in Ostdeutschland.

zu den tatsächlichen Studentenzahlen personell vergleichsweise großzügig dimensioniert wurden.[13]

Am stärksten öffentlich wahrgenommen wurden die mit der personellen Erneuerung verbundenen Vorgänge, dies nicht zuletzt, weil es die hier Betroffenen eher als andere vermochten, ihre Interessen öffentlichkeitswirksam zu vertreten. Für das wohl nachhaltigste Medienecho sorgte der Fall des ehemaligen Rektors der Humboldt-Universität Berlin, Heinrich Fink. Er klagte sowohl für die Universität als auch – aufgrund von Vorwürfen einer Zusammenarbeit mit dem Ministerium für Staatssicherheit – in eigener Sache mehrfach gegen den Berliner Wissenschaftssenator. Die Klagen gegen Beschlüsse des Senats zur Auflösung von Fachbereichen der Humboldt-Universität waren teilweise erfolgreich; in bezug auf seine eigene Person galt schließlich seine MfS-Zuarbeit als erwiesen und Fink mußte sein Amt aufgeben.[14]

Etwas weniger öffentlichkeitswirksam, gleichwohl einschneidend für die Betroffenen gestaltete sich die personelle Neuordnung im Hochschulbereich. Auch sie basierte zunächst auf Regelungen des Einigungsvertrages. Diese räumten den Verantwortlichen Möglichkeiten zur Personalkündigung aufgrund mangelnden Bedarfs, mangelnder fachlicher oder mangelnder persönlicher Eignung ein. Letztere galt regelmäßig dann als gegeben, wenn sich aus der Überprüfung durch die Behörde für die Unterlagen des Staatssicherheitsdienstes der ehemaligen DDR (‚Gauck-Behörde') die Zusammenarbeit eines Beschäftigten mit dem Ministerium für Staatssicherheit ergab. Wie auch an den allgemeinbildenden Schulen wurden Mitarbeiter in Hochschulen und Forschungseinrichtungen jedoch zumeist aufgrund mangelnden Bedarfs entlassen. Die Reduzierung des Hochschulpersonals hatte bereits unter dem damaligen Minister für Bildung und Wissenschaft der Regierung de Maizière und späteren sächsischen Wissenschaftsminister Hans Joachim Meyer begonnen, der bis September 1990 bereits die Entlassung von rund 1.300 Hochschullehrern der Sektionen Marxismus-Leninismus, Wissenschaftlicher Kommunismus und verwandter Fachgebiete verfügt hatte. Auch in anderen ideologienahen Fächergebieten wurden ganze Sektionen einschließlich

---

13 Vgl. Fuchs 1997, S. 236ff., S. 319f.
14 Im Detail zu diesen Vorgängen vgl. Höppner/Petruschka 1994.

ihres Personals ‚abgewickelt'. Diese Form der Personalreduzierung ließ der Einigungsvertrag jedoch nur bis Januar 1991 zu, anschließend waren Kündigungen nur noch nach Einzelfallprüfung möglich.[15]

Die verbleibenden Hochschulangehörigen hatten sich, unterschiedlich je nach Bundesland, einer mehrfach gestuften Überprüfung zu unterziehen, nach deren erfolgreichem Bestehen sie die Überleitung auf eine Stelle nach dem neu geltenden Hochschulrecht beantragen konnten. Hatte sich Kritik zunächst gegen die pauschale Abwicklung ganzer Fachbereiche ohne Prüfung der Leistung und des Verhaltens einzelner Wissenschaftler gerichtet, so waren auch die anschließend eingeführten Einzelfallprüfungen umstritten. Oftmals würden die Falschen entlassen, war zu vernehmen, wohingegen vormals leitende Kader es vermocht hätten, sich Funktion und Arbeitsplatz zu erhalten. Ebenso wurde moniert, Westdeutsche hätten über Ostdeutsche zu Gericht gesessen, da in den Evaluationskommissionen in allen fünf Ländern auch westdeutsche Wissenschaftler engagiert waren. Andererseits seien aber auch, so mancher Kritiker, die ostdeutschen Universitäten zur ‚Selbstreinigung' nicht fähig gewesen. Ein Aufbrechen der engen personellen, institutionellen und inhaltlichen Verflechtungen zwischen den Hochschulen, der SED und der von ihr vertretenen marxistisch-leninistischen Ideologie von innen heraus habe nicht stattgefunden, so daß der Erneuerungsprozeß von außen habe in Gang gesetzt werden müssen. Es zeigte sich, daß der Versuch, über die in ihrer Notwendigkeit kaum ernsthaft angezweifelte personelle Erneuerung die menschlich und fachlich Befähigtsten zu gewinnen und gleichzeitig soweit als möglich politisch und moralisch gerecht zu sein, nur teilweise zu den erwünschten Resultaten führte. Die Personalüberprüfungen an den ostdeutschen Universitäten und Hochschulen waren und blieben bis zuletzt „eine menschlich und sachlich schwierige, undankbare Aufgabe"[16] für alle Beteiligten.

Im Ergebnis führte der Prozeß personeller Erneuerung an den Hochschulen nicht nur zu einem Austausch eines großen Teils des ehemals vorhandenen Personals, sondern auch zu einer erheblichen Stellenreduzierung. Die Zusammensetzung der Hochschul-

---

15 Vgl. Fuchs 1997, S. 249ff.
16 Webler 1992, S. 52.

lehrerschaft veränderte sich in vielen Fächerbereichen nachhaltig. Zum Jahresbeginn 1993 waren ca. 45% der 1989 vorhandenen Stellen für wissenschaftliches Personal abgebaut worden. Dies ging besonders zu Lasten des – in der DDR allerdings auch personell besonders starken – akademischen Mittelbaus; die Zahl der Hochschullehrerstellen verringerte sich insgesamt nur geringfügig. Mit dem vorläufigen Abschluß des personellen Transformationsprozesses etwa zur Mitte der neunziger Jahre war rund ein Drittel der Professuren an ostdeutschen Hochschulen mit Wissenschaftlerinnen und Wissenschaftlern aus den alten Bundesländern besetzt; alle weiteren Stelleninhaber – abzüglich einer geringen Zahl aus dem Ausland Berufener – stammen aus den neuen Bundesländern. Die Quoten schwanken jedoch erheblich je nach Fächergebiet. Wo ein Fach inhaltlich, strukturell und personell nahezu vollständig neu aufgebaut wurde wie z.B. in den Rechts-, Wirtschafts- und Sozialwissenschaften, findet sich ein wesentlich höherer Anteil westdeutscher Wissenschaftler als in den ehemals ideologiefernen naturwissenschaftlichen Fächern oder in der Medizin. Zudem ist zu berücksichtigen, daß ein großer Teil der auf Hochschullehrerstellen berufenen ostdeutschen Wissenschaftler vor 1990 noch keine Professur inne hatte; auch dies trug zu der – erwünschten – personellen Erneuerung bei.[17]

7.4 Folgeprobleme des Transformationsprozesses

Der 1989 begonnene Umbau des Bildungssystems fand etwa Mitte der neunziger Jahre einen ersten Abschluß. Seither haben sich alle Bereiche von der Vorschulerziehung bis zur Weiterbildung politisch, rechtlich, organisatorisch, strukturell, inhaltlich und personell nachhaltig verändert. Es ist ein neues Bildungssystem entstanden, dessen Gestaltung sich – weitgehend, aber nicht vollständig – an den in den alten Ländern vorhandenen Gegebenheiten orientiert. Vorfindliche Kontinuitäten zum Bildungssystem der DDR, sowohl strukturell-organisatorischer als auch und insbesondere personeller Art, werden aufgrund der Vielfalt und des Ausmaßes der Veränderungen kaum noch wahrgenommen.

---

17 Vgl. Fuchs 1997, S. 249ff.

Daß der Abschluß des Transformationsprozesses nur als vorläufig bezeichnet werden kann, hat mehrere, in ihrer Tiefe sehr unterschiedliche Ursachen. Zum einen ist ein Bildungssystem grundsätzlich nicht statisch. Weniger der grundlegende Strukturaufbau als vielmehr die inhaltliche und methodische Gestaltung von Unterricht, Ausbildung und Lehre unterliegt einem ständigen Veränderungs- und Anpassungsprozeß sowohl an die jeweils betroffenen Individuen als auch an die umgebende Gesellschaft und das ökonomische System, für die das Bildungssystem Leistungen zu erbringen hat. Änderungen der politischen Mehrheitsverhältnisse und der politisch formulierte Wille zur Reform, aber auch politisch-administrativ kaum steuerbare gesellschaftliche Entwicklungen führten und führen in allen Bundesländern zu einem fortlaufenden Prozeß struktureller, organisatorischer, personeller und inhaltlicher Veränderungen unterschiedlicher Reichweite. In bezug auf das Schulwesen seien hier die fortlaufende Überarbeitung schulischer Lehr- und Rahmenpläne, die Zusammenlegung von Schularten oder Änderungen der Schulverfassung (Kap. 3) als Beispiele genannt. Im berufsbildenden Bereich zählen die Neugestaltung von Ausbildungsordnungen oder die Schaffung neuer Berufsbilder zu den ständigen Aufgaben der damit befaßten staatlichen und privatwirtschaftlichen Einrichtungen (Kap. 4). An den Hochschulen sind Studien- und Prüfungsordnungen, aber auch die inhaltliche Gestaltung von Studiengängen, Aufbau- und Weiterqualifizierungsangeboten einem dauernden Wandel unterworfen. Hinzu kommt mit Blick auf das Hochschulwesen die aktuelle Diskussion um die Fortentwicklung struktureller und administrativer Gestaltungsmerkmale (Kap. 5). Nachdem die Phase grundlegender Veränderungen abgeschlossen ist, unterscheiden sich die neuen Bundesländer auch hierin nicht (mehr) von den alten Ländern. Indes sind in Ostdeutschland besondere, aus dem allgemeinen politisch-gesellschaftlichen Transformationsprozeß resultierende Problemlagen identifizierbar, von denen alle Einrichtungen des Bildungssystems in erheblichem Maße betroffen sind oder sein werden und die in ihrer Konsequenz zu einer teilweisen Neustrukturierung ganzer Bildungssystembereiche führen können.

Lebendgeborene in der DDR und den neuen Ländern (ohne Berlin)

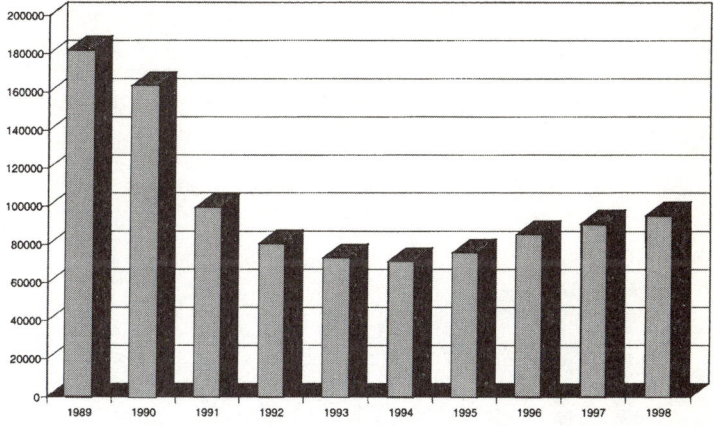

Quelle: Fuchs 1999, S. 9.

Eine der in ihren Wirkungen nachhaltigsten Folgen des gesellschaftlichen Transformationsprozesses in Ostdeutschland ist der Einbruch
der Geburtenziffern. Er wird sich in dreierlei Hinsicht auswirken:
auf die strukturelle und organisatorische Gestaltung insbesondere
des allgemeinbildenden Schulwesens, auf die inhaltliche Gestaltung
von Bildungsprozessen sowie – und insbesondere – auf den zukünftigen Bedarf an Erziehungs-, Lehr- und Ausbildungspersonal. Am
Beispiel des Schulwesens, das die stärksten Veränderungen zu bewältigen hat, können die Folgen des Geburtenrückganges verdeutlicht werden: Die Geburtenziffern in Ostdeutschland lagen Mitte der
neunziger Jahre durchschnittlich bei ca. 45%, in manchen Regionen
bei rund einem Drittel der Vergleichsdaten des Jahres 1989. In absoluten Zahlen bedeutete dies einen Rückgang von rund 182.000
(1989) auf rund 71.000 (1994) Geburten.[71] 1994 war der Tiefpunkt
der Geburtenentwicklung erreicht. Seither ist ein leichter Wiederan-
stieg der Geburtenrate beobachtbar, der jedoch bereits Ende der
neunziger Jahre wieder nahezu zum Stillstand kam. Immerhin hat

---

71 Vgl. Fuchs 1999, S. 7ff.

sich die Geburtenrate damit – wenn auch auf niedrigem Niveau – stabilisiert. Die statistischen Ämter der betroffenen Länder prognostizieren einen weiteren leichten Anstieg der Geburtenzahl bis zum Jahr 2009, die dann bei rund 111.000 Geburten und damit noch immer um ca. 70.000 oder rund 40% unter der des Jahres 1989 läge. Wenn ab dem Jahr 2010 die sehr schwachen Geburtenjahrgänge in die Phase der Familiengründung eintreten, werden, so die Erwartung, die Geburtenziffern abermals sinken.[72]

Schüler in der Primarstufe (Klassen 1 bis 4)*

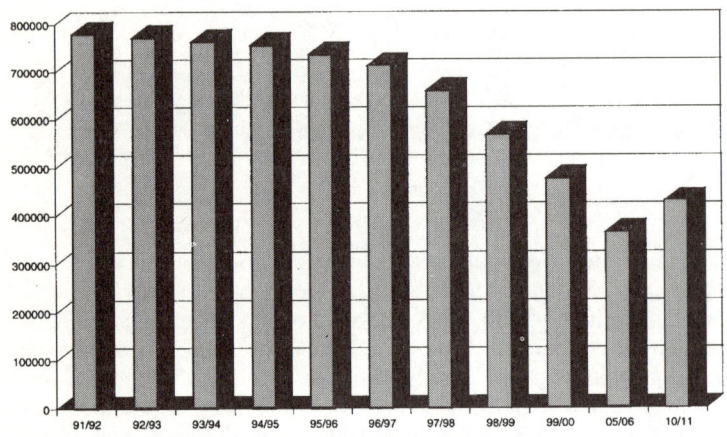

*: Ohne Sonderschulen; ohne Berlin; Schuljahr 1998/99: Prognose
Quelle: Fuchs 1999, S. 21.

Die Auswirkungen der demographischen Entwicklung auf das Bildungswesen sind vielfältig. Bereits jetzt betroffen ist der Vorschulbereich. Obgleich in den neunziger Jahren vor allem aus Kostengründen die Zahl der Kinderbetreuungseinrichtungen (Kindergärten und -krippen) erheblich reduziert wurde, führte dies aufgrund des Geburtenrückganges nicht zu Versorgungsengpässen.

---

72 Im Detail zu den Prognosen vgl. Fuchs 1999, S. 11ff.

Noch immer ist die Versorgung mit Kindergartenplätzen in den neuen Ländern durchschnittlich besser als in Westdeutschland.

Schüler in der Sekundarstufe*

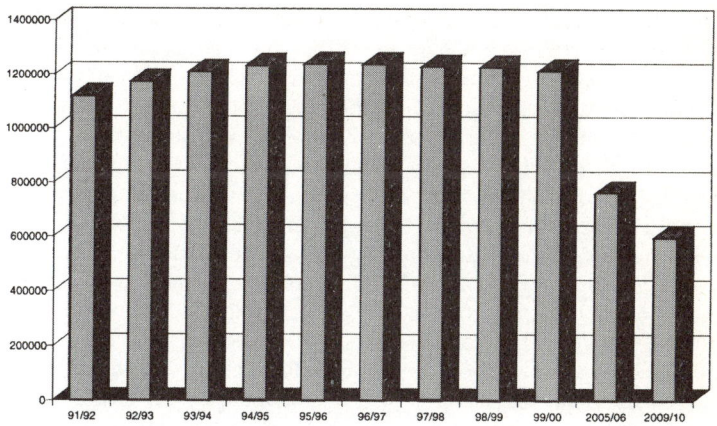

*: Sekundarstufe I (ab Klassenstufe 5) und II; allgemeinbildende Schulen ohne Sonderschulen; ohne Berlin; ab Schuljahr 1998/99: Prognose
Quelle: Fuchs 1999, S. 22

Rückwirkungen sind seit einigen Jahren auch im Grundschulbereich feststellbar. Seit dem Schuljahr 1996/97 sinkt die Zahl der Neueinschulungen in etwa parallel zu der Geburtenzahl sechs Jahre zuvor. Bis zum Schuljahr 2002/03 wird sich die Gesamt-Schülerzahl in den Grundschulen stark verringern – zwei Beispiele: In Mecklenburg-Vorpommern lag die Schülerzahl im Primarbereich im Schuljahr 1993/94 bei knapp 110.000. Zum Schuljahr 2003/04 wird mit nur noch 37.000 Schülerinnen und Schülern die niedrigste Zahl erwartet, die bis zum Schuljahr 2010/11 wieder auf etwa 51.000 steigen soll. In Sachsen, dem bevölkerungsreichsten neuen Bundesland, lauten die Vergleichszahlen 231.500 für das Schuljahr 1993/94, 110.000 für das Schuljahr 2003/04 und 128.000 für das Schuljahr 2010/11.[73]

---

73 Vgl. Fuchs 1999, S. 25ff. (Zahlen gerundet).

In den Schulen der Sekundarstufe werden ab 2001 die Schülerzahlen sinken. Dieser Prozeß wird bis zum Jahr 2010, dem Ende des Zeitraums verfügbarer Prognosen, andauern. Die berufsbildenden Schulen sind, soweit absehbar, von dem starken Schülerzahlenrückgang nicht in gleicher Weise betroffen wie die allgemeinbildenden Schulen.

Deutliche Auswirkungen hat der Geburtenrückgang auf den zukünftigen Lehrkräftebedarf. Dieser besteht an den allgemeinbildenden Schulen kurz- und mittelfristig nur noch in Mangelfächern, insbesondere solchen, die bis 1990 nicht oder nur in geringem Umfang angeboten wurden, so z.B. in den alten und neuen Sprachen (Englisch, Französisch), in musisch-ästhetischen Fächern, in Sozial-/Gemeinschaftskunde und in Ethik/Religion. Wie stark die Auswirkungen sind, zeigt der Blick auf einzelne Schularten. So wird z.B. der Lehrkräftebedarf an sächsischen Grundschulen von 10.680 (1991) auf ca. 4.800 (2003), somit um rund 55% sinken. Auch an den sächsischen Mittelschulen und Gymnasien würde zum Zeitpunkt der jeweils niedrigsten Schülerzahl rund die Hälfte der derzeit vorhandenen Lehrkräfte ausreichen, um die Unterrichtsversorgung zu sichern.[74] Die Auswirkungen des Schülerzahlenrückganges in den anderen neuen Ländern entsprechen in ihrer Tendenz in etwa der für Sachsen skizzierten Prognose. Nach der bereits in den Jahren 1991 bis 1993 vorgenommenen Reduzierung des Personalbestandes an den allgemeinbildenden Schulen um durchschnittlich 20% bleiben die Berufsaussichten für die derzeit tätigen Lehrkräfte wie auch die Zukunftschancen für Studierende der Lehrämter in den kommenden Jahren prekär. Die rückläufigen Schülerzahlen machen einen weiteren Stellenabbau notwendig. In Abstimmung mit den Interessenvertretungen der betroffenen Gruppen bemühen sich die politisch Verantwortlichen um ‚sozialverträgliche' Lösungen; Gebrauch gemacht wird insbesondere von der Möglichkeit, gegen Zusicherung einer Beschäftigungsgarantie Teilzeitverträge abzuschließen. Daneben wird die ‚freiwillige' Beendigung des Arbeitsverhältnisses gegen Abfindung angeboten; frei werdende Stellen werden nicht neu besetzt. Die Vermittlung ostdeutscher Lehrkräfte an westdeutsche Schulen, wie sie in den Ländern Thüringen (mit Hessen) und Sachsen-Anhalt (mit Nieder-

---

74 Vgl. Fuchs 1999, S. 36ff.

sachsen) praktiziert wird, führt nur zu geringfügigen Entlastungs-effekten.[75]

Mit Blick auf den Strukturaufbau des allgemeinbildenden Schulwesens sind die Verringerung der Klassengrößen auf das pädagogisch und finanziell vertretbare Minimum, die Schließung von Schulen, die Vergrößerung der Schuleinzugsbereiche und die dadurch bedingte z.t. erhebliche Verlängerung der Schulwege bereits für Grundschüler zu erwarten. In besonderer Weise sind die großen, ohnehin bevölkerungsarmen Flächenländer wie Brandenburg und Mecklenburg-Vorpommern von dieser Entwicklung betroffen. Ein in Brandenburg im Rahmen eines Modellversuchs sich bereits in der Erprobung befindlicher Lösungsversuch besteht in der Wiedereinführung klassenstufenübergreifenden Unterrichts. Ziel ist es, Grundschulen wohnortnah zu vertretbaren Kosten weiterzuführen, sofern sie über mindestens 15 Schülerinnen und Schüler pro Klasse verfügen. Dieses Vorgehen ist jedoch – nicht nur in Brandenburg – sowohl bei Eltern als auch in der Fachwissenschaft umstritten. Pädagogisch durchaus wohlbegründet waren in den fünfziger und sechziger Jahren in beiden deutschen Staaten mit erheblichem finanziellem Aufwand die Schulen mit jahrgangsstufenübergreifendem Unterricht abgeschafft worden, die einen Nachteil im Bildungszugang insbesondere für Landkinder bedeuteten. Mit ihrer nun möglichen Wiedereinführung ist die Befürchtung verbunden, die überwundenen Stadt-Land-Unterschiede in der Bildungsversorgung könnten wieder eintreten.

Im Bereich des Sekundarschulwesens verringern sich bei abnehmenden Schülerzahlen die Möglichkeiten innerer Differenzierung des Unterrichtsangebots, was sowohl die kombinierten Schularten mit Binnendifferenzierung als auch die Gymnasien betrifft. Insbesondere in der gymnasialen Oberstufe ist mit einer erheblichen Reduzierung des angebotenen Kurswahlspektrums zu rechnen, da das Zustandekommen eines Leistungs- oder Grundkurses aus finanziellen und organisatorischen Gründen zumeist von einer vorgegebenen Mindestinteressentenzahl abhängig gemacht wird.

Eine weitere schwerwiegende Krisenerscheinung, mit der sich neben anderen auch die bildungspolitisch Verantwortlichen auseinanderzusetzen haben, ist im Bereich der beruflichen Erstausbil-

---

75 Vgl. Fuchs 1999, S. 46ff.

dung zu erkennen. In diesem Falle besteht das Problem in dem nach wie vor gänzlich unzureichenden Angebot an betrieblichen Ausbildungsplätzen im dualen System (Kap. 4.1). Noch immer bestehen ökonomische Unsicherheiten, die sich z.B. auf die Ausbildungsneigung ostdeutscher Betriebe negativ auswirken. In der DDR war die berufliche Ausbildung überwiegend bei den Kombinaten und Großbetrieben konzentriert. Das Handwerk, das in Westdeutschland über ein Drittel aller Ausbildungsplätze stellt, bildete in der DDR nur rund 6% der Lehrlinge aus. Mit der 1990 einsetzenden weitgehenden Zerstörung großbetrieblicher Produktionsstrukturen ging auch ein erheblicher Teil der bis dahin bestehenden Ausbildungskapazitäten verloren, für die zunächst kein adäquater Ersatz bereitstand. Auch die in der DDR arbeitskräfteintensiv betriebene Landwirtschaft ist seit 1990 von erheblichen Personalreduzierungen betroffen; der gleichzeitige Rückgang der Ausbildungsplatzkapazitäten war nur eine der Folgen. Die ostdeutsche Wirtschaft erholt sich im Transformationsprozeß langsamer als zunächst erhofft. Unter den gegebenen Bedingungen mußte und muß das vorrangige Ziel ostdeutscher Betriebe darin bestehen, gegenüber westdeutschen Mitbewerbern und im Hinblick auf die internationalen Märkte schnellstmöglich konkurrenzfähig zu werden. Berufsausbildung wird indes oftmals nicht als notwendige und sinnvolle Investition in die Zukunft, sondern als vermeidbarer Kostenfaktor gesehen. Zudem erleichtert die hohe Arbeitslosenzahl Betrieben die kurzfristige Gewinnung erforderlicher Arbeitskräfte, was die Bereitschaft, auszubilden weiter reduziert. Die überlebenden und neu entstandenen Industriebetriebe, die langsam aufkeimende mittelständische Wirtschaft – hier insbesondere das wiederentstandene selbständige Handwerk und kleinere Gewerbebetriebe, der Dienstleistungssektor und die Verwaltung sind bislang aus eigener Kraft nicht in der Lage, z.T. aber auch nicht willens, jedem Ausbildungsplatzinteressenten eine Lehrstelle anzubieten. In mancher ökonomischen Problemregion, z.B. im Erzgebirge, konnte zeitweilig nur jedem dritten Lehrstellenbewerber ein innerbetrieblicher Ausbildungsplatz angeboten werden. Das Bemühen, dennoch eine möglichst große Zahl von Ausbildungsmöglichkeiten zu schaffen, führte zur Etablierung eines neuen Elementes im beruflichen Bildungssystem: Ausbildungsringen oder -verbünden, die in großer Zahl außerbetriebliche Ausbildungsplätze anbieten. Als Träger dieser Ausbildungseinrichtungen fungieren Kammern, Wirtschaftsverbände, Gewerkschaften, Kirchen oder Wohlfahrtsverbände. Aufgrund der geschilderten Probleme entwickelten sich die außerbetrieblichen Ausbildungsstätten zu einem ungewollt dauerhaften Element der Sicherung von Berufsbildungskapazitäten in Ostdeutschland. Als ergänzender Bestandteil werden sie weiterhin erforderlich sein, obgleich sich an ihnen auch Kritik entzündet. So gibt es Befürchtungen, Betriebe in Ostdeutschland könnten sich aufgrund des staatlich hochsubventionierten Angebots an außerbetrieblichen Ausbildungsplätzen ihrer originären Verpflichtung zur Qualifizierung ihres Nachwuchses entziehen, da ihnen Anreize zur eigenständigen Durchführung einer langfristig bedarfsgerechten Berufsausbildung genommen werden. Die Finanzierung außerbetrieblicher Berufsbildungskapazitäten verursacht erheblich höhere Kosten als die Bezuschussung betrieblicher Ausbildungsplätze, und nicht zuletzt wird mit Blick auf außerbetriebliche Ausbildungsstätten das Fehlen der ‚Ernstsituation' moniert, die bei der Ausbildung im Rahmen des Arbeitsortes gegeben ist. Der Berufsbildungssektor ist der einzige Bereich, in dem der Geburtenrückgang zu einer gewissen Entlastung führen und damit positive Effekte auslösen könnte – dies jedoch nur scheinbar: so verringert sich zwar der Nachfragedruck am ostdeutschen Ausbildungsstellenmarkt; langfristig werden aber gut ausgebildete Fachkräfte fehlen.

Im Hochschulwesen sind Probleme beobachtbar, die denen des allgemeinbildenden Schulwesens ähneln. Nachdem die rechtliche, strukturelle und personelle Erneuerung mittlerweile abgeschlossen ist, sind es die weiter bestehenden finanziellen Restriktionen, die, verbunden mit einer Unterauslastung der Studienplatzkapazitäten in vielen Fächergebieten, bereits zu einer zweiten Welle von Personalreduzierungen geführt haben bzw. führen werden. Die Kultusministerkonferenz prognostiziert für die neuen Länder eine von 77.400 im Jahr 2000 auf 34.800 im Jahr 2013 zurückgehende Zahl an Studienberechtigten mit Hochschulreife.[76] Die Folgen für die Hochschulen, aber auch für den Arbeitsmarkt liegen auf der Hand.

Die abschließend skizzierten Entwicklungen verweisen auf erheblichen Handlungsbedarf nicht nur im Bereich der Bildungspo-

---

76 Vgl. KMK 1998, S. 43.

litik. Gleichwohl scheinen die mit der demographischen Entwicklung verbundenen, die ostdeutsche Teilgesellschaft in ihrer Gesamtheit berührenden Gefährdungen und Probleme noch nicht hinreichend öffentlich wahrgenommen zu werden.

Literatur

Ahlheim, Klaus; Bender, Walther (Hrsg.): Lernziel Konkurrenz? Erwachsenenbildung im ‚Standort Deutschland'. Eine Streitschrift. Opladen 1996.

Ahrens, Jens-Rainer: Schulautonomie – Zwischenbilanz und Ausblick, in: Die Deutsche Schule 88 (1996), S. 10-21.

Anweiler, Oskar: Schulpolitik und Schulsystem in der DDR. Opladen 1988.

Anweiler, Oskar et al. (Hrsg.): Bildungspolitik in Deutschland 1945-1990: Ein historisch-vergleichender Quellenband. Bonn 1992.

Arbeitsgruppe Bildungsbericht am Max-Planck-Institut für Bildungsforschung: Das Bildungswesen in der Bundesrepublik Deutschland. Reinbek bei Hamburg 1994.

Arnold, Rolf: Weiterbildung. München 1996.

Arnold, Rolf; Münch, Joachim: Fragen und Antworten zum Dualen System der beruflichen Bildung. Hrsg. v. BMBW. Bonn 1995.

Arnold, Rolf; Siebert, Horst: Konstruktivistische Erwachsenenbildung: Von der Deutung zur Konstruktion von Wirklichkeit. Hohengehren 1997.

Bachmann, Helmut et al.: Auf dem Weg zu einer besseren Schule: Evaluation der Schulautonomie in Österreich. Innsbruck, Wien 1996.

Bahro, Horst: Bildungspolitik, in: Mickel, Wolfgang (Hrsg.): Handlexikon zur Politikwissenschaft. Bonn 1986, S. 36-40.

Bayer, Christian, R.: Zur Analyse und Bewertung von Hochschul-Rankings, in: Beiträge zur Hochschulforschung 1998, S. 353-366.

Beauftragte der Bundesregierung für Ausländerfragen: Migration und Integration in Zahlen: Ein Handbuch. Bonn 1997.

Beauftragte der Bundesregierung für Ausländerfragen: Bericht über die Lage der Ausländer in der Bundesrepublik Deutschland. Bonn 1997(a).

Beetz, Sybille: Autonome öffentliche Schule – Diskussion eines Auftrags zur Schulentwicklung, in: Zeitschrift für Pädagogik 43 (1997), S. 149-164.

Behringer, Friederike; Ulrich, Joachim Gerd: Attraktivitätsverlust der dualen Ausbildung: Tatsache oder Fehldeutung der Statistik? in: Berufsbildung in Wissenschaft und Praxis 26 (1997) 4, S. 3-8.

Bergsdorf, Wolfgang: Am Ende der Gesamtschule, in: Rutz, Michael (Hrsg.): Aufbruch in der Bildungspolitik. München 1997, S. 42-48.

Bildungskommission NRW: Zukunft der Bildung – Schule der Zukunft: Denk-schrift der Kommission ,Zukunft der Bildung – Schule der Zukunft' beim Ministerpräsidenten des Landes Nordrhein-Westfalen. Neuwied 1995.

Blankenburg, Peter: Autonomie ist möglich! in: Die Deutsche Schule 85 (1993), S. 345-347.

Bode, Christian: Qualifikation und Selektion in Schule und Hochschule, in: Ulrich Teichler (Hrsg.): Das Hochschulwesen in der Bundesrepublik Deutschland. Weinheim 1990, S. 123-152.

Braun, Rainer: Hochschule zwischen Elite und Demokratie: Anmerkungen zur Elitediskussion, in: Gorholt, Martin; Seitel, Günther (Hrsg.): Hoch-schule 2000: Zukunft der Bildung zwischen konservativer Hochschul-politik und Gegenbewegung. Marburg 1998, S. 53-69.

Bühler-Otten, Sabine; Neumann, Ursula; Reuter, Lutz R.: Interkulturelle Bil-dung in den Lehrplänen, in: Gogolin, Ingrid; Nauck, Bernhard (Hrsg.): Mi-gration, gesellschaftliche Differenzierung und Integration: Resultate des Forschungsschwerpunktprogramms FABER. Opladen 2000, S. 279-319.

Bullinger, Hans-Jörg; Gidion, Gerd: Auswirkungen des Wandels der Arbeit auf die berufliche Bildung, in: Kreklau, Carsten; Siegers, Josef (Hrsg.): Handbuch der Aus- und Weiterbildung. (Loseblattsammlung, Stand 1994). Köln 1994, Nr. 2603.

Bultmann, Torsten; Weitkamp, Rolf: Hochschule in der Ökonomie: Zwischen Humboldt und Standort Deutschland. Marburg 1999.

Bund-Länder-Kommission für Bildungsplanung und Forschungsförderung: Differenzierung in der Berufsausbildung. (Materialien zur Bildungspla-nung und Forschungsförderung 37). Bonn 1993.

Bundesanstalt für Arbeit: Arbeitsstatistik 1998 – Jahreszahlen, in: Amtliche Nachrichten 47 (1999). (Sondernummer).

Bundesanstalt für Arbeit: Arbeitsmarkt 1998: Arbeitsmarktanalyse für die alten und die neuen Länder. Nürnberg 1999.

Bundesanstalt für Arbeit: Geschäftsbericht 1998. Nürnberg 1999(a).

Bundesinstitut für Berufsbildung: Schaubilder zur Berufsbildung. Band I: Ausbildung. Berlin, Bonn 1996.

Bundesinstitut für Berufsbildung: Multimediales Lernen in der Berufsausbil-dung. Berlin, Bonn 1996(a).

Bundesinstitut für Berufsbildung: Berufliche Bildung für Frauen. Berlin, Bonn 1997.

Bundesministerium für Arbeit und Sozialordnung: Repräsentativuntersu-chung '95: Situation der ausländischen Arbeitnehmer und ihrer Famili-enangehörigen in der Bundesrepublik Deutschland. Bonn 1995.

Bundesministerium für Bildung und Forschung: Innovationen im deutschen Hochschulsystem. Dokumentation von Praxisbeispielen. Bonn 1998.

Bundesministerium für Bildung und Forschung: Grund- und Strukturdaten 1998/99. Bonn 1998(a).

Bundesministerium für Bildung und Forschung: Nichtstaatliche Hochschulen in der Bundesrepublik Deutschland: Eine Übersicht. Bonn 1998(b).

Bundesministerium für Bildung und Forschung: Berichtssystem Weiterbildung VII: Erste Ergebnisse der Repräsentativbefragung zur Weiterbildungssituation in den alten Bundesländern. Bonn 1999.

Bundesministerium für Bildung und Forschung: Berufsbildungsbericht 1999. Bonn 1999(a).

Bundesministerium für Bildung und Forschung: Duale Berufsausbildung an der Schwelle zum nächsten Jahrtausend: Herausforderungen bewältigen – voneinander lernen. Bericht der Konferenz zur Dualen Berufsausbildung in Dänemark, Deutschland, Liechtenstein, Niederlande, Österreich, Schweiz. Bonn 1999(b).

Bundesministerium für Bildung, Wissenschaft, Forschung und Technologie: Berichtssystem Weiterbildung VI: Integrierter Gesamtbericht zur Weiterbildungssituation in Deutschland. Bonn 1996.

Bundesministerium für Bildung, Wissenschaft, Forschung und Technologie: Weiterbildung in Deutschland: Beitrag zur 5. UNESCO-Weltkonferenz ‚Lernen im Erwachsenenalter'. Bonn 1997.

Bundesministerium für Bildung, Wissenschaft, Forschung und Technologie: Berufsbildungsbericht 1997. Bonn 1997(a).

Bundesministerium für innerdeutsche Beziehungen: Vergleich von Bildung und Erziehung in der Bundesrepublik Deutschland und in der Deutschen Demokratischen Republik. (Materialien zur Lage der Nation). Köln 1990.

CONFINTEA: Hamburger Deklaration zum Lernen im Erwachsenenalter: Agenda für die Zukunft. (Fünfte Internationale Konferenz über Erwachsenenbildung vom 14.-18. Juli 1997). Hamburg 1997.

Conrad, Peter; Katzer, Nikolaus; Reuter, Lutz R.: Analyse von Konzeptionen und Instrumenten der Evaluation von Lehre, Forschung und Ressourcensteuerung: Ein Beitrag zur aktuellen Diskussion. (Universität der Bundeswehr Hamburg, Institut für Personalmanagement: Discussion Papers 2/1999). Hamburg 1999.

Cuvry, Andrea de et al. (Hrsg.): Erlebnis Erwachsenenbildung: Zur Aktualität handlungsorientierter Pädagogik. Neuwied 2000.

Dahm, Gerwin et al. (Hrsg.): Wörterbuch der Weiterbildung. München 1980.

Daxner, Michael: Ist die Uni noch zu retten? Zehn Vorschläge und eine Vision. Reinbek bei Hamburg 1996.

Daxner, Michael; Grubitzsch, Siegfried: Neue Ideen sind gefragt: Oldenburger Universitätsreden. Oldenburg 1999.

Dedering, Heinz: Qualifikationswandel, neue Beruflichkeit und arbeitsorientierte Bildung, in: Arbeit und Lernen H. 32/1998, S. 38-43.

Degen, Ulrich; Walden, Günter: Sicherung der Leistungs- und Zukunftsfähigkeit der Berufsausbildung durch hohe Ausbildungsqualität, in: Berufsbildung in Wissenschaft und Praxis 26 (1997) 5, S. 22-27.

Dehnbostel, Peter: Bedeutungszuwachs des Lernens im Arbeitsprozeß: Regulierungsbedarf oder Deregulierungsnotwendigkeit beruflicher Weiterbildung? in: Dobischat/Husemann 1995, S. 191-209.

Derichs-Kunstmann, Karin; Faulstich, Peter; Tippelt, Rudolf (Hrsg.): Beiheft zum Report: Theorien und forschungsleitende Konzepte der Erwachsenenbildung. Frankfurt am Main 1995.

Derichs-Kunstmann, Karin; Faulstich, Peter; Schiersmann, Christiane; Tippelt, Rudolf (Hrsg.): Weiterbildung zwischen Grundrecht und Markt: Rahmenbedingungen und Perspektiven. Opladen 1997.

Deutsche Forschungsgemeinschaft: Perspektiven der Forschung und ihrer Förderung: Aufgabe und Finanzierung 1997-2001. Denkschrift. Bonn 1997.

Deutsche Gesellschaft für Erziehungswissenschaft, Strukturkommission: Bericht und Empfehlungen der Kommission zur Einführung neuer Studiengänge und Abschlüsse – Bachelor of Arts, Master of Arts (BA, MA) – im Fach Erziehungswissenschaft, in: Erziehungswissenschaft 10 (1999), H. 20, S. 15-38.

Deutsche UNESCO-Kommission: Lernfähigkeit – unser verborgener Reichtum: UNESCO-Bericht zur Bildung für das 21. Jahrhundert. Neuwied 1997.

Deutscher Akademischer Austauschdienst: Studien- und Wissenschaftsstandort Deutschland: Aktionsprogramm des DAAD zur Förderung des Studiums von Ausländern an deutschen Universitäten. Bonn 1997.

Deutscher Bildungsrat: Strukturplan für das Bildungswesen. Stuttgart 1970.

Dewe, Bernd: Wissen und Bildung: Bildungstheoretische Überlegungen vor dem Hintergrund der Theoriegeschichte der Erwachsenenbildung/Weiterbildung, in: Jagenlauf et al. 1995, S. 141-161.

Dewe, Bernd; Frank, Günter; Huge, Wolfgang: Theorien der Erwachsenenbildung: Ein Handbuch. München 1988.

Dobischat, Rolf: Weiterbildung im Kontext von Arbeitsmarktpolitik am Beispiel der Reorganisation von beruflicher Weiterbildung im Transformationsprozeß in den neuen Ländern, in: Derichs-Kunstmann et al. 1997, S. 155-174.

Dobischat, Rolf; Golks, Beate: Das Projekt ‚Berufliche Integration erwachsener Aussiedler aus osteuropäischen Staaten‘, in: Grundlagen der Weiterbildung: Praxishilfen. (Loseblattsammlung, Stand 1999). Neuwied 1992, Nr. 9.10.50.3.

Dobischat, Rolf; Husemann, Rudolf (Hrsg.): Berufliche Weiterbildung als freier Markt? Regulationsanforderungen der beruflichen Weiterbildung. Berlin 1995.

Dohmen, Günther: Lebenslanges Lernen – neue Perspektiven für die Weiterbildung, in: Grundlagen der Weiterbildung: Praxishilfen. (Loseblattsammlung, Stand 1999). Neuwied 1999, Nr. 5.170.

Drees, Gerhard; Ilse, Frauke (Hrsg.): Arbeit und Lernen 2000. Band 2: Bildungstheorie und Bildungspolitik. Bielefeld 1998.

Edler, Kurt: Die multifunktionale Schule – ein pädagogischer Leviathan? in: Fauser 1996, S. 31-37.

Enquete-Kommission Zukünftige Bildungspolitik – Bildung 2000: Schlußbericht der Enquete-Kommission des 11. Deutschen Bundestages und parlamentarische Beratung am 11. Oktober 1990. (Zur Sache: Themen parlamentarischer Beratung 20/90). Bonn 1990.

Faulstich, Peter et al.: Weiterbildung für die neunziger Jahre: Gutachten über zukunftsorientierte Angebote, Organisationsformen und Institutionen. Weinheim, München 1992.

Faulstich, Peter: Öffentliche Verantwortung für die Weiterbildung, in: Jagenlauf et al. 1995, S. 77-91.

Faulstich, Peter; Schiersmann, Christiane; Tippelt, Rudolf: Weiterbildung zwischen Markt und Grundrecht, in: Derichs-Kunstmann et al. 1997, S. 9-16.

Faure, Edgar et al.: Wie wir leben lernen: Der UNESCO-Bericht über Ziele und Zukunft unserer Erziehungsprogramme. Reinbek bei Hamburg 1973.

Fauser, Peter (Hrsg.): Wozu die Schule da ist: Eine Streitschrift. Seelze 1996.

Flämig, Christian et al. (Hrsg.): Handbuch des Wissenschaftsrechts. 2. Aufl. Berlin 1996.

Frister, Erich: Autonomie – ein Patentrezept?, in: Die Deutsche Schule 86 (1994), S. 154-159.

Fuchs, Hans-Werner: Das Bildungs- und Wissenschaftssystem der DDR und seine Transformation in den neuen Bundesländern. Diss. phil. Hamburg 1996.

Fuchs, Hans-Werner: Vorschulerziehung und allgemeinbildendes Schulwesen in den neuen Bundesländern: Entwicklungen – Tendenzen – Perspektiven. (Beiträge aus dem Fachbereich Pädagogik der Universität der Bundeswehr Hamburg 5/1996). Hamburg 1996.

Fuchs, Hans-Werner: Bildung und Wissenschaft seit der Wende. Zur Transformation des ostdeutschen Bildungssystems. Opladen 1997.

Fuchs, Hans-Werner: Schule ohne Schüler? Zur demographischen Entwicklung in den neuen Bundesländern und ihren Folgen für das allgemeinbildende Schulwesen. (Beiträge aus dem Fachbereich Pädagogik der Universität der Bundeswehr Hamburg 5/1999). Hamburg 1999.

Fuchs, Hans-Werner; Reuter, Lutz (Hrsg.): Bildungspolitik seit der Wende: Dokumente zur Transformation des ostdeutschen Bildungssystems (1989-1994). Opladen 1995.

Führ, Christoph: Deutsches Bildungswesen seit 1945: Grundzüge und Probleme. Neuwied 1997.

Führ, Christoph; Furck, Carl-Ludwig (Hrsg.): Handbuch der deutschen Bildungsgeschichte. Band VI: 1945 bis zur Gegenwart. Erster Teilband: Bundesrepublik Deutschland. München 1998.

Geißler, Karlheinz A.; Orthey, Frank Michael: Betriebliche Bildungspolitik, in: Drees/Ilse 1998, S. 75-92.

Giesecke, Hermann: Wozu ist Schule da?, in: Fauser 1996, S. 5-16.

Giesecke, Hermann: Pädagogische Illusionen. Stuttgart 1998.

Gudjons, Herbert: Pädagogisches Grundwissen. Bad Heilbrunn 1993.

Hagedorn, Jobst R.: Bevölkerungsentwicklung und Berufsbildung, in: Kreklau, Carsten; Siegers, Josef (Hrsg.): Handbuch der Aus- und Weiterbildung. (Loseblattsammlung, Stand 1994). Köln 1994, Nr. 3600.

Hamburger, Franz: Weiterbildung von Ausländern und Aussiedlern, in: Tippelt 1994, S. 563-571.

Hentig, Hartmut von: Die Schule neu denken: Eine Übung in praktischer Vernunft. München/Wien 1993.

Herzog, Roman: Wissen und Bildung als Grundlagen unserer Zukunft, in: Hochschulrektorenkonferenz (Hrsg.): Wissen und Bildung als Grundlage unserer Zukunft: Rede vor den Teilnehmern am 179. Plenum der Hochschulrektorenkonferenz. (Beiträge zur Hochschulpolitik 1/1996). Bonn 1996.

Herzog, Roman: Aufbruch in der Bildungspolitik, in: Bulletin des Presse- und Informationsamtes der Bundesregierung Nr. 87 vom 5. November 1997, S. 1001-1007.

Hochschulrektorenkonferenz: Vernetzung der Beratungs- und Informationsdienste. (Beiträge zur Hochschulpolitik 7/1998). Bonn 1998.

Hochschulrektorenkonferenz: Zum Dienst- und Tarif-, Besoldungs- und Vergütungsrecht sowie zur Personalstruktur in den Hochschulen. (Beiträge zur Hochschulpolitik 8/1998). Bonn 1998(a).

Hochschulrektorenkonferenz: Zu Kredit-Punkte-Systemen und Modularisierung. Entschließung des 182. Plenums der Hochschulrektorenkonferenz vom 7. Juli 1997, in: Kultusministerkonferenz und Hochschulrektorenkonferenz 1999, S. 5-19.

Hochschulrektorenkonferenz: Zur Einführung von Bachelor- und Masterstudiengängen/-abschlüssen. Entschließung des 183. Plenums vom 10. November 1997, in: Kultusministerkonferenz und Hochschulrektorenkonferenz 1999, S. 47-49. Bonn (1999a).

Hochschulrektorenkonferenz: Erläuterungen zu den ‚Empfehlungen zum Dienst- und Tarif-, Besoldungs- und Vergütungsrecht sowie zur Personalstruktur in den Hochschulen‘ (= Beiträge zur Hochschulpolitik 8/1998 der HRK). Bonn 1999(b).

Hochschulrektorenkonferenz: Ein Schritt in die Zukunft: Qualitätssicherung im Hochschulbereich. (Beiträge zur Hochschulpolitik 3/1999). Bonn 1999(c).

Höppner, Marion; Petruschka, Gisela: Die neugeordnete Humboldt-Universität zu Berlin: Ein Versuch zur Aufklärung politischer Hintergründe, in: Hochschule Ost H. Mai/Juni 1994, S. 55-83.

Hoffmann, Reinhard: Für eine stärkere Autonomie der Schule, in: Die Deutsche Schule 85 (1993), S. 12-22.

Holtappels, Heinz Günter; Rösner, Ernst: Wie zeitgemäß ist die Gesamtschule?, in: Gudjons, Herbert; Köpke, Andreas (Hrsg.): 25 Jahre Gesamtschule in der Bundesrepublik Deutschland. Bad Heilbrunn 1996, S. 217-222.

Homeyer, Immo von: Berufliche Ausbildung Jugendlicher: Pflicht des Staates?, in: Gegenwartskunde H. 1/1997, S. 63-71.

Hufen, Friedhelm: Rechtsfragen der Lehrevaluation. (Schriften des Deutschen Hochschulverbandes 62). Bonn 1995.

Ilse, Frauke (Hrsg.): Berufliche Weiterbildung im Spannungsfeld von Theorie und Praxis. Hamburg 1993.

Jach, Frank-Rüdiger: Erwachsenenbildung in einer veränderten Bildungslandschaft, in: Recht und Schule H. 3/1999, S. 1-12.

Jach, Frank-Rüdiger: Schulverfassung und Bürgergesellschaft in Europa. Berlin 1999(a).

Jagenlauf, Michael; Schulz, Manuel; Wolgast, Günther (Hrsg.): Weiterbildung als quartärer Bereich: Bestand und Perspektive nach 25 Jahren. Neuwied 1995.

Kell, Adolf: Zur Gleichwertigkeit von allgemeiner und beruflicher Bildung, in: Die Deutsche Schule 87 (1995), S. 143-160.

Klinkhammer, Heinz: Berufsbildung und Beschäftigung – der Wert des Berufsprinzips, in: ders. et al. 1999, S. 7-19.

Klinkhammer, Heinz et al.: Berufsbildung im Wandel – die Bedeutung des Berufskonzepts. (Beiträge zur Gesellschafts- und Bildungspolitik 236). Köln 1999.

Knoll, Joachim H.: Statistik und Erwachsenenbildung/Weiterbildung, in: Grundlagen der Weiterbildung: Praxishilfen. (Loseblattsammlung, Stand 1999). Neuwied 1996, Nr. 1.40.10.

Kucharz, Diemut; Sörensen, Bernd: Die Schule ist für alle Kinder da!, in: Fauser 1996, S. 17-25.

Kuhlenkamp, Detlef: Die Weiterbildungs- und Bildungsurlaubsgesetze der Länder, in: Grundlagen der Weiterbildung: Praxishilfen. (Loseblattsammlung, Stand 1999). Neuwied 1997, Nr. 2.30.

Kuhlenkamp, Detlef: Regelungen und Realpolitik in der Weiterbildung, in: Derichs-Kunstmann 1997, S. 31-48. (1997a).

Kultusministerkonferenz: Prognose der Studienanfänger, Studierenden und Hochschulabsolventen bis 2015. Bonn 1998.

Kultusministerkonferenz: Das Bildungswesen in der Bundesrepublik Deutschland 1998: Darstellung der Kompetenzen, Strukturen und bildungspolitischen Entwicklungen für den Informationsaustausch in Europa. Bonn 1999.

Kultusministerkonferenz: Stärkung der internationalen Wettbewerbsfähigkeit des Studienstandortes Deutschland. Beschluß vom 24. Oktober 1997, in: Kultusministerkonferenz und Hochschulrektorenkonferenz 1999, S. 21-46. (1999a).

Kultusministerkonferenz: Einführung eines Akkreditierungsverfahrens für Bachelor-/Bakkalaureus- und Master-/Magisterstudiengänge. Beschluß vom 3. Dezember 1998, in: Kultusministerkonferenz und Hochschulrektorenkonferenz 1999, S. 59-69. (1999b).

Kultusministerkonferenz: Strukturvorgaben für die Einführung von Bachelor/Bakkalaureus- und Master-/Magisterstudiengängen. Beschluß vom 5. März 1999, in: Kultusministerkonferenz und Hochschulrektorenkonferenz 1999, S. 71-78. (1999c).

Kultusministerkonferenz: Sammlung der Beschlüsse der Ständigen Konferenz der Kultusminister der Länder in der Bundesrepublik Deutschland. (Loseblattsammlung, Stand 2000). Neuwied 2000.

Kultusministerkonferenz und Hochschulrektorenkonferenz: Neue Studiengänge und Akkreditierung: Beschlüsse und Empfehlungen von Kultusministerkonferenz und Hochschulrektorenkonferenz. Bonn 1999.

Küpper, Hans-Ulrich: Das Führungssystem als Ansatzpunkt für eine wettbewerbsorientierte Strukturreform von Universitäten, in: Beiträge zur Hochschulforschung 1997, S. 123-149.

Landfried, Klaus: Vorwort, in: Hochschulrektorenkonferenz (Hrsg.): Ein Schritt in die Zukunft: Qualitätssicherung im Hochschulbereich. (Beiträge zur Hochschulpolitik 3/1999). Bonn 1999, S. 5-6.

Lange, Josef: Aktuelle Fragen der Hochschulpolitik in Deutschland, in: Hochschulrektorenkonferenz (Hrsg.): Gemeinsame Ziele: Evaluation, Qualitätssicherung und Akkreditierung in Deutschland und der Mongolei. (Beiträge zur Hochschulpolitik 7/1999). Bonn 1999.

Lenske, Werner; Werner, Dirk: Innovationen und Modernisierungsbedarf in der betrieblichen Berufsausbildung: Die IW-Frühjahrsumfrage zum Ausbildungsstellenmarkt. (Beiträge zur Gesellschafts- und Bildungspolitik 234). Köln 1999.

Lewin, Karl et al.: Studienanfänger 98/99. (HIS-Kurzinformation). Hannover 1999.

Liket, Theodor M.: Freiheit und Verantwortung. Gütersloh 1993.

Martini, Renate: ,Schulautonomie': Auswahlbibliographie 1989-1996. Frankfurt am Main 1996.

Mayntz, Renate: Deutsche Forschung im Einigungsprozeß. Frankfurt am Main, New York 1994.

Mayntz, Renate (Hrsg.): Aufbruch und Reform von oben. Frankfurt am Main, New York 1994(a).

Meueler, Erhard: Die Türen des Käfigs: Wege zum Subjekt in der Erwachsenenbildung. Stuttgart 1998.

Müller-Solger, Hermann et al.: Bildung und Europa: Die EG-Fördermaßnahmen. Bonn 1993.

Nieke, Wolfgang: Das Projekt ,Berufliche Qualifizierung für längerfristig Arbeitslose', in: Grundlagen der Weiterbildung: Praxishilfen. (Loseblattsammlung, Stand 1999). Neuwied 1992, Nr. 9.10.10.3/1.

Oelkers, Jürgen: Schulen in erweiterter Verantwortung: Eine Positionsbestimmung aus erziehungswissenschaftlicher Sicht, in: Zeitschrift für Pädagogik 44 (1998), S. 179-190.

Picht, Georg: Die deutsche Bildungskatastrophe. Olten 1964.

Planungsausschuß für den Hochschulbau (Hrsg.): 28. Rahmenplan für den Hochschulbau nach dem Hochschulbauförderungsgesetz 1999-2002: Allgemeiner Teil und Anhang. Bonn 1999.

Postlethwaite, T. Neville: Bildungsleistungen in Europa, in: Schleicher 1993, S. 107-131.

Preuss-Lausitz, Ulf: Soziale Ungleichheit, Integration und Schulentwicklung, in: Zeitschrift für Pädagogik 43 (1997), S. 583-596.

Raapke, Hans-Dietrich: Erwachsenenbildung, in: Führ/Furck 1998, S. 549-584.

Reimann-Rothmeier, Gabi; Mandl, Heinz: Lernen als Erwachsener, in: Grundlagen der Weiterbildung: Praxishilfen. (Loseblattsammlung, Stand 1999). Neuwied 1995, Nr. 6.10.10.

Reinhardt, Sibylle: Etappen und Perspektiven der Bildungspolitik, in: Ellwein, Thomas; Holtmann, Everhard (Hrsg.): 50 Jahre Bundesrepublik Deutschland: Rahmenbedingungen – Entwicklungen – Perspektiven. (PVS-Sonderheft 30). Wiesbaden 1999, S. 310-326.

Reissert, Reiner; Carstensen, Doris: Praxis der internen und externen Evaluation: Handbuch zum Verfahren. (HIS-Kurzinformation). Hannover 1998.

Reuter, Lutz R.: Bildung zwischen Politik und Recht: Zur Parlamentarisierung, Bürokratisierung und Justizialisierung im Bildungssystem, in: Voigt, Rüdiger (Hrsg.): Verrechtlichung: Analysen zur Parlamentarisierung, Bürokratisierung und Justizialisierung sozialer, politischer und ökonomischer Prozesse. Königstein/Ts. 1980, S. 116-136.

Reuter, Lutz R.: Entwicklung und Stand des Weiterbildungsrechts, in: Ilse 1993, S. 57-76.

Reuter, Lutz R.: Der Bildungsraum Europa: Zum europäischen Bildungsrecht und zu den Folgen des Maastrichter Vertrages für die Aus- und Weiterbildungspolitik, in: Jagenlauf 1995, S. 203-221.

Reuter, Lutz. R.: Weiterbildungsrecht in der Mitte der neunziger Jahre: Eine kritische Bilanz, in: Ahlheim/Bender 1996, S. 157-175.

Reuter, Lutz R.: Probleme und Entwicklungen im deutschen Hochschulwesen unter besonderer Berücksichtigung der westlichen Bundesländer, in: Deutsche Gesellschaft für Bildungsverwaltung (Hrsg.): Bildung im vereinten Deutschland. Frankfurt am Main 1997, S. 71-90.

Reuter, Lutz R.: UNESCO und Weiterbildung, in: Grundlagen der Weiterbildung: Praxishilfen. (Loseblattsammlung, Stand 1999). Neuwied 1999, Nr. 1.20.20.

Reuter, Lutz R.: Schulrechtliche und schulpraktische Fragen der schulischen Betreuung von Kindern und Jugendlichen nichtdeutscher Erstsprache, in: Recht der Jugend und des Bildungswesens 47 (1999), S. 26-42. (1999a).

Reuter, Lutz R.: Schulsystem und Minderheitenpolitik in Mecklenburg-Vorpommern und Sachsen-Anhalt. (Beiträge aus dem Fachbereich Pädagogik der Universität der Bundeswehr Hamburg 4/1999). Hamburg 1999(b).

Reuter, Lutz R.: Das Recht auf Bildung in der deutschen Bildungsgeschichte seit 1945, in: de Cuvry 2000, S. 7-21.

Reuter, Lutz R.; Muszynski, Bernhard: Bildungspolitik: Parteien- und Verbändeprogrammatik in Dokumentation und Analyse. Opladen 1980.

Richter, Harald: Berufsbildung – Standortvorteil im weltweiten Wettbewerb? in: Klinkhammer et al. 1999, S. 69-75.

Richter, Ingo: Weiterbildung – Verfassungsrechtliche Voraussetzungen und rechtliche Gestaltungsprinzipien, in: Grundlagen der Weiterbildung: Praxishilfen. (Loseblattsammlung, Stand 1999). Neuwied 1990, Nr. 2.10.

Richter, Ingo: Recht auf Weiterbildung. (Schriften der Hans-Böckler-Stiftung 14). Baden-Baden 1993.

Richter, Ingo: Theorien der Schulautonomie, in: Recht der Jugend und des Bildungswesens 42 (1994), S. 5-16.

Richter, Ingo: Die sieben Todsünden der Bildungspolitik. München, Wien 1999.

Rittelmeyer, Christian; Schulautonomie. Problemstellungen eines bildungspolitischen Zukunftsprojektes, in: Bildung und Erziehung 50 (1997), S. 125-135.

Rosigkeit, Andreas: Hochschul-Ranking: Hintergründe und kritische Anmerkungen zu einem modernen Bewertungsverfahren, in: Beiträge zur Hochschulforschung 1997, S. 23-49.

Rutz, Michael (Hrsg.): Aufbruch in der Bildungspolitik: Roman Herzogs Rede und 25 Antworten. München 1997.

Sachverständigenrat Bildung bei der Hans-Böckler-Stiftung: Ein neues Leitbild für das Bildungssystem: Elemente einer künftigen Berufsbildung. (Diskussionspapiere 2). Düsseldorf 1998.

Schlaffke, Winfried: Berufliche Weiterbildung zwischen Marktsteuerung und öffentlicher Verantwortung: Position der Wirtschaft, in: Dobischat/Husemann 1995, S. 211-226.

Schlaffke, Winfried: Berufsausbildung – Qualifikation für das nächste Jahrtausend, in: Rutz 1997, S. 236-247.

Schleicher, Klaus (Hrsg.): Zukunft der Bildung in Europa: Nationale Vielfalt und europäische Einheit. Darmstadt 1993.

Schleicher, Klaus: Deutsche Bildungskompetenz in Europa: Wider die Konzeptionslosigkeit der Bildungspolitik, in: Tertium Comparationis 3 (1997), S. 103-129.

Schleicher, Klaus; Bos, Wilfried (Hrsg.): Realisierung der Bildung in Europa: Europäisches Bewußtsein trotz kultureller Identität? Darmstadt 1994.

Schreier, Gerhard: Evalution und Qualitätssicherung in Deutschland: Ein Überblick, in: Hochschulrektorenkonferenz (Hrsg.): Gemeinsame Ziele: Evaluation, Qualitätssicherung und Akkreditierung in Deutschland und der Mongolei. (Beiträge zur Hochschulpolitik 7/1999). Bonn 1999, S. 15-23.

Schultheis, Klaudia: Deprofessionalisierung durch Schulreform? Analysen und Vorschläge zur Neubestimmung des Lehrberufs, in: Die Deutsche Schule 89 (1997), S. 323-334.

Schulz-Hardt, Joachim: Die Ständige Konferenz der Kultusminister der Länder in der Bundesrepublik Deutschland, in: Flämig et al. 1996, S. 1655-1665.

Siebert, Horst: Theorien für die Bildungspraxis. Bad Heilbrunn 1993.

Siebert, Horst: Konstruktivistische Aspekte der Erwachsenenbildung, in: Derichs-Kunstmann et al. 1995, S. 50-54.

Strunk, Gerhard: Weiterbildung im Konflikt zwischen Grundrechtsverpflichtung und Marktanpassung: Von Ansätzen und Widersprüchen in ihrer institutionellen Entwicklung, in: Derichs-Kunstmann et al. 1997, S. 17-30.

Teichler, Ulrich (Hrsg.): Das Hochschulwesen in der Bundesrepublik Deutschland. Weinheim 1990.

Tidick, Marianne: Die Ständige Konferenz der Kultusminister der Länder als ständige Verschwörung gegen die Öffentlichkeit?, in: Sekretariat der Kultusministerkonferenz (Hrsg.): Einheit in der Vielfalt: 50 Jahre Kultusministerkonferenz. Neuwied 1998, S. 151-160.

Tietgens, Hans: Zum Stand der Theoriediskussion, in: Derichs-Kunstmann et al. 1995, S. 181-189.

Tillmann, Klaus-Jürgen: Autonomie der Schule, oder: Wollen Schulen verwaltet werden?, in: Pädagogik H. 11/1993, S. 6-8.

Timmermann, Dieter: Abwägen heterogener bildungsökonomischer Argumente zur Schulautonomie, in: Zeitschrift für Pädagogik 41 (1995), S. 49-60.

Tippelt, Rudolf (Hrsg.): Handbuch Erwachsenenbildung/Weiterbildung. Opladen 1994.

Tippelt, Rudolf: Erwachsenenbildung im sozialen Wandel: Aktuelle Entwicklungen und Probleme in einem expandierenden pädagogischen Handlungsfeld, in: Pädagogische Rundschau 48 (1994), S. 459-472. (1994a)

Tippelt, Rudolf; van Clewe, Bernd: Verfehlte Bildung? Bildungsexpansion und Qualifikationsbedarf. Darmstadt 1995.

Webler, Wolf-Dietrich: Externe Einflüsse auf die Hochschulen, in: Teichler 1990, S. 65-100.

Webler, Wolf-Dietrich: Eine Schlacht für den Rechtsstaat gewonnen? Personalkommissionen an ostdeutschen Hochschulen, in: Das Hochschulwesen H. 2/1992, S. 52-57.

Wielgohs, Jan; Schulz, Marianne: Von der illegalen Opposition in die legale Marginalität: Zur Entwicklung der Binnenstruktur der ostdeutschen Bürgerbewegung, in: Berliner Journal für Soziologie H. 3/1991, S. 383-392 (Teil I); H. 1/1992, S. 119-128 (Teil II).

Wissenschaftsrat: Empfehlungen zu den Perspektiven der Hochschulen in den 90er Jahren. Köln 1988.

Wissenschaftsrat: Empfehlungen und Stellungnahmen 1995 (Bd. I u. Bd. II). Köln 1996.

Wissenschaftsrat: Empfehlungen zur Stärkung der Lehre in den Hochschulen durch Evaluation. Bonn 1996(a).

Wissenschaftsrat: Empfehlungen und Stellungnahmen 1996 (Bd. I u. Bd. II). Köln 1997.

Wissenschaftsrat: Empfehlungen und Stellungnahmen 1997 (Bd. I u. Bd. II). Köln 1998.

Wissenschaftsrat: Empfehlung zur Hochschulentwicklung durch Teilzeitstudium, Multimedia und wissenschaftliche Weiterbildung. Köln 1998(a).

Wittpoth, Jürgen: Recht, Politik und Struktur der Weiterbildung. Hohengehren 1997.

Wittwer, Wolfgang: Vom Alphabetisierungsprogramm zur berufsbiographieorientierten Weiterbildung, in: Drees/Ilse 1998, S. 165-182.

191

Zentrale Evaluationsagentur der niedersächsischen Hochschulen: Qualitätssicherung in Lehre und Studium: Niedersächsische Erfahrungen im internationalen Vergleich. (Evaluation der Lehre 2). Hannover 1997.

Zentrale Evaluationsagentur der niedersächsischen Hochschulen: Leitfaden für die Selbstevaluation von Lehre und Studium an den niedersächsischen Hochschulen. Hannover 1997(a).

Zielke, Dietmar; Dybowski, Gisela; Mucke, Kerstin: Individualisierung und Binnendifferenzierung in der Berufsausbildung: Ein Beitrag zur Weiterentwicklung beruflicher Bildung, in: Bundesinstitut für Berufsbildung: Perspektiven der dualen Berufsausbildung. Berlin, Bonn 1994, S. 9-24.

Dokumente

Dokument 1
Grundgesetz für die Bundesrepublik Deutschland
(23. Mai 1949, zuletzt geändert am 16. Juli 1998)

Art. 5 [Kunst und Wissenschaft]
(...)
(3) Kunst und Wissenschaft, Forschung und Lehre sind frei: Die Freiheit
der Lehre entbindet nicht von der Treue zur Verfassung.

Art. 7 [Schulwesen]
(1) Das gesamte Schulwesen steht unter der Aufsicht des Staates.
(2) Die Erziehungsberechtigten haben das Recht, über die Teilnahme des
Kindes am Religionsunterricht zu bestimmen.
(3) Der Religionsunterricht ist in den öffentlichen Schulen mit Ausnahme
der bekenntnisfreien Schulen ordentliches Lehrfach. Unbeschadet des staatlichen Aufsichtsrechtes wird der Religionsunterricht in Übereinstimmung
mit den Grundsätzen der Religionsgemeinschaften erteilt. Kein Lehrer
darf gegen seinen Willen verpflichtet werden, Religionsunterricht zu erteilen.
(4) Das Recht zur Errichtung von privaten Schulen wird gewährleistet.
Private Schulen als Ersatz für öffentliche Schulen bedürfen der Genehmigung des Staates und unterstehen den Landesgesetzen. Die Genehmigung
ist zu erteilen, wenn die privaten Schulen in ihren Lehrzielen und Einrichtungen sowie in der wissenschaftlichen Ausbildung ihrer Lehrkräfte
nicht hinter den öffentlichen Schulen zurückstehen und eine Sonderung
der Schüler nach den Besitzverhältnissen der Eltern nicht gefördert wird.
Die Genehmigung ist zu versagen, wenn die wirtschaftliche und rechtliche
Stellung der Lehrkräfte nicht genügend gesichert ist.
(5) Eine private Volksschule ist nur zuzulassen, wenn die Unterrichtsverwaltung ein besonderes pädagogisches Interesse anerkennt oder, auf Antrag von Erziehungsberechtigten, wenn sie als Gemeinschaftsschule, als
Bekenntnis- oder Weltanschauungsschule errichtet werden soll und eine
öffentliche Volksschule dieser Art in der Gemeinde nicht besteht.
(6) Vorschulen bleiben aufgehoben.

Art. 12 [Ausbildungs- und Berufsfreiheit]
(1) Alle Deutschen haben das Recht, Beruf, Arbeitsplatz und Ausbildungsstätte frei zu wählen. Die Berufsausübung kann durch Gesetz oder
auf Grund eines Gesetzes geregelt werden. (...)

Art. 23 [Europäische Union]
(1) Zur Verwirklichung eines vereinten Europas wirkt die Bundesrepublik
Deutschland bei der Entwicklung der Europäischen Union mit, die
demokratischen, rechtsstaatlichen, sozialen und föderativen Grundsätzen

und dem Grundsatz der Subsidiarität verpflichtet ist und einen diesem Grundgesetz im wesentlichen vergleichbaren Grundrechtsschutz gewährleistet. Der Bund kann hierzu durch Gesetz mit Zustimmung des Bundesrates Hoheitsrechte übertragen. Für die Begründung der Europäischen Union sowie für Änderungen ihrer vertraglichen Grundlagen und vergleichbare Regelungen, durch die dieses Grundgesetz seinem Inhalt nach geändert oder ergänzt wird oder solche Änderungen oder Ergänzungen ermöglicht werden, gilt Artikel 79 Abs. 2 und 3.

(2) In Angelegenheiten der Europäischen Union wirken der Bundestag und durch den Bundesrat die Länder mit. Die Bundesregierung hat den Bundestag und den Bundesrat umfassend und zum frühestmöglichen Zeitpunkt zu unterrichten.

(3) Die Bundesregierung gibt dem Bundestag Gelegenheit zur Stellungnahme vor ihrer Mitwirkung an Rechtsetzungsakten der Europäischen Union. Die Bundesregierung berücksichtigt die Stellungnahmen des Bundestages bei den Verhandlungen. Das Nähere regelt ein Gesetz.

(4) Der Bundesrat ist an der Willensbildung des Bundes zu beteiligen, soweit er an einer entsprechenden innerstaatlichen Maßnahme mitzuwirken hätte oder soweit die Länder innerstaatlich zuständig wären.

(5) Soweit in einem Bereich ausschließlicher Zuständigkeit des Bundes Interessen der Länder berührt sind oder soweit im übrigen der Bund das Recht zur Gesetzgebung hat, berücksichtigt die Bundesregierung die Stellungnahme des Bundesrates. Wenn im Schwerpunkt Gesetzgebungsbefugnisse der Länder, die Einrichtung ihrer Behörden oder ihre Verwaltungsverfahren betroffen sind, ist bei der Willensbildung des Bundes insoweit die Auffassung des Bundesrates maßgeblich zu berücksichtigen; dabei ist die gesamtstaatliche Verantwortung des Bundes zu wahren. In Angelegenheiten, die zu Ausgabenerhöhungen oder Einnahmeminderungen für den Bund führen können, ist die Zustimmung der Bundesregierung erforderlich.

(6) Wenn im Schwerpunkt ausschließlich Gesetzgebungsbefugnisse der Länder betroffen sind, soll die Wahrnehmung der Rechte, die der Bundesrepublik Deutschland als Mitgliedstaat der Europäischen Union zustehen, vom Bund auf einen vom Bundesrat benannten Vertreter der Länder übertragen werden. Die Wahrnehmung der Rechte erfolgt unter Beteiligung und in Abstimmung mit der Bundesregierung; dabei ist die gesamtstaatliche Verantwortung des Bundes zu wahren.

(7) Das Nähere zu den Absätzen 4 bis 6 regelt ein Gesetz, das der Zustimmung des Bundesrates bedarf.

Art. 74 [Gegenstände der konkurrierenden Gesetzgebung des Bundes]

(1) Die konkurrierende Gesetzgebung erstreckt sich auf folgende Gebiete: (...)

11. das Recht der Wirtschaft (Bergbau, Industrie, Energiewirtschaft, Handwerk, Gewerbe, Handel, Bank- und Börsenwesen, privatrechtliches Versicherungswesen);
(...)
12. das Arbeitsrecht einschließlich der Betriebsverfassung, des Arbeitsschutzes und der Arbeitsvermittlung sowie die Sozialversicherung einschließlich der Arbeitslosenversicherung;
13. die Regelung der Ausbildungsbeihilfen und die Förderung der wissenschaftlichen Forschung;
(...)

Art. 91a [Mitwirkung des Bundes bei Gemeinschaftsaufgaben]
(1) Der Bund wirkt auf folgenden Gebieten bei der Erfüllung von Aufgaben der Länder mit, wenn diese Aufgaben für die Gesamtheit bedeutsam sind und die Mitwirkung des Bundes zur Verbesserung der Lebensverhältnisse erforderlich ist (Gemeinschaftsaufgaben):
1. Ausbau und Neubau von Hochschulen einschließlich der Hochschulkliniken,
(...).

Art. 91b [Zusammenwirken bei Bildungsplanung und Forschung]
Bund und Länder können auf Grund von Vereinbarungen bei der Bildungsplanung und bei der Förderung von Einrichtungen und Vorhaben der wissenschaftlichen Forschung von überregionaler Bedeutung zusammenwirken. Die Aufteilung der Kosten wird in der Vereinbarung geregelt.

Quelle: BGBl. III, 100-1

Dokument 2
Vertrag zur Gründung der Europäischen Gemeinschaft (EG)
(Fassung vom 7. Februar 1992, zuletzt geändert am 2. Oktober 1997)

Art. 2 (ex-Art. 2) [Aufgabe der Gemeinschaft] Aufgabe der Gemeinschaft ist es, durch die Errichtung eines gemeinsamen Marktes und einer Wirtschafts- und Währungsunion sowie durch die Durchführung der in den Artikeln 3 und 4 genannten gemeinsamen Politiken und Maßnahmen in der ganzen Gemeinschaft eine harmonische, ausgewogene und nachhaltige Entwicklung des Wirtschaftslebens, ein hohes Beschäftigungsniveau und ein hohes Maß an sozialem Schutz, die Gleichstellung von Männern und Frauen, ein beständiges, nichtinflationäres Wachstum, einen hohen Grad von Wettbewerbsfähigkeit und Konvergenz der Wirtschaftsleistungen, ein hohes Maß an Umweltschutz und Verbesserung der Umweltqualität, die Hebung der Lebenshaltung und der Lebensqualität, den

wirtschaftlichen und sozialen Zusammenhalt und die Solidarität zwischen den Mitgliedstaaten zu fördern.

Art. 3 (ex-Art. 3) [Tätigkeit der Gemeinschaft] (1) Die Tätigkeit der Gemeinschaft im Sinne des Artikels 2 umfaßt nach Maßgabe dieses Vertrages und der darin vorgesehenen Zeitfolge:

(...)

(n) die Förderung der Forschung und technologischen Entwicklung;

(...)

(q) einen Beitrag zu einer qualitativ hochstehenden allgemeinen und beruflichen Bildung sowie zur Entfaltung des Kulturlebens in den Mitgliedstaaten;

(...)

Art. 35 (ex-Art. 41) [Maßnahmen im Rahmen einer gemeinsamen Agrarpolitik] Um die Ziele des Artikels 33 zu erreichen, können im Rahmen der gemeinsamen Agrarpolitik folgende Maßnahmen vorgesehen werden:

a) eine wirksame Koordinierung der Bestrebungen auf dem Gebiet der Berufsausbildung, der Forschung und der Verbreitung landwirtschaftlicher Fachkenntnisse; hierbei können Vorhaben oder Einrichtungen gemeinsam finanziert werden;

(...)

Artikel 136 (ex-Art. 117) [Abstimmung der Sozialordnungen]
Die Gemeinschaft und die Mitgliedstaaten verfolgen eingedenk der sozialen Grundrechte, wie sie in der am 18. Oktober 1961 in Turin unterzeichneten Europäischen Sozialcharta und in der Gemeinschaftscharta der sozialen Grundrechte der Arbeitnehmer von 1989 festgelegt sind, folgende Ziele: die Förderung der Beschäftigung, die Verbesserung der Lebens- und Arbeitsbedingungen, um dadurch auf dem Wege des Fortschritts ihre Angleichung zu ermöglichen, einen angemessenen sozialen Schutz, den sozialen Dialog, die Entwicklung des Arbeitskräftepotentials im Hinblick auf ein dauerhaft hohes Beschäftigungsniveau und die Bekämpfung von Ausgrenzungen.
Zu diesem Zweck führen die Gemeinschaft und die Mitgliedstaaten Maßnahmen durch, die der Vielfalt der einzelstaatlichen Gepflogenheiten, insbesondere in den vertraglichen Beziehungen, sowie der Notwendigkeit, die Wettbewerbsfähigkeit der Wirtschaft der Gemeinschaft zu erhalten, Rechnung tragen.
Sie sind der Auffassung, daß sich eine solche Entwicklung sowohl aus dem eine Abstimmung der Sozialordnungen begünstigenden Wirken des Gemeinsamen Marktes als auch aus den in diesem Vertrag vorgesehenen Verfahren sowie aus der Angleichung ihrer Rechts- und Verwaltungsvorschriften ergeben wird.

198

Artikel 140 (ex-Art. 118c) [Zusammenarbeit in der Sozialpolitik]
Unbeschadet der sonstigen Bestimmungen dieses Vertrags fördert die
Kommission im Hinblick auf die Erreichung der Ziele des Artikels 136
die Zusammenarbeit zwischen den Mitgliedstaaten und erleichtert die
Abstimmung ihres Vorgehens in allen unter dieses Kapitel fallenden
Bereichen der Sozialpolitik, insbesondere auf dem Gebiet
– der Beschäftigung,
– des Arbeitsrechts und der Arbeitsbedingungen,
– der beruflichen Ausbildung und Fortbildung,
– der sozialen Sicherheit,
– der Verhütung von Berufsunfällen und Berufskrankheiten,
– des Gesundheitsschutzes bei der Arbeit,
– des Koalitionsrechts und der Kollektivverhandlungen zwischen Arbeitgebern und Arbeitnehmern.
Zu diesem Zweck wird die Kommission in enger Verbindung mit den
Mitgliedstaaten durch Untersuchungen, Stellungnahmen und die Vorbereitung von Beratungen tätig, gleichviel ob es sich um innerstaatliche oder
um internationalen Organisationen gestellte Probleme handelt.
Vor Abgabe der in diesem Artikel vorgesehenen Stellungnahmen hört die
Kommission den Wirtschafts- und Sozialausschuß.
(...)

Artikel 146 (ex-Art. 123) [Zweck des Europäischen Sozialfonds]
Um die Beschäftigungsmöglichkeiten der Arbeitskräfte im Binnenmarkt
zu verbessern und damit zur Hebung der Lebenshaltung beizutragen, wird
nach Maßgabe der folgenden Bestimmungen ein Europäischer Sozialfonds
errichtet, dessen Ziel es ist, innerhalb der Gemeinschaft die berufliche
Verwendbarkeit und die örtliche und berufliche Mobilität der Arbeitskräfte zu fördern sowie die Anpassung an die industriellen Wandlungsprozesse und an Veränderungen der Produktionssysteme insbesondere durch
berufliche Bildung und Umschulung zu erleichtern.
(...)

Artikel 149 (ex-Art. 126) [Bildungspolitische Ziele der Gemeinschaft]
(1) Die Gemeinschaft trägt zur Entwicklung einer qualitativ hochstehenden Bildung dadurch bei, daß sie die Zusammenarbeit zwischen den
Mitgliedstaaten fördert und die Tätigkeit der Mitgliedstaaten unter strikter
Beachtung der Verantwortung der Mitgliedstaaten für die Lehrinhalte und
die Gestaltung des Bildungssystems sowie der Vielfalt ihrer Kulturen und
Sprachen erforderlichenfalls unterstützt und ergänzt.
(2) Die Tätigkeit der Gemeinschaft hat folgende Ziele:
– Entwicklung der europäischen Dimension im Bildungswesen, insbesondere durch Erlernen und Verbreitung der Sprachen der Mitgliedstaaten;

- Förderung der Mobilität von Lernenden und Lehrenden, auch durch die Förderung der akademischen Anerkennung der Diplome und Studienzeiten;
- Förderung der Zusammenarbeit zwischen den Bildungseinrichtungen;
- Ausbau des Informations- und Erfahrungsaustauschs über gemeinsame Probleme im Rahmen der Bildungssysteme der Mitgliedstaaten;
- Förderung des Ausbaus des Jugendaustauschs und des Austauschs sozialpädagogischer Betreuer;
- Förderung der Entwicklung der Fernlehre.

(3) Die Gemeinschaft und die Mitgliedstaaten fördern die Zusammenarbeit mit dritten Ländern und den für den Bildungsbereich zuständigen internationalen Organisationen, insbesondere dem Europarat.

(4) Als Beitrag zur Verwirklichung der Ziele dieses Artikels erläßt der Rat
- gemäß dem Verfahren des Artikels 251 und nach Anhörung des Wirtschafts- und Sozialausschusses und des Ausschusses der Regionen Fördermaßnahmen unter Ausschluß jeglicher Harmonisierung der Rechts- und Verwaltungsvorschriften der Mitgliedstaaten;
- mit qualifizierter Mehrheit auf Vorschlag der Kommission Empfehlungen.

Artikel 150 (ex-Art. 127) [Berufliche Bildung]

(1) Die Gemeinschaft führt eine Politik der beruflichen Bildung, welche die Maßnahmen der Mitgliedstaaten unter strikter Beachtung der Verantwortung der Mitgliedstaaten für Inhalte und Gestaltung der beruflichen Bildung unterstützt und ergänzt.

(2) Die Tätigkeit der Gemeinschaft hat folgende Ziele:
- Erleichterung der Anpassung an die industriellen Wandlungsprozesse, insbesondere durch berufliche Bildung und Umschulung;
- Verbesserung der beruflichen Erstausbildung und Weiterbildung zur Erleichterung der beruflichen Eingliederung und Wiedereingliederung in den Arbeitsmarkt;
- Erleichterung der Aufnahme einer beruflichen Bildung sowie Förderung der Mobilität der Ausbilder und der in beruflicher Bildung befindlichen Personen, insbesondere der Jugendlichen;
- Förderung der Zusammenarbeit in Fragen der beruflichen Bildung zwischen Unterrichtsanstalten und Unternehmen;
- Ausbau des Informations- und Erfahrungsaustauschs über gemeinsame Probleme im Rahmen der Berufsbildungssysteme der Mitgliedstaaten.

(3) Die Gemeinschaft und die Mitgliedstaaten fördern die Zusammenarbeit mit dritten Ländern und den für die berufliche Bildung zuständigen internationalen Organisationen.

(4) Der Rat erläßt gemäß dem Verfahren des Artikels 251 und nach Anhörung des Wirtschafts- und Sozialausschusses sowie des Ausschusses der Regionen Maßnahmen, die zur Verwirklichung der Ziele dieses Artikels beitragen, unter Ausschluß jeglicher Harmonisierung der Rechts- und Verwaltungsvorschriften der Mitgliedstaaten.

Quelle: EG-Vertrag zur Gründung der Europäischen Gemeinschaft (EG) vom 7. Februar 1992 in der Fassung des Amsterdamer Vertrags vom 2. Oktober 1997, in: BGBl. 1998 II, S. 387.

Hinweis: Die in Klammern ( ) nachgewiesenen Artikel beziehen sich auf die Zählung des EG-Vertrages in der Fassung vom 7. Februar 1992 (Maastrichter Vertrag).

Dokument 3
Bildungs- und Kulturföderalismus
(Erklärung der Kultusministerkonferenz anläßlich ihrer 250. Plenarsitzung am 4./5. Oktober 1990)
(...)

In der mehr als vier Jahrzehnte dauernden Epoche der deutschen Teilung haben die Kultusminister der Länder auf der Grundlage der im Grundgesetz verankerten Kulturhoheit der Länder mit Erfolg zusammengearbeitet und ihre besondere Verantwortung wahrgenommen. Sie haben für eine gemeinsame und vergleichbare Grundstruktur des Bildungswesens in den Ländern gesorgt und die Gleichwertigkeit des Bildungswesens in der Bundesrepublik Deutschland gewährleistet. Unter Wahrung eines eigenen Gestaltungsraums der Länder gelang es, das Bildungswesen in gegenseitiger Abstimmung weiter zu entwickeln. Auch im Bereich von Kultur und Sport hat die Kultusministerkonferenz Impulse gegeben und Akzente gesetzt. Durch die gemeinsame Finanzierung überregionaler Kultureinrichtungen hat sie der kulturpolitischen Verantwortung der Länder Rechnung getragen. Als Partner der Sportorganisationen erfüllen sie eine wichtige Funktion für die Gesamtentwicklung des Sports. Der Föderalismus hat sich bewährt. Er wird der historisch gewachsenen regionalen Struktur Deutschlands gerecht und ist ein Element der Gewaltenteilung und Garant in einem demokratischen Staat für Vielfalt, Wettbewerb und Bürgernähe. Auch in einem vereinten Europa ist der Föderalismus das geeignete Gestaltungsprinzip.
(...)

Quelle: KMK 2000 Nr. 25.8

Dokument 4
Das KMK-Verfahren in Angelegenheiten der Europäischen Union
(Beschluß der Kultusministerkonferenz vom 12. Mai 1995)

A) Grundsatz

1. Anwendungsbereich
Angelegenheiten der Europäischen Union (EU) sind insbesondere EU-Vorhaben im Bundesratsverfahren, Beratungsgegenstände von formellen und informellen EU-Ministerräten oder -Ausschüssen und sonstigen Beratungsgremien des Rates oder der Kommission.

2. Mandat innerhalb der KMK
Die vom Bundesrat als Vertreter der Länder in EU-Ministerräten ernannten Mitglieder der KMK (im folgenden: „benannte Minister") sind auch innerhalb der KMK jeweils im Rahmen ihres Mandats Berichterstatter für EU-Angelegenheiten. Sie arbeiten dabei eng mit der oder dem Vorsitzenden der Kommission für Angelegenheiten der Europäischen Union (Europa-Kommission) zusammen.

3. Unterstützung der benannten Minister
Die Bundesratsbeauftragten in den die Ministerräte vorbereitende EU-Gremien nehmen innerhalb der KMK Beraterfunktion gegenüber den benannten Ministern wahr. Insbesondere informieren sie das Mitglied des Ministerrats zeitgerecht über relevante Vorgänge in den Gremien. Sie stimmen sich bezüglich eigener Initiativen in den Gremien der EU mit dem Mitglied des Ministerrats ab, sofern hinreichend bestimmte Bundesratsbeschlüsse nicht oder noch nicht vorliegen; sie bereiten es auf die Sitzungen des Ministerrats vor. Sie werden sich darum bemühen, Initiativen im Bundesrat, der KMK und der BLK mit dem Mitglied des Ministerrats abzustimmen.

4. Rolle des KMK-Sekretariats
Das KMK-Sekretariat unterstützt die benannten Minister und sonstigen Bundesratsbeauftragten in den Gremien der Europäischen Union und im Verhältnis Bund-Länder.

5. Auftrag der Europa-Kommission
Stellungnahmen der KMK in Angelegenheiten der Europäischen Union werden unter Beteiligung der Fachausschüsse von der Europa-Kommission vorbereitet und nach Beratung durch die Amtschefskonferenz [AK] vom KMK-Plenum beschlossen. Für die fachliche Vorbereitung in Forschungsangelegenheiten ist innerhalb der KMK der Hochschulausschuß/-UA Forschung zuständig. Soweit eine Behandlung unter rechtlichen oder

politischen Aspekten der Europäischen Union erforderlich ist, ist die Europa-Kommission zu beteiligen.

6. Eilverfahren

Bei Eilbedürftigkeit treten, je nach Terminlage und Bedarf,
- an die Stelle der Fachausschüsse ihre Vorsitzenden;
- an die Stelle der Europa-Kommission deren Vorsitzende(r) und Stellvertretende(r) Vorsitzende(r);
- an die Stelle des KMK-Plenums das KMK-Präsidium.

Die Feststellung der Eilbedürftigkeit trifft die benannte Ministerin bzw. der benannte Minister.

B) Bundesratsverfahren

1. Eine EU-Vorlage, an der der Bundesrat zu beteiligen ist, soll von der KMK mit dem Ziel der Abstimmung beraten werden. Die Befassung der KMK-Gremien erfolgt auf Antrag eines ihrer Mitglieder. Vor allem die benannten Minister prüfen aufgrund der ihnen vorliegenden Informationen Bedeutung und Eilbedürftigkeit der Vorgänge und bemühen sich um ein angemessenes Verfahren. Zur Vorbereitung von Stellungnahmen können sie länderoffene ad-hoc-Arbeitsgruppen einberufen. Bei EU-Angelegenheiten von untergeordneter Bedeutung oder nur marginaler Auswirkung auf die Geschäftsbereiche der Bildungs-, Kultur- und Wissenschaftsressorts kann das KMK-Verfahren insgesamt entfallen.

2. Kommt es zu einer Stellungnahme der KMK, so soll dieser im Bundesratskulturausschuß von der benannten Ministerin bzw. dem Minister oder einer anderen von ihnen mandatierten Person vertreten werden. Die Mitglieder der KMK vertreten Stellungnahmen des KMK-Plenums zu EU-Vorhaben in ihren Kabinetten. In der Europakammer sollen Stellungnahmen der KMK von den benannten Ministern, von der oder dem Vorsitzenden der Europa-Kommission oder einem anderen Amtschef im Rahmen der Teilnahme als Beauftragter einer Landesregierung vertreten werden (§ 45g Geschäftsordnung Bundesrat)

3. Liegt kein Plenarbeschluß der KMK vor, sind die Mitglieder der KMK bei ihrer Willensäußerung im Bundesratsverfahren frei. Sie werden hierbei Stellungnahmen berücksichtigen, die bereits von KMK-Fachausschüssen beschlossen worden sind.

C) Verfahren außerhalb des Bundesrates

1. Soweit eine Vorlage nicht als Bundesratsdrucksache umgedruckt ist, bildet die Stellungnahme des KMK-Plenums oder des KMK-Präsidi-

ums die Grundlage für die weitere Verhandlungsführung oder die Mitwirkung der benannten Minister in den EU-Ministerräten.

2. Bei EU-Angelegenheiten, die sich noch in einem frühen Vorbereitungsstadium befinden, kann die Befassung der AK und des Plenums entfallen. Dann bildet die Stellungnahme der Europa-Kommission bzw. ihres oder ihrer Vorsitzenden die Grundlage für die Verhandlungsführung oder die Mitwirkung der Ländervertreter in Ausschüssen oder sonstigen Beratungsgremien des Rates und der Kommission, soweit diese Ländervertreter auf Vorschlag der KMK oder eines Kultus- oder Wissenschaftsministeriums bestellt worden sind.

3. In EU-Angelegenheiten außerhalb des Bundesratsverfahrens soll die Abstimmung mit dem BMBF oder mit anderen fachlich zuständigen Bundesressorts durch die Europa-Kommission oder im Rahmen der AK erfolgen.

In EU-Forschungsangelegenheiten gilt die Absprache vom 8. März 1994.

Quelle: KMK 2000 Nr. 2.02.

Dokument 5
Bildung im Einigungsvertrag
(31. August 1990)

Art. 37 Bildung

(1) In der Deutschen Demokratischen Republik erworbene oder staatlich anerkannte schulische, berufliche und akademische Abschlüsse oder Befähigungsnachweise gelten in dem in Artikel 3 genannten Gebiet weiter. In dem in Artikel 3 genannten Gebiet oder in den anderen Ländern der Bundesrepublik Deutschland einschließlich Berlin (West) abgelegte Prüfungen oder erworbene Befähigungsnachweise stehen einander gleich und verleihen die gleichen Berechtigungen, wenn sie gleichwertig sind. Die Gleichwertigkeit wird auf Antrag von der jeweils zuständigen Stelle festgestellt. Rechtliche Regelungen des Bundes und der Europäischen Gemeinschaften über die Gleichstellung von Prüfungen oder Befähigungsnachweisen sowie besondere Regelungen in diesem Vertrag haben Vorrang. Das Recht auf Führung erworbener, staatlich anerkannter oder verliehener akademischer Berufsbezeichnungen, Grade und Titel bleibt in jedem Fall unberührt.

(2) Für Lehramtsprüfungen gilt das in der Kultusministerkonferenz übliche Anerkennungsverfahren. Die Kultusministerkonferenz wird entsprechende Übergangsregelungen treffen.

(3) Prüfungszeugnisse nach der Systematik der Ausbildungsberufe und der Systematik der Facharbeiterberufe und Abschlußprüfungen und Gesellenprüfungen in anerkannten Ausbildungsberufen stehen einander gleich.

(4) Die bei der Neugestaltung des Schulwesens in dem in Artikel 3 genannten Gebiet erforderlichen Regelungen werden von den in Artikel 1 genannten Ländern getroffen. Die notwendigen Regelungen zur Anerkennung von Abschlüssen schulrechtlicher Art werden in der Kultusministerkonferenz vereinbart. In beiden Fällen sind Basis das Hamburger Abkommen und die weiteren einschlägigen Vereinbarungen der Kultusministerkonferenz.

(5) Studenten, die vor Abschluß eines Studiums die Hochschule wechseln, werden bisher erbrachte Studien- und Prüfungsleistungen nach den Grundsätzen des § 7 der Allgemeinen Bestimmungen für Diplomprüfungsordnungen (ABD) oder im Rahmen der für die Zulassung zu Staatsprüfungen geltenden Vorschriften anerkannt.

(6) Die auf Abschlußzeugnissen der Ingenieur- und Fachschulen der Deutschen Demokratischen Republik bestätigten Hochschulzugangsberechtigungen gelten gemäß Beschluß der Kultusministerkonferenz vom 10. Mai 1990 und seiner Anlage B. Weitergehende Grundsätze und Verfahren für die Anerkennung von Fachschul- und Hochschulabschlüssen für darauf aufbauende Schul- und Hochschulausbildungen sind im Rahmen der Kultusministerkonferenz zu entwickeln.

Quelle: Vertrag über die Herstellung der Einheit Deutschlands (Einigungsvertrag) vom 31. August 1990, in: BGBl. II, S. 885.

Dokument 6
Hohenheimer Memorandum zur Bildungs-, Wissenschafts- und Kulturpolitik im geeinten Deutschland
(Beschluß der Kultusministerkonferenz vom 22. Februar 1991)

1. Für die Gestaltung des Schulwesens ist das Prinzip der Kulturhoheit der Länder von grundlegender Bedeutung. Dabei tragen die Länder ihren föderalen Rechten und Verpflichtungen auch dadurch Rechenschaft, daß sie durch die Sicherung einer gemeinsamen und vergleichbaren Grundstruktur der Bildungsgänge im Schulwesen wesentliche Voraussetzungen für die erforderliche Freizügigkeit über Ländergrenzen hinweg schaffen.
Der Einigungsvertrag sieht vor, daß die neuen Länder bei der Neugestaltung ihres Schulwesens das Hamburger Abkommen und die weiteren einschlägigen Vereinbarungen der KMK als Basis nehmen. Es

wird in den nächsten Jahren darauf ankommen, daß alle Länder in der Schulgesetzgebung und der Praxis Wege finden, welche die Vergleichbarkeit und Gleichwertigkeit der Bildungsgänge gewährleisten. Angesichts der großen Schwierigkeiten bei der Umstellung werden die alten Länder die erforderlichen Übergangsfristen einräumen. Die eingeleitete fachliche Erneuerung und Differenzierung der Bildungsgänge muß fortgeführt werden, um den individuellen Begabungen und Neigungen der Schüler besser gerecht zu werden und überall anerkannte schulische Abschlüsse zu sichern.

Bei den mittleren schulischen Abschlüssen werden sich die Anforderungen an der Rahmenvereinbarung für die gegenseitige Anerkennung von Abschlüssen an Gesamtschulen (Beschluß der KMK v. 28.5.1983) zu orientieren haben. Das Abitur muß unbeschadet der Dauer der Schulzeit die Studierfähigkeit sichern und für den Zugang zu den Hochschulen bestimmend bleiben; bezüglich der inhaltlichen Anforderungen wird auf den Beschluß der KMK vom 1.12.1989 verwiesen. Gemeinsam werden alle Länder prüfen, wie eine Verkürzung der Bildungs- und Ausbildungszeiten insgesamt möglich ist.

In der beruflichen Bildung wird die Hauptaufgabe für die neuen Länder darin liegen, das duale System in die Praxis umzusetzen und die beruflichen Vollzeitschulen so zu ordnen, daß sie der in den alten Ländern vereinbarten und bewährten Struktur entsprechen.

Besondere Verantwortung für die Neugestaltung des Schulwesens tragen auch die Lehrer. Auf der Basis der allgemeinen Hochschulreife sollte die Lehrerausbildung in zwei Phasen (ein Studium an Universitäten oder vergleichbaren Hochschulen und ein Vorbereitungsdienst in der Zuständigkeit der Schulverwaltung) absolviert und jeweils mit einer Staatsprüfung abgeschlossen werden. Den Lehrern in den neuen Ländern wird Gelegenheit zur Fort- und Weiterbildung gegeben, dadurch sollen die Strukturen der Lehrerbeschäftigung in allen Ländern angeglichen werden.

2. Auf der Basis von Empfehlungen des Wissenschaftsrats werden in den kommenden Jahren wesentliche Entscheidungen über künftige Entwicklungen, spezifische Ausrichtungen und Schwerpunkte in Lehre, Wissenschaft und Forschung zu treffen sein. Dabei wird es vorwiegend um die Neugestaltung der Geistes- und Gesellschaftswissenschaften, die Neuerrichtung von Universitäten und den Aufbau von Fachhochschulen gehen.

Die Hochschulen können ihre Funktion als Träger der grundgesetzlich garantierten freien Lehre und Forschung wahrnehmen, wenn möglichst bald die fachliche Qualifikation des Hochschulpersonals anerkannt ist und legitimierte, funktionsfähige Selbstverwaltungsstrukturen an den Hochschulen entstehen. In den neuen Ländern müssen Lehr- und Forschungsbedingungen geschaffen werden, die für Wissenschaftler sowohl aus den neuen wie aus den alten Ländern und im Ausland attraktiv sind.

Für alle Studenten in Deutschland müssen Durchlässigkeit und Freizügigkeit im Hochschulwesen gewährleistet sein. Berufsbefähigende Hochschulabschlüsse, die in den neuen Ländern erworben werden, müssen dieselben beruflichen Chancen eröffnen wie Abschlüsse von Hochschulen in den alten Ländern. Soweit in einer Übergangszeit noch Defizite bestehen, müssen Angebote zur Nachqualifizierung entwickelt werden.

Die Stärkung der Grundlagenforschung ist eine der wesentlichen Zielsetzungen für die Entwicklung der Hochschulen in den neuen Ländern. Auf der Grundlage der Empfehlungen des Wissenschaftsrats sind – wo immer möglich – leistungsfähige Forschungseinrichtungen in die Hochschulen zu integrieren.

Die Verbesserung der Grundausstattung der Hochschulen als Voraussetzung einer effektiven Forschungsförderung durch Drittmittel (Wirtschaft und öffentliche Hand, insbesondere Deutsche Forschungsgemeinschaft) muß gewährleistet werden.

Die neue Hochschulprognose der KMK weist für die kommenden Jahre höhere Studienanfänger- und Studentenzahlen aus. Die Gesamtzahl der Studenten an den Hochschulen in den alten Ländern wird die derzeitige Marke von über 1,5 Mio. in den kommenden 10 Jahren noch weiter überschreiten. Nach einer ersten Einschätzung der Entwicklung in den neuen Ländern ist davon auszugehen, daß die Gesamtstudentenzahl in der Bundesrepublik eine Größenordnung von 2 Mio. erreichen wird. Diese Entwicklung macht bei allen Verantwortlichen neue Überlegungen für die Sicherstellung einer qualifizierten Hochschulausbildung notwendig. Fachhochschulen haben sich als unverwechselbares und unverzichtbares Element eines differenzierten Hochschulsystems in der Bundesrepublik etabliert und bewährt. Deswegen muß der weitere Ausbau und die Neuerrichtung von Fachhochschulen einen Schwerpunkt der Hochschulpolitik in den neuen Ländern bilden. Der Stellenwert der Lehre an den Hochschulen muß durch gezielte Anreize verbessert werden.

4. Die allgemeine und die berufliche Fort- und Weiterbildung müssen dazu beitragen, daß sich die Menschen in den neuen Ländern den veränderten politischen, ökonomischen und gesellschaftlichen Bedingungen anpassen können und vergleichbare Lebensbedingungen erreichen.

5. Die KMK wird sich auch in Zukunft nachhaltig für die europäische Integration einsetzen. Sie ist der Auffassung, daß Bildung und Kultur dabei eine wichtige Rolle spielen. Bildungs- und Kulturpolitik müs-

sen auf allen Ebenen die europäische Dimension berücksichtigen und eine europäische Perspektive haben.

Die KMK ist der Überzeugung, daß die von den Ländern der Bundesrepublik angestrebte Politische Union eine bundesstaatliche Struktur haben muß, bei der die Aufgaben und Verantwortlichkeiten nach dem Subsidiaritätprinzip auf die verschiedenen staatlichen Ebenen verteilt werden müssen. Bildung und Kultur sind vorrangig Sache der Mitgliedstaaten und nach Maßgabe ihrer Verfassungsordnung wahrzunehmen.

Die KMK mißt darüber hinaus einer gesamteuropäischen Zusammenarbeit in der Bildungs- und Kulturpolitik große Bedeutung bei. Sie ist der Auffassung, daß der Bundesrepublik Deutschland nach Vereinigung der beiden deutschen Staaten eine besondere Verantwortung für die Weiterentwicklung der Beziehungen zu den Staaten Mittel- und Osteuropas obliegt.

Dazu bedarf es eines zwischen Bund und Ländern abgestimmten Gesamtkonzepts, bei dem die Erfahrungen der neuen Länder nutzbar gemacht werden. Zur Erreichung dieser Ziele wird die KMK ihre internationalen Aktivitäten verstärken.

(...)

Quelle: KMK 2000 Nr. 26.

Dokument 7

Vereinbarung über die Schularten und Bildungsgänge im Sekundarbereich I
(Beschluß der Kultusministerkonferenz vom 3. Dezember 1993 in der Fassung vom 27. September 1996)

(...)

Die Vereinbarung dient der Sicherung einer gemeinsamen und vergleichbaren Grundstruktur des Schulwesens in der Bundesrepublik Deutschland im Sinne des ‚Hamburger Abkommens' und trägt der Weiterbildung des Schulwesens in Deutschland Rechnung.
(...)

Die Struktur des Schulwesens im Sekundarbereich I (Jahrgangsstufen 5/7 bis 9/10) ist in den Ländern dadurch gekennzeichnet, daß nach der gemeinsamen vierjährigen Grundschule (in zwei Ländern der sechsjährigen Grundschule) die weiteren Bildungsgänge mit ihren Abschlüssen und Berechtigungen in unterschiedlichen Schularten organisiert sind und zwar in der Mehrzahl der Länder als Hauptschule, Realschule, Gymnasium, Gesamtschule; in einzelnen Ländern als Förderstufe (Hessen), Orientierungsstufe (Niedersachsen), Schulzentrum (Bremen), Mittelschule (Sachsen), Regelschule (Thüringen), Sekundarschule (Saarland, Sachsen-Anhalt), Integrierte Haupt- und Realschule (Hamburg), Verbundene Haupt- und Realschule (Hessen), Regionale Schule (Rheinland-Pfalz), Wirtschaftsschule (Bayern); außerdem in allen Ländern als Sonderschule/Schule für Behinderte/Förderschule.

(...)

Die Gestaltung der Schularten und Bildungsgänge des Sekundarbereichs I geht vom Grundsatz einer allgemeinen Grundbildung, einer individuellen Schwerpunktsetzung und einer leistungsgerechten Förderung aus. Dies wird angestrebt durch:

– die Förderung der geistigen, seelischen und körperlichen Gesamtentwicklung der Schülerinnen und Schüler; Erziehung zur Selbständigkeit und Entscheidungsfähigkeit sowie zu personaler, sozialer und politischer Verantwortung,

– die Sicherung eines Unterrichts, der sich am Erkenntnisstand der Wissenschaft orientiert sowie in Gestaltung und Anforderungen die altersgemäße Verständnisfähigkeit der Schülerinnen und Schüler berücksichtigt,

– eine schrittweise zunehmende Schwerpunktsetzung, die individuelle Fähigkeiten und Neigungen der Schülerinnen und Schüler aufgreift,

– die Sicherung einer Durchlässigkeit, die auch nach einer Phase der Orientierung Möglichkeiten für einen Wechsel des Bildungsgangs eröffnet.

Die Jahrgangsstufen 5 und 6 bilden unabhängig von ihrer organisatorischen Zuordnung eine Phase besonderer Förderung, Beobachtung und Orientierung über den weiteren Bildungsgang mit seinen fachlichen Schwerpunkten.

Wesentliche Merkmale für die Gestaltung der Jahrgangsstufen 5 und 6 sind

– ein gemeinsames grundlegendes Bildungsangebot mit einem verpflichtenden Kernbereich von Fächern,

– differenzierte Anforderungen mit dem Ziel, in bestmöglicher Weise die individuelle Leistungsfähigkeit zu fördern und zu entwickeln,

– Maßnahmen zum Ausgleich unterschiedlicher – auch sozial bedingter – Lernvoraussetzungen,

– die Beobachtung der individuellen Leistungsfähigkeit und der Lernfortschritte, auch im Hinblick auf die Anforderungen in den nachfolgenden Bildungsgängen und Jahrgangsstufen.

Ab Jahrgangsstufe 7 unterscheiden sich die Schularten und Bildungsgänge zunehmend durch das Angebot der Fächer, die Anforderungen im Hinblick auf die individuelle Schwerpunktsetzung und den angestrebten Abschluß.

(...)

Die Schularten im Sekundarbereich I umfassen jeweils einen oder mehrere Bildungsgänge. An Schularten mit einem Bildungsgang ist der gesamte Unterricht auf einen bestimmten Abschluß bezogen. Schularten mit einem Bildungsgang sind in der Regel die Hauptschule, die Realschule und das Gymnasium.

Die Hauptschule vermittelt ihren Schülerinnen und Schülern eine grundlegende allgemeine Bildung, die sie entsprechend ihren Leistungen und Neigungen durch Schwerpunktbildung befähigt, nach Maßgabe der Abschlüsse ihren Bildungsweg vor allem in berufs-, aber auch in studienqualifizierenden Bildungsgängen fortzusetzen.

Die Realschule vermittelt ihren Schülerinnen und Schülern eine erweiterte allgemeine Bildung, die sie entsprechend ihren Leistungen und Neigungen durch Schwerpunktbildung befähigt, nach Maßgabe der Abschlüsse ihren Bildungsweg in berufs- und studienqualifizierenden Bildungsgängen fortzusetzen.

Das Gymnasium vermittelt seinen Schülerinnen und Schülern eine vertiefte allgemeine Bildung, die sie entsprechend ihren Leistungen und Neigungen durch Schwerpunktbildung befähigt, nach Maßgabe der Abschlüsse im Sekundarbereich II ihren Bildungsweg an einer Hochschule, aber auch in berufsqualifizierenden Bildungsgängen fortzusetzen.

An Schularten mit mehreren Bildungsgängen wird der Unterricht entweder in abschlußbezogenen Klassen oder – in einem Teil der Fächer – leistungsdifferenziert auf mindestens zwei lehrplanbezogen definierten Anspruchsebenen in Kursen erteilt. Anstelle von Kursen können zur Vermeidung unzumutbar langer Schulwege und – in geringem Umfang – zur Erprobung besonderer pädagogischer Konzepte klasseninterne Lerngruppen in Deutsch und in den naturwissenschaftlichen Fächern in allen Jahrgangsstufen, in Mathematik nur in der Jahrgangsstufe 7, gebildet werden.

Schularten mit mehreren Bildungsgängen sind Gesamtschulen, das Schulzentrum, die Mittelschule, die Regelschule, die Sekundarschule, die Verbundene Haupt- und Realschule, die Integrierte Haupt- und Realschule und die Regionale Schule.

Die Gesamtschule in kooperativer Form und das Schulzentrum fassen die Hauptschule, die Realschule und das Gymnasium pädagogisch und organisatorisch zusammen. Die Gesamtschule in integrierter Form bildet eine pädagogische und organisatorische Einheit, die unabhängig von der Zahl der Anspruchsebenen bei der Fachleistungsdifferenzierung die drei Bildungsgänge des Sekundarbereichs I umfaßt.

Die Mittelschule, die Regelschule, die Sekundarschule, die Verbundene Haupt- und Realschule, die Integrierte Haupt- und Realschule und die Regionale Schule fassen die Hauptschule und die Realschule pädagogisch und organisatorisch zusammen.

Für den leistungsdifferenzierten Unterricht gilt: Der Unterricht auf unterschiedlichen Anspruchsebenen beginnt in Mathematik und in der ersten Fremdsprache mit Jahrgangsstufe 7, in Deutsch in der Regel mit Jahrgangsstufe 8, spätestens mit Jahrgangsstufe 9, in mindestens einem naturwissenschaftlichen Fach (in Physik oder Chemie) spätestens ab Jahrgangsstufe 9.
(...)

Quelle: KMK 2000 Nr. 102

Dokument 8
Bildungs- und Erziehungsauftrag der Schule und die Gegenstandsbereiche des Unterrichts
(Schulgesetz Mecklenburg-Vorpommern vom 15. Mai 1996)

§ 2 Bildungs- und Erziehungsauftrag der Schule
(1) Der Bildungs- und Erziehungsauftrag der Schulen wird bestimmt durch die Wertentscheidungen, die im Grundgesetz für die Bundesrepublik Deutschland und in der Verfassung des Landes Mecklenburg-Vorpommern niedergelegt sind. Ziel der schulischen Bildung und Erziehung ist die Entwicklung zur mündigen, vielseitig entwickelten Persönlichkeit, die im Geiste der Toleranz bereit ist, Verantwortung für die Gemeinschaft mit anderen Menschen und Völkern sowie gegenüber künftigen Generationen zu tragen.
(2) Die Schule soll den Schülern Wissen und Kenntnisse, Fähigkeiten und Fertigkeiten, Einstellungen und Haltungen mit dem Ziel vermitteln, die Entfaltung der Persönlichkeit und die Selbständigkeit ihrer Entscheidungen und Handlungen so zu fördern, daß die Schüler befähigt werden, aktiv und verantwortungsvoll am sozialen, wirtschaftlichen, kulturellen und politischen Leben teilzuhaben.
(3) Die Verbundenheit der Schüler mit ihrer natürlichen, gesellschaftlichen und kulturellen Umwelt sowie die Pflege der niederdeutschen Sprache sind zu fördern.

§ 3 Lernziele
Die Schüler sollen in der Schule insbesondere lernen,
1.   Selbständigkeit zu entwickeln und eigenverantwortlich zu handeln,
2.   die eigene Wahrnehmungs-, Erkenntnis- und Ausdrucksfähigkeit zu entfalten,
3.   selbständig wie auch gemeinsam mit anderen Leistungen zu erbringen,
4.   soziale und politische Mitverantwortung zu übernehmen sowie sich zusammenzuschließen, um gemeinsame Interessen wahrzunehmen,

5. sich Informationen zu verschaffen und sie kritisch zu nutzen,
6. die eigene Meinung zu vertreten und die Meinung anderer zu respektieren,
7. die grundlegenden Normen des Grundgesetzes zu verstehen und für ihre Wahrung sowie
8. für Gerechtigkeit, Frieden und Bewahrung der Schöpfung einzutreten,
9. in religiösen und weltanschaulichen Fragen persönliche Entscheidungen zu treffen und Verständnis und Toleranz gegenüber den Entscheidungen anderer zu entwickeln,
10 eigene Rechte zu wahren und die Rechte anderer auch gegen sich selbst gelten zu lassen sowie Pflichten zu akzeptieren und ihnen nachzukommen,
11. Konflikte zu erkennen, zu ertragen und sie vernünftig zu lösen,
12. Ursachen und Gefahren totalitärer und autoritärer Herrschaft zu erkennen, ihnen zu widerstehen und entgegenzuwirken,
13. Verständnis für die Eigenart und das Existenzrecht anderer Völker, für die Gleichheit und das Lebensrecht aller Menschen zu entwickeln,
14. mit der Natur und Umwelt verantwortungsvoll umzugehen,
15. für die Gleichstellung von Frauen und Männern einzutreten,
16. Verständnis für wirtschaftliche und ökologische Zusammenhänge zu entwickeln.

§ 4 Grundsätze für die Verwirklichung des Auftrags der Schulen

(1) Die Schulen haben die religiösen und weltanschaulichen Überzeugungen der Schüler, Erziehungsberechtigten und Lehrer sowie das verfassungsmäßige Recht der Erziehungsberechtigten auf Erziehung ihrer Kinder zu achten.

(2) Schule und Unterricht sind auf gleiche Bildungschancen für alle Schüler auszurichten. Eine den einzelnen Schülern angemessene Förderung von Fähigkeiten, Interessen und Neigungen ist zu gewährleisten. Schüler sind in ihrer Persönlichkeitsentwicklung zu stärken, individuellen Lernproblemen ist durch geeignete Fördermaßnahmen entgegenzuwirken. Unterricht ist so zu gestalten, daß gemeinsames Lernen und Erziehen von Schülern in größtmöglichem Ausmaß verwirklicht werden kann. Jede Form äußerer Differenzierung dient ausschließlich der Förderung der einzelnen Schüler.

(3) Allgemeine und berufliche Bildung sind gleichrangig. Die Schule schafft die Voraussetzungen für eine der Eignung und Leistung der Schüler entsprechende Berufsausbildung und Berufsausübung. Die Zusammenarbeit zwischen Schule und Arbeits- und Berufswelt wird insbesondere durch Praktika sowie den Lernbereich Arbeit – Wirtschaft – Technik gefördert.

(4) Das Land, die kommunalen Gebietskörperschaften und die freien Träger wirken bei der Erfüllung des Bildungs- und Erziehungsauftrags der

Schule mit Lehrern, Schülern, Erziehungsberechtigten und den für die außerschulische Berufsausbildung Verantwortlichen nach Maßgabe dieses Gesetzes zusammen.

(5) Die Erziehungsberechtigten sind an der Gestaltung des Schullebens zu beteiligen. Besondere Erfahrungen und Befähigungen von Erziehungsberechtigten sollen für den Unterricht nutzbar gemacht werden. Insbesondere an schulischen Veranstaltungen außerhalb des Unterrichts sollen Erziehungsberechtigte unmittelbar beteiligt werden. Die Schule berät und unterstützt die Erziehungsberechtigten bei der Erziehung ihrer Kinder.

(6) Schüler beiderlei Geschlechts werden grundsätzlich gemeinsam unterrichtet. Sofern es pädagogisch sinnvoll ist, können sie zeitweise auch getrennt unterrichtet werden. Die Entscheidung trifft die Schulkonferenz auf Vorschlag der Fachkonferenz.

(7) Die Schulen planen und gestalten den Unterricht, die Erziehung und die Organisation ihrer inneren Angelegenheiten eigenverantwortlich.

(8) Die Schüler sind auf der Grundlage der Rahmenpläne an der Auswahl der Unterrichtsinhalte zu beteiligen. Die fachlichen und pädagogischen Ziele des Unterrichts sind ihnen zu erläutern.

§ 5 Gegenstandsbereiche des Unterrichts

(1) An den Schulen ist Unterricht in folgenden Gegenstandsbereichen zu gewährleisten:

1. In der Grundschule (Primarbereich)
    a) in Deutsch,
    b) in Mathematik,
    c) in ästhetischer Bildung,
    d) in Sachunterricht,
    e) in Religion und Philosophieren mit Kindern,
    f) in Sport.
2. Im Sekundarbereich 1
    a) in Deutsch,
    b) in Fremdsprachen,
    c) in Mathematik,
    d) im künstlerisch-musischen Aufgabenfeld,
    e) in Geschichte, Geographie und Sozialkunde,
    f) im naturwissenschaftlichen Aufgabenfeld,
    g) in Arbeit – Wirtschaft – Technik und Informatik,
    h) in Religion und Philosophieren mit Kindern,
    i) in Sport.
3. In den berufsbildenden Bildungsgängen im Sekundarbereich II
    a) in allgemeinbildenden Gegenstandsbereichen,
    b) in berufsbezogenen Gegenstandsbereichen,

4. In den studienqualifizierenden Bildungsgängen der Sekundarstufe II
   Kurse
   a) im sprachlich-literarisch-künstlerischen Aufgabenfeld,
   h) im gesellschaftswissenschaftlichen Aufgabenfeld einschließlich
      Religion,
   c) im mathematisch-naturwissenschaftlichen Aufgabenfeld,
   d) in Arbeit – Wirtschaft – Technik und Informatik,
   e) in Sport.

(2) In den Unterrichtsfächern soll die fachspezifische Sach- und Methodenkompetenz erworben werden. Im Fachunterricht sollen die Unterrichtsinhalte dem Erwerb von Schlüsselqualifikationen dienen. Mehrere Fächer können zeitweilig zu einer Fächergruppe zusammengefaßt werden. Die Rahmenpläne weisen geeignete Themenbereiche für kooperativen oder fächerübergreifenden Unterricht aus.

(3) Unterrichtsfächer, die in einem engen inhaltlichen Zusammenhang stehen, bilden auf der Grundlage übergreifender wissenschaftlicher Erkenntnisse und abgestimmter Lernziele einen Lernbereich. In den Lernbereichen wird sowohl fachbezogen als auch fachübergreifend gearbeitet. Die Stundentafeln weisen aus, welche Mindestanteile eines Lernbereichs fachbezogen unterrichtet werden müssen. Im übrigen regeln die Fachkonferenzen, ob und auf welche Weise fachübergreifend unterrichtet werden soll.

(4) Aufgabengebiete sind Rechts- und Friedenserziehung, die Förderung des Verständnisses von wirtschaftlichen und ökologischen Zusammenhängen, interkulturelle Erziehung, Europaerziehung, Umwelterziehung, Medienerziehung, Gesundheitserziehung, Sexualerziehung, Verkehrs- und Sicherheitserziehung. Sie sind Bestandteil mehrerer Unterrichtsfächer sowie Lernbereiche und sollen sowohl im Pflicht-, Wahlpflicht- und Wahlunterricht als auch in den außerunterrichtlichen Veranstaltungen angemessene Berücksichtigung finden. Diese Aufgabengebiete werden in den Rahmenplänen ausgewiesen.

Quelle: Schulgesetz für das Land Mecklenburg-Vorpommern vom 15. Mai 1996, in: GVOBl. M-V S. 296, zuletzt geändert durch Gesetz vom 12. Juli 1999, in: GVOBl. M-V S. 408.

Dokument 9
Bildungs- und Erziehungsauftrag der Schule
(Bayerisches Gesetz über das Erziehungs- und Unterrichtswesen in
der Fassung vom 7. Juli 1994)

Art. 1 Bildungs- und Erziehungsauftrag

(1) Die Schulen haben den in der Verfassung verankerten Bildungs- und
Erziehungsauftrag zu verwirklichen. Sie sollen Wissen und Können vermitteln sowie Geist und Körper, Herz und Charakter bilden. Oberste Bildungsziele sind Ehrfurcht vor Gott, Achtung vor religiöser Überzeugung
und vor der Würde des Menschen, Selbstbeherrschung, Verantwortungs-
gefühl und Verantwortungsfreudigkeit, Hilfsbereitschaft, Aufgeschlossen-
heit für alles Wahre, Gute und Schöne und Verantwortungsbewußtsein für
Natur und Umwelt. Die Schüler sind im Geist der Demokratie, in der Liebe zur bayerischen Heimat und zum deutschen Volk und im Sinne der
Völkerversöhnung zu erziehen.
(2) Bei der Erfüllung ihres Auftrags haben die Schulen das verfassungsmäßige Recht der Eltern auf Erziehung ihrer Kinder zu achten.

Art. 2 Aufgaben der Schulen

(1) Die Schulen haben insbesondere die Aufgabe, Kenntnisse und
Fertigkeiten zu vermitteln und Fähigkeiten zu entwickeln, zu selbständigem Urteil und eigenverantwortlichem Handeln zu befähigen, zu verantwortlichem Gebrauch der Freiheit, zu Toleranz, friedlicher Gesinnung und
Achtung vor anderen Menschen zu erziehen, zur Anerkennung kultureller
und religiöser Werte zu erziehen, Kenntnisse von Geschichte, Kultur, Tradition und Brauchtum unter besonderer Berücksichtigung Bayerns zu vermitteln und die Liebe zur Heimat zu wecken, zur Förderung des
europäischen Bewußtseins beizutragen, im Geist der Völkerverständigung
zu erziehen, die Bereitschaft zum Einsatz für den freiheitlich-demokra-
tischen und sozialen Rechtsstaat und zu seiner Verteidigung nach innen
und außen zu fördern, zur Wahrnehmung von Rechten und Pflichten in
Staat und Gesellschaft zu befähigen, auf Arbeitswelt und Beruf vorzubereiten, Verantwortungsbewußtsein für die Umwelt zu wecken.
(2) Die Schulen erschließen den Schülern das überlieferte und bewährte
Bildungsgut und machen sie mit neuem vertraut.
(3) Bei der Erfüllung der Aufgaben der Schulen sind alle Beteiligten, insbesondere Schule und Elternhaus, zur vertrauensvollen Zusammenarbeit
verpflichtet.

Quelle: Bayerisches Gesetz über das Erziehungs- und Unterrichtswesen in der Fassung der Bekanntmachung vom 7. Juli 1994, in: GVBl. S. 690, zuletzt geändert
durch Gesetz vom 24. Juli 1998, in: GVBl. S. 442.

Dokument 10
Weiterentwicklung der Prinzipien der gymnasialen Oberstufe
und des Abiturs
(Abschlußbericht 1995 der KMK-Expertenkommission)

(...)
Als Ergebnis der Beratung über die Zielsetzung der gymnasialen Oberstufe (...) hat die Kommission in Übereinstimmung mit den KMK-Vereinbarungen und der öffentlichen Diskussion festhalten können, daß die
Oberstufe durch eine Trias von Zielsetzungen charakterisiert ist: Vertiefte
Allgemeinbildung, die auch die Fähigkeit zur Berufs- und Studienwahl
einschließt, Wissenschaftspropädeutik und Sicherung von Studierfähigkeit. Diese Trias ist offenkundig geeignet, auch neue Erwartungen an die
Oberstufe, wie sie in der Diskussion um Schlüsselqualifikationen und
neue Kompetenzanforderungen formuliert worden sind, in schulische Aufgaben zu übersetzen. Überzeugende Argumente für eine Auflösung dieser
komplexen Zielvorgabe finden sich nach Ansicht der Kommission nicht.
Solange das in seiner Funktion als allgemeine Hochschulreife bisher unbe-
strittene Abitur nicht eine vollständig neue Gestalt erhält, kann diese Trias
von Zielen auch nicht einfach aufgebrochen werden, ohne schwerwiegende Folgeprobleme zu erzeugen. (...)
Die grundlegenden Prinzipien der Oberstufe – das ist ein wesentliches
Ergebnis der Prüfung ihrer Struktur und Praxis (...) – definieren einen
Rahmen, der eine kreative Weiterentwicklung und Anpassung an neue
Anforderungen unter Beachtung und Ausbalancierung der drei Zielsetzungen ermöglicht. Die Kommission sieht diese strukturprägenden und
zugleich entwicklungsfähigen Prinzipien vor allem in folgenden Merk-
malen der gymnasialen Oberstufe:

(a) Im Kurssystem mit der Unterscheidung von Grund- und Leistungskursen
Dieses Organisationsmodell verbindet den obligatorischen Unterricht in
einem breiten Fächerspektrum mit der Möglichkeit der individuellen
Fachwahl und Schwerpunktsetzung. Mit einer Reihe zusätzlicher Festlegungen werden die Zielgerichtetheit der Arbeit in der Oberstufe und
die Qualität des Abschlusses gesichert. Die Balance zwischen Wahlfrei-
heit und Verpflichtung und das breite Fächerangebot bestimmen die
Lernkultur der Oberstufe. Mit der Unterscheidung von Grund- und
Leistungskursen wird das Niveau der Allgemeinbildung und der wissen-
schaftspropädeutischen Vertiefung festgelegt, das wiederum regulative
Funktionen für die Arbeit in der Unter- und Mittelstufe des Gym-
nasiums hat.

(b) Im Credit-System und in den Anforderungen, wie sie in der Gesamt-qualifikation am Ende der Oberstufe dokumentiert sind

Mit der Einbringung von Leistungen aus der gesamten Qualifikationspha-se und den Leistungen aus der Abiturprüfung ist das spezifische System der Leistungsbewertung in der Oberstufe definiert. In der Verbindung von langfristigen Prozeßbeurteilungen und punktuellen Prüfungen liegt eine Stärke des Verfahrens. Dadurch wird ein ausgewogenes Verhältnis der einzelnen Teile der Qualifikation, die Möglichkeit der individuellen Zu-sammensetzung des Stundenplans in beiden Jahren der Qualifikationspha-se und ein kontinuierliches Arbeiten in der Oberstufe in der Mehrzahl der Fächer gesichert, das Gewicht punktueller Prüfungen abgeschwächt und die Selbstverantwortung der Lernenden im Lernprozeß gestärkt. Ähnlich wie Leistungskurse beeinflussen die Abiturprüfungen die Fachkulturen und justieren das Anspruchsniveau von Lehren und Lernen; schulüber-greifend wirken sie standardisierend und qualitätssichernd.

(c) In der Ordnung des Wissens, wie sie in den Aufgabenfeldern vorliegt

Dieses Modell der Ordnung des Wissens kann als ein moderner Versuch der Abbildung der Welt im Wissen der Schule verstanden werden. Fern einer strikten Portionierung des Wissens allein nach tradierten Schul-fächern, aber konkretisiert in methodischen Lerneinheiten soll mit der Zu-ordnung von Fächern zugleich der Rahmen der innerschulischen Um-setzung vorgegeben, aber die thematische Entwicklung offengehalten wer-den. Die Verpflichtung zur Wahl einer jeweils bestimmten Zahl von Fächern aus den einzelnen Aufgabenfeldern soll einseitige Spezialisierung verhindern, während das Fachprinzip Kontinuität von Lernprozessen ge-währleisten soll. Die Privilegierung einzelner Fächer durch erhöhte Stun-denzahlen oder höhere Belegverpflichtung kann zur Sicherung des Ab-schlusses und der Studierfähigkeit beitragen.

(d) In der Selbständigkeit und Selbstverantwortung der Lernenden, die das Organisationsmodell der Oberstufe fordert

Für die gymnasiale Oberstufe ist schließlich eine Entsprechung von Lernorganisation und Sozialorganisation charakteristisch. Den Lernzielen der Oberstufe, vor allem dem Anspruch vertiefter Allgemeinbildung und Wissenschaftspropädeutik, entspricht eine Sozialform der Oberstufe, die den Lernenden eigene Entscheidungsspielräume und Verantwortung ein-räumt, sie als junge Erwachsene definiert und zur Übernahme der Verant-wortung für die eigene Kompetenzentwicklung ermutigt.

(...)

Die Kommission legt als Ergebnis ihrer Beratungen Empfehlungen vor, mit denen sie ihre Antworten auf die Fragen der KMK, aber auch ihr Votum zur künftigen Gestalt der gymnasialen Oberstufe und des Abiturs zusammenfassen will. Diese Empfehlungen gehen von der durch Befragungen, Expertisen und eigene Beratungen gewonnenen Gewißheit aus, daß die gymnasiale Oberstufe nach ihren Zielsetzungen, den sie tragenden Prinzipien und grundlegenden Realisierungsformen keiner radikalen Revision bedarf. In ihrer konkreten Praxis bedarf die Oberstufe freilich der Fortentwicklung, Erneuerung und Ermutigung.

(...)

Die Kommission empfiehlt eine Veränderung der Oberstufen-Vereinbarung derart, daß die Fächer Deutsch, eine Fremdsprache und Mathematik während der Kurs- bzw. Qualifikationsphase der Oberstufe durchgehend belegt und mit allen Kursen in die Gesamtqualifikation eingebracht werden müssen.

Mit ihrem Vorschlag versucht die Kommission, den legitimen Erwartungen an die Sicherung der Studierfähigkeit zu entsprechen und den Bereich der Grundbildung innerhalb der allgemeinbildenden Zielsetzungen zu stärken. Die Muttersprache, eine Fremdsprache – in der Regel Englisch als Lingua franca der westlichen Zivilisation – und Mathematik geben als fachübergreifend verwendbare und universell verstehbare Sprachen einen Rahmen der Welterschließung, der verspricht, beide Ziele intensiver als bisher zur Geltung zu bringen. In den genannten Fächern werden zugleich neben allgemeinen Kompetenzen geistiger Arbeit insbesondere solche Fähigkeiten und Fertigkeiten eingeübt, die für die Sicherung der Studierfähigkeit von grundlegender Bedeutung sind.

(...)

Die Kommission empfiehlt eine Ergänzung der Oberstufen-Vereinbarung derart, daß Lernleistungen, die in fachübergreifenden und fächerverbindenden Aktivitäten erbracht wurden, auf die Gesamtqualifikation gleichberechtigt gegenüber anderen Leistungen angerechnet werden können.

Die Forderung nach der fachübergreifenden und fächerverbindenden Orientierung des Lernens in der gymnasialen Oberstufe ist bereits in den KMK-Vereinbarungen von 1988 verankert. Die vielfältigen Formen und Möglichkeiten der Praxis fachübergreifenden und fächerverbindenden Lernens zeigen schon jetzt hinreichend deutlich, daß es keiner grundsätzlichen Strukturveränderung bedarf, um diese Arbeit auch sicherzustellen.

Dringlich und notwendig ist es dagegen, die Forderung nach neuen Lernformen nachdrücklicher zu betonen und für ihre Anerkennung im Leistungskatalog zu sorgen. Um dem Prinzip mehr Geltung zu verschaffen, bedarf es über die alten Absichtserklärungen hinaus deshalb konkreter Regelungen zur Einbringung derartiger Leistungen. Regelungsbedarf auf föderaler Ebene wird deshalb darin gesehen, daß fachübergreifend ausgerichtete Leistungen als Kurs-Äquivalente, analog der derzeitigen Regelung für die Facharbeit, in der Abitur-Gesamtqualifikation verankert werden. Dabei sollen auch Möglichkeiten geprüft werden, Aufgabenstellungen mit fach-übergreifender und fächerverbindender Ausrichtung und handlungsorientiertem Zuschnitt verstärkt in die Abiturprüfung einzubeziehen.

(...)

Die Kommission empfiehlt zur Sicherung der Transparenz, Vergleichbarkeit und Einheitlichkeit der Abiturprüfung eine Erweiterung der geltenden Vereinbarung zur Anerkennung der Reifezeugnisse in der Hinsicht,

– daß zwischen den Ländern künftig Abituraufgaben für alle Fächer jährlich ausgetauscht werden,
– daß Standards der Bewertung der Abiturleistungen in den Schulen bzw. Fächern zwischen den Ländern offengelegt werden und
– daß in größeren Abständen durch Vergabe von Forschungsaufträgen an unabhängige Einrichtungen innerhalb oder außerhalb der Hochschulen Leistungsfähigkeit an zentralen Gelenkstellen von Bildungsgängen – vor allem am Ende der Sekundarstufe I – und die Aussagekraft der Abiturzeugnisse geprüft werden.

(...)

Quelle: KMK: Weiterentwicklung der Prinzipien der gymnasialen Oberstufe und des Abiturs. Bonn 1995, S. 7-10, 158-163.

Dokument 11
Erneuerung des Bildungswesens
(Empfehlung der Bertelsmann-Stiftung vom April 1999 – Kurzfassung)
I. Für eine neue Lernkultur
1. Paradigmenwechsel in der Bildung einleiten: lebenslang lernen
In der Wissensgesellschaft muß lebenslanges Lernen zum Paradigma der Bildung werden, weil neues Wissen mit hohem Tempo generiert wird und in kurzen Fristen immer neue Kenntnisse verlangt werden. Das Prinzip des lebenslangen Lernens macht es notwendig, die klassische Abfolge von Schule, Ausbildung und Beruf aufzubrechen. Lebenslang lernen heißt: früher mit dem Lernen beginnen, Kulturtechniken sichern, Schlüsselkompetenzen vermitteln, Lernfähigkeit ausbilden, Ausbildungszeiten verkürzen und Bildungswege durch modulare Angebote flexibilisieren.
2. Lernwelten erschließen: neue Medien einsetzen
Neue Medien ermöglichen ein bisher ungekanntes Maß an eigenverantwortlicher Gestaltung von Bildung und Ausbildung. Richtig angewandt, potenzieren sie die Lernmöglichkeiten einzelner Medien und erreichen durch Synergien und Vernetzung einen Quantensprung in der Wissensvermittlung. Neue Medien als Motor der Bildungsreform einzusetzen heißt:

allen Lernenden freien Zugang zum Internet ermöglichen, dafür ein ausgewogenes Finanzierungssystem entwickeln, Medienkompetenz vermitteln, Wissen in den Netzen anwenderfreundlich strukturieren und zur Entlastung der Lehrenden von Verwaltungsaufgaben die Informationstechnologien nutzen.

3. Lebensnah lernen: die Schule in die Praxis holen

Die vielfältigen gesellschaftlichen Veränderungen müssen zum Gegenstand schulischen Lernens gemacht werden. Dazu ist eine enge Verzahnung von Schule und Praxis erforderlich. Denn nur so kann Lernen ‚up to date' sein. Außerdem lernt es sich ‚im Ernstfall' besser: in der Arbeitswelt, im sozialen Umfeld und in einer Gesellschaft kultureller Vielfalt. Lernen in der Praxis heißt: Betriebspraktika für Lehrer, Praktiker in die Schule, Unterricht außer Haus, Patenbetriebe für Schulen, duale Studiengänge.

4. Lehrerbildung verbessern: Qualifizierungsoffensive für Lehrer starten

Soziale, pädagogische und fachliche Anforderungen an den Lehrberuf haben sich erheblich verändert. Lehrer brauchen heute eine zugleich umfassendere und spezifischere Aus- und Fortbildung. Sie müssen Moderatoren von stärker selbstverantworteten Lernprozessen werden; sie müssen lernen, die sozialintegrative Funktion der Schule zu stärken; sie müssen über multimediale Kenntnisse verfügen sowie Schulentwicklungsprozesse mitgestalten und mitsteuern. Eine Qualifizierungsoffensive für Lehrer starten heißt: Lehrerbildung konsequent an den Aufgaben der Schule ausrichten, Modularisierung der Lehrerbildung, die Fortbildung auf die Erfordernisse der Einzelschule und der Bildungsregion zuschneiden, Medienkompetenz mit Didaktik und Methodik verknüpfen.

II. Für Vielfalt in Schule und Hochschule

5. Freiraum geben: schulische Selbständigkeit stärken

Nur selbständige Schulen können zur Selbständigkeit erziehen. Schulen müssen in eigener Verantwortung Veränderungsprozesse im schulischen Alltag einleiten, durchführen und überprüfen können. Staatliche Entscheidungskompetenzen müssen an die Schulen delegiert werden. Schulische Selbständigkeit stärken heißt: flexible Rahmenbedingungen schaffen, Personal- und Budgetverantwortung delegieren, Schulleitungen qualifizieren und Schulentwicklung unterstützen.

6. Unterschiede zulassen: Schulprofile entwickeln

Die Bildungslandschaft in der Wissensgesellschaft muß möglichst vielfältig sein. Denn nur dann kann sie den unterschiedlichen Lern- und Lebenssituationen der Schüler bzw. den Erwartungen der Studierenden und sich rasch verändernden Anforderungen an Wissensvermittlung, Bildung und Ausbildung gerecht werden. Schulprofile entwickeln heißt: pädagogische Programme gemeinsam mit den Beteiligten erarbeiten, eigene Akzente setzen, Selbstverantwortung fördern und die eigene Arbeit evaluieren.

7. Bildung gemeinsam verantworten: regionale Bildungsallianzen aufbauen

,*Für die Erziehung eines Kindes braucht es eine ganze Stadt.*' Elternhaus und Nachbarschaft, Kindergarten und Sportvereine, Jugendzentren und Schulen, Betriebe und Hochschulen sind für eine zukunftsgerechte Entwicklung der Kinder und Jugendlichen gemeinsam verantwortlich. Das Zusammenwirken aller Akteure muß regional koordiniert werden. Bildung gemeinsam verantworten heißt: Bildungsallianzen aufbauen und Netzwerkarbeit fördern, regionale Bildungslandschaften entwickeln und regionale Bildungsfonds einrichten.

8. Hochschulen handlungsfähiger machen: Autonomie stärken

Die Wissensgesellschaft erfordert selbständige, autonome und eigenverantwortlich handelnde Hochschulen. Denn Hochschulen sind diejenigen Einrichtungen, die neues Wissen als den wichtigsten Rohstoff der Zukunft generieren und es über die wissenschaftsbasierte Ausbildung qualifizierter Nachwuchskräfte für Wirtschaft und Gesellschaft zugänglich machen. Die Autonomie von Hochschulen stärken heißt: das Verhältnis zwischen Staat und Hochschulen neu definieren, die Entscheidungs- und Leitungsstrukturen modernisieren, Finanz- und Personalautonomie gewähren, den Hochschulzugang ändern.

9. Vielfalt fördern: Hochschulprofile schärfen

Gleichmaß und Einheitlichkeit als Gestaltungsmaximen für das Hochschulsystem haben ausgedient. Vielfalt und Profilbildung sind statt dessen gefragt. Hochschulprofile schärfen heißt: Leitbilder entwickeln, Organisationsformen für Forschung und Lehre flexibilisieren, Studienstrukturen öffnen.

10. Leistungen verbessern: Wettbewerb zulassen

Leistungen und Profile von Hochschulen müssen transparent werden. Außerdem muß es Anreize geben, damit Leistungsdefizite behoben und Leistungspotentiale erweitert werden können. Damit Wettbewerb als Korrektiv und Optimierungsfaktor für die Arbeit von Bildungseinrichtungen funktionieren kann, müssen Hochschulen Freiräume zur eigenverantwortlichen Gestaltung von Aufgaben und Arbeitsbedingungen erhalten. Wettbewerb zwischen Hochschulen zulassen heißt: Transparenz herstellen, den Produktwettbewerb in der Hochschulausbildung fördern, neue Wege der Hochschulfinanzierung beschreiten.

11. Mittel effektiv nutzen: Hochschulfinanzierung verändern

Hochschulen benötigen eine aufgaben- und leistungsbezogene Finanzierung sowie globale Budgets zur eigenverantwortlichen Bewirtschaftung. Zur Sicherung ihrer Leistungsfähigkeit sowie der Qualität von Forschung und Lehre muß das System der Hochschulfinanzierung wettbewerblich ausgestaltet werden. Dabei ist auch die Attraktivität der Hochschule für Studierende zu berücksichtigen. Die Hochschulfinanzierung verändern heißt: Globalbudgets für alle Hochschulen einführen, Finanzmittel für Lehraufgaben an die Nachfrage koppeln, private Studienbeiträge erheben, individuelle Kosten einer Hochschulausbildung wie Investitionen behandeln.

III. Für Qualitätssicherung
12. Institutionelle Verantwortung entwickeln: Qualität sichern
Die Qualität in Bildung und Ausbildung konsequent zu fördern muß ein Leitmotiv der Schul- und Hochschulentwicklung sein. Ein neues Bewußtsein für Qualität und neue Formen zu ihrer Sicherung sind erforderlich. Qualität sichern heißt für Bildungseinrichtungen: staatliche Aufsichtsfunktionen verändern, Ziele für Unterricht, Lehre und Forschung setzen, Strukturen und Arbeitsergebnisse evaluieren, Leistungen vergleichen, Transparenz erhöhen.
13. Ausbildungsstrukturen durchlässiger machen: Angebote zertifizieren
Veränderte Anforderungen an das Lehren und Lernen in der Wissensgesellschaft verlangen flexible, durchlässige, transparente und international kompatible Ausbildungsstrukturen. Denn nur so wird lebenslanges Lernen möglich, das vielfältigen Bildungs- und Ausbildungsbedürfnissen Rechnung trägt. An die Stelle geschlossener Ausbildungs- und Studiengänge müssen kombinierbare Module treten, deren Validität und Qualität zertifiziert werden. Angebote zertifizieren heißt: Ausbildungsziele und -inhalte von Bildungsmodulen definieren, Wertigkeiten festsetzen, Mindeststandards vereinbaren, Qualität zertifizieren.

Quelle: Bertelsmann-Stiftung (Hrsg.): Zukunft gewinnen – Bildung erneuern. München 1999, S. 28-32.

Dokument 12
Qualitätsentwicklung und -sicherung an den allgemeinbildenden Schulen Mecklenburg-Vorpommerns
(Konzept des Kultusministeriums vom 19. Oktober 1999)

2.2 Instrumente zur Entwicklung und Sicherung von Schulqualität
2.2.1 Rahmenpläne
Mit Rahmenplänen gibt das Bildungsministerium den Schulen Standards vor, deren Umsetzung die Qualität der Einzelschule wesentlich mitbestimmt. An Rahmenpläne sind folgende Anforderungen zu stellen:
Rahmenpläne beschreiben verbindliche Ziele und haben Orientierungs- und Steuerungsfunktion, indem sie als zentrale Vorgaben jene Standards be-

schreiben, die Ziel von Unterricht sein müssen, um die Anerkennung staatlicher Schulabschlüsse zu gewährleisten. Sie müssen ebenfalls besonders berücksichtigen, daß der Unterricht u. a. auch auf die Notwendigkeiten und Voraussetzungen, die eine berufliche Ausbildung erfordern, vorbereitet und wirtschaftliche Zusammenhänge vermittelt. Rahmenpläne eröffnen inhaltliche Freiräume. Insbesondere wegen der zentralen Abschlußprüfungen geben sie verbindliche Ziele und Inhalte vor. Sie filtern aus der jeweiligen Fachdisziplin einen ,*Kern*' heraus. Rahmenplanwege sind nicht zwingend Lernwege und geben keine Inhaltsabfolgen vor. Sie eröffnen Freiräume, die der Schule ermöglichen, ihr Eigenprofil zu entwickeln. Dazu müssen sie durch klassen- beziehungsweise jahrgangsstufenbezogene Materialien ergänzt werden. Bedürfnisse und Forderungen der Schüler wie die Förderung von Teamarbeit, die Einführung alternativer Unterrichtsformen, die Beteiligung der Schüler an der Wahl der Unterrichtsthemen, die praktische Anwendung von Lerninhalten sowie fächerverbindender Unterricht sind zu berücksichtigen. Rahmenpläne ermöglichen fachbezogenen, fachübergreifenden und fächerverbindenden Unterricht.

Untersuchungen belegen, daß fächerverbindender Unterricht in deutschen Schulen eher die Ausnahme als die Regel ist. Ein Problem des fächerverbindenden Unterrichts ist, daß die Kooperation von Fachlehrern nur schwer durch zentrale Vorgaben erreicht werden kann, denn sie ist von zahlreichen schulinternen Gegebenheiten (von der Flexibilität in der Unterrichtsorganisation bis zur Sozialkompetenz der Lehrer) abhängig.

Rahmenpläne ermöglichen exemplarisches Lernen. Die Schulzeit ist einerseits nicht erweiterbar, andererseits braucht ,*das Lernen zu lernen*' Zeit. Daher ist Qualität und nicht Quantität gefordert. Eine Zeiteinsparung könnte dadurch erfolgen, daß die Grundlagen jener für mehrere Fächer relevanten Methodenkompetenz – etwa zur Informationsrecherche, zum Experimentieren, zur Textanalyse – übergreifend ausgebildet und lediglich fachspezifisch ergänzt werden. Solche Möglichkeiten berücksichtigen die Rahmenpläne bereits.

In Rahmenplänen wird die Nutzung neuer Medien verankert. Informationen der Welt sind an jedem Ort und zu jeder Zeit abrufbar. Dies impliziert einen Wandel im Erwerb von Wissen und Können durch Schüler (Stichworte: Selbständigkeit, Urteilsfähigkeit etc.) und Rollenverständnis der Lehrer. Wenn Schule qualitätsgerecht eine zeitgemäße Bildung vermitteln will, bedingt dies andere Lernformen.

Die Profilbildung bedingt Rahmenpläne, die fachlich und fachdidaktisch auf dem aktuellen Stand sind und Gestaltungsfreiräume für schulinterne Arbeitspläne eröffnen. Für die interne und externe Evaluation ergeben sich folgende Qualitätskriterien:

– Wie erfolgt die Umsetzung der verbindlichen Ziele und Inhalte?
– Wie nutzt und gestaltet die Schule den verbleibenden Zeitfonds?

- Wie setzt eine Schule die Rahmenpläne in schulinterne Arbeitspläne um?
- Wie berücksichtigt sie dabei regionale Aspekte und schulspezifische Gegebenheiten?
- Wie nutzt eine Schule ihre spezifischen Möglichkeiten für fächerverbindenden Unterricht und integriert ihn in ihren Schulalltag (schulinterne Arbeitspläne)?

2.2.2 Schulprogramm und Schulprofil

(...) Schulprogramme und Schulprofile können nicht durch administrative Maßnahmen realisiert werden. Die Initiative zur Nutzung rechtlicher Regelungen für die Gestaltung der Lehr- und Lernprozesse muß von den an Bildung und Erziehung Beteiligten vor Ort ausgehen. Regionale, personelle und materielle Gegebenheiten erfordern die auf die Einzelschule bezogene Konzipierung von Schulprogrammen.

Entwicklungsprozesse an Schulen des Landes lassen keinen typischen Verlauf erkennen. Vielmehr wird deutlich, daß Schulen die bereits erwähnten drei Prozesse der Unterrichts-, Personal- und Organisationsentwicklung unterschiedlich stark beachten und nutzen:

(1) Eine Schule beginnt, ausgehend von dem im Schulgesetz verankerten Bildungs- und Erziehungsauftrag, ihre Stärken und Schwächen zu bilanzieren. Daraus entwickelt die Einzelschule ihr vom pädagogischen Grundkonsens getragenes Leitbild, das Bildung und Erziehung an dieser Schule prägen soll. Am Ende dieses Prozesses steht das Schulprogramm zur Qualitätsentwicklung der Schule.

(2) Viele Schulen können auf eine Reihe von Aktivitäten im außerunterrichtlichen Bereich verweisen. Diese Bemühungen zielen darauf ab, im Rahmen einer Bestandsaufnahme die Aktivitäten zu bündeln, neu zu strukturieren und Schwerpunkte für die weitere gemeinsame Arbeit zu setzen. Dieser Ansatzpunkt bildet die Basis für weitreichende Entwicklungsprozesse an der Schule, die dazu führen, eine Lenkungsgruppe zu bilden, die die Fäden zur Erarbeitung eines Schulprogramms in den Händen hält.

(3) Nur wenige Schulen setzen bei dem eigentlichen Kernstück der Weiterentwicklung von Schule, dem Unterricht, an. Schulen, die dies jedoch tun, führen grundlegende Diskussionen und Verständigungsprozesse, in deren Ergebnis ein schulinterner Lehrplan sowie ein sich daraus ergebender schulinterner Fortbildungsplan entstehen.

Die Schulen benötigen für alle drei Vorgehensweisen eine sehr differenzierte Beratung und Begleitung.

2.2.3 Evaluation

Regelmäßige Evaluation mißt die Effizienz von Schule und Unterricht mit dem Ziel der Qualitätssicherung. Davon ausgehend sind Maßnahmen zur

Optimierung von Schule und Unterricht abzuleiten. Es ist zwischen externer und interner Evaluation zu unterscheiden. An der internen Evaluation sind Lehrer, Eltern und Schüler beteiligt. Interne Evaluation liefert zuverlässige Angaben zu Stärken, Schwächen und Erfahrungen der Schule und ermöglicht aus diesem Prozeß heraus kontinuierlich an der Qualitätsentwicklung der Schule zu arbeiten. Es hat sich bewährt, dafür eine ständig arbeitende pädagogische Lenkungsgruppe einzurichten.

Auf Landesebene erfolgt die externe Evaluation durch das L.I.S.A. (Landesinstitut für Schule und Ausbildung), die Hochschulen beziehungsweise durch freie Institutionen in Zusammenarbeit mit dem Bildungsministerium und den Staatlichen Schulämtern. Da die Evaluation nicht nur die Einzelschule betrifft, sondern das Schulsystem insgesamt, sind sowohl Lehrer und Schulleitungen als auch untere und oberste Schulaufsicht auf diese Aufgaben vorzubereiten. Folgerichtig muß Mecklenburg-Vorpommern sowohl seine Schulaufsicht als auch das Landesinstitut so umstrukturieren, daß sie Schulentwicklungsprozesse unterstützen, deren Evaluation durchführen und Schulleitungen unter Qualitätsaspekten beraten können, und bietet allen direkt und indirekt am Bildungsprozeß Beteiligten Kurse zur Personal- und Organisationsentwicklung an.

2.2.4 Landesinterne, nationale und internationale Leistungsvergleiche

Schule als Subsystem der heutigen Gesellschaft, die sich im Übergang zur Wissens- und Informationsgesellschaft befindet, muß eine neue Lernkultur ausbilden. Dies ist ein langjähriger Prozeß, für den neue Instrumentarien zu entwickeln sind. Es geht dabei um die Qualität der Lernprozesse sowie der Lernergebnisse. Ein häufig genutztes Instrument zur Ermittlung von Ergebnissen sind Vergleichsarbeiten. Diese können aber die Unterschiede der sozialen Umfelder der Schulen zu wenig berücksichtigen.

Berücksichtigt man diese aber, so ergibt sich als ein wesentliches Qualitätskriterium die Frage: Wie geht die Einzelschule mit ihren Bedingungen und Schülern um? Das Problem von Vergleichsarbeiten besteht u.a. in folgendem: Wissen, das ausschließlich in fachlichen Kontexten erworben und bewertet wird, ist nur scheinbar vergleichbar, da über die Voraussetzungen und Lernausgangslagen, unter denen es erbracht worden ist, nichts ausgesagt wird. Diese sind von der jeweiligen Schule nur sehr begrenzt beeinflussbar. Deshalb können die Ergebnisse von Vergleichsarbeiten nicht ohne weiteres Schulen positiv oder negativ angerechnet oder gar Ranglisten erstellt werden, vielmehr ist in diesem Zusammenhang der Aufbau eines guten Beratungsmanagements notwendig. Dieses Problem – spezifische Bedingungen der Einzelschule versus zentrale Leistungsvergleiche – ist durch eine Erhöhung der Testfrequenz nicht zu lösen. In Mecklenburg-Vorpommern existieren bereits einige zentrale Vergleichs- und Kontrollmechanismen:

- An den Gymnasien wird das Zentralabitur abgelegt.
- Im Schuljahr 1993/94 ist die Realschulabschlussprüfung mit zentral erstellten Aufgaben für die Fächer Deutsch, Mathematik und die 1. Fremdsprache eingeführt worden.
- An allen Haupt-, verbundenen Haupt- und Real- und Realschulen werden, beginnend mit der Jahrgangsstufe 5, seit dem Schuljahr 1998/99 im Rahmen einer Längsschnittstudie Vergleichsarbeiten in den Fächern Deutsch und Mathematik geschrieben. (...) Die so ermittelten Daten über die Kompetenzentwicklung der Haupt- und Realschüler können die Grundlage für eine Akzentuierung der Lehrerfortbildung und der Beratung durch die Schulaufsicht sein.

Die Länder werden gemäß dem Beschluss der Kultusministerkonferenz vom 23./24. Oktober 1997 (Konstanzer Beschlüsse) länderübergreifende Vergleichsarbeiten zum Lern- und Leistungsstand der Schüler durchführen. Dabei soll mit den Vergleichen vor allem das Entwicklungsniveau jener grundlegenden Kompetenzen erfasst werden, das es den Schülern ermöglicht, am gesellschaftlichen, wirtschaftlichen, kulturellen und politischen Leben teilzuhaben. Das sind zum einen Fachkompetenzen im muttersprachlichen, mathematisch-naturwissenschaftlichen und fremdsprachlichen Bereich (in Analogie zum Beschluss zu den Standards für den mittleren Schulabschluss); zum anderen werden die Ausprägungsgrade der übergreifenden Sozial-, Methoden- und Selbstkompetenzen zu ermitteln sein.

Empirische Vergleiche wie TIMSS oder PISA sind mit Blick auf den weltweiten Wettbewerb und die europäische Integration notwendig, um die Qualitätsniveaus der nationalen Bildungssysteme festzustellen. Auch hierbei wird man der Gefahr begegnen müssen, einfach erfaßbare Schülerleistungen, also in der Regel Kognitives, zum alleinigen Maßstab schulischer Arbeit zu machen. Die Bundesrepublik Deutschland wird sich mit allen Bundesländern an der PISA-Studie der OECD beteiligen. Es handelt sich hierbei um eine regelmäßige Erhebung schülerbezogener ,Leistungsindikatoren', an der 33 Staaten teilnehmen.

Der direkte Vergleich der Ergebnisse zwischen den einzelnen Staaten in Form von Leistungsindikatoren soll eine differenzierte Beurteilung von Stärken und Schwächen der Bildungssysteme und eine gezielte Qualitätsentwicklung auf der Ebene der nationalen Bildungssysteme und der Schulen unterstützen. Mit der PISA-Studie wird versucht, folgende drei Leistungsindikatoren zu gewinnen:
(1) Basisindikatoren, die grundlegendes Wissen, Fähigkeiten und der Schülerinnen und Schüler messen,
(2) Indikatoren, die die Basisindikatoren zu zentralen demographischen, sozialen und ökonomischen Daten in Beziehung setzen,
(3) Trendindikatoren, die sich aus der regelmäßigen Datenerhebung in mehreren Zyklen ergeben werden.

In dem zu erstellenden Landesprogramm zur Qualitätsentwicklung und -sicherung sind Antworten auf das oben beschriebene Problem und die Frage nach den aus den Testergebnissen ableitbaren Konsequenzen zu geben. (...)

Quelle: KM M-V, Mittbl. Sondernummer 3 vom 19. Oktober 1999.

Dokument 13
Autonomie der Schule
(Bremisches Schulgesetz vom 20. Dezember 1994)

§ 9 Eigenständigkeit der Schule
(1) Jede Schule ist eine eigenständige pädagogische Einheit und verwaltet sich selbst nach Maßgabe dieses Gesetzes und des Bremischen Schulverwaltungsgesetzes. Sie ist aufgefordert,

1. unter Nutzung der Freiräume für die Ausgestaltung von Unterricht und weiterem Schulleben eine eigene Entwicklungsperspektive herauszuarbeiten, die in pädagogischer und sozialer Verantwortung die Interessen der Schülerinnen und Schüler entsprechend den §§ 4 und 5 berücksichtigt und individuell angemessene Lern- und Entwicklungsmöglichkeiten eröffnet; das so zu entwickelnde Profil soll durch ein Schulprogramm gestaltet und fortgeschrieben werden. Das Schulprogramm ist regional mit den benachbarten Schulen abzustimmen sowie mit den regionalen Institutionen und örtlichen Beiräten zu beraten. Hat der Senator für Bildung und Wissenschaft Bedenken gegen das Schulprogramm, beteiligt er die Deputation für Bildung;
2. die Entwicklung demokratischer Entscheidungsstrukturen als wichtiges Element der Weiterentwicklung zu fördern;
3. im Rahmen ihrer Möglichkeiten die ihr übertragenen wirtschaftlichen Angelegenheiten des Schulbetriebs eigenständig durchzuführen.

Die Schule wird hierbei von den Schulbehörden unterstützt und insbesondere hinsichtlich der Weiterentwicklung durch geeignete Angebote gefördert.

(2) Der Unterricht und das weitere Schulleben sollen soweit wie möglich für alle Schülerinnen und Schüler gemeinsam sein, eine Benachteiligung bestimmter sozialer, ethnischer oder kultureller Gruppen vermeiden und zum Abbau sozialer Schranken beitragen. Integrative Unterrichtung und Erziehung soll Maßnahmen der individuellen Förderung und des sozialen Lernens ausgewogen miteinander verknüpfen.

(3) Die Durchlässigkeit zwischen den Bildungsgängen und Schularten ist zu fördern auch mit dem Ziel bildungsgangübergreifender Integration einschließlich einer möglichen eigenen Gestaltung eingerichteter und Ent-

wicklung neuer Bildungsgänge. In den Schulen aller Schularten ist die integrative Vermittlung von allgemeinen und beruflichen Inhalten anzustreben.

(4) Die Eigenständigkeit der Schule verpflichtet im Interesse der Weiterentwicklung im Sinne der Absätze 1 bis 3 jede Schule zur Kooperation zwischen den Bildungsgängen sowie Schulstufen, auch schulstandortübergreifend.

(5) Die einzelne Schule legt im Rahmen gesetzter Freiräume die notwendigen Standards fest. Sie sichert unter Einbeziehung aller Beteiligten die Standards und die Vergleichbarkeit durch schulinterne Evaluation und schulübergreifende Beratungen. Die externe Evaluation und Qualitätssicherung wird in der Verantwortung des Senators für Bildung und Wissenschaft durchgeführt.

Quelle: Bremisches Schulgesetz vom 20. Dezember 1994, in: GBl. S. 327, berichtigt in GBl. 1995 S. 129.

Dokument 14
Berufsbildungsbericht 1999
(Bericht des Bundesministeriums für Bildung und Forschung vom Mai 1999)

Berufliche Bildung: Ausbildungs- und Beschäftigungschancen der Jugendlichen sichern

(...)

Kreativität und Eigenverantwortung müssen auch in der beruflichen Bildung gefördert werden. Die Politik muß für Rahmenbedingungen Sorge tragen, die eine bestmögliche Bildung für alle ermöglichen. Investitionen in Bildung und Ausbildung sind unverzichtbar, damit jeder einzelne am gesellschaftlichen Leben aktiv teilnehmen kann und die Chance erhält, am Arbeitsmarkt zu partizipieren, sie sichern auch die Wettbewerbsfähigkeit Deutschlands.

Bestmögliche Bildung für alle erfordert neben einem quantitativ ausreichenden Ausbildungsplatzangebot ein System der beruflichen Bildung, welches leistungsschwächeren und benachteiligten Jugendlichen sowie Leistungsstärkeren adäquate Förderungs- und Ausbildungsangebote eröffnet. Es ist das Ziel der Bundesregierung, den Jugendlichen die Ängste um Ausbildung und Arbeit zu nehmen und ihnen neue Perspektiven für Ausbildung und Beschäftigung zu eröffnen. (...)

Berufsausbildung ist Grundvoraussetzung für eine eigenständige Lebensführung, zur Integration in die Berufs- und Arbeitswelt sowie Teilhabe am gesellschaftlichen Leben. Dies verlangt auch weiterhin Flexibilität und

Verantwortung von den Jugendlichen bei der Verwirklichung ihrer Berufswünsche und die Einhaltung oder rechtzeitige Rückgabe abgeschlossener Ausbildungsverträge. (...)

Bei der Zahl der neu abgeschlossenen Ausbildungsverträge hat sich 1998 die im Jahr 1997 begonnene positive Entwicklung fortgesetzt. Allerdings konnte auch 1998 keine wenigstens ausgeglichene Ausbildungsplatzbilanz erreicht werden. Nach wie vor findet bei demographisch gestiegener Nachfrage ein Teil der Lehrstellensuchenden keinen Ausbildungsplatz. Eine erhebliche Zahl von Bewerbern und Bewerberinnen mußte auch in diesem Jahr in berufsvorbereitende Maßnahmen und Schulen ausweichen, obwohl sie in erster Linie einen betrieblichen Ausbildungsplatz wünschten und ausbildungsgeeignet waren.

Bundesweit wurden bis zum 30. September 1998 612.771 Ausbildungsverträge abgeschlossen. Damit wurde das Vorjahresergebnis von 587.517 neuen Ausbildungsverhältnissen um 4,3% bzw. 25.254 Neuverträge übertroffen. Der Zuwachs fiel in den alten Ländern sowohl absolut als auch relativ (+ 21.748 bzw. + 4,7%) deutlich stärker aus als in den neuen Ländern (+ 3.506 bzw. + 2,8%). Wie viele der zusätzlichen Ausbildungsverträge auf die Ausweitung der Sonderprogramme in den neuen Ländern und der Benachteiligtenausbildung nach § 241 Abs. 2 SGB III zurückzuführen sind, kann nur plausibel geschätzt werden: Es dürften gut 6.000 Verträge sein, davon rund 5.000 in den neuen Ländern.

Damit hat die Wirtschaft mit knapp 19.000 zusätzlichen Verträgen zur Angebotssteigerung beigetragen. Dies ist in erster Linie ein Erfolg der Betriebe und Unternehmen, die mehr Ausbildungsplätze angeboten haben, aber auch der Wirtschaftsverbände, der Kammern und der Bundesanstalt für Arbeit mit ihren intensiven Aktivitäten und Initiativen, um zusätzliche Ausbildungsplätze zu gewinnen. Allerdings stand einem deutlichen Zuwachs in den alten Ländern ein Rückgang in den neuen Ländern gegenüber. (...)

Die für die duale Berufsausbildung charakteristische und tragende Struktur auch an kleinen und mittleren Betrieben hat sich auf Grund des tiefgreifenden Wandels der Volkswirtschaft in den neuen Ländern noch nicht in dem Maße entwickelt, daß ein der Nachfrage entsprechendes betriebliches Ausbildungsplatzangebot durch die Wirtschaft bereitgestellt wird. Hinzu kommt, daß insbesondere viele neu gegründete Unternehmen und Betriebe unsicher hinsichtlich der weiteren wirtschaftlichen Entwicklung sind. Dies führt auch zur Zurückhaltung bei der Ausbildung und damit zu einer im Vergleich zu den alten Ländern geringeren Ausbildungsbeteiligung. Auch die in vielen Branchen angesichts der Arbeitsmarktsituation noch fehlenden Übernahme-/Beschäftigungsmöglichkeiten für ausgebildete Fachkräfte dürften sich auf die noch unzureichende Ausbildungsbereitschaft mit auswirken.

Quelle: BMFT 1999(a), S. 1, 3.

Dokument 15
Bundeskabinett zum Berufsbildungsbericht 1999
(Beschluß vom 14. April 1999)

Das Bundeskabinett nimmt den Berufsbildungsbericht 1999 des Bundesministeriums für Bildung und Forschung zustimmend zur Kenntnis und
stellt dazu folgendes fest:
1. Trotz einer spürbaren Steigerung der Zahl der neuen betrieblichen
Ausbildungsverträge in den alten Ländern und einer erneuten Ausweitung
der staatlich voll finanzierten Ausbildungsangebote vor allem in den
neuen Ländern hat auch 1998 nicht jeder Jugendliche, der ausgebildet
werden will und kann, einen Ausbildungsplatz gefunden. Ende September
waren bei den Arbeitsämtern noch rund 35.700 Bewerberinnen und Bewerber als unvermittelt gemeldet. In fast 50% der Arbeitsamtsbezirke der
alten Länder und in allen Arbeitsamtsbezirken der neuen Länder überstieg
die Zahl der noch unvermittelten Jugendlichen die Zahl der noch un-
besetzten betrieblichen Ausbildungsplätze. Die noch freien betrieblichen
Plätze waren zudem vielfach nicht dort, wo sie gebraucht wurden. Neben
den als noch unvermittelt gemeldeten Bewerberinnen und Bewerbern war
deshalb erneut eine hohe Zahl ausbildungsplatzsuchender junger Männer
und Frauen zu verzeichnen, die in berufsvorbereitende Maßnahmen oder
Schulen ausgewichen sind.
2. Im einzelnen wurden bis Ende September 1998 knapp 613.000 neue
Ausbildungsverträge abgeschlossen, rund 483.600 in den alten und rund
129.200 in den neuen Ländern. Das waren über 4% oder gut 25.000 Ausbildungsverträge mehr als 1997. Gleichwohl waren Ende September in
den alten Ländern rund 23.400 Bewerberinnen und Bewerber als noch unvermittelt gemeldet. Dem standen noch rund 22.900 als unbesetzt registrierte betriebliche Ausbildungsplätze gegenüber. Ferner waren in den alten Ländern für noch unvermittelte Jugendliche zusätzliche Ausbildungsangebote im Rahmen von Ausbildungskonsensen und -bündnissen vorgesehen. In den neuen Ländern waren noch rund 12.300 unvermittelte Bewerberinnen und Bewerber sowie rund 500 noch freie betriebliche Plätze
registriert. Hinzu kamen insgesamt rund 10.500 noch einsetzbare Plätze
aus der Lehrstelleninitiative Ost 1998 sowie den ergänzenden Sonderprogrammen der neuen Länder und Berlin.
3. Die Steigerung bei den neuen Ausbildungsverträgen ist ein Erfolg der
Betriebe und Unternehmen, aber auch der Wirtschaftsverbände, der
Kammern und der Bundesanstalt für Arbeit mit ihren Aktivitäten zur Gewinnung von mehr Ausbildungsplätzen. Die Wirtschaft hat mit knapp
19.000 Verträgen zur Angebotssteigerung beigetragen. Rund 6.000 zusätzliche Ausbildungsverträge dürften auf die Ausweitung der staatlichen
Förderung insbesondere in den neuen Ländern zurückzuführen sein.

4. Das Zahlenbild macht eine gespaltene Entwicklung auf den Ausbildungsstellenmärkten in den alten und neuen Ländern deutlich. Die Steigerung bei den betrieblichen Ausbildungsverträgen fand ausschließlich in den alten Ländern statt. In den neuen Ländern dagegen ist die Zahl der neuen betrieblichen Ausbildungsverträge gegenüber 1997 erneut um schätzungsweise knapp 3.700 oder knapp 4% zurückgegangen. Inzwischen trägt die Wirtschaft in den neuen Ländern nur noch zu rund 60% zur Ausbildungsplatzversorgung der Nachfrager aus den neuen Ländern bei. Rund 40% der Jugendlichen werden in Sonderprogrammen, über Benachteiligtenförderung nach SGB III oder in Betrieben der alten Länder ausgebildet. Rund 70% der betrieblichen Ausbildungsverträge in den neuen Ländern werden aus öffentlichen Mitteln bezuschußt.

5. Die Bundesregierung hat angesichts der Lage am Ausbildungsstellenmarkt rasch gehandelt. Durch das bereits am 25. November 1998 beschlossene und am 1. Januar 1999 in Kraft getretene *Sofortprogramm zum Abbau der Jugendarbeitslosigkeit – Ausbildung, Qualifizierung und Beschäftigung Jugendlicher* kann allen ausbildungsgeeigneten Jugendlichen, die bei den Arbeitsämtern als unvermittelt registriert waren, ein Ausbildungsplatzangebot unterbreitet werden. Ende März waren bereits mehr als 75.000 Jugendliche in Maßnahmen des Sofortprogrammes vermittelt. Insgesamt sieht das Programm in 1999 Angebote für 100.000 ausbildungsplatzsuchende oder arbeitslose Jugendliche vor. Die rasche Umsetzung des Sofortprogramms ist ein gemeinsames Ziel von Bundesregierung, Wirtschaftsverbänden und Gewerkschaften. Dazu wurden im *Bündnis für Arbeit, Ausbildung und Wettbewerbsfähigkeit* eine Reihe gemeinsamer Aktivitäten vereinbart.

6. Die Zahl der ausbildungsplatzsuchenden Schulabgängerinnen und Schulabgänger wird in den alten Ländern demographisch bedingt weiter steigen. In den neuen Ländern ist noch mehrere Jahre mit einer gleichbleibend hohen Nachfrage zu rechnen. Ferner werden zusätzliche Ausbildungsplätze für junge Männer und Frauen gebraucht, die in den Vorjahren zunächst in berufsvorbereitende Maßnahmen oder Schulen eingemündet sind bzw. um den Zugang von Nachfragern aus dem aktuellen Schulabgängerjahrgang in diese Alternativen zu verringern. 1999 und in den kommenden Jahren bleiben deshalb weitere erhebliche Anstrengungen notwendig, um nach den Jahren des Ausbildungsplatzmangels wieder zu einer Normalisierung am Ausbildungsstellenmarkt zurückzukehren. (...)

Quelle: BMFT 1999(a), S. 20.

Dokument 16

Bundesinstitut für Berufsbildung zum Entwurf des Berufsbildungsberichtes 1999
(Stellungnahme des Hauptausschusses vom 18. März 1999)

1. Das Bundesministerium für Bildung und Forschung stellt in dem Entwurf des Berufsbildungsberichts 1999 fest: Bundesweit wurden 1998 612.771 Ausbildungsverträge abgeschlossen, 25.254 oder 4,3% mehr als im Jahr zuvor. Damit hat sich das Ausbildungssystem erstmals seit Jahren auf weiterhin niedrigem Angebotsniveau der Wirtschaft etwas stabilisiert. Zum Vergleich: 1998 standen bundesweit 98,1 Ausbildungsstellen 100 Nachfragern gegenüber, 1997 betrug diese Relation 96,6 : 100.

Bei regionaler bzw. überregionaler Betrachtung ergeben sich indes erhebliche Unterschiede: So hat sich die Ausbildungssituation in den alten Bundesländern trotz eines ungünstigen Beginns im Oktober 1997 mit Ausnahme einiger Arbeitsamtsbezirke, insbesondere in großstädtischen Ballungsräumen und strukturschwachen Gebieten, leicht entspannt. Demgegenüber stellt sich die Situation in den neuen Bundesländern noch ungünstiger dar. Das betriebliche Ausbildungsangebot ist dort erneut zurückgegangen. Neben der von Bund und Ländern getragenen Lehrstelleninitiative Ost 1998 waren wiederum zusätzliche landeseigene flankierende Fördermaßnahmen erforderlich. Eine nennenswerte Betrachtung nach Ausführungsbereich ergibt ebenfalls ein differenziertes Bild: Eine Steigerung des Gesamtangebotes ist bundesweit lediglich im Bereich der Industrie- und Handelskammern festzustellen; in den meisten anderen Ausbildungsbereichen ist es weiter zurückgegangen. Lehrstellenbewerber und Lehrstellenbewerberinnen, insbesondere diejenigen in Ostdeutschland, haben vor dem Hintergrund der angespannten Situation bei der Suche nach einem Ausbildungsplatz eine hohe Flexibilität und Mobilität gezeigt.

2. Bund und Länder haben in je nach Situation regional unterschiedlicher Intensität wiederum neben der Förderung betrieblicher Erstausbildung erheblich mit den öffentlich finanzierten außerbetrieblichen und anderen flankierenden Fördermaßnahmen zur Entlastung des Ausbildungsmarktes beigetragen. Allein in Ostdeutschland wurden 1998 zur Förderung der beruflichen Erstausbildung über 1,8 Mrd. DM eingesetzt. Bezogen auf die Zahl der im Berichtsjahr gemeldeten Berufsausbildungsstellen in den neuen Bundesländern (130.480) entfällt somit auf jeden Ausbildungsplatz ein Betrag von knapp 13.800 DM, das sind ca. 50% der den Betrieben im Rahmen einer dreijährigen Ausbildung durchschnittlich entstehenden Nettokosten. Zusätzlich legte die neue Bundesregierung am 25.11.1998 das Sofortprogramm zum Abbau der Jugendarbeitslosigkeit (sog. 100.000-Plätze-Programm) auf. Sie bewertete jedoch zugleich diese Entscheidung als einen einmaligen nicht wiederholbaren Kraftakt. Im Konsens mit allen an

der beruflichen Bildung Beteiligten müßte alles unternommen werden, in den nächsten Jahren zu einem ausgeglichenen Ausbildungsmarkt zu gelangen.

3. Der Ausbildungsmarkt 1997/98 läßt darüber hinaus eine Verstetigung von Trends erkennen, die schon in vorhergehenden Stellungnahmen des Hauptausschusses und den ihm angehörenden Gruppen Anlaß zur Sorge waren. Der Anteil der Altbewerber liegt in den alten Bundesländern weiterhin auf hohem Niveau (38,3%) und hat in den neuen Bundesländern deutlich zugenommen (37,4% = +2,4%). Mit der Zunahme dieser Personengruppe erfährt die Gesamtzahl der gemeldeten Bewerber eine weitere Steigerung. Die Bewerberzahl der Hauptschulabsolventen oder solcher mit vergleichbaren Abschlüssen ist im abgelaufenen Berufsbildungsjahr erneut gesunken, während die Anteile der Bewerber mit mittlerem Abschluß, Fachhochschulreife sowie Hochschulreife gestiegen sind. Insbesondere in Regionen mit einem nicht ausgeglichenen Ausbildungsmarkt führt dies zu bedenklichen Verdrängungseffekten, die nur durch staatliche Interventionen, vornehmlich der Bundesanstalt für Arbeit, abgemildert werden können. So befindet sich in Ostdeutschland mittlerweile fast jeder zehnte Auszubildende in einer Maßnahme der Benachteiligtenförderung der Arbeitsverwaltung.

4. Der Hauptausschuß ist vor diesem Hintergrund der Auffassung, daß sich in absehbarer Zeit das Problem der beruflichen Qualifizierung Jugendlicher nicht ausschließlich im Rahmen des marktorientierten dualen Systems lösen läßt, sondern daß es weiterhin flankierender Maßnahmen bedarf und zusätzliche Initiativen zur Stärkung und Fortentwicklung des dualen Systems notwendig sind. Gründe sieht er hierfür insbesondere, daß demographisch bedingt die Nachfrage nach Ausbildungsplätzen bis zum Jahr 2006 kontinuierlich mit etwa 1,3 bis 2,0% je Jahr noch weiter ansteigt, mit einem dementsprechenden Gesamtangebot an Ausbildungsplätzen aber nicht zu rechnen ist.

Die Zahl der Einfacharbeitsplätze wird künftig weiter sinken. Bis zum Jahr 2010 sollen 40% der Einfacharbeitsplätze des Jahres 1997 entfallen. Bislang ungelernt gebliebene, insbesondere leistungsgeminderte und sozial benachteiligte Jugendliche, bedürfen einer Qualifizierung, um überhaupt eine Chance auf dem Arbeitsmarkt zu bekommen. Daher steigt die Wahrscheinlichkeit, daß das betriebliche Ausbildungsplatzangebot künftig nicht ausreichen und bis zum Wiedererstarken der demographischen Kurve eine deutliches Ausbildungsplatzdefizit entstehen könnte. Ob Bund und Ländern künftig in der Lage sein werden, dieses Ausbildungsplatzdefizit durch die Förderung der beruflichen Erstausbildung und die Finanzierung von Förderprogrammen bzw. die Ausbildung in den Berufsfachschulen zu verringern, hängt von der Höhe des Ausbildungsplatzdefizits und von den Finanzierungsmöglichkeiten der staatlichen Haushalte ab.

5. Der Hauptausschuß hält folgende Maßnahmen für erforderlich:

5.1 Rechtzeitige und ausreichende Vorbereitung unserer Jugendlichen auf die Berufs- und Arbeitswelt: Der Anteil der Schulabgänger und Schulabgängerinnen ohne Hauptschulabschluß bzw. Berufsbildungsreife ist zu hoch; 10 bis 14% eines Altersjahrgangs bleiben ohne Berufsausbildung. Hier muß verstärkt an die große Verantwortung der Eltern, auch von ausländischen Jugendlichen, appelliert werden. Darüber hinaus ist es notwendig, den die Schlüsselqualifikationen fördernden Unterricht der Schule zu verstärken, die Schulsozialarbeit auszubauen und die hierfür erforderlichen sowie sozialpädagogischen Unterrichtsanteile zu erhöhen. (...) Die Problemlösung kann in einer Differenzierung der Berufsausbildung für benachteiligte Jugendliche liegen, die entsprechend den Modellversuchen, Maßnahmen und Vorschlägen in den Ländern gestaltet werden.

5.2 Verstärkte Einführung von Ausbildungsverbünden: Nach den Erhebungen des Betriebspanels 1997 des Instituts für Arbeitsmarkt- und Berufsforschung (IAB) bildeten in den alten Bundesländern 1% und in den neuen Bundesländern 2% der Ausbildungsbetriebe in Ausbildungsverbünden aus. Diesen Anteil gilt es weiter zu steigern. Ausbildungsverbünde können zu einer Verbreiterung der betrieblichen Ausbildungsbasis beitragen, indem Betriebe sich an einer Ausbildung beteiligen, die für sich allein den Ausbildungsanforderungen nicht gerecht werden können. Gleichzeitig ergeben sich hierdurch Elemente der Qualitätssicherung betrieblicher Ausbildung. (...) In Form von Qualifizierungsverbünden könnten Ausbildungsverbünde ferner Elemente der Ausbildung mit denen der Weiterbildung verzahnen. Finanzielle Hilfen von Bund und Ländern sollten sich zeitlich befristet auf eine Anschubunterstützung zur Schaffung der erforderlichen Infrastruktur beschränken. (...)

5.3 Ausbildungsbeteiligung und Ausbildungsbereitschaft sind weiter zu steigern: Die erwähnte Betriebsbefragung des IAB (...) hat deutliche Unterschiede des Ausbildungsverhaltens von Betrieben in West- und Ostdeutschland ergeben. Während in Westdeutschland 55% aller Betriebe die gesetzlichen Voraussetzungen für die Berufsausbildung erfüllen und 44% nicht, ist das Verhältnis in Ostdeutschland nahezu umgekehrt. Wenn auch die Quote der ostdeutschen Betriebe, die nicht über geeignete Ausbilder bzw. eine geeignete Ausbildungsstätte verfügen, hoch erscheint, so bilden mit nunmehr fast 29% aller ostdeutschen Betriebe 3% mehr als im Vorjahr aus. Auch in Westdeutschland hat sich die Ausbildungsbetriebsquote gegenüber 1996 auf 33% erhöht. Insgesamt ist aber der prozentuale Anteil der Ausbildungsbetriebe an der Gesamtzahl der Betriebe mit 24% im Vergleich zum Vorjahr kaum gestiegen. Als Gründe, warum Betriebe nicht ausbilden, wurden vorrangig die Höhe der Ausbildungskosten, die fehlende Übernahmemöglichkeit von Auszubildenden und der hohe Aufwand für Ausbildung genannt. (...) Die Notwendigkeit der Überbedarfsausbildung darf nicht durch einengende Übernahmeverpflichtungen im Rahmen von Tarifverträgen konterkariert werden.

5.4 Fortführung der Förderung der dualen Berufsausbildung in Ostdeutschland: Die Förderung der betrieblichen Ausbildung in Ostdeutschland muß auf absehbare Zeit erhalten bleiben. Angesichts der in Ostdeutschland bestehenden schlechten Beschäftigungssituation gibt es zur Zeit keinen anderen Weg, dem Mangel an Ausbildungsplätzen zu begegnen. Allerdings besteht zwischen der Verantwortung der Wirtschaft, für ein ausreichendes Angebot an Ausbildungsplätzen Sorge zu tragen, und der Zielstellung von Bund und neuen Ländern, tatsächlich jedem Ausbildungsplatzsuchenden das Angebot eines Ausbildungsplatzes in einem anerkannten Beruf zu unterbreiten, ein erhebliches Spannungsverhältnis. Gerade indem die Förderung der neuen Länder bislang stark betrieblich ausgerichtet war, wurden die Anreize für ein eigenverantwortliches Handeln der Tarif- und Sozialpartner stark geschwächt. Prämien für betriebliche Plätze und die Vollfinanzierung von betriebs- oder wirtschaftsnahen Ausbildungsplätzen führten dazu, daß der Druck zur Verständigung über vertretbare Bedingungen für die Ausbildung verringert wurde. Die Auflegung eines Aktionsprogramms Lehrstelleninitiative Ost 1999 durch den Bund und die neuen Länder wird – wie in den Vorjahren – auch in diesem Jahr erforderlich sein. Bund und neue Länder sollten sich hierbei an dem Umfang des Vorjahres orientieren. (...)

5.5 Der Prozeß zur Modernisierung der Berufsausbildung muß weiter vorangebracht werden: Der rasche Strukturwandel zwingt zu einer Modernisierung der Berufsausbildung in der Bundesrepublik. Dazu gehört die Entwicklung neuer Berufe ebenso wie die laufende Anpassung der Ausbildungsordnungen an bereits eingetretene Veränderungen der Qualifikationsanforderungen der Betriebe. Der Bund als Verordnungsgeber kann dadurch zur Steigerung des Ausbildungsangebotes der Betriebe wesentlich beitragen. Außerdem ist ein System der Früherkennung sich in den Unternehmen erst anbahnender Veränderungen in den Arbeitsanforderungen notwendig. Der Hauptausschuß erwartet, daß mit der Umorganisation des Bundesinstituts für Berufsbildung erste Schritte hierzu eingeleitet werden.

5.6 Ausbau des Ausbildungsplatzangebotes in den neuen Berufen: Die Entwicklung der neu geschaffenen Berufe ist zu begrüßen. So konnten 1997 allein in den neuen Berufen der Informations- und Telekommunikationstechnologie (IT) 4.748 neue Ausbildungsverträge abgeschlossen werden und die Zahl der Ausbildungsverhältnisse belief sich Ende August 1998 schon auf 9.798. Dies ist eine Verdoppelung der Ausbildungsverhältnisse innerhalb eines Jahres. Allerdings ist festzustellen, daß die IT-Berufe regional sehr unterschiedlich angenommen werden und durch sie das quantitative Problem allein nicht zu lösen ist. (...)

5.7 Weitere Verbesserung der Lernortkooperation: Die inhaltliche und organisatorische Koordinierung und Abstimmung zwischen den verschiedenen Lernorten, insbesondere Betrieb und Berufsschule sowie der Überbetrieblichen Bildungsstätte, sind weiter zu verbessern. (...)

5.8 Verstärkung der Zusammenarbeit mit der Arbeitsverwaltung: Der Umfang von Maßnahmen der Bundesanstalt für Arbeit zur Förderung von sozial benachteiligten und lernbeeinträchtigten Jugendlichen hat im Berichtsjahr erneut zugenommen. Diese Entwicklung gibt Anlaß zur Sorge, da die ausschließlich der Förderung von Jugendlichen mit individuellen Problemen dienenden Maßnahmen in einer zunehmenden Anzahl von Regionen auch zur Kompensation des fehlenden betrieblichen Lehrstellenangebotes genutzt werden. Der Hauptausschuß hält vor diesem Hintergrund eine engere Abstimmung mit der Arbeitsverwaltung und den sonstigen in der Förderung von Benachteiligten zuständigen Einrichtungen und den in der beruflichen Bildung zuständigen Stellen und Institutionen für dringend geboten. (...)

5.9 Der Hauptausschuß begrüßt, daß die Bundesregierung mit der Auflegung des Sofortprogramms zum Abbau der Jugendarbeitslosigkeit einen ersten Schritt zur Bekämpfung der Jugendarbeitslosigkeit unternommen hat. Angesichts von rd. 480.000 gemeldeten Arbeitslosen unter 25 Jahren Ende 1998 und einer hohen Zahl nicht erwerbstätiger Personen unter 25 Jahren müssen weitere Schritte und Maßnahmen zur Umsetzung der beschäftigungspolitischen Leitlinie 1 der Europäischen Union (Bekämpfung der Jugendarbeitslosigkeit) unternommen werden, um jedem Jugendlichen nach spätestens sechs Monaten Arbeitslosigkeit einen Ausbildungs- oder Arbeitsplatz anbieten zu können.

6. Der Hauptausschuß hält eine Diskussion zwischen allen an der beruflichen Bildung Beteiligten hierüber auch im Rahmen des Bündnisses für Arbeit und Ausbildung für zwingend. Es ist der Zeitpunkt gekommen, jetzt verstärkt und grundsätzlich die Beratung über die Fortentwicklung des dualen Berufsausbildungssystems aufzunehmen. Dazu ist eine Analyse der Probleme, mit denen gegenwärtig unser Berufsbildungssystem behaftet ist, Voraussetzung.

Quelle: BMFT 1999(a), S. 23-25.

Dokument 17
Minderheitsvotum der Gruppe der Beauftragten der Arbeitnehmer zum Entwurf des Berufsbildungsberichtes 1999

(...)

Versprechen der großen Wirtschaftsverbände „Allen Jugendlichen einen Ausbildungsplatz" wieder nicht eingehalten
Der Streit um die Beurteilung der Lage auf dem Ausbildungsstellenmarkt wiederholt sich Jahr für Jahr. Rechnet man die Zahl der Bewerber gegen die angebotenen Plätze auf, fehlen in jedem Jahr Zigtausende Ausbildungsstellen. Die Zahl der Schulabgänger wird bis über das Jahr 2000 hinaus weiter zunehmen, der Bedarf an Ausbildungsplätzen wird also steigen. Auch wenn etliche Betriebe mehr Jugendliche ausbilden, als sie benötigen, werden sich weiterhin viele Betriebe auf dem Ausbildungsstellenmarkt zurückhalten.

Die Präsidenten der großen Wirtschaftsverbände hatten anläßlich ihres traditionellen Jahrestreffens mit dem Bundeskanzler am 9. März 1998 in München eine Erklärung zur wirtschaftlichen Entwicklung vorgelegt. Darin heißt es:

„Die Wirtschaft wird alle Anstrengungen unternehmen, um in diesem Jahr etwa 2% zusätzliche Ausbildungsplätze bereitzustellen und damit ihrer Verantwortung hinsichtlich der zu erwartenden Stellennachfrage von 645.000 Ausbildungsplätzen Rechnung zu tragen."

Tatsächlich sind aber nur 612.771 neue Ausbildungsverträge abgeschlossen worden.

(...)

Sorgenkind bleiben die neuen Bundesländer. Dort ist das betriebliche Ausbildungsplatzangebot um 5,8% auf 92.495 Ausbildungsplätze nochmals zurückgegangen. Die Bewerberzahl erhöhte sich um 1,4% auf 229.293. Die Pleitewelle in der ostdeutschen Wirtschaft, z.B. der Zusammenbruch ganzer Branchen wie der Textilindustrie, belastet den ohnehin angespannten Ausbildungsstellenmarkt erheblich. Immer mehr Auszubildende aus Konkursunternehmen mußten neu vermittelt werden. Angesichts der anhaltenden Ausbildungsstellenmisere wurde auch in diesem Berichtsjahr ein von Bund und Ländern getragenes Sonderprogramm für zusätzliche Ausbildungsplätze in den ostdeutschen Bundesländern aufgelegt. Nur mit der Neuauflage der Initiative für außerbetriebliche Ausbildungsstellen konnte für mindestens 17.500 Jugendliche eine Berufsausbildung ermöglicht werden, die trotz aller Bemühungen nicht vermittelt werden konnten.

Der Zuwachs an Ausbildungsplätzen in den ostdeutschen Bundesländern beruht somit nicht auf einem erhöhten Angebot betrieblicher Plätze. Nur durch die massive Förderung von Ausbildungsplätzen und durch den er-

heblichen Einsatz öffentlicher Mittel wurde die Steigerung des Ausbildungsplatzangebotes ermöglicht.
(...)

Beseitigung der Schwächen im allgemein- und berufsbildenden Schulsystem erforderlich

Der Hauptausschuß hält eine intensivere Auseinandersetzung über Bildung und Bildungsziele für notwendig. Insbesondere sollte eine Diskussion über allgemeingültige Grundkenntnisse, die im allgemeinbildenden Schulwesen vermittelt werden sollen und der Vorbereitung auf das Leben dienen, geführt werden. Neben der Vermittlung von Grundwissen, Kulturtechniken und informationstechnischen Grundkenntnissen muß nach Auffassung des Hauptausschusses zusätzlich Raum für mehr Schlüsselqualifikationen eröffnet werden. Durch zeitgemäßen Unterricht, der mit den Entwicklungen in Arbeitswelt und Gesellschaft Schritt hält, muß praktisches Lernen, verstärkt durch lebensnahen, anschaulichen, projekt- und handlungsorientierten Unterricht, ermöglicht werden. Außerdem müssen die nötigen Freiräume für pädagogische Arbeiten eingeräumt werden, um das Leistungsvermögen und die Interessen der Schüler in der Berufsorientierungsphase in die Unterrichtsplanung einzubeziehen.
(...)

Quelle: BMFT 1999(a), S. 26f.

Dokument 18
Minderheitsvotum der Gruppe der Beauftragten der Arbeitgeber zum Entwurf des Berufsbildungsberichtes 1999

(...)

Insgesamt stellt sich die Situation auf dem Ausbildungsstellenmarkt infolge der Anstrengungen von Wirtschaft und Politik in den vergangenen Jahren positiv mit einem Trend zur weiteren Verbesserung dar. Hervorzuheben ist, daß die kontinuierliche Steigerung der Ausbildungsleistung vor dem Hintergrund eines nach wie vor angespannten Arbeitsmarktes erfolgt. Auch in den kommenden Jahren kann und wird es gelingen, das Ausbildungsplatzangebot entsprechend der demographisch bedingt noch leicht wachsenden Nachfrage zu erweitern. Voraussetzung ist die spürbare Verbesserung der gesamtwirtschaftlichen und politischen Rahmenbedingungen für Beschäftigung und Ausbildung.
Die Wirtschaft steht auch 1999 zu ihrer Aussage, jedem ausbildungswilligen und -fähigen jungen Menschen ein Ausbildungsplatzangebot zu

unterbreiten. Die im Bündnis für Arbeit, Ausbildung und Wettbewerbsfähigkeit beteiligten Spitzenverbände haben ihre Entschlossenheit erklärt, sich für ein Angebot an Lehrstellen einzusetzen, das über dem demographisch bedingten Nachfrageanstieg liegt.
(...)

Mehr Differenzierung in der Berufsausbildung

Die Wirtschaft begrüßt, daß auch die Kultusminister der Länder Vorstellungen zur Weiterentwicklung der Berufsbildung vorgelegt haben. Die von den Kultusministern entwickelte Problemlösungsstrategie der sogenannten „Basisberufe" stellt allerdings Grundelemente des dualen Systems zur Disposition, deren Bedeutung für die Qualität der Ausbildung bisher unumstritten war.

Wenn allgemeinbildende überfachliche Qualifikationen und Orientierungswissen in den Mittelpunkt der Berufsausbildung gestellt werden, wird die Vermittlung der beruflichen Handlungs- und Einsatzfähigkeit als Ergebnis der Ausbildung verlorengehen. Wenn die Ausbildung in einen bundeseinheitlich und einen regional geregelten Bereich aufgeteilt wird, ist der Verlust der Transparenz der Qualifikationen und die Erschwerung der Mobilität auf dem deutschen Arbeitsmarkt und erst recht auf dem europäischen Arbeitsmarkt die Folge. Wenn wenige Basisberufe, basierend auf einem überholten Schema der Grundfunktionen wie z.B. ‚Produzieren', ‚Dienstleisten', ‚Gestalten' an die Stelle der differenzierten, am Bedarf der Unternehmen und des Arbeitsmarktes orientierten Berufsbilder treten, wird die Berufsausbildung zur standardisierten, handlungsfernen Einheitskost, die auch fernab der betrieblichen Realität in Schulen und Bildungseinrichtungen verabreicht werden kann.
(...)

Quelle: BMFT 1999(a), S. 31f.

Dokument 19
Fragen der Gleichwertigkeit von allgemeiner und beruflicher Bildung
(Beschluß der Kultusministerkonferenz vom 2. Dezember 1994)

(...)
1. Die Herstellung der Gleichwertigkeit von allgemeiner und beruflicher Bildung zielt auf zwei Bereiche, die der Kultusministerkonferenz allerdings nur in einem Teil unmittelbar zugänglich sind:
    –   auf die Praxis in Wirtschaft, Verwaltung und öffentlichem Dienst, vergleichbar qualifizierten Absolventen beider Bildungswege gleiche reale Möglichkeiten für die Beschäftigung, Bezah-

lung, Weiterqualifizierung und Beförderung zu geben. Die Kultusministerkonferenz appelliert an die Träger des Beschäftigungssystems, in dieser Hinsicht verstärkte Anregungen zu unternehmen;

– auf die Anerkennung der Gleichwertigkeit von Abschlüssen und auf wirksame Durchlässigkeitsregelungen. Hierzu hat die Kultusministerkonferenz bereits eine Reihe von Beschlüssen gefaßt, die Möglichkeiten in diesem Bereich sind aber noch nicht ausgeschöpft.

2. Die allgemeine Hochschulreife beansprucht, inhaltlich und formal ausreichende Voraussetzungen dafür zu gewährleisten, daß jedes Studium erfolgreich betrieben und absolviert werden kann. Die allgemeine Hochschulreife hat sich in diesem Sinne im wesentlichen bewährt, auch wenn die fachbezogenen Vorkenntnisse den inhaltlichen Schwerpunktsetzungen in der gymnasialen Oberstufe gemäß unterschiedlich sind. Zusätzlichen Anforderungen, die sich aus den Erfordernissen eines bestimmten Studienganges her ableiten, muß das Grundstudium gerecht werden. Die Gleichwertigkeit impliziert die Frage, ob und inwiefern inhaltliche und formale Qualifikationen, die in der beruflichen Bildung erworben werden, die allgemeine Studierfähigkeit fördern und in bezug auf bestimmte Studiengänge wesentlich mit konstituieren.

3. Schlüsselqualifikationen, wie sie die Grundlage der neugeordneten Berufe bilden, sind geeignet, Studierfähigkeit zu begünstigen; sie sind für alle Bildungsgänge von entscheidender Bedeutung. Der Erwerb von Schlüsselqualifikationen muß durch den Aufbau inhaltsspezifischen Wissens prinzipien- oder regelorientiert, nicht aber in erster Linie faktenzentriert erfolgen. Nicht alle Fachgebiete sind dabei gleichzeitig substituierbar. Für bestimmte Qualifikationen gilt, daß sie nur an bestimmten Gegenstandsbereichen erworben werden können. Gleichzeitig ist zu beachten, daß zwischen der Entwicklung von Schlüsselqualifikationen und den Organisationsformen des Lernens ein enger Zusammenhang besteht. Die hierfür notwendigen Auswahlentscheidungen sind auf politischer Ebene zu treffen.

4. Mit der Diskussion darüber, inwieweit der Hochschulzugang vermehrt über berufliche Bildungswege eröffnet werden soll und inwieweit „Aspekte der Beruflichkeit" auch stärker in der gymnasialen Oberstufe zur Geltung kommen sollen, wird zum Ausdruck gebracht, daß die in der allgemeinen und beruflichen Bildung erworbenen Kenntnisse, Fähigkeiten und Qualifikationen deutlicher aufeinander bezogen werden müssen. Auch die gymnasiale Oberstufe muß sich für handlungsorientiertes Lernen öffnen. In welchem Umfang dies zu geschehen hat, bleibt ebenfalls der politischen Entscheidung vorbehalten.

(...)

Mit Blick auf die in ihrer eigenen Verantwortung wahrzunehmenden Aufgaben haben die Kultusminister der Länder ihre Übereinstimmung in folgenden Grundsatzpositionen festgestellt.:

1. In Deutschland haben allgemeine und berufliche Bildung ihren jeweiligen Eigenwert und ihr Eigenprofil entwickelt. Beide Bildungsbereiche vermitteln entsprechende Abschlußqualifikationen und vergeben Befähigungsnachweise in den jeweiligen Bildungsgängen. Die Funktionsteilung in ein weiterführendes allgemeines und berufliches Schulwesen entspricht inhaltlichen Unterscheidungen. In einigen Bereichen hat die Kooperation und Integration von allgemeiner und beruflicher Bildung auch zu doppeltqualifizierenden Bildungsgängen geführt. Die Gleichwertigkeit von allgemeiner und beruflicher Bildung muß aber in pädagogischer, bildungs- und gesellschaftspolitischer Hinsicht weiterentwickelt werden mit dem Ziel der Angleichung des öffentlichen Stellenwertes beider Bildungsbereiche sowie der Schaffung der hierfür erforderlichen Voraussetzungen.

2. Eine Analyse der bisher erreichten Ergebnisse von Durchlässigkeit zwischen den verschiedenen Wegen allgemeiner und beruflicher Bildung macht deutlich, daß die Entwicklung der Bildungschancen des einzelnen in beiden Bereichen nach den geltenden Grundsätzen des Rechtes auf Bildung Fortschritte gemacht hat. Bestimmte Abschlußqualifikationen und Befähigungsnachweise allgemeiner und beruflicher Bildung sind bereits unterhalb der Hochschulzugangsberechtigung gleichgestellt worden und führen zu denselben Berechtigungen. Es besteht aber anerkannter Handlungsbedarf für weitere Verbesserungen. In der Kultusministerkonferenz wird in diesem Sinne gegenwärtig an einer Vereinbarung hinsichtlich der Zuerkennung der Fachhochschulreife in Verbindung mit dem Besuch beruflicher Schulen gearbeitet.

Zur weiteren Förderung der Gleichwertigkeit von allgemeiner und beruflicher Bildung wurde Einvernehmen über die folgenden weiterführenden Schritte erzielt:

– Die Kultusministerkonferenz wird die Möglichkeit weiterer Differenzierung in den Angebotsstruktur der Hochschulreife im Schulwesen der Länder – allgemeine Hochschulreife, fachgebundene Hochschulreife, (allgemeine) Fachhochschulreife, fachgebundene Fachhochschulreife – prüfen.

– Die Kultusministerkonferenz strebt Vereinbarungen an, in denen festgelegt wird, welche Abschlüsse allgemeiner und beruflicher Bildungswege auf der Grundlage ihrer Bildungsinhalte, ihres Anspruchsniveaus und der durch sie vermittelten Qualifikationen wechselseitig zu einer Anerkennung im Sinne weitergehender Berechtigungen herangezogen werden können. Dabei ist die Bedeutung von Schlüsselqualifikationen für beide Bildungsbereiche im Hinblick auf Vergleichbarkeit und Übertragbarkeit angemessen zu berücksichtigen.

(...)

Quelle: KMK 2000 Nr. 34.

Dokument 20
Wege zu einer modernen Beruflichkeit
(DIHT-Leitlinien zur Ausbildungsreform vom Juli 1999)

Herausforderung Berufsfähigkeit
Die Berufsausbildung im dualen System und die praxisorientierte berufliche Weiterbildung sind das besondere Markenzeichen des deutschen Bildungswesens. Mehr und besser als jeder andere Bildungssektor vermittelt die Partnerschaft von Betrieb und Schule die volle Berufsfähigkeit,
– die ein unmittelbares und damit unverfälschtes Spiegelbild des Qualifikationsbedarfs der Unternehmen ist,
– die das direkte Lernen in der Arbeitswelt zur Grundlage jeder erfolgreichen Tätigkeit als Fachkraft macht,
– die im Rahmen der Wirtschaftsentwicklung sehr gute Chancen für den direkten Übergang ins Erwerbsleben bietet,
– die für Jugendliche ein umfassendes Spektrum der Ausbildungswahl nach individueller Eignung und Begabung bietet,
– die den Übergang zur beruflichen Weiterbildung vorbereitet und nahtlos aufbaut,
– die die Selbstverantwortung der Wirtschaft für die betriebliche Ausbildung zum Schlüsselfaktor beständiger Qualität macht.
Das Prinzip der Berufsbezogenheit, der *Beruflichkeit* von betrieblicher Ausbildung und beruflicher Weiterbildung, ist das Herzstück der Berufsbildung in Verantwortung der Wirtschaft. Es konkurriert in der Ausbildung zunehmend mit alternativen Angeboten. In Europa gehören hierzu *Systeme* mit einer staatlich orientierten beruflichen Schulbildung nach französischem Muster oder eine fast systemfreie betriebliche Modulausbildung nach englischem Muster, die auf ein atomistisch strukturiertes Anlernen setzt.
Auch national steht das Grundmodell Betrieb-Schule unter dem Druck eines erhöhten Wettbewerbs. Immer mehr differenzierte vollzeitschulische Ausbildungsangebote stehen neben pluralen Ausbildungsangeboten im Betrieb, die von Ausbildungsverbünden bis hin zu überbetrieblichen Bildungsstätten reichen. Hinzu kommen neue Bildungsangebote mit *dualen* Komponenten im Hochschulsektor und im sogenannten tertiären Bereich

der verschiedenen Akademieformen. Bei Teilen dieser konkurrierenden Angebote erfolgt zudem eine Wettbewerbsverzerrung durch hohe staatliche Subventionen.

Gleichzeitig verändert sich der betriebliche Qualifikationsbedarf in bisher nicht bekanntem Tempo und mit hoher Dichte. Die betriebliche Ausbildung muß im Zeichen der Globalisierung tiefgreifende Veränderungen aufnehmen und schnell bewältigen, um ihrem Markenzeichen einer vollen Berufsfähigkeit als Bildungsziel gerecht zu bleiben.

Sechs zentrale Herausforderungen stehen an erster Stelle:

(1) ein massiver und beständiger Rückgang unqualifizierter Arbeitsplätze,

(2) der schnelle Wandel zur Dienstleistungswirtschaft,

(3) die Reduktion von Kosten ohne Qualitätsverlust,

(4) die Veränderung der Arbeitsorganisation von einer abgegrenzt berufsbezogenen und funktionalen Arbeitsteilung hin zu einem Arbeiten, das mehr prozeßorientiert, kooperativ und in Art wie Dauer von Tätigkeiten variabel ist,

(5) der gesellschaftliche Druck auf die Wirtschaft, das betriebliche Ausbildungswesen für alle ausbildungsinteressierten Jugendlichen auch in Zeiten einer Umstrukturierung und eines begrenzten Wachstums offen zu halten,

(6) die Erwartung an die berufliche Aus- und Weiterbildung als Angebot der Wirtschaft, beruflichen Erfolg vorzubereiten und zu begleiten, insbesondere als Alternative zum Studium.

(...)

Struktur und Instrumente einer Ausbildungsreform

Die dargestellten Herausforderungen sind nur mit einer erfolgreichen Strukturrefom in der Ausbildung zu bewältigen. Diese muß die Voraussetzungen schaffen, um

– berufsbezogene Qualifikationsprofile beizubehalten und auszubauen,

– das Zusammenstellen von verzahnten Qualifikationspaketen nach dem fachlichen Bedarf von Unternehmen verschiedener Größen zu fördern,

– Kombinationen von branchen- und technikspezifischen wie betriebsorientierten Qualifikationen mit berufsübergreifenden Lernzielen zu ermöglichen,

– Ausbildungspotentiale insbesondere beim Mittelstand zu erhöhen,

– die berufsbildende Integration Lernschwacher und mehr praktisch Begabter zu fördern,

– Leistungsstarke mehr zu fördern, um Zeichen für die Attraktivität des dualen Ausbildungssystems zu setzen,

– in Ausbildung und Prüfung die Berücksichtigung branchenbezogener und betrieblicher Spielräume zu erweitern,

- weiterhin die verläßliche Aussagekraft beruflicher Qualifikationen und ihrer Abschlüsse im gesamten deutschen Wirtschaftsraum zu garantieren und
- das Modell der deutschen Berufsausbildung für den Wettbewerb in Europa überzeugender zu machen.

In jüngster Zeit haben Wissenschaft, Politik und Verbände eine Reihe von Vorschlägen gemacht, um Reformen im dualen System der Berufsausbildung voranzutreiben. Manche dieser Reformkonzepte würden zu einer Erosion des Ausbildungssystems oder gar zu einer vollständigen Umgestaltung führen: Basisberufe oder Grundberufe scheiden als Modelle für die Berufsausbildung aus. Die Vielfalt der Berufsbilder muß erhalten bleiben und ausgebaut werden. Eine Zusammenlegung von Ausbildungselementen ist nur dort sinnvoll, wo es sich um eng verwandte Berufe handelt. Dagegen führen fachlich verkürzte Basis- oder Grundberufe auch bei einer breiten Anlage zum Abschied von der unmittelbaren Berufsfähigkeit. Sie würden unverzichtbare fachliche Teile der Ausbildung in eine *Weiterbildung* verschieben. Damit würden Profil, Bildungsziel und Erwartungen an die frühe und verläßliche Berufsfähigkeit aufgeweicht und in der betrieblichen Praxis entwertet. Der gleiche Effekt träte ein, wenn Einheitsschemata für bestimmte *Arten von Qualifikationen* als pauschales Ordnungsmuster eingeführt würden. Alle entsprechenden Konzepte gefährden den direkten Übergang von der Ausbildung in die volle Erwerbstätigkeit.

Richtig ist dagegen der Weg, bereits mit der Berufsausbildung die volle Berufsfähigkeit zu erreichen. In diesem Rahmen ist die Ausbildung weiter zu differenzieren und zu flexibilisieren. Ziel ist eine noch bessere Berufsperspektive, um die Dynamik im Beschäftigungssektor konsequent und kontinuierlich aufzugreifen.

Damit die Reform der Berufsausbildung vorankommt, haben die deutschen Industrie- und Handelskammern und der DIHT das *Satellitenmodell* entwickelt. Es wird als neues, grundlegendes Ordnungsmodell für das gesamte Feld der Berufsausbildung im dualen System vorgeschlagen und eignet sich grundsätzlich für alle Formen der Qualifizierung nach Berufsbildern. In einer größeren Flexibilität und betrieblichen Differenzierung als bisher können für die jeweiligen Berufsprofile fachliche Qualifikationen vermittelt, vertieft und erweitert, die spezifische Handlungskompetenz erhöht, Zusatzqualifikationen angeboten und insgesamt eine engere Verbindung der Ausbildung zum Lernen in der Praxis erreicht werden.

(...)

„Modell der drei Freiheiten"

Das Satellitenmodell ist ein Modell der drei Freiheiten. Die drei Freiheitsgrade bei der Vertragsgestaltung durch Bewerber und Betrieb erstrecken sich auf:

– Wahl der Ausbildungszeit: Sie kann zwischen 2 und 3,5 Jahren betragen.

– Wahl von Ausbildungsinhalten: Wahlpflichtbausteine können ausgewählt, Wahlbausteine frei gewählt werden.

– Wahl des Prüfungstermins: Prüfungen können je nach Bedarf in Etappen erfolgen.

Mit den drei Freiheiten würden in die Berufsausbildung Wahlmöglichkeiten hineingebracht, die in anderen Bildungsbereichen, etwa an Hochschulen, schon längst existieren und dort von niemanden in Frage gestellt werden.

Quelle: Deutscher Industrie- und Handelstag: Leitlinien Ausbildungsreform – Wege zu einer modernen Beruflichkeit. Bonn, Juli 1999.

Dokument 21

Ein neues Leitbild für das Bildungssystem – Elemente einer künftigen Berufsbildung
(Sachverständigenrat Bildung bei der Hans-Böckler-Stiftung vom Dezember 1998)

4.1 Berufliche Erstausbildung

Die berufliche (Erst-) Ausbildung in Deutschland hat sich zu einem Mischsystem unterschiedlicher Teilsegmente entwickelt: Neben dem dualen Ausbildungssystem nach Berufsbildungsgesetz und Handwerksordnung gibt es differenzierte vollzeitschulische Ausbildungsangebote. Aber auch das betriebliche Ausbildungsangebot selbst ist außerordentlich heterogen geworden – neben der dualen Ausbildung haben sich im betrieblichen Bereich plurale Angebote herausgebildet, etwa in Ausbildungsverbünden und in außerbetrieblichen und überbetrieblichen Ausbildungsstätten. Die Strukturmerkmale der Pluralität und der Dualität bieten positive Ansatzpunkte für eine Weiterentwicklung. Die beschriebenen Elemente einer neuen Berufsbildung sind deshalb auch ausgehend von dem vorhandenen Mischsystem auf die berufliche Erstausbildung anzuwenden. Neben den bereits vorhandenen Angeboten der beruflichen Ausbildung, die an weitgehend standardisierten Berufsprofilen orientiert sind, soll die Möglichkeit eröffnet werden, daß sich alternativ neue und stärker individuell geprägte Berufsprofile (z.B. Qualifikationskombinationen, die unterschiedliche, traditionelle Berufe übergreifen) entwickeln können.

Den Jugendlichen sollte die Möglichkeit eingeräumt werden, zwischen den Ausbildungsvarianten zu entscheiden.

Selbststeuerung und öffentliche Verantwortung

Selbststeuerung und individuelle Verantwortung sollen mit den Qualifikationsstufen und dem Alter zunehmen. Im Bereich der beruflichen Erstausbildung muß öffentliche Verantwortung zwar noch relativ stark ausgeprägt sein, doch sind die Möglichkeiten zu Eigenverantwortung und Selbststeuerung der Teilnehmer und Teilnehmerinnen an Bildung im Vergleich zu heute erheblich zu erweitern. Öffentliche Verantwortung für die berufliche Erstausbildung ergibt sich daraus, daß eine fundierte berufliche Erstausbildung für die Individuen zwingende Voraussetzung ist, nicht nur in der sich wandelnden Arbeitswelt Fuß zu fassen und sich weiterentwickeln zu können, sondern sich in der Gesellschaft insgesamt zurechtzufinden. Gesellschaftliche Orientierung und Identität der Individuen wird noch immer stark durch die Ausbildung geprägt, auch wenn in Zukunft immer weniger ein stabiler Lebensberuf das Leitbild der Ausbildung sein kann.

Öffentliche Verantwortung findet ihren Ausdruck in der Realisierung des Rechtes aller Jugendlichen auf eine grundlegende und qualifizierte berufliche Erstausbildung. Dies entspricht auch der im Grundgesetz verankerten Berufswahlfreiheit. Ausbildung wird dabei aber nicht ausschließlich durch staatliche Einrichtungen veranstaltet, sondern öffentliche Verantwortung sorgt im Sinne wirtschaftlicher und kultureller Infrastrukturleistungen für

– die Sicherung des Zugangs aller Ausbildungsplatzbewerber, einschließlich der leistungsschwächeren, zu einer beruflichen Ausbildung,

– die Sicherstellung eines ausreichenden und auswahlfähigen Angebots für alle Jugendlichen eines Altersjahrgangs im Rahmen eines pluralen Systems,

– die Gewährleistung von verläßlichen Standards für qualifizierte und zwischen Betrieben, anderen Ausbildungsinstitutionen und im Lebensverlauf transferfähige und arbeitsmarktrelevante Ausbildung,

– Transparenz, Kohärenz und Entwicklungsfähigkeit des pluralen Systems.

Zur Realisierung dieser Ziele muß das bereits bestehende Mischsystem beruflicher Ausbildungswege bildungspolitisch als solches anerkannt, wechselseitig anschlußfähig gemacht und ausgebaut werden. Dabei wirken Staat und gesellschaftliche Akteure – insbesondere die Sozialparteien – zusammen (*Tripartismus*).

Zur Sicherstellung des Ausbildungsangebotes müssen auch die vorhandenen schulischen und hochschulischen Angebote nach qualitativen Standards ausgebaut werden, so daß sie nicht mehr als bloße Lückenbüßer oder Ersatzmaßnahmen angesehen werden können. Dies wird in der Konsequenz wahrscheinlich auch zu Verschiebungen zwischen den bisherigen Teilsegmenten führen: Schulische Angebote der Ausbildung, die das Prinzip der Dualität des Lernens verwirklichen, werden – dem Trend in europäischen Nachbarländern folgend – einen höheren Anteil am gesamten Ausbildungsangebot übernehmen.

Auch die Setzung von Ausbildungsstandards unterliegt öffentlicher Verantwortung. Ausbildungsgänge, Curricula und Ausbildungsordnungen müssen neben dem generellen Ziel aller Ausbildung, der Förderung der Bürgerfähigkeit, folgende Fähigkeiten und Kompetenzen der Individuen entwickeln helfen:

– Berufliche Handlungsfähigkeit, Problemlösungsfähigkeit und Kooperationsfähigkeit,
– Wissen über die Arbeitsprozesse in verschiedenen betrieblichen Zusammenhängen,
– Fähigkeit zu Beteiligung und Gestaltung in der Arbeitswelt,
– Fähigkeiten zur Selbststeuerung der Lernbiographie und zum Umgang mit (berufs-) biographischen Veränderungen und Brüchen,
– Fähigkeit, sich am lebensbegleitenden Lernen zu beteiligen sowie
– internationale sprachliche und beruflich-kulturelle Kompetenzen.

Das gesamte System der Ausbildung muß hinsichtlich Transparenz, Kohärenz und Entwicklungsfähigkeit folgenden Qualitätsmerkmalen genügen:

– Individuelle Wahlmöglichkeiten zwischen verschiedenen (schulischen, betrieblichen) beruflichen Bildungswegen,
– gegenseitige Anrechenbarkeit von Ausbildungsleistungen in den verschiedenen (schulischen, hochschulischen, betrieblichen) Teilsystemen,
– Förderung besonders Begabter und Schwacher,
– Integration von allgemeiner und beruflicher Bildung,
– Kompatibilität des deutschen Ausbildungssystems mit der Entwicklung der Qualifikationen und der Ausbildungssysteme in Europa.

Der Grundsatz der Selbststeuerung muß für die Jugendlichen als Nutzer des Ausbildungssystems realisiert werden. Dies soll durch die Eröffnung individueller Wahlmöglichkeiten im Rahmen der grundsätzlich modular aufgebauten Angebote des Gesamtsystems der Ausbildung geschehen. Das bedeutet, daß die Ausbildung in Pflicht- und Wahlmodule gegliedert wird, die von den Jugendlichen in Angeboten an verschiedenen Lernorten wahrgenommen werden können. Bezugsrahmen für die Zusammenstellung der Module bleibt der Beruf: Neben dem Beruf mit standardisiertem Qualifikationsprofil gibt es jedoch die Möglichkeit, jedem Beruf ein individuelles Qualifikationsprofil zu geben, das z.B. auch berufsübergreifend gestaltet werden kann.

Eigenverantwortliche Selbststeuerung setzt aber auch Orientierung und Motivation der Jugendlichen für eine berufliche Ausbildung voraus. Die schulische berufliche Frühorientierung muß deutlich verbessert werden und früher beginnen, als dies heute in der Regel der Fall ist (Klasse 7 oder 8). Die Berufs- und Bildungsberatung muß zu einem selbstverständlichen Bestandteil der vorberuflichen Ausbildung werden, um insbesondere bei Jugendlichen mit niedrigen Schulabschlüssen und solchen, die – aus welchen Gründen auch immer – bei der Suche nach Ausbildung benachteiligt sind, das Wissen über und die Motivation für eine berufliche Ausbildung zu heben. Nach einer solchen Vorbereitung können dann Subventionsleistungen an Jugendliche auch an die Aufnahme einer Ausbildung gebunden werden, wie dies in einigen europäischen Nachbarländern geschieht.

Kontinuität des Lernens und Verteilung der Bildungszeiten

Das für die Bewältigung der Anforderungen in einer sich wandelnden Arbeitswelt erforderliche lebensbegleitende Lernen verbietet ein Denken in abgeschlossenen Bildungsgängen. Ausbildung kann nicht mehr auf das gesamte Berufsleben vorbereiten, die bisher klare Grenze zwischen Ausbildung und Weiterbildung wird fließend. Bildungsgänge müssen auf weiteres Lernen im Laufe der Arbeits- und Berufstätigkeit vorbereiten, sie müssen auch nach einer Unterbrechung wieder aufnehmbar sein. Dem stehen bisher ein enges Verständnis des Berufsprinzips und die Vorschriften für standardisierte Ausbildungsgänge entgegen. Durch eine weitgehende Modularisierung im Rahmen eines erweiterten, dynamischen Berufsverständnisses können sie für den Erwerb individueller Qualifikationsprofile geöffnet werden. (...)

Wenn die berufliche Erstausbildung nicht mehr auf das gesamte Berufsleben vorbereiten kann und häufig bereits bald nach Ausbildungsabschluß teilweise veraltet ist, dann spricht vieles dafür, auch alternative Möglichkeiten zu schaffen, die Bildungszeiten im Arbeits- und Lebensverlauf neu zu verteilen. Durch eine solche Neuverteilung der Bildungszeiten wird zum einen die Chance erhöht, berufsbiografische Brüche besser zu bewältigen und zum anderen werden die Jugendlichen bei der Berufswahlentscheidung entlastet; flexible Bildungszeiten erlauben es, den Qualifikationserwerb kontinuierlich und nach Bedarf auf neue Anforderungen abzustimmen. Die Weiterbildung erhält einen höheren Stellenwert.

Es wird deshalb vorgeschlagen, neben den bisherigen drei- oder dreieinhalbjährigen Ausbildungsgängen als Alternative auch eine zusätzliche Option eines längeren offenen Bildungsgangs in einem gestreckten Zeitraum zu eröffnen. In diesem Modell wird (Erst-) Ausbildung auf eine breite berufliche Grundausbildung mit einem ersten berufsbefähigenden Abschluß nach zwei Jahren konzentriert. Das verbleibende Zeitkontingent von ca. 1-1½ Jahren kann – je nach individueller Situation – in einem 5-10 Jahre umfassenden Zeitrahmen terminiert und absolviert werden. (...)

Individuelle Qualifizierungsprofile und -wege

Im Rahmen eines pluralen und auswahlfähigen Angebots verschiedener beruflicher Ausbildungswege, die den oben genannten Qualitätskriterien entsprechen, erhalten die Jugendlichen entsprechend der zunehmenden individuellen Verantwortung Wahlmöglichkeiten für die eigene Bildungsbiografie. Die hier vorgeschlagene Alternative einer individuell profilierten Ausbildung ist durch Wahlmöglichkeiten in zwei Richtungen gekennzeichnet: Sie erlaubt zum einen Berufe mit differenzierten und individuellen Qualifikationsprofilen und zum anderen ermöglicht sie eine variable und bildungsökonomische Verteilung und Lage von Bildungszeiten. (...) Die Jugendlichen – deren Mehrheit in der beruflichen Erstausbildung bereits volljährig ist – können dann in dem pluralen System unterschiedlicher Angebote und unterschiedlicher Organisationsformen Pflicht- und Wahlmodule (*Kurse*) und damit eine eigene Lernbiografie zusammenstellen. Damit wird das Berufskonzept offener: An die Stelle eines jetzt noch weitgehend standardisierten Pflichtprogramms wird ein aus verpflichtenden Kern- und wählbaren Zusatzbausteinen zusammengesetztes individuelles Profil in einem Beruf treten. (...)

Modularisierung und Lernnetzwerke

Individuelle Qualifikationsprofile lassen sich durch eine Modularisierung der beruflichen (Erst-) Ausbildung erreichen. Module werden dabei als Bausteine oder Qualifikationseinheiten aufgefaßt, die Teilgebiete aus einem beruflichen Tätigkeitsfeld systematisch in ihren theoretischen und praktischen Aspekten sinnvoll bündeln. Wahl und Zusammenstellung von individuellen Profilen können sich an herkömmlichen Berufsbildern und möglichen Zusatzqualifikationen (z.B. Sprachen) orientieren. In dem Maße, in dem die Modulwahl über die traditionellen Berufsmuster hinausreicht, können die individuell gewählten Profile aber auch Hinweise auf die Erweiterung und die Weiterentwicklung der beruflichen Anforderungen und Qualifikationen geben. (...)

Von dieser neuen Flexibilität werden auch die Betriebe profitieren, wenn sie *ihren* Auszubildenden spezifische, an den betrieblichen Möglichkeiten orientierte Modulkombinationen anbieten. Diese werden dann für die Jugendlichen attraktiv sein, wenn sie besondere Qualifikationen vermitteln und nicht nur für den spezifischen Betrieb sinnvoll sind. Da insbesondere für die Phase der individuellen Profilbildung auch solche Betriebe Module, also Ausbildungsteile anbieten können, die jetzt zu einer vollständigen Ausbildung nicht in der Lage sind, könnten Bildungskapazitäten erschlossen und der Wettbewerb beim Angebot an Wahlmodulen verstärkt werden. (...)

In einem solchen, die individuellen Wahlmöglichkeiten stärkenden Modell kann an den vorhandenen Angeboten beruflicher Bildungswege und Lernorte angeknüpft werden; es müssen also keine neuen Institutionen geschaffen werden, sondern die bestehenden Angebote müssen systematisch miteinander verzahnt und zu einer nutzbaren Lernortpluralität entwickelt werden. (...)

Eine Gliederung der Ausbildung in Pflicht- und Wahlmodule erleichtert auch die Modernisierung und Anpassung der Ausbildungsgänge an die sich wandelnden Erfordernisse des Arbeitsmarktes. Einzelne Module lassen sich schneller verändern oder hinzufügen, als eine Modernisierung vollständiger Ausbildungsgänge. (...)

Dualität als Prinzip des Lernens

Konstituierend für die Idee des Dualen Systems war die Dualität von Theorie und Praxis an den beiden Lernorten Schule und Betrieb. Während hier allerdings eine Gleichgewichtigkeit der Lernorte sich nicht hat durchsetzen können, sondern die Berufsschule als Ort der Reflexion und der Vermittlung von Zusammenhangswissen faktisch den immer wieder infrage gestellten Part spielt, sind Ausbildungsgänge um so konsequenter dual organisiert, je höher sie von den Vorqualifikationen her angesiedelt sind. Dies wird besonders deutlich an den kombinierten Ausbildungsgängen für Abiturienten im Rahmen der Berufsakademien oder den ausbildungsintegrierenden dualen Studiengängen der Fachhochschulen. Von daher empfiehlt es sich, alle Bildungszeiten für den Erwerb individueller Qualifikationsprofile dual anzulegen und entsprechend zu organisieren. Die klassische Dualität muß zu einer Pluralität der Lernorte und damit der Lern- und Erfahrungsdimensionen weiterentwickelt werden. Durch Verknüpfung von Theorie und Praxis, von Reflexion und Tun, von allgemeiner und berufsfachlicher Bildung, von unterschiedlichen Praxiskonstellationen werden die Options- und Weiterentwicklungsmöglichkeiten der Auszubildenden im Hinblick auf die zukünftigen Arbeitsmarktchancen verstärkt.

Pluralität der Lernorte, Angebote und Anbieter

Die Pluralität von Lernorten, Angeboten und Anbietern, die bereits existiert, muß anerkannt und systematisch weiterentwickelt werden, um damit Entwicklungschancen der Teilnehmer und Teilnehmerinnen an Bildung zu verbessern. So ist es beispielsweise für junge Auszubildende im Hinblick auf spätere Verwertbarkeit der Ausbildung am Arbeitsmarkt schon heute außerordentlich wichtig, aber in der Regel nicht möglich, nicht nur in einem Betrieb, sondern in mehreren Betrieben unterschiedlicher Größe und mit unterschiedlicher Arbeitsorganisation zu lernen und Erfahrungen zu sammeln. Die wechselseitige Anerkennung von erbrachten Ausbildungsleistungen zwischen den bisherigen verschiedenen schulischen und betrieblichen Teilsegmenten schließt auch spätere Wiederaufnahme von abgebrochener Ausbildung mit Anknüpfen an bereits erbrachte Ausbildungsleistungen ein. Gegenseitige Offenheit und Anerkennung der Teilsegmente würden auch das Problem der Gleichwertigkeit von beruflicher und allgemeiner Bildung lösen helfen.

Zertifizierung des informell Gelernten
In der beruflichen Erstausbildung stehen formalisierte Lernprozesse im Vordergrund; der Erwerb individueller Qualifikationsprofile im Rahmen der Ausbildung stützt sich aber auch auf vielfältiges informelles Lernen, wie z.B. im Prozeß der Arbeit oder im Zusammenhang mit Freizeitaktivitäten. (...) Von daher sind diese informell erwerbbaren Kompetenzen auch für die Ausbildung zu berücksichtigen und anzuerkennen.

Quelle: Sachverständigenrat Bildung bei der Hans-Böckler-Stiftung (Hrsg.): Ein neues Leitbild für das Bildungssystem – Elemente einer künftigen Berufsbildung. (Diskussionspapiere 2). Düsseldorf 1998, S. 30-35.

Dokument 22
Kernbestimmungen des novellierten Hochschulrahmengesetzes (25. August 1998)

1. Einführung einer leistungsorientierten Hochschulfinanzierung (§ 5):
Dreh- und Angelpunkt der Hochschulreform ist eine grundlegende Umstellung der staatlichen Hochschulfinanzierung. Die staatliche Mittelzuweisung an die Hochschulen orientiert sich künftig an den in Lehre und Forschung sowie bei der Förderung des wissenschaftlichen Nachwuchses erbrachten Leistungen. (...)

2. Evaluation von Forschung und Lehre, Beteiligung der Studierenden bei der Evaluation der Lehre (§ 6):
Eine systematische und regelmäßige Evaluation des Studienbetriebes wird von allen hochschulpolitisch Verantwortlichen für erforderlich gehalten. Durch die Ergebnisse der Lehrevaluation sollen Grundlagen geschaffen werden für die Information der Studienbewerber, für die Fortentwicklung von Inhalten und Formen der Lehre im Rahmen der Studienreform und für die vorgesehene staatliche Hochschulfinanzierung und hochschulinterne Mittelverteilung nach erfolgsorientierten Kriterien.

3. Neudefinition und -festlegung der Regelstudienzeit (§ 11):
Die Regelstudienzeiten werden im Hinblick auf die heutige Auffassung über angemessene Regelstudienzeiten neu festgesetzt. Künftig beträgt die Regelstudienzeit bei Fachhochschulstudiengängen, die zu einem Diplom-

grad führen, höchstens vier Jahre und bei den übrigen Diplom- oder Magisterstudiengängen in der Regel viereinhalb Jahre.

4. Multimedia (§ 13):
Die bislang im HRG enthaltene Grundsatzregelung über die Nutzung der Möglichkeiten des Fernstudiums wird auf die durch die Entwicklung der Informations- und Kommunikationstechnik eröffneten Möglichkeiten ausgedehnt.

5. Verstärkung der Studienberatungspflicht der Hochschulen (§ 14):
Um den Studierenden möglichst frühzeitig Aufschluß über ihre Eignung für den gewählten Studiengang zu geben und so die Zahl der Fachrichtungswechsel und Studienabbrüche in höheren Semestern zu reduzieren, werden die Hochschulen bei der Studienberatung mehr als bisher in die Pflicht genommen. (...)

6. Einführung einer Zwischenprüfung in allen Studiengängen mit mindestens vier Jahren Regelstudienzeit (§ 15 Abs. 1):
(...) Das Bestehen der Zwischenprüfung soll im Regelfall Voraussetzung für die Aufnahme des Hauptstudiums sein. Die Studierenden sollen hierdurch veranlaßt werden, die Zwischenprüfung und gegebenenfalls erforderliche Wiederholungsprüfungen möglichst frühzeitig vollständig abzulegen.

7. Freiversuch (§ 15 Abs. 2):
In allen geeigneten Studiengängen soll künftig ein sogenannter *Freischuß* vorgesehen werden. Der Freiversuch hat sich (...) als geeignet erwiesen, die Studienzeiten zu verkürzen.

8. Einführung eines Leistungspunktsystems (§ 15 Abs. 3):
Neben der Möglichkeit, künftig die international üblichen Hochschulgrade Bachelor und Master vergeben zu können, ist die Entwicklung eines Leistungspunktsystems von zentraler Bedeutung für die innerdeutsche wie die internationale Mobilität der Studierenden und Absolventen sowie die Konkurrenzfähigkeit der deutschen mit ausländischen Hochschulen. (...)

9. Ermöglichung der Hochschulgrade *Bachelor* und *Master* (§ 19):
(...) Den deutschen Hochschulen (wird) mit dem neuen HRG die Möglichkeit eröffnet, in grundständigen Studiengängen einen Bachelorgrad und in postgraduierten Studiengängen einen Mastergrad zu verleihen. Dies gilt gleichermaßen für Universitäten, Fachhochschulen und andere Hochschulen. Die Abschlußgrade Bachelor und Master können auch mit den Bezeichnungen Bakkalaureus und Magister verliehen werden. In den künftig möglichen Bachelorstudiengängen beträgt die Regelstudienzeit mindes-

tens drei und höchstens vier Jahre, in Masterstudiengängen mindestens ein Jahr und höchstens zwei Jahre. (...)

10. **Einführung einer Leistungsquote bei der Studienplatzvergabe für bis zu 25% der Studienplätze im Ortsverteilungsverfahren der ZVS (§ 31 Abs. 2):**
Durch Einführung einer Leistungsquote im Ortsverteilungsverfahren, in dem die Studienplätze bislang praktisch nur nach sozialen Kriterien, insb. Nähe des Wohnorts zur Hochschule, vergeben werden, soll leistungsstarken Studienbewerbern die Möglichkeit gegeben werden, aufgrund ihrer Leistungen im Abitur an der Hochschule ihrer Wahl zu studieren, auch wenn sie nicht in deren Einzugsbereich wohnen. (...)

11. **Aufnahme eines hochschuleigenen Auswahlverfahrens in das allgemeine Auswahlverfahren für einen Teil der Studienplätze (ca. 20%) in bundesweit zulassungsbeschränkten Studiengängen (§ 32 Abs. 3 Nr. 2b):**
(...) Das HRG (setzt) darauf, daß weiterhin jeder durch das Abitur qualifizierte junge Mensch die Chance erhält, sein Leistungsvermögen in dem von ihm gewählten Studiengang unter Beweis zu stellen. Die Hochschulen werden jedoch künftig bei der Auswahl der Studierenden in Numerus clausus-Studiengängen stärker beteiligt und können einen Teil der Studienbewerber nach Eignung und Motivation, etwa durch Auswahlgespräche oder studiengangspezifische Leistungsanforderungen, selbst auswählen. (...)

12. **Pädagogische Eignung als unbedingte Einstellungsvoraussetzung für Professoren (§ 44 Abs. 1 Nr. 2):**
(...) (Durch die Änderung des HRG) wird der Weg frei für eine nähere landesrechtliche Konkretisierung dieses im Hinblick auf die wachsende Bedeutung der Lehr- und Ausbildungsaufgaben im Hochschulbereich besonders wichtigen Qualifikationselementes.

13. **Habilitation und gleichwertige wissenschaftliche Leistung – auch aus einer Tätigkeit außerhalb des Hochschulbereichs – als gleichberechtigte Einstellungsvoraussetzungen für Professoren (§ 44 Abs. 2):**
Der Nachweis zusätzlicher wissenschaftlicher Leistungen von Bewerbern um eine Professur wird flexibilisiert. Er muß künftig nicht mehr regelmäßig durch eine Habilitation erfolgen, sondern kann – wie heute schon bei Berufungen aus dem Ausland – auch durch gleichwertige wissenschaftliche Leistungen dokumentiert werden. Der Verzicht auf die Habilitation als obligatorische Regeleinstellungsvoraussetzung für Professoren entspricht auch dem gestiegenen Stellenwert der Lehre. (...)

14. Frauen in den Hochschulen:
Das neue HRG verbessert in einer Vielzahl von Regelungen die Situation von Frauen in den Hochschulen. (...)

15. Deregulierung des Hochschulrahmengesetzes:
Damit die Hochschulen den für die Verwirklichung der Hochschulreform notwendigen Freiraum erhalten, müssen sie von der bisherigen Detailsteuerung des Hochschulwesens durch den Staat befreit werden. (...) Das Hochschulrahmengesetz wurde auf einen Kernbestand von Vorschriften beschränkt, der für ein Hochschulsystem des 21. Jahrhunderts unbedingt bundeseinheitlich geregelt werden muß. Entfallen sind danach vor allem (...) Detailregelungen zur Ordnung des Hochschulwesens, zur Weiterentwicklung des Studiums, zu Rahmenprüfungsordnungen, zu Studienordnungen, zum Lehrangebot, zu Prüfungen und Prüfungsordnung, zur Hochschulforschung, zur Mitwirkung an der Selbstverwaltung der Hochschule, über die Zusammensetzung der Hochschulgremien, das Stimmrecht und die Wahlen. (...)

16. Organisation und Verwaltung der Hochschule:
Das HRG sah bislang zwingend vor, daß Hochschulen Körperschaften des öffentlichen Rechts und zugleich staatliche Einrichtungen sind. Den Ländern war es deshalb nicht möglich, staatliche Hochschulen zum Beispiel in der Rechtsform einer Stiftung oder einer privatrechtlichen Gesellschaft zu errichten. (...) Durch die Deregulierung erhalten zum einen die Länder einen umfassenden Handlungsspielraum für die Umgestaltung der deutschen Hochschullandschaft und wird zum anderen der Grundstein gelegt für ein von Autonomie und Wettbewerb um die besten Lösungen geprägtes, international konkurrenzfähiges Hochschulsystem, das in der Lage ist, flexibel und kreativ auf heute bestehende und sich künftig stellende Herausforderungen zu reagieren. (...)

Quelle: BMBW: Innovationen im deutschen Hochschulsystem. Bonn, August 1998; zu Ziff. 15 außerdem: BMBF: Hochschulrahmengesetz. Bonn, Juni 1999, S. 5-11.

Dokument 23
Thesen des Wissenschaftsrats zur Forschung in den Hochschulen (November 1996)

These 1: Einheit von Forschung und Lehre
Die Einheit von Forschung und Lehre bleibt Leitidee der Universität. Aufgaben der Lehre und der Forschung müssen jedoch organisatorisch

und zeitlich stärker differenziert werden, so daß eine Umstrukturierung von Forschungsschwerpunkten möglich wird, ohne Studiengänge zu beeinträchtigen. Forschungssemester sollen leistungsbezogen und nicht mehr in einem festgelegten Turnus vergeben werden.

These 2: Die Bedeutung universitärer Forschung und ihre materielle Ausstattung

Die Universitäten bilden das Fundament des Forschungssystems. Eine große Stärke liegt in ihrer disziplinären, thematischen und personellen Vielfalt. Das große Potential der Hochschulen für interdisziplinäre Forschung wird aufgrund ihrer disziplinären Organisation unzureichend genutzt. Das Fundament des Forschungssystems darf nicht durch unzureichende Grundausstattung in Frage gestellt werden.

These 3: Profilbildung und internationale Zusammenarbeit der Hochschulforschung

Die Hochschulen müssen regelmäßig zu überprüfende Schwerpunkte einrichten und dadurch Profile bilden. Orientierungs- und Bewertungsmaßstab muß die internationale Forschungsentwicklung sein. Die internationale Zusammenarbeit dient der Qualitätssicherung und unterstützt die Profilierung. Sie muß durch ausreichende Mittel gefördert werden. Die Forschungsförderer sollten ihre Förderinstrumente stärker für internationale Kooperationen öffnen.

These 4: Universitäten als Orte der Grundlagenforschung und der angewandten Forschung

Im deutschen Forschungssystem sind Universitäten die wichtigsten Orte einer selbstbestimmten Grundlagenforschung in ihrer ganzen Breite. Angemessene Kriterien der Forschungsförderung sind primär Originalität und Qualität. Wegen ihrer Bedeutung für den allgemeinen Erkenntnisfortschritt und – über die universitäre Ausbildung und Förderung des wissenschaftlichen Nachwuchses – für die Entwicklung der Gesellschaft muß die universitäre Grundlagenforschung mit langem Atem gefördert werden. Universitäre Forschung umfaßt das gesamte Spektrum von der Grundlagenforschung bis zur angewandten Forschung.

These 5: Forschung und Entwicklung an Fachhochschulen

Angewandte Forschung und Entwicklung gehören zu den Aufgaben der Fachhochschulen. Sie dienen der Qualitätssicherung der Lehre sowie der Unterstützung des Wissens- und Technologietransfers. Angewandte Forschungs- und Entwicklungsarbeiten sollen durch fachhochschulspezifische Förderprogramme unterstützt und durch Anreize gefördert werden.

These 6: Förderung des wissenschaftlichen Nachwuchses und Teilhabe von Frauen an der Forschung

Innovative Forschung wird in hohem Maße vom wissenschaftlichen Nachwuchs geleistet. Für Nachwuchswissenschaftler sind neben einer fördernden Anleitung ein zunehmendes Maß an Selbständigkeit und entsprechende Forschungsressourcen entscheidend. Herausragende Wissenschaftler in der Postgraduiertenphase müssen die Möglichkeit erhalten, eigene Nachwuchsgruppen aufzubauen und zu leiten. Der Anteil von Frauen unter den Nachwuchswissenschaftlern muß rasch erhöht werden, um ihre gleichberechtigte Teilhabe am Forschungprozeß zu erreichen.

These 7: Ressoucenvergabe und Evaluation

Der Wettbewerb um Drittmittel ist der wichtigste Weg für eine leistungsbezogene Vergabe von Forschungsressourcen. Das Drittmittelvolumen muß daher gesteigert werden. Zusätzlich sollten die Hochschulen eigene Instrumente für eine qualitätsabhängige Ressourcenverteilung schaffen. Angemessene Formen interner und externer Evaluation sind nützlich, um unterschiedliche Ressourcenzuweisungen zu begründen; die Erfüllung von Evaluationskriterien darf aber nicht zum Selbstzweck werden.

These 8: Verhältnis von universitärer und außeruniversitärer Forschung

Zur Steigerung der Leistungsfähigkeit des gesamten Forschungssystems sollten die Kooperationen von Hochschulforschung und außeruniversitärer Forschung verstärkt und die Kooperationsformen ausgebaut werden. Wenn die Universitäten die institutionellen Voraussetzungen für die Forschung wesentlich verbessern, dann wird die Gewichtung zwischen universitärer und außeruniversitärer Forschung überdacht werden müssen.

These 9: Wissens- und Technologietransfer

Die Erträge der Hochschulforschung und die Kompetenz der Hochschulforscher werden für die Entwicklungsfähigkeit der Gesellschaft und die Wettbewerbsfähigkeit der Wirtschaft nicht ausreichend genutzt. Durch Wissens- und Technologietransfer sollten sie wesentlich intensiver zur Geltung gebracht werden. Dazu sollten der Personalaustausch auf allen Ebenen, gemeinsame Verbundprojekte, Patentaktivitäten sowie Firmengründungen aus Hochschulen als effektive Transferformen ausgebaut werden. Auch die Hochschulen sollten einen finanziellen Ertrag aus der Verwertung ihrer Forschungsergebnisse erzielen können.

These 10:   Akzeptanz von Forschung und Technologie

Die Hochschulen und ihre Wissenschaftler müssen sich einer kritischen Diskussion über die Akzeptanz von Forschungsergebnissen in der Öffentlichkeit stellen. Die unzureichende Akzeptanz bestimmter Forschungsgebiete gefährdet die Freiheit und den Fortschritt von Forschung und Entwicklung. Innerhalb der Hochschulen sollte verstärkt aus multidisziplinärer Perspektive in Forschung und Lehre die Auseinandersetzung über Nutzen und Gefahren von Forschung und Entwicklung geführt werden. Dabei sollte neben den Studierenden und dem wissenschaftlichen Nachwuchs auch eine breitere Öffentlichkeit einbezogen werden.

Quelle: Wissenschaftsrat 1997 (Bd. I), S. 11-14.

Dokument 24
Leitsätze der deutschen Wirtschaft für eine Reform des staatlichen Hochschulwesens
(September 1996)

Mehr Profil und Qualität der einzelnen Hochschule durch Leistung im Wettbewerb auf der Grundlage einer größeren Autonomie.

1. Die deutschen Hochschulen brauchen ein neues Selbstverständnis. Nicht der staatlich verordnete Bildungsauftrag, sondern die Orientierung an Kundenwünschen – von Gesellschaft, Studierenden und Unternehmen – muß Maxime für das Leistungsangebot werden.

2. Leistung verlangt Wettbewerb. Für den Wettbewerb der Studienangebote sind Qualitätssicherung und Qualitätsverbesserung unabdingbar. Hierzu gehört als Evaluation die ständige Überprüfung der Studienangebote, der Lehrinhalte und der Lehrmethoden in Wissenschaft und Praxis.

3. Wettbewerb fördert Profile. Die deutschen Hochschulen müssen das Recht sowie Anreize erhalten, nach ihrem jeweiligen Profil Kriterien für den Hochschulzugang aufzustellen und ihre Studenten selbst auszuwählen.

4. Hebel für Wettbewerb und Profilbildung ist ein effizientes Hochschulmanagement. Die Hochschulleitung trägt die Gesamtverantwortung für den Dienstleistungsbetrieb Hochschule. Sie benötigt hierzu umfassende Kompetenzen im Personal- und Finanzbereich sowie für die Gestaltung des Hochschulprofils

5. Hochschulen brauchen Finanzautonomie. Ihre Grundausstattung ist durch den Staat zu sichern und um leistungsbezogene Zuweisung zu ergänzen. Hinzu kommen Erträge, die aus Eigenleistungen erzielt werden. Die kameralistische Haushaltsführung ist durch ein kaufmännisches Rechnungswesen abzulösen.

6. Für alle Studenten sind Kostenbeiträge einzuführen. Ihre Finanzierung ist sozialverträglich zu gestalten. Hierfür kommen Darlehens- und Stipendienmodelle in Betracht.

7. Die Zusammenarbeit von Hochschulen und Wirtschaft ist auszubauen. Kleine und mittlere Unternehmen sind dabei verstärkt einzubeziehen. Hierfür sind Kooperationsstellen besonders geeignet.

Quelle: BDI et al. (Hrsg.): Staatliche Hochschulen vor grundlegenden Reformen:
Innovation und Flexibilität durch Autonomie und Wettbewerb. Köln: Institut der
Deutschen Wirtschaft 1996.

Dokument 25
Stärkung der internationalen Wettbewerbsfähigkeit des Studien-
standortes Deutschland
(Kultusministerkonferenz vom 24. Oktober 1997)

(...)

1. Allgemeine hochschulpolitische Einschätzung
Seit den Beschlüssen der Regierungschefs von Bund und Ländern vom 18.
Dezember 1996 sind die Aktivitäten zur Steigerung der internationalen
Wettbewerbsfähigkeit des Studienstandorts Deutschland in den Ländern
und Hochschulen konzentriert fortgeführt worden. Bei allen Überlegungen
zur Ausgestaltung des Hochschulzugangs, zur Entwicklung neuer Studienangebote, zur Modernisierung des Systems von Studium und Prüfungen
oder zur Gestaltung des sozialen Umfelds des Studiums ist es selbstverständlich geworden, die Attraktivität unseres Studiensystems für ausländische Studierende ebenso wie die Möglichkeiten für deutsche Studierende,
im Ausland zu studieren, als einen wichtigen Faktor bei den zu treffenden
Entscheidungen einzubeziehen. Zunehmend wird realisiert, daß die
internationale Zusammenarbeit nicht nur in der Forschung, sondern auch
in der Lehre ein entscheidender Wettbewerbsfaktor für die Hochschulen
ist und daß die Einschätzung der Leistungsfähigkeit einer Hochschule
nicht zuletzt davon abhängt, ob ihre Programme in Lehre und Forschung
auch für ausländische Studierende und Wissenschaftler attraktiv sind.
Die Umsetzung der Beschlüsse der Regierungschefs im Dezember 1996
zeigt auch, daß die vorgegebenen Maßnahmen nicht nur unter dem Aspekt
der Attraktivität des deutschen Studienangebots für ausländische Studierende gesehen werden können. Die Studienorganisation an den deutschen
Hochschulen muß insgesamt für alle Studierenden deutlich straffer strukturiert und transparenter gestaltet werden. Damit führen die notwendigen
Maßnahmen weit über den internationalen Ansatz hinaus zu zentralen
Fragen der künftigen Entwicklung des Studiensystems in der Bundesrepublik und somit zum Kernstück der Hochschulstrukturreform. Dies gilt insbesondere hinsichtlich der Öffnung des deutschen Studiensystems für die
Einführung von Bachelor- oder Bakkalaureus- und Master- oder Magister-

abschlüssen mit der damit verbundenen Stufung der Studiengänge, die jeweils zum berufsqualifizierenden Abschluß führen. Die Modularisierung des Studienangebots und die Einführung eines Credit-Point-Systems hat weitreichende Konsequenzen für das herkömmliche System der Studiengänge. Letztlich stellen sich auch Fragen im Zusammenhang mit der institutionellen Differenzierung des Hochschulsystems und den unterschiedlichen Aufgaben der verschiedenen Hochschultypen. Die Kultusministerkonferenz hat diese, sich aus der internationalen Diskussion ergebenden Ansätze mit der Zielsetzung aufgegriffen, sie für eine Modernisierung und Steigerung der Effizienz des deutschen Studiensystems wirksam zu machen. Allerdings kann es nicht Ziel sein, das deutsche Studiensystem durch ein System britischer oder amerikanischer Prägung zu ersetzen. Vielmehr strebt die Kultusministerkonferenz an, durch eine Öffnung in dafür geeigneten Studienbereichen und Hochschulen neben dem bestehenden System neue Ausbildungsformen zu erproben und nach sorgfältiger Evaluation über die weitere Entwicklung zu entscheiden. Dabei wird insbesondere die Akzeptanz der neuen Studienangebote bei deutschen und ausländischen Studierenden sowie die Aufnahme der Absolventen durch das Beschäftigungssystem eine entscheidende Rolle spielen.

In den Hochschulen sind vielfältige Maßnahmen zur Stärkung der internationalen Attraktivität eingeleitet worden, die den Beschlüssen der Regierungschefs vom Dezember 1996 entsprechen. Hervorzuheben ist insbesondere die vermehrte Einrichtung von grundständigen oder postgradualen Studiengängen, die hinsichtlich ihres Inhalts und/oder des Abschlusses in besonderer Weise auf Anerkennung im Ausland ausgerichtet sind. Dazu zählen sowohl kooperative Studiengänge, die im Zusammenwirken mit einer ausländischen Partnerhochschule auch zu einem im Ausland anerkannten Abschluß führen (z.B. Doppeldiplomierung) als auch auslandsorientierte Studiengänge, die gezielt für ausländische Studierende eingerichtet sind (z.B. besondere Studienangebote für ausländische Bachelor-Absolventen oder postgraduale, entwicklungsländerorientierte Studienangebote). Bei vielen dieser Studiengänge werden Lehrveranstaltungen ganz oder zu einem erheblichen Anteil in einer Fremdsprache, in der Regel in Englisch, angeboten. Eine Umfrage des Sekretariats hat ergeben, daß derzeit rund 650 dieser Studiengänge an den Hochschulen in der Bundesrepublik angeboten werden bzw. geplant sind.

Ferner wird auf die große Anzahl von Projekten verwiesen, mit denen sich die Hochschulen für die vom DAAD administrierten speziellen, neuen Programme ‚Auslandsorientierte Studiengänge‘ und ‚Bachelor-Master-Programm‘ beworben haben und die das große Engagement und Leistungspotential der Hochschulen in diesem Bereich eindrucksvoll deutlich machen. Allerdings führt die unzureichende Finanzausstattung dieser Programme dazu, daß nur ein geringer Teil der vielfach sehr interessanten Anträge im Rahmen dieses Programms berücksichtigt werden konnte.

Daneben gibt es aber auch Handlungsfelder, in denen der Realisierungsstand deutlich hinter den Erwartungen zurückgeblieben ist. Dies gilt insbesondere für den Bereich des Ausländerrechts, in dem Verwaltungsvorschriften des BMI, die den Bedürfnissen des internationalen Studierenden- und Wissenschaftleraustauschs Rechnung tragen, immer noch ausstehen.

(...)

Quelle: KMK und HRK 1999, S. 21-46.

Dokument 26
Zur Finanzierung der Hochschulen
(Entschließung der Hochschulrektorenkonferenz vom 9. Juli 1996)

VI.   Elemente einer künftigen Finanzierung der Hochschulen
(...)

A. Formelgebundene Finanzierung der Hochschulen durch den Staat
Die Finanzierung der Hochschulen muß sich auf der Grundlage einer Kostenermittlung an den quantitativen und qualitativen Aufgaben der Hochschulen orientieren. Dabei sind in verstärktem Umfang Elemente des Wettbewerbs und der Leistungsorientierung in das System zu integrieren. Dies muß sowohl für die dem Hochschulbereich insgesamt zur Verfügung gestellten Mittel als auch für die Zuwendung an die einzelne Hochschule und die Verteilung der Mittel innerhalb der Hochschule gelten.

Im Rahmen einer formelgebundenen Mittelzuweisung müssen folgende Aufgabenbereiche bedient werden: Lehre, Forschung (und Entwicklung), Nachwuchsförderung (nur bei Universitäten), Weiterbildung, Dienstleistungen sowie Infrastruktur für alle Aufgaben der Hochschulen.

Für eine (prozentuale) Aufteilung der Mittel auf die verschiedenen Aufgabenbereiche der Hochschulen besteht keine allseits akzeptierte Formel. Tatsächliche Kostenerhebungen liegen für einige Hochschulen vor, sie müssen jedoch unter Einbeziehung internationaler Standards auf eine breite empirische Basis gestellt werden.

Eine Finanzierungsformel sollte folgende Ansätze aufnehmen:
–   Investitionen;
–   laufende Kosten und zwar differenziert nach
    –   Grundausstattung für Lehre
    –   Zusätzliche Mittel für Lehre:
        Sie sind über die notwendige Grundausstattung des Fachs hinaus zur Erfüllung seiner Aufgaben im Rahmen der jeweils eigenen

Studiengänge sowie des verpflichtenden Lehrexports für andere Studiengänge belastungs- und leistungsabhängig zuzuweisen. Die dafür bisher vereinzelt angewandten Kriterien sind zu erproben und weiterzuentwickeln.

– Grundausstattung für Forschung bzw. angewandte Forschung und Entwicklung. (...)

– Zusätzliche Mittel für Forschung, die über die Grundausstattung hinausgehen, sollten befristet nach Leistungsindikatoren vergeben werden. Hier sollte das französische Modell der Contractualisation als Vorbild dienen.

– Grundausstattung für Dienstleistungen und Weiterbildung.

– Infrastruktur für alle Bereiche der Hochschulen (z.B. Ver- und Entsorgung einschließlich EDV und deren Vernetzung).

B. Individuelle Studienförderung

Die individuelle Studienförderung muß grundlegend neugestaltet werden (...). Dabei sollten folgende Eckwerte beachtet werden:

1. Zusammenfassung der verschiedenen staatlichen familien-/kinderbezogenen Leistungen in einem vom Einkommen der Eltern unabhängigen Sockelbetrag.

2. Die über diesen Sockelbetrag hinaus notwendige Finanzierung des Studiums sollte nicht zu einer Belastung der Studierendengeneration führen.

3. Statt dessen wird ein Ansparmodell (Bildungssparen) vorgeschlagen. Es soll so gestaltet sein, daß bildungsbezogene Unterhaltsleistungen nicht versteuert werden müssen („steuerabzugsfähiges Bildungssparen") bzw. entsprechend dem Vorbild des Bausparens steuerlich begünstigt werden (wie Bausparen). Bei der Ausgestaltung eines entsprechenden Abzuges von der Steuerschuld oder Zuschusses ist anzustreben, daß die Förderung des Ansparens bei niedrigem Einkommen höher, bei hohem Einkommen geringer ausfällt.

4. Auch kinderlose Erwachsene sollen zur Studienfinanzierung herangezogen werden („Familienlastenausgleich" z.B. „Familiensplitting" statt „Ehegattensplitting" bei Lohn- und Einkommenssteuer).

5. Mit der Studienfinanzierung sollen positive Steuerungswirkungen für die Qualität von Studium und Lehre verbunden sein.

C. Heranziehung privater Mittel zur institutionellen Hochschulfinanzierung

Hochschulen haben eine Verantwortung für die Konkurrenzfähigkeit ihrer Absolventen und Absolventinnen auf einem sich zunehmend global ausrichtenden Arbeitsmarkt. (...)

Ohne zusätzliche Finanzierung erscheinen ein weitergehender Verlust der Qualität von Forschung und Lehre an deutschen Hochschulen im Verhältnis zum Ausland und zu außeruniversitären Einrichtungen in der Bundesrepublik unabwendbar und der Verfall des Hochschulsystems in Deutschland unentrinnbar.

Auch wenn in den nächsten Jahren

–   die Länder und der Bund ihre Finanzverantwortung für die Hochschulen wahrnehmen,

–   die Hochschulen alle Anstrengungen unternehmen, durch Wettbewerb, Kooperation und effiziente Studienreform, Profilbildung und Organisationsentwicklung ihre Leistungen zu verbessern,

ist es geboten, künftig in größerem Umfang als bisher privates Vermögen und Kapital für Wissenschaft und Bildung im Hochschulbereich zu erschließen. Dazu ist eine Verbesserung der Rahmenbedingungen für die private Beteiligung an der Hochschulfinanzierung erforderlich.

Insbesondere sind die Voraussetzungen zu verbessern für private Leistungen wie z.B.:

–   Stiftungen, Spenden und Zuwendungen an die Hochschulen,

–   die Zuwendung von Erbschaften oder Teilen von Erbschaften an die Hochschulen,

–   Zuwendungen von Unternehmen an die Hochschulen,

–   die Vergütung von Dienstleistungen der Hochschulen und die Verwendung der Entgelte und Einnahmen,

–   den Einsatz privaten Kapitals für den Hochschulbau und Investitionen im Hochschulbereich,

–   private Beteiligung an der Finanzierung von Stellen der Hochschulen.

Weiter sind in diesem Zusammenhang studentische Beiträge im Rahmen einer sozial ausgewogenen Neuordnung der Studienfinanzierung zu bedenken.

Die Erschließung zusätzlicher privater Mittel für die Hochschulen darf nicht dazu führen, daß die staatliche Finanzierung weiter eingeschränkt wird.

Quelle: HRK: Entschließung des 179. Plenums vom 9. Juli 1996, Köln.

Dokument 27

Hochschulen und Hochschulpolitik vor neuen Herausforderungen:
Leistungsorientierte Finanzausstattung der Hochschulen
(Beschluß der Kultusministerkonferenz vom 27./28. Februar 1997)

(...)

Die Notwendigkeit, die Finanzierungssysteme so zu verändern, daß sie wirksame Anreize für Leistungssteigerungen und Qualitätskontrolle bieten, ist unbestritten. Die Gesellschaft wird den hohen Finanzaufwand für Hochschulen auf Dauer nur dann leisten oder gar steigern wollen, wenn sie davon überzeugt werden kann, daß die Mittel auch tatsächlich mit einem denkbar hohen Ertrag eingesetzt werden. Nicht alles, was derzeit nicht befriedigend gelingt, ist durch Geld- oder Personalmangel zu erklären oder gar zu entschuldigen.

Die Kultusministerkonferenz hält deshalb auch im Rahmen staatlicher Finanzierung eine leistungsorientierte Steuerung der Mittelverteilung im Hochschulbereich für dringlich. Die verfügbaren Mittel müssen mit einem Höchstmaß an Ertrag eingesetzt und rascher als bisher an wechselnde Aufgabenstellungen und Problemlagen angepaßt werden. Dazu ist vor allem wichtig, die Leistungen der Hochschulen und die ihnen zuzuordnenden Kosten klarer als bisher zu erfassen und zur Grundlage von Entscheidungen zu machen.

Die Klärung der sich insoweit anbietenden Möglichkeiten ist ein wichtiger Punkt der derzeit geführten Diskussion um die universitäre Autonomie, die auch auf die Wahrnehmung finanzieller und organisatorischer Verantwortung in den Hochschulen erstreckt werden soll. Die Überlegungen zur Neuordnung dieses Bereichs empfangen viele Impulse aus der allgemeinen Diskussion um eine Verwaltungsmodernisierung, die derzeit an vielen Stellen – nicht zuletzt auch in der Kommunalverwaltung – geführt wird und die ihrerseits auf die Entwicklung in großen privaten Organisationen und in anderen Staaten reagiert. Im Rahmen dieser Diskussion wird insbesondere der Übergang von der traditionell „input-orientierten" zu einer „ergebnisorientierten" Steuerung öffentlicher Verwaltung gefordert: Während bisher die Verwendungsbedingungen der zur Verfügung gestellten Mittel in Form des Haushaltsrechts und vielfältiger Zustimmungsvorbehalte kleinteilig geregelt, gleichzeitig aber die mit Hilfe dieser Mittel zu erreichenden Ergebnisse eher vage formuliert und ihre Erreichung kaum überprüfbar werden, sollen künftig vorab Festlegungen über anzustrebende Ergebnisse getroffen und auf dieser Basis Handlungsfreiheit hinsichtlich des Mitteleinsatzes gegeben werden. Damit sollen zugleich Motivation, Verantwortungsbereitschaft und Identifikation der Mitarbeiter mit „ihrer" Organisation gestärkt werden. Man hofft, die Produktivität der jeweiligen Organisation und ihre Fähigkeit, sich rasch an neue Problemlagen anzupassen, in einer Weise zu steigern, die in den traditionellen Formen einer starken Regelbindung des Handelns nicht möglich wäre.

Wie dies in den Hochschulen im einzelnen geschehen kann, ist bisher erst in Ansätzen geklärt. So ist insbesondere offen, wie die vorab zu treffenden Festlegungen über die anzustrebenden Ergebnisse auszusehen haben. Sicher ist dabei, daß es sich nicht allein um quantitative Aussagen handeln dürfe, die im Ergebnis nichts anderes als eine modifizierte Fassung der bisherigen „input-Größen" – etwa in Form der Gesamtzahl bereitzustellender Studienplätze – wären. Erforderlich sind vielmehr z.B. auch Zielerklärungen hinsichtlich der Frage, welche Studiengänge mit welchen

Abschlüssen die einzelnen Hochschulen anbieten sollen, in welchem Rahmen sie dabei Gewichtsverlagerungen zwischen Studiengängen aus eigener Kompetenz vornehmen können und sollen, welche Erfolgsparameter (Studiendauer, Abschlüsse nach Zahl und Niveau etc.) und welche Auslastung von Studienplätzen der Mittelzuweisung zugrundegelegt werden sollen. Ein wichtiger Punkt der vorab zu treffenden Festlegungen ist ferner die Verpflichtung der Hochschulen auf eine regelmäßige Bewertung ihrer Lehre sowohl aus der Sicht von Experten des betreffenden Bereichs (z.B. Wissenschaftler anderer Hochschulen) als auch aus Sicht der Abnehmer (Studierende und Berufswelt). Hierbei sind die wechselseitigen Abhängigkeiten von Forschung und Lehre zu berücksichtigen. Insofern gibt es kein eindimensionales Zielsystem mit einfachen Entscheidungen.

Eine Lockerung haushaltsrechtlicher Bindungen für die Mittelverwendung ist ohne Ergebnisbewertung und die hieraus zu ziehenden Folgerungen nicht denkbar. Verfehlen die von den Hochschulen tatsächlich erbrachten Leistungen quantitativ oder qualitativ die festgelegten Leistungsziele, muß dies nach Maßgabe zu regelnder Modalitäten – z.B. hinsichtlich einer tolerablen Unterauslastung von Studienplätze – Konsequenzen für die Mittelzuweisung der Folgeperiode haben.

Ein Anpassungszwang kann für die Hochschulen nur so weit reichen, wie sie tatsächlich handeln können. Im Ergebnis wird dies in der Regel heißen, daß die Basisstruktur („Grundausstattung") nur in verhältnismäßig langen Rhythmen verändert werden kann und kurzfristig revidierbare Mittelzuweisungen sich zumindest vorerst auf bestimmte Zusatzausstattungen im personellen Bereich wie im Bereich der Sachmittel beschränken müssen. Um so wichtiger ist es, durch die Gestaltung des Dienst- und des Haushaltsrechts so rasch wie möglich größere Handlungsfreiheit zu schaffen, damit die Hochschulen den an sie gestellten Erwartungen effizienten Vorgehens genügen können. Dies bedeutet zugleich, daß auch hochschulintern die Mittel – soweit diese über eine Grundausstattung des jeweiligen Bereichs hinausgehen – grundsätzlich nur auf Zeit vergeben werden können.

In diesem Zusammenhang ist vor der Annahme zu warnen, es könne gelingen, für alle Länder und Hochschulen einheitliche Kennziffern für den angemessenen Finanzaufwand zur Ausstattung eines Studienplatzes in einer bestimmten Fachrichtung als normative Größen zu entwickeln und diese noch dazu – wie es die Hoffnung der Finanzpolitiker sein mag – an den länderweit festzustellenden Minimalaufwand für einen Studienplatz in dieser Fachrichtung zu orientieren. Dies wäre mit der Logik einer Entwicklung nicht vereinbar, die auf der Grundlage einer Verstärkung des Entscheidungsfreiraums der einzelnen Hochschule, der Betonung des Wettbewerbsgedankens und des Gedankens der Profilbildung Motivation und Kreativität gerade für unterschiedliche Lösungen freizusetzen versucht, die auch – weil in Wahrheit unterschiedliche „Produkte" erzeugt werden – einen unterschiedlichen Aufwand erfordern können.

Die Forschungsfinanzierung – insbesondere im Bereich der Grundlagenforschung, die vor allem den Hochschulen obliegt, bleibt originäre Aufgabe des Staates. Dies schließt Finanzierungsbeiträge Dritter nicht aus. Bisher fließt der überwiegende Teil der Forschungsmittel den Hochschulen als institutionelle Förderung unmittelbar zu. Ein kleinerer Teil wird ihnen auf der Grundlage definierter Forschungsprojekte und ihrer Bewertung insbesondere auf dem Wege über die Deutsche Forschungsgemeinschaft zugewendet. Es ist zu überlegen, auch die hochschulinterne Verteilung der als institutionelle Förderung zugewiesenen Mittel stärker an begutachtungsbedürftige Projekte und die regelmäßige Evaluation der betreffenden Forschungseinrichtungen (Institute, Zentren usw.) zu binden. Der mit derartigen Verfahren verbundene Aufwand ist nicht unbeträchtlich. Sie kommen deshalb auch nur dort in Betracht, wo sich dieser Aufwand lohnt. Die Grundausstattung der Hochschulen stagniert seit Ende der 80er Jahre. Um das Defizit zu kompensieren, haben die Hochschulen ihre Drittmitteltätigkeit wesentlich erhöht. Nach einer angemessenen internen und externen Evaluation können Drittmittelbewilligungen, insbesondere von seiten der DFG, als wichtiger Indikator für eine leistungsbezogene Ressourcenverteilung herangezogen werden. Eine differenzierte Bewertung der einzelnen Fakultäten bzw. Fachbereiche ist dafür eine notwendige Voraussetzung.

Kern einer Neugestaltung von Steuerungsverfahren bleibt bei alledem, daß die Hochschulen selbst die Bereitschaft und die Fähigkeit zum Handeln entwickeln. Deshalb muß es vor allem darum gehen, durch eine größere Transparenz und Leistungsvergleiche die „Selbstreflexivität" der Hochschulen zu erhöhen und Anreize auch für den einzelnen Hochschullehrer zu schaffen, seine Anstrengungen auf bestmögliche Leistung zu richten. Die dazu notwendige Bewußtseinsveränderung muß von jedem Mitglied der Hochschulen, Hochschullehrern wie Studenten, erwartet werden. Insofern wird es darauf ankommen, auch die Studierenden nicht nur als passiv Betroffene zu betrachten, sondern sie konstruktiv in die Angelegenheiten der Hochschule einzubeziehen. Gerade die nur vorübergehende Zugehörigkeit zur Hochschule ermöglicht ihnen eine unvoreingenommene Einschätzung der Probleme.

Allerdings kann die Neugestaltung der Steuerungsverfahren nur dann gelingen, wenn das Vertrauen besteht, die aufgrund entsprechender Anstrengungen freigesetzten Mittel für die Förderung von Forschung und Lehre an anderer Stelle (Beschaffung von wissenschaftlichen Geräten, Verstärkung von Forschungsschwerpunkten usw.) und nicht lediglich zur Senkung des staatlichen Zuschusses einsetzen zu können. Dies bedeutet keineswegs eine unbedingte Garantie des finanziellen status quo. Es setzt aber die Bestimmung eines verläßlichen Handlungsrahmens voraus, der die verständliche Sorge der Hochschullehrer vor einer mißbräuchlichen Ausnutzung ihres Handlungswillens behebt.

Quelle: KMK: Hochschulen und Hochschulpolitik vor neuen Herausforderungen. Bonn RS Nr. 124/97; auf den Abdruck der Fußnoten wurde verzichtet.

Dokument 28

Zur Einführung von Bachelor- und Masterstudiengängen/-abschlüssen
(Entschließung der Hochschulrektorenkonferenz vom 10. November 1997)

Für die Einführung von Bachelor- und Masterstudiengängen (-programmen) und entsprechenden Abschlüssen sollten nach Auffassung der HRK die folgenden Grundsätze beachtet werden:

1. Die genannten Programme und Abschlüsse sollten sowohl an Universitäten als auch an Fachhochschulen angeboten werden können.
2. Bachelor- und Master-Programme sollten – wie alle Studiengänge – in einem an internationalen Standards orientierten, noch näher zu gestaltenden bundeseinheitlichen Verfahren evaluiert und akkreditiert werden. Hierzu ist eine Vereinbarung zwischen den Ländern und der HRK anzustreben. Bis zur Realisierung eines solchen Akkreditierungsverfahrens sollten Bachelor- und Master-Programme modellhaft erprobt werden können.
3. Der einzelnen Hochschule bzw. den einzelnen Fakultäten/Fachbereichen sollte überlassen bleiben, ob in welchen Fächern für ausländische und/oder deutsche Studierende Bachelor- und Master-Programme eingeführt werden. Jedenfalls in der Erprobungsphase sollten diese Programme parallel zu den deutschen Diplom- und Magisterstudiengängen angeboten werden.
4. Die Studiengänge zum Bachelor-/Masterabschluß sollten eigenständige Programme mit modularem Aufbau sein.
5. Beide Studienprogramme sollten so gestaltet werden, daß ihre Abschlüsse jeweils berufsqualifizierend sind.
6. Wenn Master-Programme konsekutiv auf Bachelor-Studiengängen aufbauen, muß im Bedarfsfall eine Studienfinanzierung nach dem BAföG möglich sein.
7. Die Aufnahme in ein Master-Programm sollte nach erfolgreich absolviertem Erststudium eine besondere Zulassungsentscheidung der Fakultät/des Fachbereichs voraussetzen. Näheres sollte in der Studienordnung geregelt werden.

8. Die von den Universitäten und Fachhochschulen vergebenen Bachelor- und Mastergrade sollten nicht durch die Hochschulart bezeichnende Zusätze – z.B. ‚(FH)' – unterschieden werden, jedoch sollte das Leistungsprofil der jeweiligen Hochschule zum Ausdruck kommen. Hierzu sollten auf der Prüfungsurkunde neben der verleihenden Hochschule die wesentlichen Inhalte des Curriculums und die Studienzeit aufgeführt werden (*diploma supplement*).

9. Zur Wertigkeit der Universitäts- und Fachhochschuldiplome bzw. Magistergrade an Universitäten gegenüber den Bachelor- und Mastergraden wird auf folgendes hingewiesen:

   a) Im anglo-amerikanischen Hochschulsystem wird zwischen dem dreijährigen und dem vierjährigen Bachelor-Programm als „Honors-Degree" (mit fachlicher Vertiefung, Prüfung und schriftlicher Abschlußarbeit) unterschieden.

   b) Master-Programme können entweder zwei Jahre umfassen (im Anschluß an ein dreijähriges Bachelor-Programm) oder ein Jahr (nach dem o.g. vierjährigen Bachelor-Programm).

   c) Mastergrade berechtigen – bis auf wenige Ausnahmen (professional degrees) – grundsätzlich zur Aufnahme von Promotionsstudien. Je nach Dauer und Inhalt des Masterstudiums kann die Zulassung zu Promotionsstudien bzw. die Aufnahme als Doktorand mit der Auflage verbunden werden, vor Beginn der Arbeit an der Dissertation oder parallel zu ihr weitere bei der Zulassung/Aufnahme bezeichnete Studien zu betreiben.

10. Vor diesem internationalen Hintergrund geht die HRK davon aus, daß das Diplom nach dreieinhalb- bis vierjährigen Studiengängen an Fachhochschulen dem *Bachelor-Honors* und das Diplom an Universitäten dem Master entspricht.

    Die HRK schlägt vor, den Inhabern von qualifizierten Abschlüssen eines Master-Programms die Möglichkeit einzuräumen, sich um die Zulassung zum Promotionsstudium/Annahme als Doktorand(in) zu bewerben.

    Die Entscheidung über die Zulassung zu Promotionsstudien bzw. die Annahme als Doktorand(in) trifft der Promotionsausschuß der jeweiligen Fakultät/des jeweiligen Fachbereichs der Universität (...).

    Die Entscheidung soll aufgrund einer differenzierten und fachspezifischen Betrachtungsweise individuell und *sur dossier* erfolgen, da die Fähigkeit zur vertiefenden wissenschaftlichen Arbeit im Rahmen eines Promotionsstudiums von den vorher erfolgreich abgeschlossenen Curricula, insbesondere aber von der Kandidatin/dem Kandidaten selbst abhängig ist.

Quelle: KMK und HRK 1999, S. 47-49.

Dokument 29
Empfehlungen der Hochschulrektorenkonferenz zum Dienst- und Tarif-, Besoldungs- und Vergütungsrecht sowie zur Personalstruktur in den Hochschulen
(Entschließung vom 2. November 1998)

Vorbemerkung

(...)
Das am 1. Juli 1997 in Kraft getretene Gesetz zur Reform des Öffentlichen Dienstrechts (im folgenden: *Reformgesetz*) reicht zur Realisierung dieser Ziele im Hochschulbereich nicht aus, da es sich nicht auf Professorinnen und Professoren bezieht, die als Leistungsträger die Leistungen und die Leistungsfähigkeiten der Hochschulen entscheidend bestimmen. Ferner reichen die Änderungen für das administrative und technische Hochschulpersonal nicht aus.
Die HRK strebt daher für den Hochschulbereich gesonderte Lösungen für ein anreizorientiertes Dienst-, Besoldungs- bzw. Tarifrecht für die Professorinnen und Professoren, das übrige wissenschaftliche Personal (und) das administrative und technische Personal an.
Bereits mehrfach hat die HRK empfohlen, personelle und sächliche Ausstattungen für Forschung und Lehre im Rahmen von Berufungs- und Bleibeverhandlungen mit Professorinnen und Professoren leistungsbezogen und deshalb zeitlich befristet zur Verfügung zu stellen. Die KMK ist diesen Empfehlungen kürzlich mit einem entsprechenden Beschluß gefolgt.
Leistungsbezogenheit und zeitliche Befristung sollten auch für einen Teil der persönlichen Vergütung gelten. Dabei ist in den jeweiligen Verhandlungen auch zu prüfen, ob und inwieweit im Hinblick auf die Wettbewerbsfähigkeit der Hochschulen die möglichen Einkünfte aus (genehmigter) Nebentätigkeit im Verhältnis zur Tätigkeit im Hauptamt einzubeziehen sind.
Ziel ist der Aufbau einer flexiblen, von der Hochschule soweit wie möglich selbst zu verantwortenden, aufgaben- und leistungsorientierten Personalentwicklung als ein Instrument für Profilbildung, Qualitätssicherung und Qualitätssteigerung sowie als Wettbewerbselement im Hochschulsystem. Dieses Ziel und das Gebot der Gleichbehandlung bei gleicher Leistung erfordern zwingend die Angleichung der Vergütung und Besoldung in den neuen Bundesländern an die der alten.
(...) Die Hochschulen müssen auf der Grundlage der verfügbaren Stellen unter Einbeziehung der tatsächlichen Aufwendungen ausfinanzierte Globalhaushalte mit Dynamisierungsklausel für Vergütungs- und Besoldungsänderungen erhalten. (...) Zur Sicherung der Planungsgrundlagen und der

Finanzierung sollten Hochschulverträge zwischen Land und Hochschulen mit Ziel- und Leistungsvereinbarungen auch über Studiengänge und Studienplatzangebote geschlossen werden, die hinsichtlich der Finanzierung durch den Haushaltsgesetzgeber, das Parlament, abgesichert sind.

In dem Zusammenhang muß den Hochschulen Dienstherreneigenschaft sowie Tarifhoheit übertragen werden. Dann können sie stärker als bisher Gehaltsstrukturen und Leistungsvergütungen selbständig gestalten und so im Wettbewerb um das beste Personal besser bestehen. Insoweit hält die HRK die Schaffung eines eigenständigen Personalstatuts für alle in den Hochschulen hauptamtlich Tätigen für erforderlich. Die Vielzahl der Stellentypen für das wissenschaftliche wie das administrative Personal ist zu reduzieren. Für den Angestelltenbereich sollte erwogen werden, daß die Hochschulen sich zu Tarifgemeinschaften – ggf. mit anderen Wissenschaftsorganisationen – zusammenschließen und Vereinbarungen über Grundzüge der Gehaltsstrukturen treffen, ohne die notwendige Flexibilität im Einzelfall einzuschränken. (...)

I. Professorinnen und Professoren

1. Besoldung

Professoren und Professorinnen werden gegenwärtig überwiegend als Beamte beschäftigt. Deshalb konzentrieren sich die Empfehlungen zunächst auf die Vergütung von Professoren und Professorinnen im Beamtenverhältnis. Im Interesse einer größeren Flexibilisierung von Arbeitszeit (Teilzeittätigkeit), die eine unerläßliche Voraussetzung u. a. für eine bessere Förderung von Frauen in der Wissenschaft ist, von Beschäftigungsdauer und Vergütung wird darüber hinaus eine stärkere Nutzung der z.T. rechtlich bereits zulässigen Optionen auf die Beschäftigung von Professoren im Angestelltenverhältnis empfohlen. (...)

Einen Ansatz zu einer noch stärker leistungsorientierten Besoldung sieht die HRK darin, den Anteil der variablen und z.T. zeitlich befristet gewährten Gehaltsbestandteile zu steigern und die bisherigen rein altersabhängigen Anteile zu reduzieren.

Hierzu wird folgendes Modell vorgeschlagen: Die individuelle Gehaltssteigerung wird weiterhin vorrangig über Berufungen gestaltet. Die finanziellen Spielräume der Hochschulen für Berufungs- und Bleibeverhandlungen werden dabei vergrößert, um Vergütung und Besoldung individuell verhandeln zu können. Deshalb werden die unterschiedlichen Besoldungsgruppen durch ein einheitliches Ausgangsgehalt (*Basisgrundgehalt*) mit nach Funktion und Verantwortung variablen, in der Regel befristet vereinbarten Leistungs-, Belastungs- oder Funktionszulagen ersetzt. Dagegen soll das regelmäßige Anwachsen des Gehalts um die Alterszulage entfallen.

Das Basisgrundgehalt kann entweder nach Hochschularten differenziert, z.B. in Höhe der Besoldungsgruppe C 3 an Universitäten und C 2 an

Fachhochschulen, Kunst- und Musikhochschulen, oder für alle Hochschularten gleich definiert werden. Das individuelle Gehalt muß auf dieser Basis jeweils im Einzelfall auf Dauer oder befristet in Berufungsverhandlungen – unabhängig von der Hochschulart – verhandelt werden. Eine deutliche, bisher nicht mögliche Anhebung des Basisgrundgehalts kommt z.B. in Betracht, wenn aufgrund der Marktlage die betreffende Person nur so für eine Hochschullehrertätigkeit gewonnen werden kann oder nur eine befristete Tätigkeit in der Hochschule beabsichtigt ist. Diese besoldungsmäßige Flexibilisierung wird durch den Wegfall von Berufungsaltersgrenzen ergänzt. (...)

Die Mittel für Berufungs-, Bleibe- und Sonderzuschüsse sowie „Alterszulagen" sollten nach folgenden Grundsätzen verwendet werden:

a) Die Mittel der Alterszulagen werden den Hochschulen als Gesamtsumme im Rahmen der Personalbudgetierung vom Staat zur Verfügung gestellt. In der Hochschule werden sie von der Hochschulleitung auf hochschul- sowie fachbereichs- oder fächergruppenbezogene Besoldungspools aufgeteilt, die für die Erhöhung der Vergütung und die Vergabe von Leistungs-, Belastungs- und Funktionszulagen verwendet werden. Diese Zulagen werden in der Regel für einen Zeitraum von bis zu sechs und nicht unter drei Jahren, in begründeten Ausnahmefällen auch unbefristet gewährt. Auf diese Weise wird ein häufiger Gehaltswechsel mit unzumutbarer finanzieller Unsicherheit für den Einzelnen vermieden und die Unabhängigkeit der Professorinnen und Professoren gesichert.

b) Die Entscheidung über die Verwendung der Poolmittel oder über dazu notwendige Verfahren und Zuständigkeitsregeln trifft die Hochschulleitung, ggf. auf Vorschlag einer von ihr eingesetzten Kommission, der – auch externe – Professorinnen und Professoren verschiedener Fächergruppen angehören. Die Hochschule regelt intern auch die Festlegung von Höchstbeträgen, die in der Regel im Einzelfall vergeben werden können.

c) Die Berufungs-, Bleibe- und Sonderzuschüsse werden künftig – zumindest teilweise – nur noch befristet mit der Möglichkeit der Verlängerung bei entsprechender Leistung gewährt. (...)

d) Um aufwendige bürokratische Verfahren zu vermeiden, sollten für die Vergabe der befristeten Zulagen nur wenige Kriterien herangezogen werden. Sie müssen einfach, handhabbar und transparent sein. Die in der Hochschule festzulegenden Vergabekriterien müssen im Hinblick auf die Akzeptanz in der Hochschule so eng definiert sein, daß nur ein geringer Entscheidungsspielraum gegeben ist. Deshalb sollten über ein in der Hochschule vereinbartes System ausschließlich herausragende Leistungen in Forschung, Lehre, Selbst-

verwaltung und Dienstleistung honoriert werden. Insoweit kommen beispielhaft in Betracht:
- Leistungszulagen
  in der Forschung: Drittmittel (...), herausragende Preise, wissenschaftliche Gutachtertätigkeiten, (...);
  in der Lehre: überdurchschnittliche Lehrleistungen, die durch Preise (...) oder Evaluation ausgewiesen sind.
- Belastungszulagen
  Betreuung von Studierenden in Lehrveranstaltungen und Prüfungen entsprechend der Zahl der abgenommenen Prüfungen einschließlich studienbegleitender Leistungsnachweise. (...)
- Funktionszulagen
  Sprecherfunktionen in z.B. Sonderforschungsbereichen, Forschergruppen und Graduiertenkollegs (...);
  Übernahme von Hochschulämtern (Rektorat, Dekanat) (...).

(...)

2. Art der Arbeitsverhältnisse

Grundsätzlich sollte am Beamtenstatus für Hochschullehrerinnen und Hochschullehrer festgehalten werden, da ein Teil der angestrebten Flexibilität und Qualitätssteigerung auch im Beamtenrecht erreicht werden kann. Gleichwohl erscheint es sinnvoll, dem Professorenamt im Beamtenverhältnis gleichberechtigt als Option die Professur im Angestelltenverhältnis zur Seite zu stellen. (...)

Neben der Vollzeit-Professur sollte verstärkt von der Teilzeit-Professur (im Angestellten-Verhältnis) Gebrauch gemacht werden, da sie Kooperationsmöglichkeiten mit Bereichen außerhalb der Hochschule erhöht. Sie trägt auch dazu bei, nicht nachvollziehbare und nicht transparente Nebentätigkeiten zu vermeiden. (...)

Quelle: HRK 1998(a), S. 9-17.

Dokument 30
Bonner Erklärung zur Weiterbildung
(Entschließung der Erwachsenenbildungsverbände vom 21. September 1990)

(...)

1. Gesetzgebung zur Weiterbildung
Die Vereinigung Deutschlands hat Konsequenzen für das Bildungssystem. Deshalb ist die verstärkte Förderung der Weiterbildung sowie eine Gesetzgebung zur Weiterbildung in den neuen Bundesländern notwendig.

Der beschleunigte Wandel auf allen Lebensgebieten erfordert den Beitrag der Weiterbildung zur Bewältigung des täglichen Zusammenlebens, zur Einübung in die neuen Lebensverhältnisse, zur persönlichen Fortbildung und zur beruflichen Mobilität. Als Erwachsener sich weiterzubilden, ist nicht nur eine private Angelegenheit. Als fundamentale Gemeinschaftsaufgabe bedarf Erwachsenenbildung der öffentlichen Förderung. Sie muß sich im besonderen Maße auf allgemeine und politische Weiterbildung beziehen sowie berufliche und kulturelle Weiterbildung einschließen.

Als Förderungsaufgabe des Staates muß die Weiterbildung auch in den neuen Bundesländern gesetzlich verankert werden. Für die künftigen Länder der bisherigen DDR sollte sich die Weiterbildungsgesetzgebung orientieren

– an den Grundsätzen von Pluralität der Weiterbildung;
– an der Forderung nach Offenheit der Weiterbildung für alle Bürgerinnen und Bürger und für alle Angebote;
– an den Grundsätzen einer investiven, möglicherweise an der Einwohnerzahl eines bestimmten Einzugsgebietes orientierten Förderung;
– an dem Gebot der Kooperation von Volkshochschulen und anerkannten Trägern der Erwachsenenbildung;
– an der öffentlichen Verpflichtung der Kommunen und des Staates, durch eigene Einrichtungen als Selbstverwaltungsaufgabe und durch Förderung anderer Träger Weiterbildung wahrzunehmen.

2. Übergangsregelung

Wenn Weiterbildung in einem vereinten Deutschland offen für alle sein soll und als öffentliche Förderungsaufgabe anerkannt wird, ist jedoch nicht nur eine Gesetzgebung zur Ordnung und Förderung des Weiterbildungsbereichs erforderlich, sondern auch

– eine gezielte Übergangsfinanzierung für erhaltenswerte Einrichtungen der Weiterbildung;
– ein zügiger Aufbau pluraler Weiterbildungsstrukturen;
– eine verstärkte Anwendung des Förderungsinstrumentariums für die allgemeine und berufliche Weiterbildung. Dazu gehört insbesondere die Ausweitung der Förderung nach dem Bundesjugendplan und die Nutzung des Arbeitsförderungsgesetzes, um u.a. Arbeitsbeschaffungsmaßnahmen auch für die Weiterbildungseinrichtung zu ermöglichen;
– zeitlich befristete Maßnahmen zur Information, Beratung und konkreten Hilfe beim Prozeß der Veränderung der Angebote sowie bei der Mitarbeiterfortbildung die Vermittlung personaler Kompetenz zur Information und Beratung durch befristete Freistellungen und Neueinstellungen von Erwachsenenbildnern aus der Bundesrepublik, die für eine bestimmte Zeit in den künftigen Ländern der bisherigen DDR in der Weiterbildung tätig werden.

3. Grundsätzliche Verpflichtungen

Diese Aufgaben werden im Rahmen partnerschaftlicher Zusammenarbeit zwischen den Einrichtungen der Weiterbildung wahrgenommen.

Dazu ist es zwingend erforderlich, daß in den Haushalten der Kommunen, der Länder und des Bundes Mittel für die Weiterbildung der Träger, für Einzelmaßnahmen – z.B. Begegnungsprogramme und internationaler Austausch, Beratungsinitiativen u.a. – und für bundesweit arbeitende Stellen – etwa die Dienstleistungsinstitute der Erwachsenenbildungsverbände, die Bundeszentrale für politische Bildung u.a. – bereitgestellt werden.

Der Deutsche Volkshochschul-Verband, die Deutsche Evangelische Arbeitsgemeinschaft für Erwachsenenbildung und die Katholische Bundesarbeitsgemeinschaft für Erwachsenenbildung bekräftigen ihre Verpflichtung für die Weiterbildung in einem vereinten Deutschland und fordern deshalb die Anerkennung der Erwachsenenbildung als fundamentaler Gemeinschaftsaufgabe, die der verstärkten öffentlichen Förderung durch Kommunen und Staat bedarf, damit ihre Offenheit gewahrt bleibt und ihre Angebote von allen Bürgerinnen und Bürgern genutzt werden können
Bonn, den 21. September 1990.

Quelle: Otto, Volker; Winger, Brigitte: Gesetzgebung zur Weiterbildung in den neuen Bundesländern. Bonn 1992, S. 89-91.

Dokument 31
Gesetz zur Regelung und Förderung der Weiterbildung
im Land Brandenburg (15. Dezember 1993)

§ 1 Begriff und Stellung der Weiterbildung

(1) Die Weiterbildung ist ein integrierter und gleichberechtigter Teil des Bildungswesens. Weiterbildung im Sinne dieses Gesetzes umfaßt alle Formen der Fortsetzung, Wiederaufnahme oder Ergänzung organisierten Lernens außerhalb der Bildungsgänge der allgemeinbildenden Schulen und der berufsbildenden Schulen. Soweit die außerschulische Jugendbildung nicht anderweitig geregelt ist, gehört sie zur Weiterbildung im Sinne des Gesetzes. Die Hochschul- und Berufsbildung fallen nicht unter dieses Gesetz.

(2) Die Träger und Einrichtungen der Weiterbildung haben das Recht auf selbständige Lehrplangestaltung.
(...)

§ 2 Ziele, Aufgaben und Inhalte der Weiterbildung

(1) Weiterbildung dient der Verwirklichung des Rechts auf Bildung. Sie steht allen Menschen im Land offen.

(2) Weiterbildung soll durch bedarfsgerechte Angebote zur Chancengleichheit beitragen, die Vertiefung und Ergänzung vorhandener oder den Erwerb neuer Kenntnisse, Fähigkeiten und Qualifikationen ermöglichen, zur Orientierung und Lebenshilfe dienen, zu selbständigem, eigenverantwortlichem und kritischem Handeln im persönlichen, sozialen, politischen, kulturellen und beruflichen Leben befähigen. Dazu gehört auch die Fähigkeit zum verantwortlichen Umgang mit der Natur. Mit der Weiterbildung ist die Gleichstellung von Frau und Mann zu fördern.

(3) Weiterbildung umfaßt neben abschlußbezogenen Lehrgängen insbesondere Angebote der allgemeinen, beruflichen, kulturellen und politischen Bildung. Auf die integrative Vermittlung der jeweiligen Inhalte ist hinzuwirken.

(4) Für Lehrgänge und Prüfungen zum nachträglichen Erwerb von Schulabschlüssen an kommunalen Weiterbildungseinrichtungen sind die für Abendschulen geltenden Vorschriften anzuwenden. Die Weiterbildungseinrichtungen unterliegen mit diesen Bildungsangeboten der Schulaufsicht durch die zuständigen staatlichen Schulämter. Für Lehrgänge zum nachträglichen Erwerb von Schulabschlüssen an anerkannten Einrichtungen der Weiterbildung in freier Trägerschaft sind die für Ergänzungsschulen geltenden Vorschriften anzuwenden.

§ 4 Aufgaben des Landes

(1) Die Weiterbildung ist nach Maßgabe dieses Gesetzes durch das Land zu fördern. Dazu gewährt das Land finanzielle Unterstützung gemäß § 27.

(2) Die obersten Landesbehörden und ihre nachgeordneten Behörden und Einrichtungen unterstützen die Arbeit der nach diesem Gesetz anerkannten Einrichtungen der Weiterbildung.

§ 5 Aufgaben und Kreise und kreisfreie Städte

(1) Die Kreise und kreisfreien Städte sichern für ihr Gebiet ein Weiterbildungsangebot gemäß § 6 unter Berücksichtigung der Trägervielfalt. In der Regel bedienen sie sich dazu einer Weiterbildungseinrichtung.

(2) Kreise und kreisfreie Städte können zur gemeinsamen Erfüllung der Aufgaben nach Absatz 1 Zweckverbände bilden oder öffentlich-rechtliche Vereinbarungen nach Maßgabe des Gesetzes über kommunale Gemeinschaftsarbeit im Land Brandenburg schließen.

§ 6 Grundversorgung

(1) Die Kreise und kreisfreien Städte haben als Mindestangebot eine Grundversorgung sicherzustellen. Der Umfang der Grundversorgung bemißt sich an der Einwohnerzahl der Kreise und der kreisfreien Städte.

(2) Die Grundversorgung umfaßt die in § 2 Abs. 3 aufgeführten Bereiche.

(3) Nicht zur Grundversorgung gehören:

1. Veranstaltungen des Zweiten Bildungsweges gemäß §§ 17 und 18 des Ersten Schulreformgesetzes;
2. Bildungsveranstaltungen im Rahmen der Bildungsfreistellung gemäß § 24 Abs. 1;
3. Bildungsveranstaltungen der Heimbildungsstätten;
4. Bildungsmaßnahmen, die aus sonstigen öffentlichen oder privaten Förderprogrammen finanziert werden;
5. Bildungsveranstaltungen der außerschulischen Jugendbildung.

(4) Die Grundversorgung wird von anerkannten Einrichtungen in kommunaler oder freier Trägerschaft erbracht. (...)

§ 14 Grundsätze [Bildungsfreistellung]

(1) Beschäftigte haben nach Maßgabe dieses Gesetzes unter Fortzahlung des Arbeitsentgelts gegenüber ihrer Beschäftigungsstelle Anspruch auf Freistellung von der Arbeit zur Teilnahme an anerkannten Weiterbildungsveranstaltungen gemäß § 24 zum Zwecke beruflicher, kultureller oder politischer Weiterbildung.

(2) Als Beschäftigte im Sinne dieses Gesetzes gelten Arbeitnehmerinnen und Arbeiter, Angestellte und Auszubildende, deren Arbeitsstätte im Land liegt, sowie die in Heimarbeit beschäftigten samt der ihnen gleichgestellten Personen, die wegen ihrer wirtschaftlichen Unselbständigkeit als beschäftigte Personen anzusehen sind.

§ 15 Dauer der Bildungsfreistellung

(1) Die Bildungsfreistellung beträgt zehn Arbeitstage innerhalb eines Zeitraumes von zwei aufeinanderfolgenden Kalenderjahren.
(...)

Quelle: GVBl. BB S. 498.

Dokument 32
Dritte Empfehlung
der Kultusministerkonferenz zur Weiterbildung
(Beschluß vom 2. Dezember 1994)

(...)

1. Grundsätze
1.1 Definition

Weiterbildung ist die Fortsetzung oder Wiederaufnahme organisierten Lernens nach Abschluß einer unterschiedlich ausgedehnten ersten Bildungsphase und in der Regel nach Aufnahme einer Erwerbs- oder Familientätigkeit.

Sie umfaßt die allgemeine, berufliche, politische, kulturelle und wissenschaftliche Weiterbildung.

Weiterbildung kann in Präsenzform, in der Form der Fernlehre oder in kombinierten Formen stattfinden.

Informelle Lernprozesse Erwachsener, ob am Arbeitsplatz oder andernorts, sind nicht Gegenstand dieser Empfehlung.

1.2 Bedeutung der Weiterbildung

Weiterbildung soll allen Menschen, unabhängig von ihrem Geschlecht und Alter, ihrer Bildung, sozialen oder beruflichen Stellung, politischen oder weltanschaulichen Orientierung und Nationalität, die Chance bieten, sich die für die freie Entfaltung der Persönlichkeit und die Mitgestaltung der Gesellschaft erforderlichen Kenntnisse, Fähigkeiten und Fertigkeiten anzueignen.

Die Wahrnehmung dieser Chance durch eine möglichst große Zahl von Bürgerinnen und Bürgern liegt im Interesse der demokratischen Gesellschaft, nützt den Qualifizierungsinteressen der Beschäftigten und der Arbeitgeber, dient der Verbesserung von Produkten und Dienstleistungen und erhöht die Lebensqualität der einzelnen. Allgemeine, berufliche, politische, kulturelle und wissenschaftliche Kompetenzen befähigen die Menschen, verantwortlich an den wirtschaftlichen und sozialen Wandlungsprozessen teilzunehmen. Weiterbildung ist für die einzelnen ebenso wie für die Wirtschaft und die Gesellschaft eine produktive Investition.

1.3 Pluralität in der Weiterbildung

Pluralität in der Weiterbildung wird nicht nur in den Weiterbildungseinrichtungen in öffentlicher Trägerschaft selbst realisiert. Sie findet ihren Ausdruck auch in den unterschiedlichen Trägerschaften und Finanzierungen sowie in der Vielfalt der Weiterbildungsangebote.

Grundvoraussetzungen sind die Eigenständigkeit der Einrichtung, die Freiheit der Lehrplangestaltung, die selbständige Auswahl des Personals und die prinzipielle Offenheit des Zugangs.

Das gewachsene Nebeneinander von staatlichen und privaten, gemeinnützigen und gewinnorientierten, betrieblichen und öffentlichen Bildungseinrichtungen sowie von Bildungseinrichtungen der Kirchen, der Gewerkschaften und anderer gesellschaftlicher Gruppen kann durch Kooperation zunehmend effizienter werden.

1.4 Weiterbildung im Bildungssystem

Weiterbildung baut auf den in der Schule, der Berufsausbildung und der Hochschule erworbenen Kenntnissen und Fähigkeiten sowie den Berufs- und Lebenserfahrungen auf. Deshalb stehen Schule, berufliche Erstausbildung und Erstausbildung an der Hochschule einerseits und Weiterbildung andererseits inhaltlich und methodisch in einem engen Zusammenhang.

Wie in den anderen Bildungsbereichen steht auch in der Weiterbildung als lebenslangem Lernen die Persönlichkeitsentwicklung im Vordergrund. Darüber hinaus sind zahlreiche berufliche Positionen ohne Weiterbildung nicht mehr erreichbar. Weiterbildung wird deshalb für die Chancen des einzelnen in Beruf und Gesellschaft immer wichtiger.

2. Verantwortung für die Weiterbildung und Grundsätze für die Finanzierung

Verantwortung für die Weiterbildung und deren Finanzierung tragen die einzelnen Bürgerinnen und Bürger, aber auch die Öffentliche Hand (Kommunen, Länder, Bund, Europäische Union), die Wirtschaft, die gesellschaftlichen Gruppen, die Weiterbildungseinrichtungen und die öffentlich-rechtlichen Rundfunkanstalten. Sie fördern durch ihr Verhalten die Weiterbildungsbereitschaft und schaffen die Voraussetzungen für ein aufgeschlossenes Weiterbildungsklima.

2.1 Individuelle Verantwortung

Dem Recht auf freie Entfaltung der Persönlichkeit und der Mitverantwortung jedes Mitglieds der Gesellschaft für das Gemeinwohl entspricht die Verantwortung des einzelnen für die eigene Weiterbildung. Dabei bleibt die Freiwilligkeit der Teilnahme ein Grundprinzip in der Weiterbildung.

2.2 Öffentliche Verantwortung

Die Verantwortung des Staates, die Gleichwertigkeit der Lebensbedingungen in allen Gebieten des Gemeinwesens zu gewährleisten, beinhaltet auch, allen Bürgerinnen und Bürgern den Zugang zur Weiterbildung zu ermöglichen.

Öffentliche Verantwortung ist deshalb darauf gerichtet, die Kontinuität von Bildung in einem lebenslangen Lernprozeß mit einem eng aufeinander bezogenen Angebot von der allgemeinbildenden Primarstufe über die berufliche Erstausbildung bis zur Weiterbildung zu sichern. Dazu gehört die Sicherung der Rahmenbedingungen für die Grundversorgung, für die Wahrung der Pluralität, für die Kooperation und Koordination, für die Setzung innovativer Schwerpunkte, für die Information, Beratung und Werbung, für die Qualitätssicherung und Anerkennung von Weiterbildungseinrichtungen, für die Zertifizierung und den Teilnehmerschutz sowie für die Forschung und Lehre in der Weiterbildung.

Ein besonderes Maß an öffentlicher Verantwortung liegt dort vor, wo, etwa im Hinblick auf die politische Bildung, das öffentliche Interesse an der Weiterbildung möglichst vieler Bürgerinnen und Bürger ähnlich groß ist wie das Interesse und die notwendige Mitverantwortung des einzelnen.

Öffentliche Verantwortung ist auch gefordert, wenn es um die Bestimmung von Lehrplänen, Prüfungen und Lehrbefähigungen in abschlußbezogenen Bildungsgängen bzw. Einrichtungen des zweiten Bildungsweges geht und wenn berufsbildende Schulen als Fachschulen sowie zusätzlich in Umsetzung neuer Wege der Kooperation Aufgaben der Fort- und Weiterbildung übernehmen.

Die Öffentliche Hand nimmt ihre Verantwortung für die Weiterbildung in Zusammenarbeit mit der Wirtschaft, den gesellschaftlichen Gruppen und den sonstigen an der Weiterbildung Beteiligten wahr.

2.3 Verantwortung der Wirtschaft

Die Wirtschaft ist in besonderem Maße verantwortlich für die berufliche Weiterbildung der Beschäftigten. Deren Weiterbildung dient sowohl der Leistungsfähigkeit der einzelnen Unternehmen als auch der Sicherung des Wirtschaftsstandorts.

Berufliche Kompetenzen verringern aber auch die Arbeitsmarktrisiken der einzelnen Arbeitnehmerinnen und Arbeitnehmer und tragen so zum sozialen Frieden bei.

In diese Verantwortung sind sowohl die Unternehmensleitungen und die öffentlichen Verwaltungen als auch die Arbeitnehmervertretungen, die öffentlich-rechtlichen Selbstverwaltungseinrichtungen der Wirtschaft, die Arbeitgeberverbände und die Gewerkschaften einbezogen.

2.4 Verantwortung der Weiterbildungseinrichtungen

Die Weiterbildungseinrichtungen tragen insbesondere Verantwortung für eine umfassende Information und Beratung der Teilnehmerinnen und Teilnehmer über Art, Umfang, Ablauf und Kosten der Maßnahmen sowie für eine inhaltlich und methodisch erwachsenengerechte Durchführung der Angebote.

Die Einrichtungen haben eine sachgerechte Ausstattung der Unterrichtsräume ebenso sicherzustellen wie sie für die fachliche und pädagogische Eignung des Personals und dessen regelmäßige Fortbildung verantwortlich sind.

Zur Verantwortung der Weiterbildungseinrichtung zählt auch die Bereitschaft zur Kooperation mit anderen Einrichtungen und Institutionen zur Förderung der Weiterbildungsberatung sowie zum fachlichen und pädagogischen Austausch.

2.5 Verantwortung des öffentlich-rechtlichen Rundfunks

Rundfunkanstalten haben die Aufgabe, zur Information, Bildung und Kultur beizutragen. Dies gilt in besonderem Maße für die öffentlich-rechtlichen Rundfunkanstalten. Ihnen ist mit dem Bildungsauftrag auch eine Verantwortung für die Mitgestaltung des Weiterbildungsbereichs übertragen worden.

Diese Verantwortung umfaßt neben der Ausstrahlung von bildenden Sendungen und der Information der Bevölkerung über Bildungsmöglichkeiten auch die Beteiligung an lernzielorientierten Medienverbundprogrammen wie dem Funkkolleg und dem Telekolleg. Darüber hinaus sollten die öffentlich-rechtlichen Rundfunkanstalten dafür Sorge tragen, daß die von ihnen ausgestrahlten Programme als Lehr- und Anschauungsmaterial in Veranstaltungen der Weiterbildung genutzt werden können.

2.6 Verantwortung der Hochschulen

Das Hochschulrahmengesetz und – übereinstimmend – die Hochschulgesetze der Länder legen Weiterbildung als eine Aufgabe der Hochschulen fest, sei es durch eigene Angebote, sei es durch Beteiligung an Maßnahmen anderer Träger.

Angesichts einer absehbaren Entwicklung, bei der mehr als ein Drittel eines Altersjahrgangs die berufliche Ausbildung an einer Hochschule erfährt, haben die Hochschulen eine erhöhte Verantwortung auf dem Gebiete der wissenschaftlichen Weiterbildung. Die zunehmende wissenschaftliche Durchdringung weiter Lebensbereiche einerseits, die Notwendigkeit einer Straffung des Studiums in Verbindung mit dem raschen Veralten einmal erworbener Spezialkenntnisse andererseits, zwingen zu einer verstärkten Wahrnehmung der Aufgaben in der wissenschaftlichen Weiterbildung.

Angesichts knapper Ressourcen kommt es hier auf eine Konzentration auf die hochschulspezifischen Aufgaben an, sei es durch Anknüpfung an den aktuellen Stand der Forschung, sei es durch Vermittlung wissenschaftlich fundierter Lösungen aktueller gesellschaftlicher, wirtschaftlicher oder technologischer Probleme. Angesichts der bestehenden Belastungssituation an den Hochschulen wird jeweils zu entscheiden sein, inwieweit die wissenschaftliche Weiterbildung im Rahmen des Hauptamtes oder – in Kooperation mit anderen Trägern der Weiterbildung – in Nebentätigkeit wahrzunehmen ist. Wissenschaftliche Weiterbildung muß den Zusammenhang zur Erstausbildung ebenso wahren wie zur wissenschaftlichen Entwicklung in Forschung und Technologietransfer. Besondere Verantwortung trifft die Hochschulen für die Sicherung von Qualitätsstandards, auch durch Qualifizierung des Personals in der Weiterbildung und in der Weiterbildungsforschung.

2.7 Grundsätze der Finanzierung

Für die Finanzierung der Weiterbildung tragen alle Beteiligten Verantwortung:

–   Als öffentliche Aufgabe bedarf die Weiterbildung auch einer öffentlichen Förderung, zumindest eines Grundangebots.
–   Die Finanzierung der Vermittlung und Weiterentwicklung beruflicher Kompetenzen und Qualifikationen ist in besonderem Maße Aufgabe der Wirtschaft sowie der öffentlichen Arbeitgeber.

- Für ihre Weiterbildung leisten auch die Teilnehmerinnen und Teilnehmer einen Beitrag, der durch steuerliche Entlastungen und durch Förderregelungen für untere Einkommensgruppen sowie für besondere Angebote unterstützt werden kann.
- Die gesellschaftlichen Gruppen tragen einen Teil der Kosten ihrer Weiterbildungseinrichtungen und gewährleisten durch eine angemessene Gebührengestaltung einen möglichst breiten Zugang.
- Die Beteiligung der öffentlich-rechtlichen Rundfunkanstalten an der Weiterbildung ist Teil ihres gesetzlichen Auftrags, den sie durch Gebühreneinnahmen finanzieren.
- Auch die Beteiligung der Hochschulen im Rahmen der wissenschaftlichen Weiterbildung soll grundsätzlich auf der Basis von Entgelten und Gebühren erfolgen. Bei deren Bemessung sind die Grundsätze der Wettbewerbsneutralität im Verhältnis zu anderen Trägern, das wirtschaftliche Interesse und die Leistungsfähigkeit der Teilnehmer sowie ggf. das öffentliche Interesse an der Durchführung bestimmter Angebote der wissenschaftlichen Weiterbildung zu beachten. Entsprechendes gilt für die institutionelle Finanzierung durch Dritte.

3. Ziele der Weiterbildung
3.1 Weiterbildungsbedarf

Das Weiterbildungsangebot orientiert sich sowohl am individuellen als auch am gesellschaftlichen Bedarf. Es muß – auch wenn damit Ziele der Arbeitsmarkt- und Sozialpolitik sowie der Wirtschaftsförderung verfolgt werden – dem Ziel aller Bildung Rechnung tragen, Menschen zu befähigen, dem gesellschaftlichen und kulturellen, wirtschaftlichen, technologischen und ökologischen Wandel unserer Gesellschaft gewachsen zu sein und ihn mitgestalten zu können.

Unbeschadet der besonderen Ausprägung der allgemeinen, beruflichen, politischen, kulturellen und wissenschaftlichen Weiterbildung sind die bereichsübergreifenden sozialen und kreativen Kompetenzen angemessen zu fördern. Mit einem solchen Verständnis von Weiterbildung kann erreicht werden, daß nicht nur die technisch-ökonomische Entwicklung in Industrie und Handel die Weiterbildungsinhalte und -ziele bestimmt, sondern auch die Auswirkungen dieser Entwicklung auf die Entfaltung der menschlich-sozialen Fähigkeiten in den Lernprozeß einbezogen werden.

Die historisch bedingte und förderungsrechtlich verstärkte Segmentierung der Weiterbildungsbereiche steht diesem Weiterbildungsziel entgegen: Sie entspricht weder den Bildungsinteressen der Menschen noch dem modernen Verständnis von beruflicher Bildung (z. B. Vermittlung von Schlüsselqualifikationen).

Förderungsregelungen sollten so gestaltet werden, daß die Förderung bereichsübergreifender Angebote möglich wird.

3.2 Internationale Dimension der Weiterbildung

Die Verflechtung von Lebenszusammenhängen macht vor nationalen Grenzen nicht halt. Die europäische Integration, die Migrationsbewegungen aus der „Dritten Welt", wachsende ethnische oder religiöse Spannungen und Konflikte stellen auch die Weiterbildung vor neue Herausforderungen. Verständnis von Sprache, Kultur und Denkweisen anderer Völker und Kenntnisse über politische und wirtschaftliche Entwicklungen in anderen Staaten und über supra- und internationale Organisationen zu vermitteln, sind unverzichtbarer Bestandteil zukunftsorientierter Weiterbildung.

3.3 Förderung der Weiterbildungsbereitschaft

Weiterbildungsbereitschaft zu fördern und für die Weiterbildung zu werben, ist die gemeinsame Aufgabe aller an der Weiterbildung Beteiligten. Sie hat zum Ziel, die freiwillige Teilnahme möglichst vieler Bürgerinnen und Bürger an den Weiterbildungsangeboten zur Selbstverständlichkeit werden zu lassen.

Weiterbildungsinformation und Weiterbildungsberatung erhöhen die Transparenz des Angebots und sind Voraussetzungen dafür, daß sich Bürgerinnen und Bürger für die Teilnahme an Weiterbildung entscheiden.

Darüber hinaus kann durch eine auf Qualität gerichtete materielle und fachliche Förderung der Weiterbildung, durch Freistellungen für die Weiterbildung sowie über Lohnanreize die Weiterbildungsbereitschaft angeregt werden.

3.4 Qualitätssicherung

Die Qualität der Weiterbildung ist Voraussetzung für die Akzeptanz und den Erfolg des Bildungsangebots. Dies gilt in gleicher Weise für die öffentliche, die öffentlich geförderte und die kommerzielle Weiterbildung.

Qualitätssicherung bedarf der Kontrolle, die auch Selbstkontrolle sein kann, und ist als Schutz für die Teilnehmerinnen und Teilnehmer sowie als Gütenachweis für die Einrichtungen der Weiterbildung unverzichtbar.

4. Instrumente zum Erreichen der Weiterbildungsziele
4.1 Professionalisierung

Programme, organisatorische Strukturen, Rahmenbedingungen (Räumlichkeiten, Medien, Betreuung etc.) sowie die Lern- und Prüfungsbedingungen in der Weiterbildung müssen den Bedürfnissen der Teilnehmerinnen und Teilnehmer, den Bildungszielen, dem Stand der Wissenschaft sowie den pädagogischen und fachlichen Standards gerecht werden.

Dazu müssen entsprechende Kompetenzen des hauptberuflichen und hauptamtlichen sowie nebenberuflichen und ehrenamtlichen Personals ausgebildet und durch das Angebot regelmäßiger Fortbildung gefördert werden.

4.2 Anerkennung und Teilnehmerschutz

Der Schutz der Teilnehmerinnen und Teilnehmer vor unzulänglichen Angeboten ist über den Markt allein nicht immer herzustellen.

Die Aufstellung von Kriterien und überprüfbaren Standards für die Anerkennung von Weiterbildungseinrichtungen kann zur Sicherung der Qualität des Angebots beitragen. Auch Formen der freiwilligen Selbstkontrolle können dazu sinnvoll sein. In jedem Fall ist anzustreben, daß Interessentinnen und Interessenten vor Eintritt in eine Maßnahme erkennen können, ob die Einrichtung und die Maßnahme qualitativen Mindeststandards entsprechen.

4.3 Zertifikatssystem

In bestimmten Bereichen der Weiterbildung sind eigenständige Formen des Teilnahme- und Leistungsnachweises sinnvoll.

Durch ein träger- und einrichtungsübergreifendes Zertifikatssystem können Veranstaltungen unterschiedlicher Anbieter zeit- und ortsunabhängig miteinander vereinbar gemacht werden. Dies erlaubt den Teilnehmerinnen und Teilnehmern, den eigenen Bildungsweg durch Wahrnehmung von Bildungsangeboten verschiedener Anbieter in einer Art „Baukastenmodell" individuell zu gestalten.

4.4 Weiterbildungsinformation und Weiterbildungsberatung

Weiterbildungsinformation und Weiterbildungsberatung sind wichtige Elemente der Orientierung auf dem Weiterbildungsmarkt.

Eine möglichst umfassende Information und Beratung über die vorhandenen Weiterbildungsangebote, verbunden mit individueller Lernberatung, befördern wesentlich ein selbstbestimmtes und eigenverantwortliches Weiterbildungsverhalten. Für eine möglichst bedarfsgerechte Angebotsentwicklung gewinnt auch die Trägerberatung an Bedeutung. Weiterbildungsinformationssysteme und Weiterbildungsdatenbanken in öffentlicher bzw. gemeinsamer Verantwortung, die über alle Bereiche der Weiterbildung Auskunft geben, können dabei ein geeignetes Hilfsmittel sein.

4.5 Förderung der Zusammenarbeit

Kooperation soll dazu führen, vorhandene Kapazitäten besser zu nutzen, unnötige Doppelförderung zu vermeiden, die Qualität der Weiterbildung zu heben und den Weiterbildungserfolg zu fördern. Sie trägt zur Überwindung inhaltlicher und organisatorischer Abgrenzungen zwischen den an der Weiterbildung Beteiligten bei. Zur Realisierung von Medienverbundprojekten ist sie unerläßlich.

Eine besondere Bedeutung kommt der Zusammenarbeit auf regionaler Ebene zu. Hier sollen an der Kooperation die für das Weiterbildungsgeschehen in der Region relevanten Einrichtungen, Organisationen und Behörden einschließlich der Hochschulen, insbesondere der Fachhochschulen mit ihrer spezifischen regionalen Ausstrahlung beteiligt werden. Bedingungen für die Zusammenarbeit sind, daß sie freiwillig geschieht und die Eigenständigkeit der Einrichtungen dadurch nicht in Frage gestellt wird.

Aufgabe der regionalen Zusammenarbeit in der Weiterbildung ist es, die Bürgerinnen und Bürger über das vorhandene Angebot zu informieren, Interessentinnen und Interessenten zu beraten und die Transparenz des Angebots (Leistungsanforderungen an die Teilnehmerinnen und Teilnehmer, Qualität des Angebots, Anerkennung der Abschlüsse usw.) herzustellen sowie zur Fortbildung der Mitarbeiterinnen und Mitarbeiter beizutragen.

Kooperation kann durch die Öffentliche Hand in besonderer Weise gefördert werden. Insbesondere sollte öffentliche Förderung in bestimmten Bereichen auch von der Bereitschaft zur Kooperation abhängig gemacht werden.

5. Ausblick

Die Empfehlungen sollen die Grundlage für zukünftiges gemeinsames Handeln bilden. Sie sind darüber hinaus eine Anregung für weitere Diskussionen in den Ländern, in deren Regelungskompetenz die Gestaltung des Weiterbildungssektors in großen Teilen liegt. Der Bund ist an dieser Diskussion im Rahmen seiner Zuständigkeit zu beteiligen. Die Verbände der Wirtschaft, die gesellschaftlichen Gruppen und die Hochschulen sind eingeladen, an der Umsetzung dieser Empfehlungen partnerschaftlich mitzuwirken.

Quelle: KMK 2000 Nr. 2129.3.

Dokument 33
Hamburger Deklaration zum Lernen im Erwachsenenalter
(5. CONFINTEA vom 18. Juli 1997)

2. Erwachsenenbildung ist (...) mehr als ein Recht; sie ist ein Schlüssel zum 21. Jahrhundert. Sie ist sowohl eine Folge aktiver Bürgerbeteiligung als auch Voraussetzung für eine umfassende Teilhabe an der Gesellschaft. Sie ist ein wirkungsvolles Konzept zur Förderung einer ökologisch tragfähigen Entwicklung, zur Förderung von Demokratie, Gerechtigkeit und Gleichberechtigung sowie zur Förderung der wissenschaftlichen, sozialen und wirtschaftlichen Entwicklung. Damit trägt sie zum Aufbau einer Welt bei, in der bei Konflikten Dialog und eine auf Gerechtigkeit basierende Kultur des Friedens an die Stelle von Gewalt treten. Lernen im Erwachsenenalter kann zur Identitätsfindung beitragen und dem Leben Sinn geben. Lebenslanges Lernen beinhaltet ein Überdenken der Inhalte mit Blick auf Faktoren wie Al-

ter, Gleichberechtigung der Geschlechter, Behinderung, Sprache, Kultur und wirtschaftliche Unterschiede.

3. Erwachsenenbildung umfaßt die Gesamtheit der formalen oder sonstigen Lernprozesse, in denen Menschen, die von der Gesellschaft, zu der sie gehören, als Erwachsene betrachtet werden, ihre Fähigkeiten entfalten, ihr Wissen erweitern und ihre fachlichen oder beruflichen Qualifikationen verbessern oder sie neu ausrichten, um ihren eigenen Bedürfnissen und denjenigen ihrer Gesellschaft zu entsprechen. Lernen im Erwachsenenalter umfaßt formale Bildung und Weiterbildung, außerinstitutionelles Lernen und das Spektrum informellen und täglichen Lernens in einer multikulturellen Lerngesellschaft, in der sowohl theoretische als auch praktische Ansätze anerkannt sind.

4. Zwar sind die Inhalte des Lernens im Erwachsenenalter und der Bildung für Kinder und Jugendliche je nach wirtschaftlichem, sozialem, umweltpolitischem und kulturellem Kontext und abhängig von den Bedürfnissen der Menschen in den Gesellschaften, in denen Bildung vermittelt wird, unterschiedlich, aber beide sind notwendige Elemente eines neuen Bildungsbegriffs, der Lernen als wahrhaft lebenslangen Prozeß definiert. Für lebenslanges Lernen ist eine solche Komplementarität und Kontinuität erforderlich. Erwachsenen- und Weiterbildung kann sehr viel zur Schaffung einer informierten und toleranten Bürgerschaft, zur wirtschaftlichen und sozialen Entwicklung, zur Förderung der Alphabetisierung, Verminderung der Armut und Erhaltung der Umwelt beitragen, und wir sollten daher auf dieses Potential setzen.

8. In diesem Jahrzehnt hat sich das Lernen im Erwachsenenalter wesentlich verändert und an Umfang und Bedeutung stark zugenommen. In den Wissensgesellschaften, die überall in der Welt entstehen, sind Erwachsenen- und Weiterbildung sowohl in der Gemeinschaft als auch am Arbeitsplatz unabdingbar geworden. Neue Anforderungen im Gesellschafts- und Arbeitsleben eröffnen Perspektiven, die es für jeden Einzelnen notwendig machen, während des gesamten Lebens weiterzulernen und neue Kenntnisse und Fertigkeiten zu erwerben. Im Mittelpunkt dieser Veränderung steht eine neue Rolle des Staates und die Entstehung erweiterter Partnerschaften für das Lernen im Erwachsenenalter in der bürgerlichen Gesellschaft. Der Staat ist weiterhin der wichtigste Garant für die Gewährleistung des Rechts auf Bildung für alle, insbesondere für die schwächsten Gruppen der Gesellschaft, wie z. B. Minderheiten und indigene Völker sowie auch für die Schaffung der politischen Rahmenbedingungen. Im Rahmen der neuen Partnerschaft zwischen dem öffentlichen Bereich, dem privaten Bereich und dem Gemeinschaftsbereich verändert sich die Rolle des Staates. Er ist nicht nur Anbieter von Erwachsenenbildung, son-

dern auch Berater, Geldgeber und Aufsichts- und Bewertungsinstanz. Die Regierungen und die Sozialpartner müssen die notwendigen Maßnahmen treffen, um alle Menschen dabei zu unterstützen, ihre Bildungsbedürfnisse und -wünsche kundzutun und zu lebensbegleitenden Bildungsmöglichkeiten Zugang zu erlangen. Innerhalb der Regierungen beschränkt sich die Erwachsenenbildung nicht auf die Bildungsministerien; alle Ministerien sind an der Förderung des Lernens im Erwachsenenalter beteiligt, und die interministerielle Zusammenarbeit ist von grundlegender Bedeutung. Darüber hinaus sind auch Arbeitgeber, Gewerkschaften, Nichtregierungsorganisationen und Gemeinschaftsorganisationen sowie indigene Gruppen und Frauengruppen beteiligt und dafür verantwortlich, zusammenzuarbeiten und Möglichkeiten für lebenslanges Lernen zu schaffen und diese entsprechend anzuerkennen.

11. Alphabetisierung von Erwachsenen: Die Alphabetisierung – breit definiert als die Vermittlung grundlegender Kenntnisse und Fertigkeiten, die alle Menschen in einer sich rasch wandelnden Welt benötigen – ist ein grundlegendes Menschenrecht. In jeder Gesellschaft sind Lesen und Schreiben allein schon notwendige Fertigkeiten, die zu den Grundlagen anderer alltagspraktischen Wissens gehören. Millionen von Menschen, die Mehrheit davon Frauen, haben keine Gelegenheit zu lernen oder besitzen nicht die erforderlichen Kenntnisse, um dieses Recht auszuüben. Es gilt, ihnen entsprechende Möglichkeiten zu bieten. Häufig bedeutet dies, daß durch Bewußtseinsbildung und Förderung die Voraussetzungen für das Lernen geschaffen werden müssen. Alphabetisierung eröffnet darüber hinaus den Weg zur Mitwirkung an sozialen, kulturellen, politischen und wirtschaftlichen Aktivitäten und für das lebenslange Lernen. Wir verpflichten uns daher sicherzustellen, daß alle die Möglichkeit haben, Lesen und Schreiben zu lernen und diese Kenntnisse zu erhalten, in allen Mitgliedstaaten ein alphabetisiertes Umfeld zu schaffen und so die mündlich überlieferte Kultur zu fördern. Lernmöglichkeiten für alle, auch für die Bildungsfernen und Ausgeschlossenen, zu sichern, ist das dringendste Anliegen. Die Konferenzteilnehmer begrüßen die Initiative für eine Alphabetisierungsdekade zu Ehren von Paulo Freire.

12. Die Anerkennung des Rechts auf Bildung und des Rechts zu lernen, und zwar während des gesamten Lebens, ist mehr denn je eine Notwendigkeit; es ist das Recht zu lesen und zu schreiben, das Recht zu fragen und zu analysieren, das Recht auf Zugang zu Ressourcen und das Recht, individuelle und kollektive Fähigkeiten und Fertigkeiten zu entwickeln und einzusetzen.

13. Integration und Förderung von Frauen: Frauen haben ein Recht auf Chancengleichheit; die Gesellschaft ihrerseits braucht die volle

Beteiligung der Frauen in allen Arbeits- und Lebensbereichen. Bildungspolitische Maßnahmen für Jugendliche und Erwachsene sollten lokale Kulturen einbeziehen und der Ausweitung der Bildungsmöglichkeiten für alle Frauen Priorität einräumen. Gleichzeitig sollte auf Vielfalt geachtet und Vorurteile und Stereotype abgebaut werden, die ihren Zugang zu Bildung im Jugend- und Erwachsenenalter begrenzen und den Nutzen solcher Bildung einschränken. Alle Versuche, das Recht der Frauen auf Alphabetisierung, Bildung und Ausbildung zu beschränken, sollten als inakzeptabel gelten. Gegenmaßnahmen sollten ergriffen werden.

14. Kultur des Friedens und Staatsbürger- und Demokratieerziehung: Eine der größten Herausforderungen unserer Zeit ist es, die Kultur der Gewalt zu beseitigen und eine auf Gerechtigkeit und Toleranz gründende Kultur des Friedens zu schaffen, in der zu Hause und in der Gemeinschaft, auf nationaler und internationaler Ebene Dialog, gegenseitige Anerkennung und friedliche Konfliktbeilegung an die Stelle von Gewalt treten.

15. Vielfalt und Chancengleichheit: Das Lernen im Erwachsenenalter muß die große kulturelle Vielfalt widerspiegeln und traditionelles Wissen und das Wissen indigener Völker sowie die entsprechenden Lernsysteme respektieren; das Recht, in der Muttersprache zu lernen, sollte geachtet und umgesetzt werden. Eine wichtige Aufgabe der Erwachsenenbildung besteht darin, den mündlich überlieferten Wissensschatz von Minderheiten, indigenen und nomadischen Völkern zu erhalten und zu dokumentieren. Die interkulturelle Bildung ihrerseits sollte das Lernen über verschiedene Kulturen und den Umgang mit ihnen und dadurch Frieden, Menschenrechte und Grundfreiheiten, Demokratie, Gerechtigkeit, Freiheit, Zusammenleben und Vielfalt fördern.

17. Ökologische Nachhaltigkeit: Bildung zur Förderung einer ökologisch nachhaltigen Entwicklung sollte ein lebenslanger Lernprozeß sein, in dem klar wird, daß Umweltprobleme in einem sozioökonomischen, politischen und kulturellen Zusammenhang stehen. Die Zukunft können wir nur dann sichern, wenn wir uns mit der Beziehung zwischen Umweltproblemen und derzeitigen Entwicklungsmustern befassen. Umweltbildung für Erwachsene kann eine wichtige Rolle bei der Sensibilisierung und Mobilisierung von Gemeinschaften und Entscheidungsträgern mit Blick auf nachhaltige Umweltmaßnahmen spielen.

19. Veränderung der Wirtschaft: Globalisierung, Veränderungen in Produktionsstrukturen, zunehmende Arbeitslosigkeit und die Schwierigkeit, für einen gesicherten Lebensunterhalt zu sorgen, machen eine aktive Beschäftigungspolitik und verstärkte Investitionen in die

Entwicklung der erforderlichen Fähigkeiten notwendig, damit Männer und Frauen am Arbeitsmarkt und an einkommensrelevanten Aktivitäten teilhaben können.

20. Zugang zu Informationen: Die Entwicklung der neuen Informations- und Kommunikationstechnologien birgt neue Risiken für Gruppen von Personen und auch Unternehmen, denen der Ausschluß aus Gesellschaft und Arbeitswelt droht, wenn sie nicht in der Lage sind, sich an diese Entwicklung anzupassen. Eine Rolle der künftigen Erwachsenenbildung sollte daher sein, diese Risiken des Ausschlusses zu begrenzen, so daß die menschliche Dimension in der Informationsgesellschaft nicht verlorengeht.

21. Die alternde Bevölkerung: Heutzutage gibt es, gemessen an der Bevölkerungszahl, mehr ältere Menschen in der Welt als jemals zuvor, und ihr Anteil steigt weiter. Diese älteren Erwachsenen können zur Entwicklung der Gesellschaft viel beitragen. Daher ist es wichtig, daß sie die Möglichkeit haben, gleichberechtigt und in angemessener Weise zu lernen. Ihre Fertigkeiten und Fähigkeiten sollten anerkannt, geschätzt und genutzt werden.

Quelle: CONFINTEA 1997.